자유의 의지
자기계발의 의지

신자유주의 한국사회에서 자기계발하는 주체의 탄생

서동진 지음

돌베개

자유의 의지, 자기계발의 의지

— 신자유주의 한국사회에서 자기계발하는 주체의 탄생

서동진 지음

2009년 11월 23일 초판 1쇄 발행
2016년 12월 20일 초판 6쇄 발행

펴낸이 한철희 ┃ 펴낸곳 주식회사 돌베개 ┃ 등록 1979년 8월 25일 제406-2003-000018호
주소 (10881) 경기도 파주시 회동길 77-20 (문발동)
전화 (031) 955-5020 ┃ 팩스 (031) 955-5050
홈페이지 www.dolbegae.co.kr ┃ 전자우편 book@dolbegae.co.kr

책임편집 김희진 ┃ 편집 오경철·이경아·김형렬·조성웅·신귀영
교정 이재원 ┃ 표지디자인 박시영 ┃ 본문디자인 박정영·이은정
마케팅 심찬식·고운성 ┃ 제작·관리 윤국중·이수민 ┃ 인쇄·제본 상지사 P&B

ISBN 978-89-7199-365-1 03300
책값은 뒤표지에 있습니다.

이 도서의 국립중앙도서관 출판시도서목록(CIP)은 e-CIP 홈페이지
(http://www.nl.go.kr/cip.php)에서 이용하실 수 있습니다.(CIP제어번호: CIP2009003613)

자유의 의지 **자기계발**의 의지

어머님께 이 책을 바칩니다.

　중국, 베이징. 이름난 대학들이 밀집해 있는 대학가 옆 작은 골목길을 따라 걷다 보면 갑자기 늘어난 옷가게며 군것질 거리를 파는 작은 가게들 앞에 드문드문 책을 파는 노점상들이 나타나곤 한다. 흔히 '다오반'盜版이라 부르는 장사치들이다. 그들이 파는 책은 으레 심리학 입문이나 금융위기관리 개설 같은 따분한 교재들의 복제본이다. 이따금 루쉰의 소설책도 눈에 띈다. 그리고 그 사이에 예외 없이 낯익은 책들이 있다. 세계적으로 이름난 자기계발서들이다. 그 가운데엔 중국어로 번역된 한국의 자기계발서도 끼어 있다. 이를테면 '여자의 모든 인생은 20대에 결정된다' 따위의 제목을 단 책들이다. 태국의 방콕. 시내 중심가인 시암의 전철역에서 기차를 기다리다 물끄러미 앞을 쳐다보면, 코카콜라나 맥도널드 광고판 사이로 호텔이나 국제회의장에서 열릴 공개강연 광고판이 보인다. '내 인생의 블루 오션' 같은 이름을 단 이벤트들은 미국이나 유럽의 유명한 경영 컨설턴트들이 연사로 나설 것이라고 호들갑을 떤다. 성공의 비밀을 알려줄 그 인생의 마법사들은 뙤약볕 아래의 광고판 속에서 기괴하리만치 환한 낯을 하고 있다.

그리고 서울 사당역. 눈길이 가는 곳마다 어지럽게 나붙은 광고들 속에서 '희망드림프로젝트' 같은 광고가 눈에 띈다. "서울형 복지"라는 너스레를 떨며 등장한 신형 복지정책이다. 이 코미디 같은 광고는 '희망 없는 빈곤'이 근본 문제임을 역설하며 희망과 의욕을 줄 대안이 필요하다고 말한다. 희망을 가지기 위해 자기성찰을 통한 자존감 회복이 중요하다며 '희망의 인문학'을 진행한다는 내용의 이 희망드림프로젝트에 관한 소문을 어디선가 들은 적이 있다. 자립의지가 있고 자신을 사랑할 줄 아는 이들에게 더 많은 혜택이 돌아가도록 하겠다는 이 복지정책은 어쩐지 윤리적인 악몽처럼 느껴진다. 빈곤은 어쨌거나 사회적 현실이다. 빈곤을 그냥 불편이나 불행이라 부르지 않고 빈곤이라 이름 붙이는 것은 그것이 자기 삶 밖에서 들이닥친 현실임을 알린다. 그렇지만 놀랍게도 '희망 없는 빈곤'이란 말 속에는 전연 어울리지 않는, 어울려서도 안 되는 차원이 맞붙는다. 희망이 나의 내밀한 삶의 세계에서 비롯된다면 빈곤은 경제적인 생존을 규제하는 바깥 세계의 원리에서 비롯된다. 그러나 '희망 없는 빈곤'이란 말은 빈곤을 나의 책임과 자율의 세계로 떠넘기며, 빈곤을 낳은 원인을 용케 나에게 돌린다.

내가 못난 탓에 형편없이 살게 되었다는 생각은 새삼스러운 것이 아니다. 그러나 이런 발상이 유별나게 다가오는 것은 이제 그런 생각이 어느 한 사람의 변덕스런 자기연민에서 비롯된 것이 아니라 아예 우리의 삶을 규제하고 조직하는 원리로 격상되었기 때문이다. 희망드림프로젝트가 말하는 복지정책은 희망을 품고 자신을 보살필 줄 아는 개인을 내세운다. 그러나 이는 복지정책에만 해당되는 것이 아니다. 자기주도적인 창의적 학생을 내세우는 교육정책이나 자기의 인적자산 혹은 경력을 적극적으로 관리하라는 고용정책이나 모두 다 같이 자신을 책임지고 관리하는 개인을 겨냥한다. 게다가 자존하고 자립하고 자활하라는 윤리적인 다그침 속에는 네 삶 밖의 세계에 어떤 허튼소리도 하지 말라는 위협적인 목소리가 깔려 있다. 네 스스로 힘껏 살아보라는 말 속에는 그리고 네 자신을 사랑하는 법을 배워야 한다는 속삭임 속에는, 사실은 절망과 분노는 내색조차 하지 말라는 협박이 숨어 있는 셈이다. 만약 그런 소리를 늘어놓는다면 우리는 봇물처럼 쏟아지는 자신에 관한 진단과 힐난, 처방과 마주치게 될 것이다. 어쨌거나 지금 악인보다 더 불편하고 신경을 거슬리게 하는 사람이 있다면 아마 제 앞가림을 못하는 사람일 것이다. 칭얼대고 투덜대며 곧잘 분을 터뜨리는 사람보다 우리가 더 성가시게 여기는 사람도 없을 것이다.

물론 그런 눈길에는 무엇이 더 정의로운 세계인가를 살피고 판단할 수 있는 자리가 처음부터 빠져 있다. 거기에는 폐소공포증을 불러일으키리만치 오직 자신하고만 대면하고 있는 나의 세계가 존재한다. 내가 타인을 대하는 것은 오직 그가 자신을 존중하는 개인일 때뿐이다. 그래서 나와 다름없이 자기를 돌보고 책임지는 개인들로서 서로가 서로를 대면하는 세계가 우리가 살아가는 세계라는 생각에서 헤어나기 어렵다. 이런 세계에서 내가 겪는 고통을 발설하는 방식은, 흔히 듣듯이 상처를 받았다는 식의 푸념이다. 거기에는 항의를 제기하는 목소리가 들어설 자리가 별로 없다. 친밀함으로 묶인 관계가 아닌데도 우리는 우리가 살아가는 사회적 현실을 개인들끼리 자신의 꿈과 의지를 실현코자 분투하는 세상처럼 그린다. 가난이나 차별을 비관하여 죽은 이에게서 우리는 가난과 차별을 보기보다는 그의 심약하고 무력한 태도를 먼저 떠올리곤 한다.

한편 이런 세상에서 나 혹은 타인들이 살아가는 모습은 크게 두 가지 꼴에서 벗어나지 않는다. 마치 열병에 들뜬 사람처럼 지나치게 발랄하거나 자신감에 넘쳐 살아가는 이들이 한편에 있다. 다른 한편에 누가 있는지는 굳이 가리킬 필요도 없을 것이다. 아무런 의욕도 없는, 곧잘 자살 충동에 빠지는, 남들이 이루어놓은 성취를 가로채기 일쑤인 쓰레기 같은 삶이 있다.

노동자들의 투쟁이나 빈민들의 항의를 빈정대는 목소리 안에서도 이런 생각의 흔적을 쉽게 찾아볼 수 있다. 인생을 "날로 먹으려는" 게으름뱅이나 "루저"들이라고 힐난하는 목소리에서 우리가 식별하는 것은 그런 저속한 욕설을 퍼붓는 이들을 덮누르는 자신에 관한 불안일지 모르기 때문이다.

이런 생각의 얼개 안에서 타인에 대해 내 삶과 운명을 같이하는 많은 이들이 있다는 자각으로 이어지기란 어려운 일이다. 또 우리의 삶을 지배하는 타인들을 뚜렷한 모습으로 그려낼 수 있는 힘도 잃어버린다. 투쟁하는 인간의 모습을 대신하는 것은 무력하게 자신의 고통을 증언하는, 마치 자신은 자신의 불행에 관해 무고하다는 것을 말하려는 데 진력하는 듯한 가난하고 헐벗은 이의 모습이다. 우리는 그것을 거의 매일 이른바 '휴먼다큐' 프로그램을 통해 쳐다본다. 그것을 보며 우리가 되돌려주는 것은 연민에 가득 찬 흐느낌이지 분노와 연대의 감정은 아니다. 그리고 사정은 좋아지기는커녕 더 나빠진다. 어쩌다 이런 일이 벌어지게 된 것일까. 이 책은 이런 물음을 더 깊이 파헤쳐보기 위해 씌어졌다.

이 책은 저자가 2004년에 연세대학교 사회학과 박사학위 논문으로 제출한 글을 다듬은 것이다. 그 사이에 5년의 세월이 흐른 셈이다. 그렇다면 응당 무언가 그 사이에 벌어진 한국사회의 변화를 감안한 덧쓰기를 해야 마땅하겠지만 달리 손을 대지 않았다. 어쩌면 그 사이에 숨 가쁜 변화들이 있었을 것이다. 그러나 무언가 엄청나게 바뀌고 달라졌을 것이라는 이런 생각보다 우리 시대에 특유한, 별난 태도도 달리 없을 것이다. 나는 그 사이에 크게 달라진 것이 없다고 생각한다. 외려 모든 현실을 '변화'라는 거울을 통해 식별하려는 강박보다 속물스러운 태도는 없다고 생각한다. 언제부터인가 우리는 자신이 옳다고 강변하고 싶을 때, "세상이 달라졌다"고 운을 떼는 말버릇에 익숙해졌다. 그렇지만 그것이야말로 가장 고답적인 자세처럼 보인다. 자신은 변화를 선구하고 있다는 허장성세를 드러내는 이런 뻔한 말투는 변화가 세상을 식별하는 무슨 대단한 원리인 것처럼 거들먹거린다. 하지만 내 생각에 이 글에서 다루려고 했던 한국사회의 짜임새는 크게 달라진 것이 없으며 외려 더 공고해졌다. 그래서 지난 5년의 변화를 굳이 보태지 않았다.

이 책을 쓰고 난 후 정권이 교체되었다. 국민의 정부와 참여정부가 물러나고 보수 세력이 정권을 차지하였다. 지난 10년을 만회하겠다고 지배집단은 으름장을 놓고 있다. 이러다 민주화 이전의 세상으로 돌아가는 것은 아닐까 하는 걱정이 큰 것도 사실이다. 공안정국이니 파시즘의 부활이니 새로운 독재체제니 하는 말은, 당장 어떤 형태의 정치적 저항도 용납 않겠다는 정권의 행태를 생각해볼 때 일리가 있다. 그러나 인권과 민주적 시민권의 정치는 자본에 맞서는 정치와 떼어놓을 수도 없고 떼어질 수도 없다. 어느 학자의 말처럼 자유와 평등은 병존하는 것도 보완하는 것도 아닌 같은 것이다. 한국사회가 신자유주의적 전환을 겪었다고 할 때 그것은 이런저런 정책과 제도, 법률의 변화를 가리키는 것이 아니다. 오히려 평등의 구속으로부터 해제된 자유, 평등의 실현이 아니라 그 반대의 방향을 향해 달리는 자유를 물려받게 되었음을 뜻할지도 모른다. 정치철학을 위한 글은 아니기에 이 책에서 나는 그것을 장황하게 말할 수는 없었고, 또 그럴 체면도 되지 못한다. 그렇지만 이 글이 우리 시대에 가장 어긋나버린 정치적 보편성 가운데 하나인 자유의 이상을 반성하는 데 보탬이 될 수 있다면 더 이상 바랄 것이 없다. 무엇보다 그것은 자본에 맞서는 정치를 되찾아내면서 지난 20년간 한국사회가 경유하였던 이른바 "민주화" 정치의 한계를 더듬어보는 일이 될 것이다.

이 책을 쓰기까지 도움을 받은 이들의 이름을 낱낱이 밝히기는 어려울 것이다. 무엇보다 논문을 지도해주신 조한혜정 교수님께 깊이 감사드린다. 그녀는 명철한 인류학자이자 여성학자이기에 앞서 나에겐 사려 깊은 삶의 스승이었다. 그녀는 아마 한국사회에서 가장 일관되고 투철한 진보적인 자유주의자일 것이다. 허술하고 감상적인 도덕적 자세를 넘어 사유하지 못하는 많은 젠체하는 진보적 지식인보다 그녀를 더 존경하는 마음은 앞으로도 변함없을 것이다. 더불어 논문 심사를 맡아주신 김현미 교수, 김창남 교수, 신병현 교수에게도 역시 깊은 감사를 드려야 할 것이다. 그들의 격려와 질책이 없었다면 이 글을 쓰기까지 겪은 주저와 혼란에서 벗어나기 어려웠을 것이다. 한편 이 논문을 구상하고 쓰는 동안 세미나에서 함께 생각을 나누고 토론해주었던 연세대학교 문화학과 대학원의 '문화와 경제' 수강생들에게도 고맙다는 말을 전해야 할 것이다. 익숙한 문화연구의 주제들에서 얼마간 벗어난 경제와 문화의 관계를 탐색하는 수업이었지만, 그들은 선뜻 낯선 글들을 함께 읽어주었고 또 열정적으로 토론에 참여해주었다. 그러나 잊지 않아야 할 이들은 당연 이 글을 미리 읽고 격려해주었던 많은 벗들일 것이다. 서둘러 출간할 작정으로 나는 이 글을 공개하지 않았고, 그 탓에 글을 읽고 싶었던 이들이 많은 불편을 겪었다. 그럼에도 귀찮은 수고를 마다않고 많은 이들이 어렵게 글을 구해 읽고 자신의 소감을 들려주었다. 또한 출간을 서두르도록 독촉하며 감히 보잘것없는 글을 책으로 묶어낼 용기를 북돋워 준 그들의 관심이 없었다면, 아마 이 책을 세상에 낼 엄두를 내지 못했을 것이다. 두 해 전 나는 방학마다 시간을 내어 원고를 모두 고쳐 쓰고 출판 준비를 마친 적이 있었다. 그러나 어이없는 이유로 원고를 모두 잃어버리고 다시 두 해를 미룬 지금에서야 책을 세상에 내놓게 되었다. 당장이라도 완성된 글을 줄 것처럼 너스레를 떨던 저자의 지루한 게으름을 끈기있게 기다려준 희진 씨와 표지 디자인을 맡아준 박 군에게 고마움을 전한다.

2009. 10

서동진

차례

책을 펴내며 7

프롤로그 새로운 자본주의는 어떤 사람을 빚어내는가 17

01 지식기반경제라는 경제적 가상

1. 변화의 담론, 담론의 변화 35
   경제적 가상의 재구성 | 노동주체의 주체성의 담론과 그 변형 |
   새로운 정치적 주체성의 형성

2. 지식기반경제의 경제적 주체 41
   구조조정과 새로운 경제적 가상의 등장 | 경제적 실재 대 담론적 현실 |
   지식기반경제 담론의 헤게모니

3. 한국 자본주의와 그 재현의 변화 56
   신경제에서 지식기반경제까지 | 지식기반경제라는 담론적 현실의 구성

02 자기계발하는 시민

1. 신지식인, 지식기반경제의 국민주체 75

2. 능동적 시민이라는 인적자원 86
   평생학습 하는 시민 | 경쟁력 있는 국민

3. 국민의 통치, 자아의 통치 116

03 유연한 노동주체

1. 자본의 유연화에 따른 노동주체의 변화 123
   유연화 담론을 넘어서 | 계급구성 또는 노동주체의 계보학 | 계급구성을 넘어서

2. 경영 담론과 주체성의 관리 135
   노동자에서 인재로 | 경제적 삶의 경영, 인간의 경영 |
   경영 담론의 생산과 소비 | 경영 담론의 헤게모니

3. 전략경영에서 인적자원관리까지 169
   전략경영 | 비전 | 균형성과표 | 목표관리제

4. 능력에서 역량으로 220
   능력의 계보, 자본의 역사 | 지능과 적성을 넘어서 | 역량모델링 |
   직무분석과 그 이후 | 경력개발 담론의 정치학 | 노동기계에서 역량기계로

04 자기계발의 의지

1. 한국의 자기계발 담론 263
   자기계발이라는 문화산업 | 성공학에서 자기경영으로 | 지식, 테크놀로지, 텔로스

2. 나는 기업이다 284
   자기경영: 자기의 문제화 | 1인기업가 | 기업가정신과 주체성의 지배

3. 자기의 테크놀로지 310
   자아의 과학 | 쓰기와 읽기―자기의 텍스트 | 시時테크

4. 자기계발하는 주체의 정치학 347
   자기계발의 의지 | 불확실성, 리스크, 자유 | 신자유주의와 자기의 지배

에필로그 자유라는 위험 371

주 378
참고문헌 405
찾아보기 426

● 표 차례　　표 1-1 지식기반 현황 지표들의 분석 69

표 1-2 우리나라 지식 관련 지표의 상대지수 70

표 2-1 신지식인 지수 체크 84

표 2-2 신교육체제의 주요 내용 90

표 2-3 국가인적자원 정책 목표와 추진전략 107

표 2-4 지식기반경제에 걸맞은 각 경제주체별 역할과 책임 109

표 2-5 생애능력의 네 가지 구성요소 113

표 3-1 시대 구분과 인재상의 유형 141

표 3-2 국내 기업의 인재상 146

표 3-3 우리나라 기업의 경영혁신기법 도입 동향 163

표 3-4 국내 주요 기업의 비전 180

표 3-5 택배사의 핵심성과지표 195

표 3-6 연봉제 도입 실태의 추이 211

표 3-7 시대별 역량의 변화 224

표 3-8 직무분석과 역량모델링의 차이 240

표 4-1 나는 과연 1인기업가가 될 수 있을까―적성을 알아보는 체크리스트 296

표 4-2 나의 경영 마인드 체크하기 315

표 4-3 핵심자아와 전문능력의 관계 321

표 4-4 사명서 쓰기의 사례 324

표 4-5 Gong's One Day Program―자기혁신을 위한 실천 프로그램 337

● 그림 차례　　그림 1-1 한국 기업가정신 지표의 추이 51

그림 3-1 한국기업의 상위 10대 경영혁신기법 도입 현황 168

그림 3-2 S사의 전략경영과 인재상 177

그림 3-3 인적자원관리전략 수립 프로세스 182

그림 3-4 경영계획과 MBO 215

그림 3-5 MBO 작성 서식 사례 217

그림 3-6 P사의 MBO 입력화면 218

그림 3-7 K사의 MBO 입력화면 218

그림 3-8 역량의 구성요소 233

그림 3-9 역량모델링의 과정 235

그림 3-10 P사의 역량에 기반한 인적자원관리 프로세스 238

그림 3-11 역량모형에 근거한 인적자원관리 247

그림 3-12 S사의 경력개발 프로세스 251

그림 3-13 S사의 자기계발계획 수립 화면 253

새로운 자본주의는
어떤 사람을 빚어내는가

　언제부터인가 서점에서 사람들이 가장 붐비는 곳은 '자기계발' 혹은 '자기관리' 서가이다. 이미 1980년대부터 이에 관련된 책들이 꾸준히 팔리기 시작해 1990년대 초반부터 이른바 자기계발이란 이름으로 묶이는 책들이 베스트셀러가 됐다. 그리고 1990년대에는 거의 매년 그해 최고의 베스트셀러를 자기계발 서적들이 석권했다. 많은 사람들이 1980년대를 "사회과학의 시대"라고 부르며 다퉈 『해방전후사의 인식』이나 『8억 인과의 대화』, 아니면 『어느 청년노동자의 삶과 죽음』 같은 책을 즐겨 읽었다면, 이제 2000년대에는 누구나 자신의 책꽂이에 『성공하는 사람들의 7가지 습관』, 『누가 내 치즈를 옮겼을까?』, 『폰더 씨의 위대한 하루』나 공병호, 구본형 같은 자기계발 전문가들이 쓴 책을 꽂아두고 있다. 2004년에는 『아침형 인간』이란 일본 자기계발 서적이 최고의 베스트셀러가 됨은 물론 상당한 소동을 불러일으키면서, 이제 '자기계발'이라는 용어는 거의 누구나 한 번쯤 들어본 말이 됐다. 그렇지만 한국사회를 휩쓸고 있는 자기계발 열풍에 대해 말할 때, 그것은 대개 전문화된 문화산업으로서의 자기계발 산업, 혹자의 말을 빌리자면 '퍼스낼리티 산업'personality industry이라 부르는 것에 제한되곤 한다. 곧 다시 살펴보겠지만 사실 자기계발이라는 것은 전문화된 지식, 상품, 테크닉으로 구성된 자기계발 산업에 머물지 않는다. 그것은 자아를 빚어내는 새로운 이상이 됐고, 신자유주의적으로 사회가 전환된 이후에는 우리가 살아가는 세계 거의 모든 곳에 자연스럽게 스며들어 있다. 그럼에도 '퍼스널 아이덴티티 컨설팅'에서부터 아침형 인간이 되도록 도와주는 습관형성 패키지, 다양한 심리학적인 테크놀로지를 이용한 자기계발 클리닉에 이르기까지 수많은 상품들이 이런 자기계발 문화산업을 통해 생산되고 소비된다. 이 새로운 문화적 서비스가 주체성 혹은 자기정체성이라는 상품을 판매하고 있고, 거의 셈하기 어려울 만큼 거대한 시장을 형성하고 있지만, 한국사회에서 이에 관한 분석을 찾아보기란 어렵다.

그렇다면 자기계발 문화로 부를 수 있는 새로운 문화적 현상이 지난 20여 년간 꾸준히 증가해온 것을 어떻게 정의하고 분석할 수 있을까. 자기계발이라는 문화 현상 안에서 만들어지고 유통되는 정보와 지식, 그리고 그에 관련된 다양한 테크닉을 어떻게 봐야 좋을까. 자기계발 문화를 생산하고 소비하는 이들은 누구이며 그들이 만들어내는 자기계발 담론은 과연 어떤 '자기'의 담론일까. 그리고 이것이 그간 한국사회가 변화된 모습과 관련이 있다면 그 관계는 어떤 것일까. '자기계발하는 주체'라는 모습을 한 자아가 경제적 삶을 비롯한 다양한 사회공간 속에 존재하는 '주체성'과 관련이 있다면 그 관계는 또 어떤 것일까. '전지구화' 혹은 '지식기반경제'라고 칭해지는 새로운 경제체제로의 이행과 자기계발 담론 사이에 어떤 관계가 있는 것은 아닐까. 만약 있다면 그 관계는 어떤 것일까. 나아가 자기계발 담론에서 그려내는 자기와 일터, 학교, 지역사회 등 다른 사회적 삶의 장에 놓인 주체성들은 어떤 관련이 있을까. 자기계발하는 개인이 자기를 관리하고 지배하기 위해 사용하는 지식과 자신을 변형하고 통제하기 위해 사용하는 다양한 테크놀로지는 일터, 학교, 지역사회, 가족 안에서 살아가는 일과 각기 어떤 의미 있는 관련을 맺을까. 이 책은 이런 의문을 떠올리고 그에 대한 답을 찾아가는 과정에서 시작됐다.

한국사회는 지난 20년간 급격한 변화를 겪어왔다. 그리고 그 변화의 가장 두드러진 효과 가운데 하나는 바로 '민주화'라고 할 수 있다. 그것은 민주적 기본권을 통제하는 억압적인 국가 통치에서 벗어나 정치적 자유를 확대하고, 분단체제를 빌미로 한 사법적이고 폭력적인 통제로부터 벗어나는 것이라고 흔히 생각되어왔다. 이를 어떤 이들은 '87년체제' 혹은 '민주화체제'라 부르기도 한다. 1980년대 이후 민주화 과정을 설명하려는 논리 가운데 가장 널리 활용됐던 것 가운데 하나는 바로 '국가와 사회의 변증법'이라는 것이다. 조금 어려운 말처럼 들리지만 이것이 가리키는 바를 거칠게 요약하자면 다음과 같다. 한국사회에서 민주화란 '권리'를 통한 것이든 이해관심의 '대표'를 통해서이든 아니면 시민사회의 더 많은 개입과 공적인 것의 확대를 통한 것이든, 모두 더 많은 권리, 더 많은 자유를 얻어내고 또 그를 통해 국가가 사회에 미치는 제약이나 억압으로부터 벗어나려는 것이었다. 그러나 이런 논리에 따를 때 우리가 마땅히 품을 수밖에 없는 의문이 생긴다. 민주주의가 '국가에 의한 사회의 억압'으로부터 벗어나는 것이라고 가정할 수 있다면 과연 국가가 더 많이 대표하고 중재하며 실현하기 위해 애써야 할 그 사회란 무엇인가. 단적으로 말해, 우리는 민주주의를 생각하기 위해 왜 '국가'와 '(시민)사회'라는 한 켤레의 말을 사용해야 할까.

이런 의문을 더욱 밀고 나가면 우리는 1980년대 이후의 민주화 과정이 바로 국가와 사회의 관계를 새롭게 매개하는 정치적 논리, 다시 말해 민주주의라는 정치적 논리를 찾아내려 했던 것이란 허술한 믿음으로부터 한 발짝 물러설 필요가 있을지도 모른다. 이는 민주화란 이름으로 진행된 일련의 사태가 민주주의와 관계가 먼 것이었다고 말하려는 것은 아니다. 외려 민주화는 사회란 무엇인가를 규정하려는 갈등과 투쟁의 과정, 다시 말해 국가의 제약에서 벗어나 자유롭게 대표될 수 있는 사회, 더 효과적이고 이롭게 관리되는 사회, 더 투명하고 충실하게 매개되는 사회, 바로 그 사회란 것의 정체를 규정하기 위한 과정은 아니었을까 감히 질문을 던져야 한다는 것이다. 이런 생각을 받아들인다면 민주화가 단순히 권리를 신장하고 확장하는 것이라는, 주권적이면서도 사법적인 관점에 머물러 있을 수는 없을 것이다. 중요한 것은 언제나 바로 그 민주화되어야 하는 사회란 무엇인가, 그 사회에서 펼쳐지는 삶을 규제하고 조정하는 형식은 무엇인가를 판단하고 또 헤아리는 것이기 때문이다.

이 책은 바로 그런 의문을 더 세밀하게 다듬어보고자 하는 생각에서 비롯되었다. 특히 이 책에서 나는 민주화 과정의 요체 가운데 하나로서 '사회의 국가화'를 염두에 둔다. 그러나 여기에서 사회가 국가화된다고 말할 때 이는 국가가 사회를 과도하게 지배하고 사회의 자율성을 저해한다는 뜻은 아니다. 사회의 국가화란 말을 듣자마자 흔히 익히 들어왔던 복지국가니 개발국가니 하는 것들을 떠올리기 쉬울 것이다. 이는 대개 광범위한 사회적인 삶의 영역을 국가의 행정, 복지, 교육, 치안 등의 문제로 포섭함으로써 국가가 지나치게 비대한 역할을 한다는 것을 이른다. 어느 사회에서나 국가는 개인의 건강과 수명, 영양, 취업, 안전과 같은 문제에서부터 국가의 성장, 발전, 안전, 번영에 이르는 광범위한 문제들을 어떻게 효율적이면서도 바람직한 방향으로 보장하고 관리할 것인가에 이르는 번다한 문제들에 관심을 갖는다. 그리고 이런 문제들을 국가는 정책, 제도, 관행, 규범, 지식으로 만들어내고 또 이를 구체적인 활동을 통해 실현한다. 그렇지만 여기에서 국가가 직접적으로 개입을 하는가의 문제나 또 어떤 전문지식, 정책, 예산, 제도 등을 수단으로 이를 실현하는가의 문제는 그다지 중요하지 않다고 할 수 있다. 더 큰 정부인가 더 작은 정부인가의 문제, 어떤 종류의 정부인가의 문제 등은 문자 그대로 그것을 결정적인 쟁점으로 만들어낼 수 있는 전제, 즉 사회the social란 것을 어떻게 인식하고 그려내느냐에 좌우된다고 볼 수 있기 때문이다. 따라서 사회의 국가화란 국가에 의해 사회가 장악되고 포섭되어버렸음을 뜻하지 않는다. 사회의 국가화란 자유주의자들이 국가와 사회의 관계를 바라보는 특유의 관점처럼 비대하고 관료화된 정부를 가리키지 않는다. 외려 우리는 사회적 삶이란 대표되고 관리되며 그것의 내재적인 욕구와 이해를 실현하기 위해 언제나 자신을 가시화하고 객관화해야 한다는 의미에서, 언제나 국가에 의해 규정된다고 말하고자 한다. 그런 점에서 국가가 사회로부터 파생되거나 사회에 기생하는 부가적인 필요악이라는 자유주의적 관점에서 벗어날 필요가 있다. 주류 사회과학에서 민주화를 관료적 권위주의니 개발독재니 하는 것에 대한 저항으로 해석하며 국가의 통제로부터 벗어난 시민사회의 성장과 확대를 운운하는 것이나 그와 짝을 이룬 시민사회니 시민사회운동이니 하는 논의도 역시 달리 생각해볼 필요가 있다.[1]

한국사회에서 민주화를 둘러싼 논의를 새롭게 조명할 수 있다면 이는 바로 이런 의문을 밀고 나가는 데서 시작할 수 있지 않을까. 그도 그럴 것이 민주화란 바로 국가에 의해 억압된 사회가 분출하고 자신을 표현한다는 가정에 근거하고 있기 때문이다. 우리는 이를 간단히 이렇게 요약할 수 있을 것이다. "민주화가 됐다. 과연, 국가의 억압과 통제, 제한으로부터 벗어난 지금 우리는 '어떤' 사회를 대표하고, 중재하며, 실현할 것인가? 그리고 이를 통해 우리가 지금 얻은 민주주의를 과연 어떻게 풍부하고 실질적인 것으로 만들어낼 것인가?" 그리고 이런 문제를 제기하고 또 그것에 대한 답변을 제시하는 과정에서 한국사회는 1980년대부터 현재까지 격렬한 변화와 갈등을 겪어왔다. 대통령 직선제를 얻어냈다는 사실은 대단히 의미심장한 것이며 그것을 둘러싼 정치적 함축 역시 상당한 것이다. 그렇지만 그것의 방향과 효과를 (신)자유주의적 개조로 헤게모니화했던 일련의 과정은 결국 방금 말했듯이 바로 '사회와 국가의 관계'를 재규정하는 것, 다시 말해 국가를 통해 중재되어야 할 사회라는 것의 윤곽을 한정하는 것이었다고 볼 수 있다. 그리고 마침내 1990년대 후반 이런 변화와 갈등의 과정은 어느 정도 해결되거나 소멸하면서 일정 정도 안정된 규칙과 체계를 형성하게 됐다. 우리는 그것을 87년체제의 민주화가 어떤 성격의 민주화일 것인지를 규정하는 연속적인 과정이었다고 생각한다.

이 책에서 나는 과연 한국사회는 어떤 '사회'를 발견했는지 물으려고 시도하지는 않았다. 민주화를 통해 더 많이, 더 깊게 실현될 수 있게 된 '사회'란 과연 무엇이었는가를 묻는 것은 매우 중요하겠지만, 이 책은 그런 질문을 더 풍부하게 만들 수 있을 만한 작은 물음에 매달린다. 그것은 바로 '주체' 혹은 '주체성'에 관한 것이다. 여기에서 말하는 주체란 다양한 얼굴을 하고 있을 것이다. 이를테면 그나 그녀는 정치적인 장 안에서 다양한 제도와 정책, 관행, 수단 등을 이용하거나 그에 의지해 자신의 사회적 생존을 영위하는 시민일 수도 있고, 자신의 물질적인 욕구는 물론 행복, 자유, 성장 등의 이상과 불가분하게 결합된 활동인 경제적 실천을 수행하며 살아가는 노동자나 기업가일 수도 있다. 혹은 육아, 교육, 부부관계나 다른 친밀관계를 통해 자기 인생을 설계하고 자신과 타인을 돌보며 살아가는, 흔히 사적인 것이라 부르는 영역에 놓인 개인일 수도 있다. 그 모든 주체는 각기 참여하고 관계를 맺는 영역에 따라 그것이 강제하거나 장려하는 행위코드와 규범에 맞추어 삶을 살아간다. 이런 서로 다른 주체는 행위를 하는 대상이나 종류가 각각 다름에도 불구하고 한 가지 공통점을 지닌다. 그것은 그 모두가 행위와 체험 속에 놓여 있다는 점이다.

각각의 주체는 서로 다른 대상, 행위의 규칙과 절차, 측정과 판단의 규범 혹은 상벌체계 등에 따라 살아가지만, 그것이 행위이자 체험이란 점에서 그 모두를 가로지르는 사고양식mentality에 의존한다. 그러므로 사회를 어떻게 인식하고 해석하며 그것에 어떤 영향을 미칠까 하는 문제를 따지는 것이 아니라, 사람들이 자기 삶을 대하고 행위하며 또 체험하는 방식에 어떤 변화가 나타나고 있는가를 분석하고, 그것의 효과로서 사회를 분석할 수 있다. 사회라는 객관적인 실체를 선험적으로 가정하는 것이 아니라 행위방식과 그것을 이끄는 규범이 만들어내는 효과로서 사회를 이해함으로써 사회가 어떤 모습을 취하고 있는지 그려볼 수 있을 것이다. 처음부터 대뜸 사회란 무엇인가를 묻는 데서 출발하는 것이 아니라 개인들이 어떻게 자기 삶을 인식하고 해석하며 또 자기 행위를 이끄는가를 이해함으로써, 좀더 추상적으로 말하자면 개인들이 어떻게 자신의 삶을 주체화하는가를 헤아림으로써, 우리는 어렴풋하게나마 사회라는 그림을 그려볼 수 있다는 것이다. 그런 점에서 사회가 어떻게 행위를 규정하는가를 묻는 것이 아니라, 개인들은 어떻게 자기 삶을 체험하고 어떻게 자신의 행위를 관리함으로써 자신이 대하는 바깥 세계와의 관계, 즉 사회를 상상하는지 물어야 한다.

물론 사회란 것이 관념적이고 자의적인 가공물이라 말하려는 것은 아니다. 선택, 경쟁, 책임 등의 사고양식을 떠나 경제를 상상하기란 어려울 것이다. 행복과 안전, 자유라는 윤리를 떼어놓은 채 개인의 삶을 이해한다는 것 역시 불가능할 것이다. 발전, 성장, 번영, 경쟁력 등의 개념과 무관한 것으로 국가의 행위를 파악한다는 것 역시 무리일 것이다. 따라서 개인이든 집합적 삶의 세계이든 그것이 행위의 주인으로서 어떻게 자신을 주체화하는가 하는 문제를 다른 각도에서 볼 수 있다. 자신을 주체화하는 과정이 벌어지는 대상이자 배경이란 점에서 보자면, 사회란 자신의 바깥에 서 있는 것처럼 보인다. 그렇지만 그것이 자신을 인식하고 체험하는 과정에서 이미 자신의 내적 세계로 매개되어 존재한다는 점에서, 사회란 내재적이기도 하다. 따라서 그것이 개인이든 아니면 더 크게는 국민이든 그런 다양한 형태의 주체들은 사회를 상상하고 구성해야 한다. 내가 '자기계발하는 주체'라는 것을 분석하면서 탐색하려는 것 역시 이와 멀지 않다. 이 책에서 나는 크게 세 가지의 주체 형태를 분석한다. 그것은 국가 통치의 대상으로서의 시민, 경제적 관리의 대상으로서의 노동주체, 그리고 일상적인 삶에서의 개인이다. 이는 각각 느슨하게 정치, 경제, 문화란 것에 대응하는 것일지도 모른다. 그러나 이 책에서 각각의 주체 형태를 선택할 때, 이는 세 가지 영역이 결정적으로 중요하다거나 사회의 결정적 구성 부분이란 가정에서 비롯된 것은 아니다. 이는 단지 편의적인 것에 불과하다. 이야기를 풀어가면서 더 분명히 밝히겠지만 이런 구분은 매우 불안정한 것일 뿐 아니라 사실상 그런 구분 자체가 단지 논리적인 편의를 위한 것에 불과하다. 어쨌든 이 책에서 나는 이런 세 가지의 주체 형태를 통해, 더 엄밀하게 말하자면 세 가지의 주체화의 방식과 그에 관련된 담론을 분석함으로써 민주화 이후 한국사회의 형상을 그려내려는 시도에 참여하고자 한다.

따라서 이 책은 지금 우리가 어떤 제도화된 정치, 경제적 질서나 제도 속에서 살아가고 있는가라는 물음으로부터 현재 사회의 모습을 그려내려 하지는 않는다. 또 문민정부에서 참여정부에 이르는 정치체제 변화에서 우리 사회의 모습을 상상하려 시도하지도 않는다. 나아가 개성과 자기실현을 중시하는 문화적 변동으로부터 우리 사회의 윤곽을 그려내려고 하지도 않는다. 이 책에서 나는 각각 서로 다른 사회적인 삶의 장에서 행위주체들이 자신의 삶을 어떻게 객관화하고 자신의 삶을 어떻게 체험하게 됐는지 분석함으로써, 그리고 그것들을 묶어주는 일반적인 사고양식을 추출해봄으로써 현재 우리가 살아가는 사회가 어떤 것인지 이해할 수 있는 실마리를 찾아보려 한다. 결론부터 말하자면 이 책은 자기계발하는 주체라고 요약할 수 있는 새로운 주체성의 형상으로부터 민주화 이후의 한국사회의 윤곽을 그려볼 수 있을 것이라고 주장한다. 1980년대의 구조조정에서부터 1990년대의 유연화에 이르기까지 경제의 변화는 경제적 삶을 주체화하는 방식에 있어 어떤 변화를 초래했을까. 민주화 이후 문민정부에서 참여정부까지 추진됐던 작은 정부, 개혁과 혁신에 이르는 일련의 변화는 시민으로서의 정치적 삶을 주체화하는 방식에 어떤 효과를 가져왔을까. 1990년대의 '신세대 혁명'에서 정점을 이뤘던 자기실현과 자기표현의 문화란 과연 개인들이 자신의 삶을 주체화하는 방식에 어떤 충격을 주었던 것일까. 이 책은 그런 것들에 주목하면서 그것을 관류하는 공통적인 특성이 '자기계발하는 주체'라는 새로운 주체화 양식에 있음을 보이고자 한다. 그리고 민주화 이후 한국사회의 변화를 인식하기 위해 무엇보다 이런 '주체성의 체제'를 분석하는 것이 중요함을 말하고자 한다.

주체성과 사회의 관계를 분석하려 할 때 내가 견지하는 입장이 무엇인지 좀더 분명히 하는 것이 좋을 것 같다. 후기근대 혹은 탈근대라는 개념을 통해 변화된 자본주의 사회를 정의하며 그것의 문화적 정체성을 분석하려는 작업들이 끊임없이 쏟아져 나온 바 있다. 그 가운데 많은 학자들이 자아정체성의 변화에 깊은 관심을 보여왔다. "자아, 자기정체성 그리고 개인적 주체성에 관한 관심보다 더 우리 시대의 사회이론의 향방이 명료하게 드러나는 곳도 없을 것"이라는 어느 사회학자의 지적처럼(Elliot, 2001 : 8), 사회·문화이론은 자아에 깊은 관심을 기울여왔다. 특히 앤서니 기든스, 울리히 벡, 마뉴엘 카스텔, 스콧 래시, 지그문트 바우만, 리처드 세넷, 마이크 페더스톤 같은 학자들은 '(인지적·심미적 등의) 성찰성', '개인화'individualization, '새로운 개인주의', '일상생활의 미학화' 같은 개념을 통해 후기근대 혹은 탈근대에서의 자아정체성을 분석했다.[2]

그런데 이런 탈근대 혹은 후기근대 자본주의 사회에서의 자아정체성에 관한 사회이론들을 따져보면, 적잖은 한계를 찾아볼 수 있다. 이들은 대개 탈전통화de-traditionalization, 기초적인 신뢰의 붕괴, 위험사회, 탈분화 de-differentiation 같은 개념을 통해 거시적인 사회적 특성을 정의하고 이를 개인적인 자아정체성의 변화와 결합시킨다. 그러나 거기에서 개인적인 행위주체가 자신을 만들어내는 과정을 규정하는 '사회적 현실' 혹은 '사회'란 것이 무엇인지는 정작 막연하기 짝이 없다. 그들에게 있어 사회란 곧 자아정체성의 변화를 통해 거의 자동적으로 연역되는 사회일 뿐이다. 그들은 사회가 변화하며 새로운 자아정체성이 형성됐다고 역설한다. 그렇지만 그들의 주장은 거칠게 요약한다면 자아정체성을 규정하는 사회적 조건은 또한 자아정체성에 규정된 개인들의 사회적 상호작용 그 자체라는 동어반복 혹은 자기반영성self-reflexivity의 악순환에 갇혀 있는 것처럼 보인다. 자아정체성을 형성하는 데 영향을 미치고 그를 규정하는 조건과 자아정체성을 형성하는 개인들의 선택이나 행위³를 따로 떼어놓을 수 없는 동전의 양면이라고 말할 수 있을지도 모른다. 그렇지만 이들은 양자 사이에 어떤 관련이 있는지에 관해 뚜렷한 설명을 제시하지 못한다. 이는 단순화하자면 '사회구성론'이라고 부를 수 있는 관점에 전반적으로 존재하는 맹점이라고 말할 수 있다. 사회구성론적인 관점은 주체성이 본성이나 운명, 이미 주어진 초월적·보편적인 정체성에 의해 결정되는 것이 아니라 역사적으로 우연적인 사회적 실천에 따라 제조되는 산물이라는 생각이라 요약할 수 있을 것이다. 그런데 사회구성론적인 관점에 따를 경우 개인들의 자기정체성을 형성하는 사회적인 실천이란, 그것이 구성한다고 가정하는 개인들의 실천과 그것의 효과로 환원된다. 따라서 사회구성론적 관점은 구성하는 주체와 구성되는 주체 사이의 관계 자체를 마치 사회와 개인 사이의 관계인 양 등치시킨다. 그리고 이로 인해 또다시 다음과 같은 한계가 파생되지 않을 수 없다.

두번째로 자아정체성에 관한 사회이론들의 한계로 들 수 있는 것은 이들의 입장이 주체성의 형성에 관한 분석을 주체성의 재현representation에 관한 분석으로 환원한다는 점이다. 그들이 말하는 자기정체성, 자아, 주체 성이란 개인적 행위주체들이 자신의 삶을 해석하고 평가하며 인식하는 관 념, 태도, 의식에 다름 아니다. 그런 점에서 그들은 '우리 시대의 개인들이 자신의 삶을 해석하고 평가하며 인식하는 방식에 있어 어떤 변화를 꾀하 고 있는가'를 분석하겠다고 하지만, 정작 그들이 분석하는 것은 '개인들이 자신의 삶을 어떻게 재현하는가'에 머물지 않을 수 없다. 따라서 그들이 분 석하는 자아, 자기정체성, 주체성이란 심리적인 개인들이 자신들의 삶의 의미를 어떻게 인식하고 반성하는가에 대한 문제로 환원되고 만다. 끊임 없이 자신의 정체성을 수정하고 변형하는 새로운 조형적인 자아plastic self 가 출현한다고 말할 때(기든스, 1997), 그런 자아가 직면하는 삶의 세계는 심리적인 개인의 의식 속에 표상된 세계일 뿐이다. 그러므로 자기정체성, 주체성, 자아를 형성하는 과정은 자신을 반성하는 의식적 주체, 심리적 개 인이 가진 관념, 의식의 변화와 등치되어버린다. 이런 점에서 "우리가 생 각하기에 정체성의 변형이란 문화의 차원이나 자아에 관한 관념들의 역사 history of the ideas란 견지에서 연구되어선 안 된다. 정체성의 계보학은 인 간에 영향을 미치는 실천들과 그런 실천들을 뒷받침하는 특정한 존재 영 역과 사유체계 내에서의 인간 행위를 설명해야만 한다"고 밀러와 로즈가 말할 때, 이는 성찰적 자아정체성을 주장하는 사회이론에도 적용할 수 있 을 것이다(Miller & Rose, 1995 : 428).[4]

　　그리고 이런 점들로 인해 기존의 사회이론은 자기정체성을 자본주의 사회에서 주체성의 형성, 주체화의 실천의 결정적 계기인 노동 혹은 일과 분리시켜버린다. 비록 노동이 일차적인 계기가 아니라고 인정한다 치더라 도, 일의 세계에서 형성되는 정체성과 다른 삶의 장에서 작용하는 정체성 사이에 어떤 상관이 있는지 밝혀야 하지 않을까. 그렇지만 이들의 주장에서는 일터에서의 주체성의 생산과 자기정체성 사이의 연관이 전혀 설명되지 않거나, 설사 설명되더라도 개인주의적 문화(벡)나 소비주의적 문화(바우만)라는 추상적인 문화적 가치의 변화를 통해 언급될 뿐이다. 이른바 '유연화'라고 부르는 급격한 전지구적 자본주의의 변화 과정에서 노동과 노동자의 정체성에 어떤 변화가 나타나고 있는지에 관한 수많은 분석이 있었다(Zuboff, 1988 ; Boyett & Conn, 1992 ; 위맥·존스·루스, 1991 ; 라이시, 1994 ; 2001 ; 2003). 이 가운데 가장 떠들썩한 반향을 일으킨 입장은 이른바 탈노동사회론을 대표하는 이론가들의 주장이라 할 수 있을 것이다. 제러미 리프킨의 '노동의 종말'이라는 선언적인 주장에서 노동사회로부터 문화사회로의 이행을 주장하는 앙드레 고르의 입장에 이르기까지, '탈노동사회' 담론들은 더 이상 노동이 주체성의 일차적인 배경이자 근거가 될 수 없음을 역설해왔다(리프킨, 2006 ; Gorz, 1999). 한편 이와는 반대되는 또 다른 극에서는 포드주의적 자본주의 단계에서 일반화됐던 노동의 정체성이 사라지고 있을 뿐, 새로운 노동주체성이 등장해 지배적인 역할을 하고 있다고 주장한다. 그들은 포스트포드주의의 체제에서는, 혹은 얼마 전 상당한 호응을 얻었던 네그리와 하트 같은 이들이 사용하는 표현을 빌리자면, 생정치적인bio-political 생산의 체제에서는 일과 일 아닌 것 사이의 경계란 존재하지 않으며, 일하는 삶과 일하지 않는 삶 사이의 구분 역시 더 이상 불가능하게 됐다고 역설한다. 그리고 그들은 이제 자본주의는 노동을 지배하는 것이 아니라 삶 자체를 지배하고 있다고 강조한다(네그리·하트, 2001 ; Negri, 1989 ; Lazzarato, 2002 ; 2004). 그러나 위의 주장들은 '노동의 소멸'에서 '노동의 충일充溢한 편재'라는 각기 상반된 입장을 제시함에도 불구하고, 엄밀히 말하자면 공통된 전제에 근거한다고 말할 수 있을 것이다. 그들 모두 노동 혹은 생산이라는 사회적 실천과 '노동하는 주체의 인간학'에 근거해 세계를 재현하는 근대적인 사회적 인식론을 거부할 필요가 있음을 역설한다. 어느 주장을 쫓든 노동하는 삶과 자기정체성 간의 관계에 심대한 단절이 생겨났음을 강조한다는 데 있어서는 다르지 않다. 그럼에도 불구하고 그들의 분석은 노동 정체성의 변화와 노동하는 주체의 자아 사이에 어떤 관계가 만들어지고 있는지에 관해서는 별 관심을 보이지 않는다. 간단히 말하자면 그들은 새로운 자본주의 체제에서 노동이란 대상을 어떻게 상징화하는가를 분석하지만 노동과 노동주체가 맺는 관계에 관한 분석은 소홀히 하거나 무시한다(Miller & Rose, 1990 ; 1995 ; Rose, 1990 ; 1998a ; 1999a).[5]

한편 변화된 자본주의 체제에서 노동하는 주체의 정체성을 분석하는 대표적인 사례들은 '노동윤리', '일의 문화'란 측면에서 이뤄진 연구들이라 할 수 있다. 이들의 작업은 대개 베버주의적인 관점에 따른 것이라 할 수 있는데, 이중 단연 돋보이는 연구 성과는 볼탄스키와 시아펠로가 프랑스에서의 '새로운 자본주의 정신'을 분석한 작업이나, 토머스 프랭크가 미국에서 등장한 1960~1970년대의 반문화적 혁명 혹은 새로운 세대 문화가 어떻게 새로운 자본주의 이데올로기의 원천을 만들어냈는가를 분석한 것이라 할 수 있다(Boltanski, 2002 ; Boltanski & Chiapello, 2005 ; Frank, 1997 ; 2000). 특히 볼탄스키와 시아펠로는 1968년의 문화혁명으로 상징되는 격렬한 문화변동 이후 기존의 자본주의적 주체성을 지배해온 노동윤리가 사라지고 이를 대신해 신경영 이데올로기new management ideology라는 것이 들어서는 과정을 분석하면서, 이를 '새로운 자본주의 정신'New Spirit of Capitalism이라 명명한다. 이 외에도 벡, 바우만, 세넷이 시도한 새로운 일의 문화에 관한 분석 역시 중요한 작업이라 생각할 수 있다(벡, 1999 ; Bauman, 1998 ; 2001 ; 세넷, 2000).

또 노동의 정체성을 규정하는 새로운 경제적 관행이 등장하면서 일터 안팎에서 노동하는 주체를 지배하는 권력 및 그 테크놀로지가 어떻게 변화했는지 분석하려는 시도 역시 꾸준히 등장하고 있다. 이런 분석들은 일터를 재편하는 과정에서 새로운 경영 테크놀로지들이 어떻게 '자기'의 담론들과 결합하며 노동자의 정체성을 형성·변형하는지 분석한다. 대개 푸코(주의)에 영향을 받은 이들의 분석은 기존의 노동과정론의 한계를 넘어 노동과 자기의 주체화의 관계를 적극적으로 연계시키려 한다는 점에서 눈여겨볼 가치가 있다(Townley, 1993a; 1993b; 1994; 1995; 1996; du Gay, 1996; 1997; Salaman, 1997; Marsden, 1999). 이런 연구들이 다루는 대표적인 주제들을 꼽아보자면 노동을 기술적으로 조직하는 방식이 변화하면서 노동자들을 어떻게 새롭게 주체화하는가, 일터 안에서 노동자들의 사회적 상호작용을 조직하는 방식은 또 노동자들의 자기정체성을 어떻게 변형하고 있는가, 일의 정체성이 변화하면서 유능하고 생산적인 노동자를 만들어내기 위해 활용되는 지식과 기술들은 어떻게 생산되는가 등을 들 수 있을 것이다. 이런 연구들은 기존의 노동과정론으로 대표되는 일터에서의 주체성 분석을 뛰어넘는다는 점에서 중요한 진전이라고 할 수 있다.[6]

　일터에서 주체성을 지배하고 관리하기 위해 생산된 수많은 경영 담론과 테크놀로지, 예를 들어 기업문화corporate culture, 권한위임empowerment, 경력개발career development, 연봉제를 위시한 성과배분제performance-based reward, 다면평가제와 목표관리제Management by Object, MBO 등의 성과평가체계, 인적자원관리 등은 항상 '자기'를 겨냥한다. 그런 점에서 일터에서의 경제적 주체성의 생산과 지배는 '자아'의 생산과 지배란 과정과 불가분한 것이다.[7] 그러나 위의 분석들은 일터에서 노동주체의 자기-관리 및 지배의 담론과 테크놀로지의 특성을 분석할 때, 이를 새로운 경영 합리성을 표현하는 것으로 환원되는 경향이 있다. 즉 그것은 간단히 새로운 경영전략의 이데올로기로, 자본의 새로운 합리화된 의도의 표현으로 간주된다. 그 결과 노동주체의 주체성을 형성하는 새로운 담론적 체제는 간단히 새로운 문화, 새로운 의식의 표현이 되어버린다.

그렇지만 노동하는 주체가 자신과 맺는 관계, 그리고 이를 규정하는 담론은 비단 일터에서의 경제적 삶에 국한되지 않는다. 그것은 푸코의 표현을 빌리자면, 새로운 정치적 합리성을 구성하는 핵심적인 담론이라고 할 수 있다. 여기에서 말하는 '정치적 합리성'에서의 정치란 정치, 경제, 문화 등 사회적인 하위체계 가운데 하나로서의 정치가 아니다. 그것은 다양한 사회체계들을 구분함은 물론 그들 사이의 관계를 조정하는 기저의 권력power이란 의미에서의 정치이다.[8] 따라서 그런 권력과 주체의 관계는 단순히 새로운 경제적 합리성의 목적과 이상에 따른 지배로 환원할 수 없다. 또 생산하는 삶에서 주체성의 관리와 지배는, 다른 사회적 삶의 장場에서 주체성을 형성하는 사회적 실천과 떼어놓을 수 없다. 그렇게 볼 때 일터에서 노동자를 주체화하는 방식과 더불어 노동자들이 자기를 관리하는 방식을, 다른 사회적 삶에서 자기의 주체화와 잇는 고리를 분석하는 작업이 필요하다. 그리고 이런 보이지 않는 고리를 만들어내는 권력이 무엇인지 분석해보아야 한다. 그래야만 자본주의 체제의 변화를 단순히 노동주체의 경제적 지위의 변화나 노동주체에 대한 기술적·사회적 관리 방식의 변화로 환원하거나, 이를 단순히 협소한 뜻에서 이데올로기적 변화, 문화적 가정의 변화로 환원하는 위험을 피할 수 있을 것이다.

지금까지 나는 새로운 자아정체성과 변화된 자본주의의 관계를 밝혀볼 수 있는 분석적인 가정을 검토하고자 했다. 이를 위해 먼저 자아정체성의 변화를 통해 '탈근대'사회의 새로운 특성을 분석하고자 시도했던 사회·문화 이론, 특히 '성찰적 자아'라는 입장에서 현재의 자아정체성을 분석하려는 이론들에 어떤 난점이 있는지 짚어보았다. 그런 접근이 지닌 주요한 결함은 자기정체성을 형성하는 개인적 주체와 사회의 관계를 명쾌하게 밝히지 않는다는 점, 자기정체성을 선택하고 조형하는 주체를 심리적인 개인으로 환원한다는 점, 그리고 다양한 사회적 삶, 특히 탈근대사회의 경제적인 삶 혹은 노동이 자기정체성 혹은 주체성을 어떻게 조건 짓는가를 분석하지 못한다는 점 등에서 찾아볼 수 있다. 한편 이와는 구별되는 분석, 특히 새로운 경제체제의 등장과 일터에서의 삶의 변화를 분석하면서, 그것이 어떻게 새로운 주체성을 형성하고 지배하는지 조명하는 연구 성과들에 대해서도 검토하고자 했다. 이런 분석들은 일터에서 주체를 지배하는 새로운 규칙과 질서가 등장하고 있으며 그것이 자기를 관리하고 지배하는 새로운 자기의 담론들을 통해 작용한다는 점을 보여준다. 그런데 앞의 입장들과는 달리 이런 분석들은 새로운 경제적 합리성, 혹은 새로운 경영 담론의 결과로 새로운 주체성의 형성을 환원해버림으로써, 자기의 주체화가 전체 사회적 행위의 장을 관류하는 주체화의 권력이자 테크놀로지의 효과, 즉 새로운 정치적 합리성의 효과란 점을 간과한다.

글머리에서 언급했던 자기계발의 문화란 새로운 문화산업이자 대중문화로서의 자기계발을 가리키는 것이기도 하지만, 동시에 일터에서 새로운 노동주체를 형성하고 관리하는 주체화의 권력과 담론이기도 하다. 그리고 이런 자기계발 문화는 학교, 지역사회, 정부라는 다양한 사회적 삶의 장에서 역시 생산되고 소비된다. 신교육체제와 제7차 교육과정으로 대표되는 지난 20년간 한국 교육체제의 변화과정을 관통하는 하나의 핵심적인 언표는 '자기'라고 할 수 있다. 숱한 논란과 갈등을 거치며 시행되고 있는 교육체제의 주체성의 정치학은 수동적이고 타율적인 '교육 주체'로부터 '자기 주도적인 학습의 주체'로 학생-주체성을 변형시키는 것이라 할 수 있다. 그것은 이른바 '학교사회'로부터 '학습자의 사회'로의 변화라고 말할 수도 있다. 국가 주도의 권위주의적 산업화, 개발연대, 아니면 종속적 국가독점 자본주의 발전, 그 무엇이든 한국 자본주의의 경제적 현실과 국가의 관계를 조정하던 핵심적인 전략과 정책은 '경제개발계획'이었을 것이다. 그렇다면 지난 20년간 한국 자본주의의 축적위기를 구조조정하면서 경제적 현실과 국가의 관계를 규제하기 위해 등장한 핵심적인 전략과 정책은 '국가 인적자원개발기본계획'이라고 할 수 있다. 국가인적자원개발기본계획이라는 담론 안에서의 시민적 주체란 누구인가. 그것은 미리 말하자면 '자기계발하는 시민', 지난 몇 년간 국가에 의해 끊임없이 선전됐던 언표를 사용하자면 '자율과 책임의 시민'이라고 할 수 있다. 따라서 시민-주체성의 변화역시 자기라는 언표를 경유하며 생산된다. 이처럼 매우 이질적인 사회적 삶의 장에서, 복잡하고 다양한 제도·정책·전략 내에서 언제나 유령처럼 '자기'라는 주체의 모습이 출몰한다.

그렇다면 이런 '자기'라는 언표가 범람하는 현상을 어떻게 이해해야 좋을까. 그리고 이런 자기란 언표들은 어떻게 수렴하고 상호작용하는 것일까. 그리고 이는 권력의 모델을 어떻게 구성하는 것일까. 이런 질문들에 답하고자 한다는 점에서, 이 책은 한편으로 '자기계발하는 주체의 계보학'이라고 할 만한 작업의 시도일지도 모른다. 일상적인 대중문화의 공간에서 강박적으로 자기계발의 문화상품을 소비하는 개인적 소비자의 모습을 거쳐, 지난 20년간 일터에서 등장한 새로운 노동주체의 모습을 떠올리고, 여기에서 다시 시민으로서의 삶을 규제하는 새로운 권력의 형태가 출현하고 이것이 부과하는 새로운 주체의 모습을 발견하는 것. 따라서 자신을 계발하기 위해 열정을 쏟는 개인적 주체의 계보를 추적하며 지난 20년간 한국사회의 급격한 변화의 과정에서 어떤 주체화의 권력이 등장했는가를 분석하는 것. 이것이 이 책의 과제이자 목표가 될 것이다. 그렇지만 이런 분석이 최종적으로 겨냥하는 것은 새로운 형태의 신자유주의일지도 모른다. 어느 글에서 부르디외는 신자유주의를 일러 "개인의 자유의 소망 아래 세워진 이 경제질서의 궁극적 토대는 사실상 실업, 불안정취업, 해고 위협에 의한 공포 등의 구조적 폭력"(부르디외, 2004: 141)이라고 말한다. 이때 그가 고발하는 것은 실업, 불안정, 해고라는 객관적인 현실이 아닐 것이다. 그것은 언제나 있었던 평범한 객관적인 현실이기 때문이다. 정작 중요한 것은 바로 그것이 '자유'의 소망 위에 세워진다는 것이며, 그것이야말로 역설적으로 '구조적 폭력'이라 할 수 있을 것이다. 부르디외 역시 아마 그런 역설적인 현실에 전율했을 것이다. 자유와 폭력이라는 양립할 수 없는 것처럼 간주되는 것들 사이에 놓인 기묘한 조화, 개인들의 자유로운 삶에의 의지, 자신을 돌보고 향상시키려는 의지를 통해 작동하는 권력, 즉 주권적인 지배자의 모습으로 자신 위에 군림하는 것도 아니고, 훈육과 규율의 규칙과 질서를 통해 규범화의 권력을 부과하는 것도 아닌 새로운 권력, 그것이 신자유주의라고 할 수 있다면, 이 책 또한 바로 그 신자유주의를 향한 분석의 주춧돌을 놓고자 할 것이다.

지식기반경제라는 경제적 가상

1. 변화의 담론, 담론의 변화

경제적 가상의 재구성

"평생직장의 시대는 끝났다. 이제는 평생직업의 시대, 평생고용의 시대이다", "교육의 사회는 끝났다. 이제는 평생학습의 사회이다", "근력의 시대는 끝났다. 이제는 지력의 시대이다", "인사노무관리의 시대는 끝났다. 이제는 인적자원의 시대이다", "연공서열의 관료적 체제는 끝났다. 위계를 파괴하라. 혼돈과 반란을 도입하라". 끝없이 이어지는 새로운 시대의 선언과 처방. 지난 20년간 한국사회에서 이런 선언과 처방은 끊임없이 등장하고 교체되며 또한 증폭되어왔다. 앞의 선언과 처방들은 다양한 담론의 자장磁場에 걸쳐 있다. 이는 크게 세 가지 영역에 걸쳐 있다고 할 수 있을 것이다.

먼저 경제적 현실economic reality을 재현하는 담론들이 심대하게 변형되고 또한 재구성됐다. 여기에서 말하는 경제적 현실이란 담론적인 매개를 통해 구성되고 정착된 대상을 가리킨다. 경제적인 담론에 앞서는 경제적 현실이란 없기 때문이다. 따라서 경제에 관한 새로운 담론이 등장한다는 것은 그것이 잘 차려지고 완결적이며 자기충족적인 과학적 지식(경제학, 경영학 등)의 형태로 나타나든, 다양한 정치적 전략과 선택의 담론 속에서 병행적으로 등장하든(개발, 발전, 성장, 균형, 일류국가, 선진화 등의 정치적 이상과 결합해 재현되는 경제적 실재), 아니면 효과적이고 효율적인 경제적 주체가 무엇인지를 규정하는 전략과 목표를 통해 재현되든(초우량기업, 핵심역량, 창조적 계급 등) 언제나 담론적인 실천을 경유한다. 따라서 변화된 경제적 현실을 재현한다는 것은 언제나 푸코가 '담론의 질서'라고 부른, 혹은 제솝이 '경제의 기호학'이라고 부른 담론형성discursive formation과 함께한다(푸코, 1987 ; Jessop, 2004).

더 구체적으로 말하자면 이럴 것이다. 일정한 역사적 시기 동안 유지·재생산되던 경제질서 및 그것이 동반하는 사회적 실천의 체계가 위기에 직면하거나 '문제'로 여겨지게 될 때, 경제적 현실을 재현하는 언표와 그것의 체계 역시 급격히 변화하지 않을 수 없다.[1] 따라서 다음과 같은 물음이 불가피하게 떠오른다. "이제 우리는 어떤 경제의 시대에 살게 됐는가, 변화된 경제적 현실의 특성은 무엇인가, 성장과 안정을 위해 무엇을 해야 하는가, 분배 그리고 사회적 안전과 행복은 어떻게 보장되어야 하는가?" 그리고 이런 물음에 대한 답변을 제공하며 변화된 경제적 현실을 재현하는 새로운 지식과 과학, 즉 '진실'truth의 담론들이 출현하고 경쟁한다. 그것은 그저 객관적인 경제적 문제를 해결할 기술적인 대안을 제시하는 것이 아니라, 기존의 경제적 현실을 재현하는 담론 자체를 변형하고 수정하며 나아가 다른 담론으로 개정한다. 그 과정에서 경제적 현실을 재현하는 다양한 담론적 실천들이 담론의 장 안에 등장하고 경쟁을 벌인다. 이런 담론들은 복잡하고 다양한 경제적인 실천들을 새롭게 배치하고 질서지우며, 그것을 설명하고 분석할 수 있는 규칙과 원리를 제시한다. 그 결과 경제적 현실을 상대적으로 일관되고 안정적으로 재현할 수 있는 가능성을 지닌 담론들이 만들어진다. 따라서 경제적 현실을 재현하는 새로운 담론들의 네트워크, 푸코의 표현을 빌리자면 새로운 경제적 '언표군'(푸코, 1987; 1991; 1992)이라고 할 수 있는 것이 등장하면서, 경제적 현실을 그려낼 수 있는 앎의 가능성intelligibility을 만들어낸다.

그리고 이런 담론들은 다시 변화된 경제적 실재를 과학적으로 혹은 유효하게 재현할 수 있는 다양한 하위담론들과 연결되고 그로부터 자신의 진실을 인정받고 담론적인 효력을 증대시키게 된다. 하위담론들은 과학적인 지식의 형태로 등장할 수 있다. 하위담론들은 경제적 현실의 위기와 문제를 설명하고 해결함에 있어 경제학, 경영학 등 기존의 '과학' 및 유사과학적인 지식이 가진 한계를 비판하거나 교정함으로써 자신의 진실을 주장하고, 새로운 담론적 소우주를 만들어낸다. 경제적 현실을 표상하는 새로운 어휘, 용어, 개념들이 발명되기도 하고, 기존의 것들 가운데 어떤 것들이 특권화되기도 하며, 새로운 담론의 스타일이 만들어지기도 한다. 예를 들어 지식경제학 같은 경제학이나 지식과 인적자원을 상품 혹은 경제적 대상으로 재규정하고 평가·보호하기 위해 등장하는 법률적인 지식(이를테면 지적재산권, 글로벌 스탠더드, 지식품질 국제표준인 ISO 9000 같은 개념이 부상하고 정교화되며 국제적인 규범으로 정착하는 것), 그리고 그 같은 재현에 의거해 수행되는 경영 행위와 노동의 기술적·사회적 조직을 표현하는 다양한 지식들(인적자원관리론, 리엔지니어링, 식스시그마, 전사적 자원관리 Enterprise Resource Planning, ERP, MBO, 학습조직론, 지식경영론 등)이 등장한다. 이런 각각의 담론적인 실천들이 결합하고 서로 반향을 일으키며 경제적 현실을 포괄적으로 재현할 수 있는 가능성을 만들어낼 때, "경제적 가상"economic imaginary이 만들어졌다고 말할 수 있다(Jessop, 2004: 162

~163). 물론 경제적 가상이란 하나가 아니라 여럿이며 그 가운데 지배적인 지위를 얻게 된 것을 헤게모니적인 경제적 가상이라고 부를 수 있다. 이런 헤게모니적인 경제적 가상은 정부 및 초국가적인 기구(경제협력개발기구Organization for Economic Cooperation and Development, OECD, 국제통화기금International Monetary Fund, IMF, 세계은행, 세계무역기구World Trade Organization, WTO, 아시아태평양경제협력체Asia Pacific Economic Cooperation, APEC 등)가 채택하고 장려하면서 그 기관들의 정책과 행위를 선도하고, 숱한 개별적 및 집합적인 경제적 주체(전국경제인연합 같은 기업가 단체, 한국노총이나 민주노총 같은 노동조합 등)의 비전과 전략 역시 지배하게 된다. 지난 20년간 한국 자본주의를 지배한 헤게모니적인 경제적 가상은 바로 지식기반경제, 지식정보사회, 무한경쟁 시대, 디지털 경제 같은 것이라 할 수 있다. 물론 그것을 아우르는 말은 단연 지식기반사회란 개념이다.

노동주체의 주체성의 담론과 그 변형

한편 새로운 경제적 가상은 노동주체의 새로운 정체성을 표상하고 아울러 실제 생활을 지배하며 관리하는 관행들과 결합하게 된다. 일터 안팎에서 노동주체는 다양한 사회적인 삶을 살아간다. 그것은 노동주체를 사회적으로 결합시키고 관리하는 조직에서의 삶organizational life이고, 다양한 생산 도구나 수단을 사용하며 그것과 노동주체가 지닌 능력을 결합하는 기술적인 삶technological life이며, 또 노동주체가 행한 활동의 내용과 결과를 분절하고 평가·보상하는 '경제적인 삶'이다. 물론 이는 노동주체가 자신에게 부과된 정체성에 따라 자신의 삶을 관리하고 변화시키는 '자기의 삶'이기도 하다. 노동주체는 이런 다양한 사회적인 삶에 동시에 참여한다. 따라서 노동주체의 주체성을 표상하고 분석, 평가하는 매우 구체적이고 이질적인 지식들이 만들어져야 하고 또한 설득력을 가져야 한다.

　이 책에서 '일의 과학'이라고 부를 노동을 다루는 과학적 혹은 유사과학적인 담론들이 바로 그에 해당한다고 볼 수 있다. 그것은 노동의 특성과 가치, 측정과 평가, 보상 등에 관련된 지식을 생산하면서 노동 혹은 일을 둘러싼 정체성을 규정하게 된다. 그리고 이에 따라 노동을 기술적으로 혹은 사회적으로 편성하고 배치하는 다양한 규칙과 원리 역시 생산된다(예를 들어 유연화, 팀제, 네트워크 조직, 수평조직, 학습조직, MBO, 직능급제, 연봉제, 성과배분제 등). 이는 일터에서뿐 아니라 다른 사회적 실천의 공간(학교나 정부조직, 시민사회운동을 비롯한 비정부기구Non-governmental Organization, NGO, 나아가 종교기관 등)에 참여하는 주체들의 정체성 역시 재정의하고 이들의 생활을 지배하는 데 참여한다. 이를테면 일의 과학은 다음과 같은 물음을 던진다. "변화된 자본주의에 적합한 노동주체란 누구인가? 어떤 노동주체가 새로운 자본주의에 알맞은 생산적이고 유용한 주체인가? 그들을 어떻게 개발하고 조직하며 양성할 것인가?" 등. 따라서 변화된 자본주의를 인식하고 표상하는 새로운 경제적 가상이 제안되고, 또 그러한 가상들 사이에 경쟁이 벌어짐과 동시에 그에 부합하거나 조응하는 새로운 주체성을 생산하는 사회적인 실천이 이뤄진다.

　한편 이런 새로운 주체성의 담론은 노동주체를 지배할 수 있는 대상으로 객관화하는 것이기도 하지만, 노동주체가 자신에게 영향을 미치고 자신을 변형하고 개조하는 주관적인 실천으로 주체화되기도 한다. "인재가 되기 위해", "핵심역량이 되기 위해", "혁신의 주체가 되기 위해", "프리에이전트가 되기 위해", "1인기업가가 되기 위해", "포트폴리오 직장인이 되기 위해", "멀티플레이어가 되기 위해" 혹은 더 범박한 표현을 빌리자면 "몸값을 올리기 위해" 우리는 무엇을 해야 할 것인가. 노동주체의 새로운 정체성은 또한 노동주체의 개발, 향상, 성공에 관한 다양한 담론과 짝을 이루게 되고 노동주체는 그를 실현하기 위한 세부적인 지식과 테크놀로지를 통해 자신을 통제하고 관리하게 된다. 따라서 노동주체를 지배의 대상으로 만들어내는 과정은 이중적이다. 직접적인 노동과정에서 노동주체를 지배할 수 있는 대상the governable object으로 가시화하는 담론은 노동주체가 '자기'를 지배할 수 있도록 가시화하는 담론, 즉 '자기-통치'의 담론과 함께 출현한다. 노동주체를 둘러싼 이런 이중적인 담론은 각기 자율적이면서도 서로를 상호 규정하고 또한 강화하게 된다.

새로운 정치적 주체성의 형성

경제적 가상은 변화된 자본주의를 인식할 수 있는 가능성을 만들어내고, 그로부터 경제적 행위와 사태를 정의하고 해석하며 평가하는 도구와 기술적 수단을 마련해준다. 그리고 이로부터 노동주체의 주체성을 재현하고 지배하는 담론들, 물질적인 실천들 역시 형성된다고 할 수 있다. 그런데 이는 자율적이고 독자적인 영역으로 가정되는 '경제'란 것에 국한되지 않는다. 그것은 경제 외적인 영역을 재현하는 다른 담론들의 네트워크와 연결되고 접합된다. 따라서 새로운 경제적 가상의 출현 그리고 그에 상관된 새로운 노동주체의 주체성은 또한 다양한 담론들과 결합하고 서로 공명한다. 새로운 세대의 출현, 문화적 가치의 변동, 정치의 민주화 등을 비롯한 담론들이 이런 경제적 가상과 결합하고 그것을 지지하게 된다. 따라서 '신세대 직장인' 담론이나 '새로운 개인주의', '자기실현의 욕구' 같은 담론, 나아가 '탈권위주의' 같은 담론들 역시 경제적 현실을 규정하는 담론들과 긴밀하게 결합된다. 줄여 말하면 새로운 경제적 가상과 그것에 의존하는 노동주체의 주체성은 그에 대응하는 새로운 정치적인 이상과 결합한다. 그리고 이는 일상적인 삶에서부터 거시적인 국가 및 초국가적인 정치적 실천까지 지배하고 규정하게 된다. 다시 말해 새로운 경제적 현실의 담론과 새로운 경제적 주체성의 재현은 동시에 민주주의, 시민권, 문화적 이상 등의 정치적 담론과 결합하며 서로를 강화시켜준다. 그리고 각각의 담론 장르들은 계속 공명하면서 서로를 되비춘다.

2. 지식기반경제의 경제적 주체

구조조정과 새로운 경제적 가상의 등장

지난 20년간 한국 자본주의의 변화와 이행을 둘러싸고 다양한 담론들이 등장하고 경합을 벌여왔다. 그런 담론들은 지난 20년간의 한국 자본주의가 겪은 한계를 '문제'로서 구성하고, 또 이를 해결하거나 중재할 수 있는, 그렇지만 서로 경합을 벌인 다양한 전망과 전략을 제시했다. 1970년대 후반부터 시작된 한국 자본주의의 축적위기는 1980년대 초반의 일시적인 구조조정과 '3저(저유가, 저달러, 저금리) 호황'을 겪으며 개선되는 듯 보였지만 1990년대에 접어들며 더욱 심화되어왔다. 그리고 1990년대 후반, 특히 1997년의 외환위기를 정점으로 그런 축적위기를 해소하기 위한 대대적인 변화가 실행됐다. 그런 변화를 추진하기 위해 동원된 다양한 사회적 실천(국가의 개입, 초국적 기관의 강제, 자본의 선택 등)을 표현하는 가장 대표적인 용어는 뭐니 뭐니 해도 '구조조정'이었다고 말할 수 있다.

당연한 말이겠지만 구조조정이란 용어는 중립적이거나 객관적인 표현이 아니다. 왜냐면 어떤 언표이든 그것이 속한 언표의 집합, 즉 담론과 분리되어 존재할 수 없기 때문이다. 따라서 구조조정이란 언표 역시 경제적 실재에 관한 특정한 담론 그리고 이를 통해 다양한 사회적 관계를 규제하고 지배하는 전략 및 권력과의 관련을 통해서만 생각할 수 있다. 그러므로 한국 자본주의의 변형 과정을 표상하기 위해 구조조정이란 용어가 널리 사용되고 당연시됐다는 것은, 이미 자본주의의 경제적 현실을 표상하는 특정한 담론의 헤게모니를 채택하고 수용하는 과정이었다고 볼 수 있다. 물론 이는 그것이 단순히 자본가계급의 이해에 따라 경제질서를 재편하는 것이면서 마치 불편부당한 객관적 논리에 따른 것인 양 은폐하려는 이념적인 표현이라고 말하는 것은 아닐 것이다. 구조조정이란 작게는 일터의 차원에서 크게는 국민경제라는 차원에 이르기까지 다양한 경제적인 삶에서 나타나는 변화를 아우른다.[2] 예를 들어 개별적인 일터에서의 구조조정은 기업의 경제적 행위를 새롭게 문제화함으로써 가능해진다. 기업이 구조조정을 할 때 그것은 기업의 경제적인 활동을 새롭게 표상하는 담론들을 동시에 생산한다. 이를 단순화시켜 표현하자면 이럴 것이다. 고객이 중심이 되고, 글로벌한 경쟁이 이뤄지며, 정보통신기술이 보편적으로 사용되는 새로운 경제적 현실에서, 기업은 이제 어떻게 해야 살아남을 수 있으며 더 많은 가치를 생산하고 성공을 이룰 수 있는가. 이런 물음에서 이미 기업은 자신의 활동이 이뤄지는 경제적 실재를 새롭게 가시화하고 분절하고 있는 것이며 그에 관련된 지식들과 테크닉들을 활용할 태세를 갖춘 것이다.

그리고 이는 다시 기업의 경제활동의 목적을 둘러싼 신종 담론들과 결합된다. 이를 '더 많은 이윤을 위해', '더 높은 가치를 생산하기 위해', '더 높은 효율성을 위해'라는 뻔한 목적을 지향하는 것이라고 간단히 무시할 수 있을지도 모른다. 그러나 기업의 경제적 실천이 겨냥하는 목적을 단지 더 많은 부, 더 많은 이윤의 생산으로 축소하기란 어렵다. 이를테면 시장에서의 상품 가격에서부터 기업의 자산과 투자 가치에 대한 평가와 노동주체의 경제적인 활동을 가치화하고 보상하는 것에 이르기까지, 이 모두는 매우 세부적인 담론들과 그것과 연결된 테크놀로지들을 통해 구성되기 때문이다. 이제 기업의 '자산'에 대한 평가와 투자는 달라질 것이며,[3] 노동자의 생산활동에 대한 평가와 보상, 관리 역시 달라질 것이다.[4] 또한 시장에서 상품의 표현과 가치 역시 달리 나타나게 될 것이다.[5] 기업의 경제적인 삶은 단순히 생산과 소비의 순환 속에 존재하는 것이 아니라 기업의 경제적인 삶을 표상하는 수많은 담론, 그리고 그것이 설정하고 있는 목적과 그것을 실현하기 위해 사용되는 수많은 테크놀로지들을 통해 이뤄지게 된다. 따라서 기업의 구조조정은 매우 다양하고 복잡한 담론적인 실천과 함께 한다.

개별 기업에서의 구조조정은 리엔지니어링, ERP, 인적자원개발, 지식경영, 기업문화, 학습조직, MBO, 성과배분제 등 다양한 실천들을 선택하고 결합한다. 그것은 기업의 경제적인 삶이 이뤄지는 현실을 구성하고 그것의 목적을 새롭게 설정하며 나아가 경제적 주체들이 자신의 주체성을 변모시키는 다양한 사회적 실천들로 구성되는 것이다. 구조조정이란 결국 변화된 객관적 현실을 더 정확히 반영하고 그를 좇아 경제적 활동을 재편하는 추상적이고 일반적인 행위가 아니다. 재차 강조하지만, 구조조정이란 비록 개별 기업의 차원에서 일어난다 하더라도 경제적 실재에 관한 새로운 담론을 구성하고 그에 따라 경제적인 삶의 주체성을 변환시키는 일련의 사회적 실천이 발휘하는 힘을 가리킨다고 볼 수 있다. 앞으로는 이 점에 유의하며 1980년대 이후 한국 자본주의가 변화한 과정과 그것이 구조조정이란 이름으로 수행한 일련의 변화를, 경제적 실재의 담론적 생산이란 측면에서 살펴보기로 한다.

한국 자본주의의 본격적인 구조조정은 1997년의 외환위기 과정에서 IMF를 비롯한 미국 주도의 초국적 경제기구의 명령command[6]과 그것과 이해를 같이하는 국내 자본의 주도로 본격화되고 전면화됐다고 볼 수 있다.

이같은 변화가 필연적이거나 자연스러운 것이 아님은 명백하다. 그러나 외적으로 동구권의 붕괴에 따라 비자본주의적 발전의 가능성에 관한 전망이 무력해지거나 거의 불가능한 것으로 비치게 됐다는 점, 그리고 많은 자본주의 국가에서 다른 대안적 축적체제를 모색하는 데 실패하고 나아가 많은 기존 사회주의 정당들마저 제3의 길이란 이름으로 지식기반경제라는 발전의 길을 향해 다투어 나아가게 됐다는 점 등, 여러 요인들로 인해 지식기반경제는 자본주의 질서의 보편적인 운명인 것처럼 간주된 것 역시 사실이다. 나아가 한국 자본주의의 경우 심각한 대외의존성 그리고 소수의 독점자본을 중심으로 유지되어온 축적체제의 한계 때문에, 이런 지식기반경제로의 전환은 마치 자연적인 운명인 듯 여겨지게 됐다. 비록 '신자유주의적 구조조정 반대'라는 이름으로 계속된 투쟁이 있었지만, 그것은 부분적인 폐해를 지적하는 데 머무른 채 마치 노동운동이나 민중운동이 흔하게 제기하는 생존권적 요구를 다시 한 번 달리 표현하는 것처럼 여겨졌다.

알다시피 1980년대부터 점진적으로 심화되어왔던 한국 자본주의의 위기를 해소하기 위해 여러 가지 조처들이 행해졌지만, 이는 근본적인 한계에 놓여 있었다. 군사쿠데타를 통해 집권한 제5공화국 정권은 1970년대 후반 중화학공업에 대한 과도한 중복투자로부터 비롯된 위기를 해소하기 위해, 일시적인 구조조정을 시도한 바 있었다. 그렇지만 1980년대 중반의 3저 호황으로 인한 성장 호기를 맞이하면서 한국 자본주의 축적체제의 한계를 극복하려는 노력은 일시적으로 중단되고 말았다고 볼 수 있다. 특히 1987년의 민주화항쟁과 그를 뒤이은 노동조합운동의 비약적인 발전은 결정적으로 이런 변화를 제한했다. 제6공화국에 접어들며 문민정부가 내건 세계화란 슬로건에 따라 한국 자본주의의 위기 극복을 위한 구조조정의 시도가 부분적으로 이뤄지고, 국내 독점자본 역시 이른바 '신경영전략'이란 이름으로 다양한 변화를 시도했던 것은 사실이다. 그렇지만 그것은 이미 언급한 조건들 때문에 근본적으로 제한될 수밖에 없었다. 그렇지만 1997년의 파국적인 외환위기는 상황을 완전히 뒤바꿔놓았다. 강력해진 노동자계급의 조직적 저항으로 인해 제약되어 있었던 구조조정의 과정은 마침내 본격화된다. 소수 독점자본의 경영 방식의 변화에 한정되어 있던 구조조정이 전체 자본의 재생산 방식을 변화시키는 것으로 확장된 것이다. 그리고 이 과정에서 부실기업의 정리와 매각, 금융기관의 인수합병을 비롯한 전체 자본축적체제를 변화시키는 수술은 물론, 훗날 '유연화'란 이름으로 불릴 노동의 구조조정 역시 이뤄지게 된다. 이것이 단적으로 정리해고제와 파견근로제의 도입으로 나타났음은 주지의 사실이다.[7]

그런데 이런 구조조정 혹은 축적체제의 변화 과정은 또한 한국 자본주의의 경제적 현실을 재현하는 경제적 가상을 근본적으로 변화시키는 과정이었다. 다시 말해 이는 한국 자본주의가 선택하고 추진해야 할 축적과 성장의 모델을 도입하는 과정이었지만 이는 동시에 경제적 현실을 재현하는 담론들을 변형하고 재구성하는 과정이기도 했다. 이런 과정은 자본과 이를 지원하는 국가의 전략적인 선택 또는 강요를 통해 이뤄진 것이다. 물론 이에 대항하는 담론적인 실천이 전연 없었던 것은 아니다. 그렇지만 그것들이 변화된 자본주의에 대항적/대안적인 담론으로서 경쟁을 벌인 것은 아니었다. 따라서 초국적 기구의 강제에 의한 것이든 아니면 그런 변화의 이니셔티브를 지지하고 선택했던 국내 자본의 전략적 선택에 따른 것이든, 1990년대 후반의 '경제위기'와 '구조조정' 등의 '정치적' 언표는 한국 자본주의를 표상하는 담론으로서 유일한 지위를 누리고 있었다고 볼 수 있다.

물론 이는 비단 한국 자본주의에 한정된 것은 아닐 것이다. 현실사회주의가 몰락하고 더불어 반자본주의적인 사회운동 및 정치세력의 힘이 현저하게 약화되면서, 이런 전지구적인 자본주의의 변화와 새로운 경제적 가상에 맞선 저항은 오직 소극적인 부정의 형태로만 표현되어왔다. 예를 들어 전지구적인 차원에서 '반세계화'의 움직임이든 한국에서 1997년 이후 본격화됐지만 지극히 산발적이고 고립적으로 표현됐던 '신자유주의적 구조조정 반대'의 담론이든, 이런 대항 담론은 변화된 자본주의의 경제적 현실을 재구성할 수 있는 새로운 담론을 생산하는 데 실패하고 소극적인 반대와 거부의 담론에 묶여 있었다(대안연대회의, 2003; 민주노총, 1997; 서울노동정책연구소, 1995; 장상환, 1998; 2001; 문화연대·민주노총·민중의료연합·범국민교육연대·사회진보연대, 2003).

그러나 구조조정 혹은 유연화로부터 시작된 변화 과정은 이런 변화를 필연적이며 정상적인 과정으로 표상하는 경제적 가상을 폭발적으로 생산하여 거의 완벽하게 정착시키는 데 성공했다. 자세하게 재론할 필요가 없듯이 "건국 이후 최대의 국난"이든 아니면 개인들의 "생존위기"이든, 외환위기는 한국 자본주의를 새롭게 문제화하는 데 성공한다. 따라서 다양한 사회적 삶들을 효과적으로 접합하면서, 1980년대 초반부터 단속적으로 추진되어오던 구조조정의 시도를 제한하던 장애를 일순간에 걷어내는 효과를 발휘했다. 이제 한국 자본주의의 새로운 재편은 경기순환상의 위기에 맞닥뜨린 자본이 자신의 이해를 위해 요구하는 도구적이거나 기능적인 행위도 아니고 자본과 국가의 블록이 경제적 질서를 재편하기 위해 만들어내는 새로운 사회적 기획도 아닌 것으로 마침내 '승인'됐다. 따라서 새로운 자본주의적 변화의 길이 곧 정치적인 결정임에도 불구하고, 그것은 변화된 경제적 현실에 적응하기 위한 저항할 수 없는 필연적인 과정으로 받아들여지지 않을 수 없었다.

이런 새로운 경제적 가상의 출현은 '경제 패러다임의 변화', '성장 모델의 혁신', '발전체제의 변화' 등 다양한 표현을 얻게 된다. 이는 국가 연구기관이나 정부의 각종 부처, 위원회 등이 발표하는 백서·녹서 등 전문적인 경제학자들의 학술논문, 기업연구소나 싱크탱크 등의 보고서와 보도자료, 기타 간행물, 나아가 신문, TV 등을 비롯한 대중매체를 통해 폭넓게 선전되고 확산됐다. 그리고 그러한 언표들은 그 과정에서 경제적 현실을 표상하는 '정상적인 언어' 혹은 지배적인 기표signifier로 자리를 굳힌다.[8]

자본주의를 분석한다는 것은 언제나 분석하려는 대상에 관한 외면적인 표상이나 지시관계를 탐색하는 것이 아니라 그 대상의 정체성을 규정하는 사회적 실천을 헤아리는 것과 긴밀히 결합되어 있다. 그런 점에서 자본주의를 분석하고 제시하는 재현으로부터 독립해 존재하는 외적이고 자연적인 대상으로서의 '경제'the economy란 것은 애당초 있지도 않다.[9] 오히려 자본주의를 분석하려는 시도들은 모두 변화된 특성을 이해하기 위해 고려되거나 포함되어야 하는 분석 대상이라 할 만한 것을 새롭게 발명하거나 바깥으로부터 끼워 넣는다. 나아가 기존의 자본주의 분석의 대상으로 여겨지던 경제적 사실, 지표, 측정, 평가 역시 재배치되고 재분절re-articulation된다. 단적으로 기존에 경제적인 행위 혹은 경제적인 삶으로서 여겨지지 않았거나 분절되지 않았던 대상들이 새롭게 경제적인 실재로서 자격을 얻게 된다.

경제적 실재 대 담론적 현실

이를테면 1980년대 영미 자본주의가 겪은 침체와 위기를 해결할 유력한 대안은 일본식 경영이라는 주장이 유행하면서 기업문화 내지 국민문화에 쏠렸던 관심을 생각해보자. 미국의 경영학이나 비즈니스 담론들을 중심으로 폭발적으로 확산된 이런 담론들은 한국에서도 역시 폭발적으로 소비되기 시작했고 일본식 생산체제, 신경영 등의 주장이 유행했던 바 있다. 팀체제, 전사적 품질관리Total Quality Management, TQM 등과 같은 생산의 기술적 조직에 관한 경영 테크닉으로 수용됐건 아니면 일터에서의 조직생활을 관리하고 지배하는 경영 담론으로 소비됐건 그 여부와 상관없이, 그것들은 대개 직무 몰입, 동기화 같은 새로운 노동주체의 주체성을 재현하는 담론을 수반하고 있었고, 또 이는 일터에서의 삶을 새롭게 표상하고 통제하는 담론과 테크닉들을 담고 있었다.[10]

그런데 이런 관심을 정당화하거나 부추기며 마치 그것이 객관적인 진실인 것처럼 제시하는 데 널리 영향을 미친 매개적 담론들이 있었다. 그것은 여러 가지 경제사회학적 연구들이라 할 수 있다(Inglehart, 1977; 1997). 이런 연구 작업들은 국민문화와 경제적 삶 사이에 놓인 관계를 놓고 국제적인 비교문화연구를 수행하면서, 경제성장이 문화적 정체성과 깊이 관련되어 있다는 주장을 제시했다. 물론 문화적 태도가 경제적인 행위와 관련이 있다는 것이 새삼스런 주장은 아니다. 이미 경제인류학이나 경제사회학은 문화적 삶과 경제적 삶의 연관을 끊임없이 강조해왔기 때문이다(Granovetter & Swedberg, 1992; Callon, 1998; Graham, 1999; Pels, Hetherington & Vandenberghe, 2002; Biggart & Beamish, 2003; 공유식 외, 1994; 김중순, 2001; 최기춘, 2001; 허쉬먼, 1994; 폴라니, 1991; 1998a; 1998b; 신이치로, 2000). 그렇지만 문화적인 삶과 경제적인 삶 사이에 의미 있는 연관이 있다는 주장이 검증되려면, 다시 말해 그러한 주장이 기업의 구체적인 행위나 국가의 개입과 지원을 위한 정책적 실천을 통해서 검증되려면, 그 관계는 구체적인 테크놀로지로 객관화될 수 있어야 하고 또한 그것이 산출하는 효과를 측정하고 평가하는 객관성을 획득해야 한다. 그럼으로써 경제와 문화의 관련에 대한 의견은 현실적인 지식이 될 수 있으며 또한 다양한 사회적 관행 속에 물질화될 수 있다. 따라서 그것이 현실적인 지식으로 혹은 경제적 실천의 테크닉으로 전환되기 위해 상당한 조건을 충족시켜야 한다.

이런 과정을 설명해줄 수 있는 단적인 예로 근년에 등장한 '기업가정신'을 둘러싼 캠페인을 상기할 수 있다. 뒤에서 기업가정신에 관해 더 자세히 살펴볼 기회가 있으므로, 여기에서는 경제적 실재의 담론적인 구성과 주체성의 고안이란 측면에 한정해 이를 설명해보고자 한다. 기업가정신은 한국사회에서 '경영 마인드' 내지 '벤처정신'과 같은 다양한 이름으로 지난 20년간 줄기차게 역설되어왔다. 기업가 집단과 정부, 언론매체는 경쟁과 성장을 위한 비결로 기업가정신을 끈덕지게 강조해왔다. 또 이는 '경력개발'과 같은 일견 전문적인 용어로 표현되는 개인성personhood 담론 또는 자기계발과 같은 일상적인 대중문화 안에서 그에 걸맞게 재가공된 다양한 언어를 통해 부단히 확장되어왔다. 기업가정신이란 기업과 직장 안에 존재하는 권력관계를 숨기려는 목적을 겨냥한다. 거칠게 말하자면 기업가정신은 상사와 부하, 감독자와 노동자, 경영자와 사원처럼 위계화된 형식적 구분을 초월해 경제활동에 참여하는 사람이면 누구나 사업enterprise의 경영자라는 주장이라 할 수 있다. 기업가정신은 이를 통해 기존에 노사관계란 이름으로 자본과 노동 사이에 존재하던 대립관계가 불가항력적으로 표현되던 것을 넘어서려는 경영 이데올로기라 할 수 있다. 또 기업가정신은 다른 측면에서도 이해할 수도 있다. '반기업정서'를 불식시키고 '기업하기 좋은 환경'을 만들어야 현재의 경제위기를 돌파할 수 있다는 자본의 입장은 기업가정신을 통해 좀더 완곡하지만 매우 적극적이고 생산적인 전략으로 나타날 수도 있다. 탈규제란 이름으로 국가의 개입을 축소하고자 하는 자본과 국가 간 헤게모니 쟁투의 측면에서 보자면, 기업가정신은 또한 새로운 시민적 주체성의 모델을 생산하는 것이면서(모든 국민은 자신을 기업가처럼 대해야 한다) 동시에 자본가 집단과 국가의 관계를 재설정하는(국가는 기업가적 정부가 됨으로써 효율적이고 강력한 국가가 될 수 있다) 정치적 담론이기도 하다. 이처럼 기업가정신은 새로운 자본주의 체제 내에서 경제적 삶은 물론 다양한 사회적 삶의 주체성을 등가화하고 이를 연속선 위에 놓는다.

예컨대 2005년 초 대한상공회의소가 내놓은 보고서는, 기업가정신의 결여가 투자 부진과 활력 감소의 주요한 원인이라고 진단하며 이 모두가 기업가정신을 고취함으로써 해결될 수 있다고 역설한다(대한상공회의소, 2005). 그런데 이 보고서에서 특기할 점은 기업가정신을 경제 바깥에 있는 문화의 영역에 놓는 것이 아니라 경제적 실재의 일부로서 구성한다는 점이다. 그런 점에서 기업가정신은 문화적 가치가 아니라 경제질서의 내재적 사실로 자리바꿈을 하고, 이는 다시 구체적인 실증적 지표로 구체화된다. 이 보고서는 "기업가정신 지표(%)=(사업체 수 증가율+설비투자 증가율+민간연구개발비 증가율)/3"이라는 지표 혹은 계산calculation[11]의 도식을 제시한다. 그를 통해 기업가정신이란 지표는 한국 자본주의의 성장과 변화를 분절할 수 있는 '가시성의 조건'을 마련해준다. 즉 이런 지표를 통해 한국 자본주의의 역사적 변화는 새롭게 이야기될 수 있고, 경제의 역사를 말하기 위해 '읽혀야 할' 새로운 표면을 조직한다. 따라서 기업가정신은 한국 자본주의의 변화를 설명하는 하나의 변수를 덧붙이는 데 그치지 않고 한국 자본주의의 정체성과 그것의 역사적인 변화를 읽어낼 수 있는 새로운 인식 가능성을 만들어낸다.

따라서 **그림 1–1**은 한국 자본주의의 역사적인 변전變轉을 묘사하지만, 동시에 이는 경제적 삶에 참여하는 주체(성)의 활동을 그것과 접합하면서 자본주의의 역사를 재현하는 새로운 담론적 장르를 구성한다. 투자와 연구개발의 비용, 신규 사업체의 개수라는 것은 따로 떼어놓고 보면 의미가 큰 것은 아니지만, 그것이 기업가정신을 표상하는 지표로 채택되면 기업가적인 주체의 경제적인 삶 혹은 경제적인 행위를 재현하는 것이 된다. 따라서 자본주의의 성장과 침체는 각기 기업가정신의 변천으로 번역되며,

그림 1-1 한국 기업가정신 지표의 추이[12]

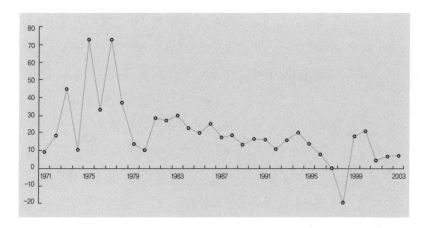

기업가정신은 이런 번역을 매개함으로써 경제와 주체성 사이에 놓인 관련을 설명하는 고리로서 부상한다. 그러므로 위의 그림은 자본주의의 경제적 현실이라는 것이 어떻게 변천했는지를 표상하는 거시적인 수준과 (위에서는 기업이라 할) 개별적인 주체는 어떻게 행위했는가를 표상하는 미시적 수준을 결합한다. 물론 이는 또한 한국 자본주의를 성장시키고 활력을 돋우기 위해 무엇을 해야 할 것인가를 알려주는 진단과 처방, 즉 목적론 혹은 '텔로스'의 담론이다. 결국 기업가정신은 막연한 정신적인 태도나 가치를 가리키는 것이 아니라 경제적인 삶의 논리로, 다시 말해 경제적인 사실로 변환되고 재규정된다. 여기에서 중요한 것은 단연 경제적인 삶과 주체(화)의 논리가 결합하면서 경제적 주체와 문화적 정체성이라 할 만한 것이 은밀하게 합성된다는 것이다. 이처럼 새로운 경제적인 삶의 주체를 구성하고 가시화하는 것, 그리고 그것을 변화, 혁신, 개발함으로써 더 능력 있고, 경쟁력 있으며, 역량 있는competent,[13] 초우량인excellent[14] 경제적 주체로 개조할 수 있도록 돕는 세부적이고 복잡한 주체화의 테크놀로지 역시 뒤따른다.

앞서 언급했듯이, 노동주체의 주체성을 형성하고 그것을 구체화하는 일련의 사회적 실천은 언제나 특정한 경제적 가상의 존재를 가정하지 않을 수 없다. 그러므로 지난 20년간 한국사회에서 노동주체의 주체성을 둘러싼 변화를 설명하고자 한다면 특정한 헤게모니적 경제적 가상의 출현과 지배를 전제하지 않을 수 없다. 반복해서 말하자면 여기에서 일컫는 한국 자본주의란 특정한 법칙을 관철하는 무차별적인 외적 현실로서 가정된 자본주의가 아니라 담론적인 현실 속에서만 존재하는 자본주의, 역사적인 담론 구성물로서의 자본주의라고 할 수 있다. 그것은 위기와 해결이라는 분석과 진단의 담론을 경유하면서 끊임없이 자신의 정체성을 변화시켜가는 자본주의일 수도 있고,[15] 성장의 모델과 그것의 변화라는 담론 안에서 재현되는 자본주의일 수도 있으며(재벌 주도의 수출 중심 고성장 모델에 따른 경제로부터 지식기반산업 중심의 저성장 모델의 경제로), 또는 자본과 노동의 특수한 사회적 관계와 그것의 재편이란 담론을 통해 재현되는 자본주의일 수도 있다(87년 노동체제에서 협력과 참여의 모델에 따른 사회적 파트너십으로).

그렇지만 각각의 담론들이 각축을 벌이고 대립하는 과정에서 특정한 담론이 지배적인 담론으로서 영향력을 발휘하고, 나아가 그것이 단순히 경제적인 실재에 대한 과학적인 표상으로서의 의미를 넘어 기업의 경제적인 행위와 정부 및 지역사회의 정치적 행위전략과 비전을 지배하게 될 때, 그리하여 개인들이 자아를 인식하고 지배하는 일상적인 행위의 담론에 효력을 미치고 그것을 규정하게 될 때, 이런 담론은 말뜻 그대로 헤게모니적인 담론이 된다. 따라서 프롤로그에서 강조했듯이 한국 자본주의의 재현 역시 어떤 분석과 진단, 계획이 정확하고 유효한가를 둘러싼 "진실의 투쟁"[16]이지만 동시에 경제 및 경제 외적인 삶의 세계를 지배하고 규정하는 담론적인 권력을 획득하기 위한 권력투쟁이라 할 수 있다. 자본주의에 대한 어떤 분석도 경제 외적인 사회적 실천을 어떻게 인식하고 그것을 어떤 방식으로 경제적 삶과 결합시켜야 하는가 하는 인식 가능성의 조건을 생산한다는 점에서, 경제적인 가상을 생산한다고 할 수 있다.

한국 자본주의의 객관적인 분석에서 압도적인 영향력을 행사함은 물론 미래의 성장과 발전을 둘러싼 통치 담론들을 지배하게 된 헤게모니적인 경제적 가상은 결국 지식기반경제라고 할 수 있다.[17] 지식기반경제란 한국 자본주의가 추구해야 할 성장의 모델이자 재편의 방향이면서 아울러 소급적으로 기존의 경제적 실재를 분석하고 해석할 수 있는 틀인 담론적 모체matrix가 되었다. 그것이 이전부터 미국식 구조조정 내지 개혁의 모델을 옹호하는 다양한 경제학자나 경영학자 같은 전문지식인 집단에 의해 유포되고 강변되어왔음은 사실이다. 그리고 OECD나 IMF, WTO, 세계은행 같은 초국적 기구 역시 다양한 경로를 통해 이를 소개하고 확산시켜왔음 역시 분명하다. 또 경제적인 삶을 재현하는 담론적 실천의 제도인 대중매체, 예를 들어 『월스트리트저널』, 『이코노미스트』, 『포브스』 같은 경제 관련 대중매체나 다양한 경영 관련 연구소와 NGO의 매체들(보고서, 리포트, 뉴스 등) 역시 지식기반경제란 용어를 선호해왔다. 그렇지만 그것이 한국사회에서 국가정책이나 시민사회의 다양한 활동을 지배하는 담론으로서 영향을 굳히게 된 것은 길게 보아 1997년의 외환위기를 전후한 시기로 볼 수 있다. 이 책에서 그런 지식기반경제의 담론적인 헤게모니가 형성되고, 또 그와 대립적인 경제적 가상이 갈등을 벌여온 과정을 자세히 분석할 수는 없다.[18] 단지 노동주체의 주체성의 구성과 관련해 지식기반경제라는 헤게모니적인 경제적 가상의 전개를 분석하는 데 한정하고자 한다. 이를 위해 몇 가지 예시적인 텍스트를 선택해 분석하고, 그것이 어떻게 기존의 노동주체의 주체성을 재현하는 담론을 변형하고 수정하게 됐는지 살펴보고자 한다.

지식기반경제 담론의 헤게모니

지식기반경제는 현재 자본주의를 표상하는 새로운 경제학설이나 경제 행위의 주체가 취할 선택이나 전략으로 환원될 수 없다. 그것은 새로운 경제적 실재를 구성하고 그것에 대응하는 새로운 경제적 주체성을 생산하는 가상假想, the imaginary이라 할 수 있다. 그런 점에서 그것은 다양한 사회적 삶 혹은 활동 가운데 일부를 경제라는 장 안에 포함(배제)하고 그렇게 함으로써 새로운 경제적 실재를 고안한다. 또 그런 경제적 실재를 인식 가능하게 하는 재현의 규칙과 질서를 만들어내는데, 이것이 다양한 경제적 담론들로 나타나게 된다. 따라서 지식기반경제는 새롭게 가시화된 대상으로서의 경제적 실재이며, 또 그것을 인식 가능하게 하는 재현의 조건으로서 다양한 담론들의 네트워크이고, 그런 담론적 질서에 따라 사회적인 삶을 살아가는 주체들에게 새로운 방식으로 자신의 정체성을 형성하도록 유인하는 주체화의 지식/권력이기도 하다.

이런 점을 감안할 때 지식기반경제란 헤게모니적인 경제적 가상이 언제 어떻게 등장했는지 정확히 확정한다는 것은 불가능할뿐더러 무의미한 일이라 할 것이다. 지식기반경제란 용어는 1996년 OECD가 작성한 보고서에서 처음 등장했으니, 이를 OECD가 '고안'한 개념이라 볼 수 있고, 그 기관에 속한 회원국들이 스스로의 성장 모델을 구상하고 표현하기 위해 이 개념을 널리 사용하기 시작했다는 것도 분명하다.[19] 그렇지만 그 보고서가 발표된 1996년이 지식기반경제라는 담론이 출현한 시점이라 말하는 것은 터무니없는 일이다. 이 보고서는 지속적인 성장과 저물가, 저실업이라는 1990년대 미국의 경제적 발전을 이상화하며 그를 분석해 얻어진 결론을 향후 모든 사회가 쫓아야 할 특권적인 성장 모델로 제시한다. 나아가 그런 미국적인 자본주의 발전 과정을 그 자체 새로운 경제적 질서가 출현한 것인 양 재현하기 위해 새로운 개념, 문제, 분석의 틀을 이용하고 동원한다. 이처럼 미국이라는 일국 자본주의의 변화를 일관된 역사적 담론으로 구성하고 그것을 특정한 경제적 모델의 표현으로 서사화함으로써 지식기반경제는 보편적인 경제 모델로 제안된다.

지식기반경제 담론은 다양한 과학적 지식들의 복합체들로 구성되어 있다. 지식기반경제는 경제학이나 경영학의 다양한 이론적 담론을 참조하고 인용함으로써 자신의 과학적 진실을 주장하곤 한다.[20] 또 카오스나 프랙탈, 복잡계 이론과 같은 물리학 이론이나 인류학적인 인식론,[21] 다중지능, 정서지능, 자기효능감, 몰입 등의 심리학적 개념, 학습조직·수평조직 등의 개념의 젖줄이 된 '상황학습' 등의 교육학적 개념 등 다양한 언표들을 참조하거나 결합하기도 한다. 또 경제적 실재를 새롭게 분절함에 따라 성장, 발전, 경쟁력, 능력 등 경제적 실천의 효과를 측정하고 평가하는 새로운 기준과 도구를 생산하기도 한다. 나아가 탈산업사회론이라는 기존의 담론적 세계와의 관련을 강조하면서 그것이 역사적으로 연속적인 담론이란 점을 강조하기도 한다. 그리고 기업의 구체적인 경영활동에 관한 다양한 정보와 지식을 결합하면서, 그것이 다양한 경험적인 증거를 통해 검증되고 확인된 담론임을 주장하기도 한다. 따라서 지식기반경제를 재현하는 담론들은 복잡하고 이질적인 지식들이 결합하고 또 서로를 지지하고 강화하면서 만들어진다. 그것은 이미 오래전부터 존재하던 경제학적인 가설을 재발견하거나 특별히 강조하면서(예컨대 경제학자 슘페터에 대한 대대적인 재조명) 자신의 담론적인 직물을 재조직하기도 한다.[22]

한편 지식기반경제란 그와 동종同種적인 담론들의 네트워크가 통합되고 수렴하는 과정에서 만들어진다고 볼 수 있다. 예를 들어 디지털 경제, 지식기반사회, 네트워크 경제, 세계화 시대의 경제, 무한경쟁 시대의 경제, 정보화경제 등 다양한 개념들이 자본주의의 변화를 분석하고 지시하기 위해 등장하고 또한 각축을 벌였다. 이런 각각의 개념들은 나름의 독자적인 분석 재료와 대상, 서사적 구성을 취하며 담론의 장르들을 만들어낸다. 이처럼 변화된 자본주의의 경제적 실재를 재현하는 새로운 법칙, 용어, 측정 방식, 계산의 논리 등이 등장하고 확산되고 다시 다른 전문지식이나 대중매체를 통해 재현되고 일상용어로 확산되면서, 일상적인 언어의 생태계를 잠식하게 된다.[23]

3. 한국 자본주의와 그 재현의 변화

이처럼 경제적 실재를 인식·체험하는 방식을 재구성하고 그것을 재현하는 담론들이 변환되는 과정은 복잡하고 불연속적인 계기를 통해 그리고 서로 독립적인 담론들(과학적 지식, 경험적 관찰과 보고, 학술기관, 연구소, 정책기관, 국가기구, 개별 기업 등의 담론들)의 통로를 통해 이뤄진다. 그러므로 한국 자본주의를 둘러싼 경제적 가상의 변화 역시 언제 어떻게 등장하고 정착했는지를 정확히 확정한다는 것은 불가능할 뿐 아니라 무의미한일이다. 그렇지만 그런 경제적 가상과 그에 속한 담론들이 현실화되는 조건을 추적할 수는 있을 것이다. 지식기반경제라는 경제적 가상이 출현하고 정착하는 과정을 전반적으로 분석한다는 것은 이 책의 능력과 관심을 넘어서는 것이므로, 여기서는 주로 국가정책과 통치전략의 변화라는 측면에 국한해 이를 살펴보기로 한다. 국가 역시 정책, 법률, 제도, 선전과 홍보를 통해 경제적 가상을 생산하는 데 적극 참여할 뿐 아니라 정권의 교체, 법률의 제정, 정부조직의 구성과 변화 등을 통해 이런 경제적 가상의 변화를 매우 안정적이고 명료한 사회적 실재로 고정시키는 데 기여한다. 국가정책은 어떻게 변화했는가, 국가가 경제적 현실을 규제하고 관리하는 법률을 어떻게 재편했는가의 문제를 통해, 단순히 국가정책의 변화가 아니라 그 자체 경제적인 가상을 구성하는 담론을 생산하고 변형하는 과정에 국가는 과연 어떻게 참여했는지 분석할 수 있을 것이다.

한국 자본주의의 축적체제에 내재한 구조적 위기를 더 이상 경기 변동에 따른 일시적 결과나 우연적인 외부 조건의 변화에 따른 이상異常이 아니라 그 자체 질적인 변화로 인식하는 것, 그리하여 그동안 한국 자본주의를 재현하던 담론을 개정하고 변형시키려는 움직임이 등장한 것은 얼추 1990년대 초반부터라고 볼 수 있다. 그런 점에서 굳이 시점을 규정하자면 지식기반경제란 담론이 한국 자본주의 변화의 전망을 제시하고 나아가 '소급적으로' 기존의 경제적 담론을 재편성한 것은 1990년대 초반부터 본격화됐다고 어림잡아도 무방할 것이다. 특히 국가의 거시적 경제정책의 변화를 나타내는 담론에서의 변화를 감안한다면 이는 더욱 분명히 확인할 수 있을 것이다. 따라서 지식기반경제의 전사前史는 '신경제'라고 할 수 있을지도 모른다. 1993년 김영삼 정권은 '신경제5개년계획'을 발표하고 잇달아 '세계화 선언'을 발표하는 등 지식기반경제의 맹아적 개념인 신경제란 개념을 제시한다.

이미 언급했듯이 1980년대 초반부터 시작됐던 한국 자본주의의 축적 위기로 인해 이미 수차례에 걸친 구조조정이 있었다. 1979~1980년의 위기를 해결하기 위해 신군부의 제5공화국 정권은 중화학공업 부문의 과다중복투자를 조정하는 주요 중화학공업 부문 통폐합(자동차, 중전기기, 발전설비 등)과 부실기업 정리를 통한 인수합병(국제그룹의 해체 등) 등의 조치를 취했다. 이 과정에서 국가는 제조업 부문의 공기업 민영화, 기술개발 지원, 공업발전기금 조성 등 산업구조조정의 체계 아래에서 집중적인 지원 체계를 마련한 바 있었다. 특히 국내 산업자본을 형성하는 데 결정적 역할을 했던 국가 주도의 내·외자 조달체계가 한계에 직면하면서 국내 자본은 이미 은행 자율화 및 민영화와 금융시장 개방을 주장했고, 국가 역시 이를 수용하며 정책의 기본방칙으로 확정했다. 그 후로 독점자본과 금융자본의 결합은 심화되기 시작했다. 그리고 또 한 가지 중요한 점은 1980년대 이후 자본의 경제적 지배력이 강화되면서 국가는 자본의 축적 기제를 보완하고 촉진하는 역할을 맡는 것으로 점차 자신의 역할을 조정하게 됐다는 점이다. 이를 두고 국가의 역할이 축소됐다거나 약화됐다고 보는 것은 무리일 것이다. 오히려 국가의 역할이 새로운 축적체제에 맞게 조정됐다고 보는 것이 옳을 것이다(김형기, 1988a; 1998; 이병천, 1999a; 1999b; 이병천·조원희, 2001; 장상환, 1998. 신경제계획에 대한 비판적 분석으로는 소문상, 1993을 참조하라).

그 결과 1970년대와 달리 가공형 중화학공업 부문의 우위에 기반을 둔 새로운 산업구조를 확립하고 경공업 소비재 중심에서 중화학공업 내구소비재와 표준화된 생산재 중심의 수출로 새롭게 국제분업구조에 편입됨으로써, 한국경제는 축적위기를 일시적으로 해소함은 물론 국제수지에서 처음으로 흑자를 거두기도 했다. 개방과 산업구조조정이라는 방향에서 추진된 축적전략은 일시적으로 효과를 나타내기도 했다. '3저'라는 일시적인 조건에 힘입어 호황을 구가하고 무역수지 흑자폭도 비약적으로 상승했기 때문이다. 그렇지만 이런 일시적인 조건이 사라지면서 한국 자본주의는 다시 급격한 침체에 빠져들었다. 그리고 이 과정에서 '신경제'정책이 도입된다. 이는 이미 시도된 바 있던 구조조정을 다시 본격화하는 것으로, 수입자유화와 자본자유화라는 개방과 개혁의 과정을 개시한다. 그렇지만 이런 변화를 강제한 가장 큰 원인은 노동자계급의 투쟁이라고 볼 수 있을 것이다. 6월의 민주화항쟁 이후 노동자대투쟁을 거치며 강력한 노동조합으로 조직된 노동자계급은 실질임금의 상승을 주도함은 물론 기존의 노동과정에서 행해지던 노동통제에 저항함으로써 이전과 같은 자본의 지배를 허락

하지 않았다. 이 탓에 신경제정책은 고통분담론, 경제위기론 등을 통해 강력해진 노동자계급 및 민중의 저항을 억압하고 더불어 자본이 주도하는 구조조정을 심화시키는 전략을 선택했다. 이런 신경제정책이 추진한 구조조정 과정이 국가의 규제와 통제가 없는 무분별한 탈규제와 개방을 일삼음으로써 1997년의 환란위기를 초래했다는 논의가 있기는 하지만,[24] 그것이 다음 정권에서도 지속됐던 구조조정 과정과 전혀 다른 것이었다고 보기는 어려울 것이다. 국가와 자본, 자본과 노동, 그리고 자본과 자본의 관계라는 측면에서, 이는 이미 1980년대부터 진행되던 축적체제의 재편이라는 거시적인 변화의 연장이라 할 수 있기 때문이다. 그리고 이것이 국가의 능동적인 기율인가 방임인가 군이 따지는 것은 어떤 종류의 신자유주의적 정책인가 하는 차이를 가리는 데 도움이 될지는 몰라도, 어떤 종류든 신자유주의적인 축적체제로의 전환을 가리키기는 마찬가지라는 점을 감안하면 무시해도 좋은 쟁점이라고 할 수 있다.

결국 한국 자본주의의 위기를 해결하기 위한 기존의 시도를 반복하고 연장한다는 점에서 신경제정책은 산업구조조정과 질적으로 동일하고 그것을 연장하는 것이었다고 할 수 있다. 그럼에도 그것이 이전 시기의 경제적 전략과 결정적으로 다른 점은, 그것이 비로소 신경제란 이름으로 새로운 경제적 가상을 만들어내기 시작했다는 점에 있다고 할 수 있다. 신경제정책의 캐치프레이즈였던 "참여와 창의로 새로운 도약을" 같은 것이, 비록 그즈음에는 일종의 뜬금없는 수사적인 표현으로 간주됐을지 몰라도, 10년이 지난 뒤에는 대표적인 지식기반경제 담론으로 영광을 차지하게 된다. 비록 그즈음 참여와 창의성creativity 등의 개념은 그저 막연한 가치나 태도에 지나지 않는 것으로 받아들여졌을지 모르지만, 그것은 이미 성장과 발전, 근대화 같은 종래의 지배적인 표상을 대체하며 새로운 경제적 가상을 예비하고 있었다.[25]

그렇지만 신경제정책이 신경제란 개념으로 한국 자본주의를 효과적으로 재분절하는 영향력을 발휘했다고 보기란 어렵다. 차라리 그것은 자본의 새로운 경영 방식이나 국가의 친자본적인 경제정책을 장식하는 신종 말장난으로 폄하되거나 무시됐다고 볼 수밖에 없다. 따라서 신경제란 용어는 미국과 영국을 비롯한 각국에서 훗날 등장하는 지식기반경제라는 새로운 경제적 가상의 전조前兆이자 그와 진배없는 개념으로 받아들여졌던 데 비해, 한국에서는 갑자기 일시적으로 사라지고 만다.[26] 그 당시 노동조합운동이나 시민운동은 신경제나 신경영전략 등의 개념이 일시적인 경기침체를 모면하거나 반노동자적인 동원을 위한 술책을 은폐하기 위해 자본과 국가가 사용한 새로운 잔꾀라며 비난하고 규탄하는 편이었다.

그러나 신경제정책과 세계화 선언 등에서 나타나듯이 한국 자본주의를 재현하는 방식은 외환위기 이후 국민의 정부가 등장하면서 더욱 본격적으로 변화한다. 당시 한국 자본주의의 위기를 진단하고 그것을 해결할 대안을 설명하기 위해 국내의 각종 기업연구소, 경영컨설팅 기업 그리고 국가 연구기관 등이 발표한 보고서와 각종 발간물 등은 디지털 경제와 신경제, 지식기반경제란 담론들을 쏟아내며 바야흐로 한국의 자본주의를 둘러싼 새로운 경제적 가상을 정착시키는 데 이른다. 이는 직접적으로 외환위기 이후 한국 자본주의의 대대적인 구조조정이 실행됐고, 그 과정에서 "대마불사大馬不死의 신화는 없다"는 식으로 거대한 대기업들이 잇달아 해체되거나 분해되는 스펙터클한 광경을 목격하면서 벌어진 심적 외상外傷에 따른 것일지도 모른다. 그러나 이것이 단순히 한국 자본주의가 가진 문제를 드러낸 돌출적 사태가 아니라 한국 자본주의가 재편되고 변형되어야만 하는 필연성을 알리는 '패러다임적인 사건'으로 수용되기에 이른 데에는 다른 이유가 있을 수밖에 없다. 거대 기업의 잇단 부도와 파산, 거대 금융기관의 정리와 합병, 공기업의 민영화, 그리고 무엇보다 해고와 대량실업이라는 사태는 그 범위와 강도 면에서 엄청난 것이었다. 그렇지만 그런 효과와 파장만으로 외환위기란 사태가 지닌 효과를 분석하기엔 충분하지 않을 것이다. 그것은 한국 자본주의를 새롭게 문제화함으로써 단순히 경제적 실재를 재현하는 담론의 변화에 머물지 않고 그에 속한 주체의 행위 방식 자체를 변화시켰기 때문이다.

새로운 경제적 가상이 출현해 정착하는 과정은 경제라는 영역에 머물지 않고, 사회적 삶 전반에서 행해지는 행위를 규정하고 지배한다.[27] 1980년대부터 한국 자본주의가 겪은 과정 역시 이에 근거해 재구성해볼 수 있다. 1970년대 후반 본격화된 한국 자본주의의 위기는 1980년대 초반의 산업구조조정이라는 순전히 경제적인 선택과 정책의 변화로 나타났고, 그것은 특정한 경제적 행위주체의 선택으로 받아들여졌다. 반면 1990년대 초반의 신경제정책은 국가 주도의 축적체제를 포기하고 탈규제와 개방이라는 전망을 제시함으로써 단순히 경제적 행위 방식의 변화를 넘어 전체 사회체계를 재조직하려는 구상을 품고 있었다고 볼 수 있을 것이다. 그렇지만 그것은 자본의 위기였을 뿐 '사회의 위기'는 아니었다. 그 탓에 신경제정책은 곧 이데올로기적인 술책으로 간주되어 저항과 도전에 직면하지 않을 수 없었던 것이다. 그렇지만 1997년의 외환위기는 상황을 바꿔놓았다. 외환위기는 이미 내연하고 있었고 또 부분적으로 현상한 바 있던 위기가 다시 폭발한 것이란 점에서 특별히 질적으로 구분되는 위기라고 보기는 어렵다. 그러나 그것을 진정으로 위기라고 볼 수 있는 것은, 바로 한국 자본주의를 지배하던 경제적 가상이 직면한 위기였기 때문이다. 따라서 '외환위기'가 이미 장기적으로 진행되어왔고 또 이를 조정하기 위한 대응 역시 여러 차례 시도되어왔다는 점을 염두에 둘 때, 그것은 경제적 질서의 위기라기보다는 경제적인 삶을 재현하는 기존의 경제적 가상의 위기였다는 점에서 진정한 위기라 할 수 있다.

외환위기는 재벌로 불리는 특별한 경제적 행위주체나 그들을 지원하고 부양하는 편파적인 정부가 자기이해를 실현하는 데 난관에 봉착한 것에 그치지 않고 사회 성원 전체의 위기로 수용됐다고 할 수 있다. 그런 점에서 이는 객관적인 위기이면서 동시에 그것을 인식하고 체험하는 사회적인 주체들이 겪은 주관적인 위기이기도 했다. 더불어 신경제정책이니 세계화니 신경제니 하는 담론의 경우 단지 이데올로기적인 허울에 불과하다는 냉소적인 저항에 직면했던 것과 달리, 이후 이런 변화들은 지배의 합리성 자체를 변화시켜야 할 필연성으로 받아들여졌다. 그 결과 이는 행정, 교육, 복지 등 통치 영역에서 대대적인 변화를 불러일으키고 또 그 방향을 규정하는 담론적인 힘으로서, 나아가 거시적 경제정책을 넘어 기업과 그 안에서 활동하는 개별적인 주체들 사이에 맺어지는 관계 자체를 변형시키는 가늠자로서, 그 영향력을 더없이 증폭시키고 확장했다.

신경제에서 지식기반경제까지

결국 지식기반경제는 자본이라는 경제적 대상이 겪은 위기일 뿐 아니라 그것이 규정하는 경제적인 삶 자체가 겪는 위기를 해결하는 과정에서 출현했다고 말해도 좋을 것이다. 나아가 그 속에서 살아가는 사회적 주체들이 자신을 주체화함에 있어 겪는 위기를 포섭하고 지배하는 과정에서 자본이 제시하고 정착시킨 경제적 가상이라고 볼 수 있다. 이런 경제적 가상은 지식집약적인 산업으로의 변화를 꾀해야 한다거나 연구 개발 투자를 확대해야 한다는 것처럼 경제적 행위자들이 경제적인 선택을 할 때 어떻게 해야 하는지 알려주는 담론들로 이루어지지만, 패러다임의 전환으로서 경제적 영역 바깥에 놓인 이들에게도 새로운 삶의 방식을 선택하고 수용하도록 강제하는 담론들 역시 여기에 포함된다. 여기서는 한국 자본주의의 경제적 실재를 재현하는 담론으로서의 지식기반경제란 개념이 정착하고 확산되는 데 기여했던 몇 개의 대표적인 문헌들을 분석함으로써 이를 조금 더 깊이 검토해보고자 한다.

지식기반경제로의 이행은 산업자본 시대에 형성된 경제구조와 패러다임이 지식 중심의 경제구조와 패러다임으로 전환되는 것을 의미한다. 그에 따라 새로이 도래할 경제구조에 대한 장기 비전이 사회구성원의 합의로 도출되고 이런 비전에 도달하기 위한 효과적 발전전략이 수립되어야 할 것이다. 〔……〕 따라서 한국경제에서 지식기반경제의 조속한 실현을 위해 모든 경제주체들이 지식기반경제의 실현에 적극적으로 동참할 수 있도록 정부, 기업, 개인들의 책임과 역할을 논의하고 실천적 방안을 찾아봐야 할 것이다. 〔……〕 21세기 지식국가 한국이 도달할 장래 비전은 **① 개인의 창의성과 자율성이 존중받는 역동적인 경제사회, ② 지식가치가 존중, 보상받고 지식거래가 활성화되는 경제사회, ③ 경제구조의 지식집약화로 고부가가치가 창출되는 경제사회가 될 것이다**(재정경제부·한국개발연구원, 1999: 311~320. 강조는 인용자).

이 인용문은 1999년 재정경제부와 한국개발연구원이 10여 개의 정부 및 민간 연구기관과 공동으로 작성한 문헌의 일부이다.[28] 이 문헌은 같은 해 9월 발표됐던 「지식기반경제 발전을 위한 종합계획 정책연구」를 수정 보완하고 줄인 것으로 보인다. 이 보고서의 원본이라고 할 앞의 보고서와 내용은 크게 다르지 않다. 위의 인용문은 전형적인 백서로서 국가정책의 목표와 지향에 대한 포괄적인 전망을 담고 있다. 흥미로운 것은 이 보고서의 작성에 국가 연구기관만이 아니라 민간, 즉 국내 기업연구소들이 공동으로 참여하고 있다는 점이다. 이 점에 관해 섣불리 예단할 수 없겠지만 이 역시 정치적 지배와 사회적 관리를 표상하는 담론들이 '시장의 언어'를 통해 본격적으로 매개되는 경향을 알리는 하나의 징후로 볼 수도 있을 것이다. 물론 이와 같은 움직임은 이전부터 계속되어왔던 것이기도 하다. 언론매체인 『매일경제』의 경우 이미 '지식혁명'이나 '학습혁명' 같은 이름의 캠페인을 통해 지식기반경제라는 관점에 따른 경제개혁의 방향을 역설해왔고, 맥킨지를 비롯한 주요 국제적인 컨설팅 회사들의 한국경제 관련 보고서를 발간·소개하는 등 다양한 활동을 벌인 바 있었다. 물론 이 언론사뿐 아니라 다른 경제 관련 언론매체는 물론 주요 일간지 역시 주기적으로 특집과 칼럼, 기사 등을 통해 지식기반경제를 경제적 법칙 혹은 생존의 운명이란 이름으로 기정사실화하고, 더불어 지식기반경제 담론에 따라 경제적 실재를 구성하고 서사화하는 다양한 담론적인 관행을 정착시키는 데 주요한 역할을 했다.[29]

아무튼 위의 인용문에서 보듯이 지식기반경제란 특정한 이해관심을 가진 주체가 내린 선택이 아니라 객관적인 실재를 재현하는 언표로 제시된다. 여기에서는 지식기반경제 담론이 이데올로기적 담론으로서 어떤 성격을 지니는가를 분석하려는 것이 아니기에 이를 상세히 따질 여유는 없다. 그렇지만 간단히 언급하자면 다음과 같다. 이데올로기적 담론이란 것의 핵심적인 특성 가운데 하나를 들자면 이는 언표를 발화하는 특정한 주체가 가진 의도와 입장을 "객관적인 현실 자체의 발언" 혹은 "사물의 말"로 치환displacement하는 것이라 할 수 있다.[30] 따라서 "우리의 생각을 바꿔야 한다"가 아니라 "변화된 세계의 말을 들어야 한다"는 식으로 발화될 때, 이런 언표야말로 가장 이데올로기적인 것이라고 볼 수 있다. 그렇다면 지식기반경제 역시 이런 점에서 원-이데올로기적proto-ideological 담론이라고 할 수 있을 것이다. 지식기반경제 담론은 객관적인 경제적 실재를 '정확히' 혹은 '진실하게' 재현한다는 관점에서 제시된다. 이런 이데올로기적인 언표는 산업사회에서 지식기반경제사회로의 이행으로 경제적 현실의 변화를 서사화하는 데서 집약적으로 나타난다. 조금 길지만 이런 서사적 표현과 그 스타일을 대표하는 하나의 사례로 볼 수 있는 어느 보고서의 부분을 인용해보기로 하자.

한국은 경제개발에 착수한 1960년대 초부터 1980년대 말까지 이른바 '개발연대'라고 불리는 30여 년 동안 연평균 9%대의 높은 성장을 기록했다. 이는 강력한 자원동원 방식에 의한 수출주도형 산업화전략을 채택한 데 따른 것이다. 이런 수출주도형 산업정책은 당시 근대적 산업기반이 취약하고, 협소한 국내시장으로 인해 지속되던 빈곤의 악순환의 고리를 끊는 결정적 계기를 제공했다. 〔……〕 우리나라는 1960년대부터 시작된 산업화가 1980년대 말 성숙단계로 진입해 민간기업의 역할이 점차 커짐에 따라 **개발연대에 경제성장의 추진축이었던 정부 주도의 자원동원 방식은 효력을 잃게 됐다. 대신 시장기구의 작동에 의해 효율성이 제고되어야 하는 발전단계로 접어들게 됐다.** 〔……〕 1980년대 말 이후에 우리 경제를 둘러싼 대내외 여건이 급격히 변화됨에 따라 각 분야에서 적절한 대응이 필요하다는 논의들이 활발했다. 〔……〕 이런 개혁적 성격의 정책적 대응들은 모두 기존의 이해관계에 변화를 가져오는 것들이므로 강력한 국민적 공감대가 형성되기 전에는 추진 과정에서 나타나는 이익 집단들의 저항과 반발을 견디기가 어렵다. 우리의 경우에도 **스스로 구조개혁을 추진하지 못해 결국 1997년 말에 온 국민에게 충격과 좌절을 안겨준 이른바 국제통화기금 외환위기를 맞게 됐고, 국제통화기금체제라는 외부의 힘을 빌려 그동안 논의에만 그쳤던 각 부문별 개혁들이 경제시스템의 전환의 차원에서 단행됐다.** 〔……〕 세계경제에 용이하게 접목될 수 있도록 개방적 경제체제를 갖추려면 그동안 산업자본 시대에 형성됐던 경제적·사회적 구조가 변화되어야 한다. 그리고 이런 변화를 원활히 추진할 수 있을 정도로 유연하고 탄력적인 사회구조를 갖춘 국가에서는 경제성장이 지속될 수 있으나 그렇지 못한 경우에는 성장이 지속되기 어렵다. 산업자본 시대에 가장 높은 성과를 보였던 한국경제도 예외는 아니다. 지금까지의 성과와는 상관없이, 앞으로 **지식정보에 의해 성장이 추구되는 세계경제에 농밀히 접속될 수 있도록 개방경제화를 추진해가는 과정에서 직면하게 되는 각종 구조변화에 대한 우리 사회의 적응능력 여하에 따라 향후 한국경제의 성장이 결정될 것이다.** 열린 그리고 유연한 경제사회구조를 형성해 안팎으로부터의 변화에 신속히 대처할 수 있는 역량을 배양하는 것이 우리 경제가 지속적으로 성장할 수 있는지를 가늠하는 척도가 될 것이다(한국 개발연구원, 2001 : 94~95. 강조는 인용자).

같은 기관에서 발표한 보고서에서 따온 이 인용문 역시 앞에서 인용한 글과 똑같은 이야기를 건넨다. 이 역시 현실 변화와 그를 진단하고 또 그로부터 발견된 문제를 해결할 전망을 예시하는 평범한 서사적 형식을 취하고 있다. 그런데 이런 언표에서 우리가 주목할 점은 표면적으로 제시되는 의미가 아니라 그 언표가 수행되는 형식에 있다. 지금 인용한 글 역시 한국 자본주의와 "지식정보에 의해 성장이 추구되는 세계경제"라는 두 가지 경제적 실재를 대조함으로써 이중적인 의미작용을 만들어낸다. 먼저 그것은 "초기 산업화 과정에서는 불가피했지만 지금은 더없이 불리하게 된 국가주도의 산업화"라는 식의 언표를 통해 한국 자본주의에 관한 독특한 표상을 만들어낸다. 즉 한국 자본주의의 역사를 개발연대와 그 이후로 나누고 그런 담론적 분절을 가능케 하는 요소를 도입한다. 그것이 다음의 것, 즉 민간 대 정부, 국가 대 시장이라는 이항대립적인 코드를 사용하는 것이다.

이런 언표의 코드는 한국 자본주의가 '접속'해야 하는 미래의 바람직한 경제적 실재가 어떤 모습일지 전제한다. 이는 과도한 정부 규제가 상징하는 경직성과 폐쇄성에서 벗어난 "열린 그리고 유연한" 경제사회구조여야 한다는 것이다. 따라서 한국 자본주의의 역사를 제시하는 언표는 다양한 언표의 코드와 그 연속체series, 즉 경직/유연, 시장/국가, 민간/정부, 시민사회/국가, 공급자 중심/수요자 중심 등의 끝없이 이어질 듯한 언표 사슬을 도입한다. 또 이는 한국 자본주의가 취해야 할 방향을 표상하는 목적의 언표와 교차한다. 국가의 경제정책이란 측면에 한정시켜 말한다면, 그것이 어떤 성장 모델을 택해야 할지 규정한다는 것이다. 그렇게 볼 때, 위의 한국 자본주의의 역사적 전개를 둘러싼 '재현의 서사'는 수행적인per-formative 언표 행위일 수밖에 없다. 그러므로 위의 언표 행위의 형식은 복합적인 효과, 즉 경제적 실재를 재현하는 코드의 생산, 그리고 그렇게 담론적으로 구성된 경제적 실재를 어떻게 변형해야 할 것인가라는 규범impera-tive의 생산, 나아가 어떤 경제적 주체가 바람직한가를 규정하는 주체성의 담론을 아우르면서 다양한 담론을 동시에 만들어낸다.

앞에서 인용한 두 글은 공통적으로 자신의 담론적인 대상으로서 한국 자본주의, 세계경제, 새로운 경제법칙 등을 생산한다. 그리고 그와 더불어 그런 담론적 대상을 재현하는 코드를 정상적이고 당연한 인식의 규준으로 만든다. 다시 말해 담론적인 대상object을 만들어냄과 더불어 그와 상관된 담론적으로 가정된 주체subject(한국경제, 정부, 기업가 등의 다양한 층위의 경제적 주체)가 어떤 선택을 하고 어떤 행위의 전략을 취해야 할지 강제한다. 이를 묶어주는 것은 물론 지식기반경제로 나아가야 한다는 '목적'이다.

지식기반경제라는 담론적 현실의 구성

그렇지만 이런 식으로 만들어진 경제적 담론이 경제적 실재를 자신의 담론적 현실로 구성하기 위해, 그저 예의 경제적 실재를 명명하고 지시하는 것만으로는 충분하지 않다. "한국 자본주의는 어느 정도 지식기반경제에 이르렀나?" "더 발전된 지식기반경제에 이르기 위해 우리는 무엇을 할 것인가?" 이런 물음들에 답하고 또한 그것을 다양한 경제적 영역과 범위 안에서 구체화하기 위해, 지식기반경제는 다양한 정책, 제도, 실천 등을 마련해야 한다. 그렇기 때문에 지식기반경제는 추상적 개념에 머물지 않고 사회 안에서 벌어지는 다양한 경제적 삶을 담론 내적인 현실로 풍부하게 재구성해야만 한다. 그런 점에서 지식기반경제라는 담론적 현실을 구성하는 과정은 여러 가지로 나타난다. 무형자본과 지식자본, 인적자본, 사회자본 등 경제생활을 재현하는 여러 가지 개념들이 도입되거나 재조명된다. 그리고 이런 개념들은 각각 과학적 지식이란 모습을 취하면서 경제학적 지식 내부의 논쟁과 비판, 수정이라는 몸짓을 취한다. 그리고 결과적으로 참·거짓의 담론이라는 자기폐쇄적인 담론의 경계를 만들어낸다. 나아가 이를 측정, 평가하고 다른 경제생활과 결합시키는 담론적인 응집cohesion의 요소들이 설정될 수도 있다(Barker & Galasinski, 2001 : 80~81). 이를테면 수리력이나 문해력 같은 능력과 학력 수준, 교육비의 지출 정도 같은 인적자본 투자는 경제성장이라는 결과와 결합되는 것은 물론 다시 건강 증진, 사회 성원의 행복, 시민적 참여활동 같은 비경제적 이득과 결합된다. 그리고 이는 전에 없던 방식으로 사회 전체가 가진 경제적 능력을 재현하게 된다. 나아가 인적자본은 다시 정보통신기술의 사용에 따라 더 부드러운soft 기술을 필요로 하는 일터를 재현하는 과정에 결합되기도 하고, 이는 곧 노동을 조직하는 것과 관련된 다양한 문제들, 팀워크, 유연성, 소통기술 등으로 변환된 후 더 구체적인 경제적 효과 및 능력으로 번역된다.[31] 한편 그와 더불어 새로운 통계, 새로운 지표indicator, 새로운 지수index, 새로운 측정과 평가의 테크닉들이 출현하고, 그것은 다시 경제적 실재에 대한 재

표 1-1 지식기반 현황 지표들의 분석[32]

분류		내용
지식투입지표	유량지표	· GDP 대비 R&D 투자액 · GDP 대비 교육지출액 · 사내 훈련 투자 지수
	저량지표	· 인구 1만 명당 연구원 수 · 인구 내 대졸자 비중
지식성과지표	산출지표	· 인구 1만 명당 특허 등록 건수 · 인구 1만 명당 논문 발표 건수
	영향지표	· 지식의 경제성장 기여도 · 제조업 부가가치 내에서 지식집약산업의 비중 · GDP 대비 대외 기술료 수령액

현의 객관성을 확증하고 또 일반화하는 데 기여한다. 앞의 인용문이 포함된 보고서가 제시하는 다양한 지표와 수치, 통계, 보고 역시 그런 언표 행위를 지지하고 강화한다. 앞의 인용문에서 나타난 주장을 '보증'하는 객관적인 언표작용은 그에 뒤이어 등장하는 다양한 통계, 지표, 보고 등을 통해 수행된다. 여기에서는 그 가운데 한 가지를 살펴보도록 하자.

표 1-1의 지표는 기존에 있던 다양한 경제적 사실들을 재분류하고 묶어낸다. 이는 기업이 행하는 다양한 일상적 경제활동을 지식기반경제라는 것을 재현하는 담론적 현실로 번역하고 있다. 위의 그림에서 주목할 점은 지식기반경제라는 담론적 현실로 번역된 각각의 사실들을 지식기반경제가 처한 상태와 수준을 측정할 수 있는 지표(지식투입-성과 지표, 유량-저량 지표, 산출-영향 지표)들과 연결하고 이를 다시 '계산의 담론' 안에 끌어 모은다는 것이다.[33] 따라서 지식기반경제로서 어느 정도의 상태에 이르러 있는가를 '계산'하기 위한 틀이 만들어지고, 그 안에 다양한 경제적 사실들을 자리 잡도록 함으로써 그것은 지표로서의 의미 값을 획득한다. 이 결과

표 1-2 우리나라 지식 관련 지표의 상대지수[34]

투입지수	유량지수			저량지수		평균
	R&D 투자	교육지출	사내훈련	연구원 비중	대졸자 비중	
	117.2	101.6	83.5	65.4	83.3	90.2
성과지수	산출지수		영향지수			평균
	특허출원	논문발표	성장기여도	기술산업 비중	기술료 수령	
	68.3	3.4	23.9	57.0	11.1	32.7

우리는 다양한 새로운 경제적 사실들을 지식기반경제라는 담론 안에 끌어모으고 배치하며, 이를 다시 지식기반경제의 수준과 진전 정도를 가시화할 수 있는 측정과 평가로 변환시킬 수 있게 된다. 이런 지표들을 통해 경제적 능력을 평가하는 과정이 어떻게 나타나는지, **표 1-2**는 잘 보여준다.

표 1-2는 그저 특정한 사실들을 집계해 보여준다. 즉 앞서 본 지표들에 해당되는 경제적 사실들을 분류, 결합하고 이를 통해 구체적인 결과들을 끌어낸다. 예를 들어 지식투입지수는 R&D(Research and Development) 투자, 교육지출, 사내훈련, 연구원 비중, 대졸자 비중 같은 경제적 사실과 그것을 표현하는 수량적인 값으로 나타난다. 그리고 지식성과지수는 특허출원, 논문발표, 성장기여도, 기술산업 비중, 기술료 수령 같은 경제적 사실과 그를 표현하는 수량적인 값으로 나타난다. 그렇지만 이런 계산의 담론은 또한 지식기반경제라는 '총체적인' 담론적 대상을 빚어내는 과정이란 점에 유의해야 할 것이다. 여기에서 각각의 경제적 사실들은 지식기반경제라는 '전체'를 구성하는 계기 혹은 단위로 등록된다. 따라서 앞의 계산의 담론은 지식기반경제로서의 상태를 가늠할 수 있는 구체적인 값을 얻어내기 위한 계산의 언표 혹은 계산이라는 사회적 실천calculative practice을 수행한다. 그렇지만 그것은 동시에 지식기반경제라는 담론적 실재를 생산하는 일이기도 하다. 각각의 계기나 단위 그리고 그런 요소들은 서로 결합

되고 비교되면서, 그것이 '속한' 혹은 그것이 '표현'하는 것으로 가정하는 대상, 즉 지식기반경제라는 총체를 구성한다.[35] 따라서 따로 분리된 채 그 자체로 놓였을 때 무의미한 단순한 경제적·사회적 행위들은 이제 지식기반경제라는 담론적 네트워크 안에서 서로 연결됨으로써 '지수'가 되고 표현의 단위가 되는 것이다.

한편 이런 새로운 경제적 계산의 결과는 다시 OECD, 세계은행, APEC, 국제경영개발원International Institute for Management Development, IMD, 세계경제포럼World Economic Forum, WEF, 국제연합United Nations, UN 같은 초국적 기관을 통해 수집되고 비교된다.[36] 예를 들어 OECD가 매년 발표하는 '과학, 기술 및 산업 점수표'Science, Technology and Industry Scoreboard를 통해 우리는 각국의 지식기반경제로서의 능력과 발전 정도, 성장과 발전 상태에 관한 객관적 지식을 얻게 된다. 그리고 그를 통해 각국에 어떤 정책이 투입되고 어떤 전략이 고려되거나 강화되어야 할지를 둘러싼 구체적 지식과 처방을 얻게 된다. 또 IMD나 WEF는 국가경쟁력에 관한 비교를 행하면서 위의 결과들을 사용한다. 이런 결과들은 변화된 환경, 예를 들어 경제의 전지구화라는 조건에서 기업의 효과적인 외자 유치를 위한 조건을 표현한다고 간주된다. 대외경제정책연구원이 발표한 보고서의 한 구절은 이를 잘 설명해준다.

최근 국가경쟁력이라는 개념의 유용성이 점차 커지고 있는 추세이다. 국가경제의 글로벌화가 진행되면서 국가 차원에서 외국자본을 유치하기 위한 경쟁이 펼쳐지고 있는 것이 대표적인 예이다. 외국자본의 유치는 곧 일국의 투자 환경을 판매하는 것이기 때문에 상품인 투자 환경, 가격인 조세 및 인센티브, 국가마케팅 활동 등이 요구되는 것이다. 최근 들어 전세계 국가들이 외국자본을 유치하기 위해 치열한 경쟁을 벌이고 있기 때문에 국가라는 단어에 경쟁력이란 단어를 붙여도 전혀 어색하지 않게 됐고 앞으로 이런 경향은 더욱 확산될 것이다(대외경제정책연구원, 1999: 4).

이처럼 지식기반경제를 표현하는 것으로 지정되고 수집된 각각의 사실들의 지수와 그것의 계산은 국가경쟁력이란 새로운 담론적 실재와 결합한다. 그리고 이는 다시 경제적 행위자들이 어떻게 행위할 것인가를 규정하고 지배하게 된다. IMD의 경우를 예를 들어 간단히 설명해보기로 하자. 이 기관은 매년 『국가경쟁력연감』*World Competitiveness Yearbook*을 발간한다. 그들의 말에 따르자면 이 연감은 "국가들이 경제의 미래를 관리하는 방식을 평가하기 위한 준거틀을 마련"(Garelli, 2003: 702)해준다고 한다. 이 기관에서 공식적으로 제시하는 국가경쟁력의 의미는 "국가는 어떻게 기업의 경쟁력을 뒷받침하는 환경을 창출하고 유지하는가"라는 것으로, 그들은 이런 국가의 능력을 재현하는 담론이 학술적인 개념일 뿐 아니라 "경제적 지식의 한 분야"라는 점을 극구 강조한다. 그렇다면 국가경쟁력이라는 '과학적' 지식이 표현한다고 자처하는 국가경쟁력이란 무엇인가. 이에 답하기 위해 국제경영개발원은 매년 총 288개 항목을 기준으로 활용해 이를 다시 46개의 부문, 이를 다시 8개, 또 이를 다시 크게 4개의 커다란 요인들로 나눈다. 네 가지 요인은 각각 경제적 성과economic performance, 정부의 효율성government efficiency, 기업의 효율성business efficiency, 하부구조infrastructure로 이런 요인들이 상호작용해 국가경쟁력을 만들어내게 된다. 여기에서 보듯이 정부, 기업, 개인 등 다양한 주체가 만들어내는 사회적 행위와 그 결과들은 지표화되고 이는 다시 측정과 평가를 거치면서 균질적인 대상으로 변화된다. 즉 각국의 경제적 실재는 이제 지식기반경제라는 동등한 경제적 실재로 변화되고 그 결과 상호 비교, 평가될 수 있는 대상으로 전환될 수 있다.

이처럼 지식기반경제를 구성하는 갖가지 담론적 현실들을 분할·결합하는 분류체계가 만들어지고 또한 그것들을 비교·평가하는 다양한 도구들을 생산함으로써, 지식기반경제를 이루는 다양한 담론적 현실이 등장하게된다. 이런 지식기반경제의 담론적 현실은 ① 경제적 삶의 능력과 잠재성을 재현하는 **기술적 현실**(컴퓨터 사용의 정도, 광대역 정보통신망의 수준, 정보통신기술 기기의 비용 등), ② 담론적 장에 속한 주체들이 행하는 행위와그 결과를 재현하는 **경제적 주체의 현실**(R&D에 지출된 비용, 체화된 노하우, 교육수준, 논문발표 수, 특허의 개수와 기술수지 등), ③ 경제적 활동을 조직하는 **사회적 현실**(정부의 창업 지원 환경, 기업의 경제활동에 대한 규제의 정도 등) 등 다양한 현실로 구성된다. 이 모두는 각기 독립적으로 존재하는자율적인 현실이다. 또 어떤 것은 얼핏 보기엔 경제적 삶과 무관한 것으로여겨질 수도 있다. 그렇지만 지식기반경제는 자신의 운동과 변화, 성장을재현하기 위해 자기 나름의 경제적 실재를 구성하고 이를 기존의 것과 구분되는 것으로서 경제적 삶의 세계 속에 통합한다. 따라서 일관되고 정합적인 담론적 대상으로서 지식기반경제란 경제적 실재가 구체화됨은 물론경제 외적인 사회적 현실 역시 그런 경제적 실재와 새로운 관련 방식을 통해 재현된다.

자기계발하는 시민

1. 신지식인, 지식기반경제의 국민주체

경제적 실재를 구성하고 재현하는 담론이 변화할 때, 이는 항시 그 담론적 현실이 포함하고 전제하는 주체의 정체성 역시 변화시키기 마련이다. 나아가 그것은 주체의 정체성을 둘러싼 재현을 변화시킬 뿐 아니라, 그런 주체가 자신을 어떻게 대하고 또 소망하는 목표를 이루기 위해 자신을 어떻게 변화시켜야 할 것인가에 관한 자아의 윤리를 작동시킨다. '지식기반경제'란 담론이 성공적으로 정착할 수 있었다는 것은 그것이 한국 자본주의를 새롭게 문제화하고, 그것을 새로운 담론적 실재로 구성할 수 있었다는 것 이상을 뜻한다. 그것의 결정적인 효과는 경제적 주체들이 자신의 삶의 방식과 정체성을 변화시키도록 하는 데 있었다고 말할 수 있다. 따라서 지식기반경제 담론에서 관심을 기울여야 할 부분 역시 바로 여기에 있다. 여기서는 이런 지식기반경제라는 경제적 가상과 결합된 주체성을 개략적으로 분석하고자 한다. 이를 위해 한국 자본주의 구조조정 과정에서 등장한 여러 가지 주체 형성의 기획, 그 가운데서도 1990년대 후반 이후 정부 차원에서 진행된 일들을 몇 가지 살펴볼 것이다. 특히 '신지식인'을 둘러싼 정부 주도 캠페인의 등장과 실패, 그리고 '국가인적자원개발'이라는 새로운 통치 프로그램이 대두하는 과정에 초점을 맞추어 분석할 것이다.

김대중 정권이 주도한 신지식인운동은 과거 정부 주도의 "의식개혁운동"(임의영, 2001 : 11)과 다를 바 없는 것으로 여겨짐으로써, 처음 그 캠페인이 내걸었던 야심찬 포부와 괴리된 채 진행됐다. 신지식인운동이 기반하고 있던 지식기반경제의 핵심적인 담론적 구성 부분은 자기주도성, 자율과 책임의 주체, 선택과 책무성 등의 새로운 시민적 주체성의 에토스라고 할 수 있다. 하지만 관료적 국가기구에 의한 국민 동원 캠페인이라는 형식은 지식기반경제의 주체성의 이상, 즉 자기책임과 자율적인 선택의 개인이라는 규범과 모순적인 것일 수밖에 없었다. 따라서 정부와 국가기관에 의한 캠페인은 처음부터 그것이 견지하던 취지와 괴리되어 있었다. 그 결과 신지식인운동은 낡은 형태의 국민 동원 캠페인으로 인지될 수밖에 없었다. 이는 새로운 형태의 '국가재건운동', '새마을운동' 혹은 '의식정화운동'과 다르지 않은 관변적인 동원의 한 형태, 어떤 지식인의 말을 빌리자면 "관제 국민가요, 신지식인"이라는 오명을 들으면서 간단히 조롱받게 됐다(문성학, 2000). 나아가 이것이 '지식인'이라는 개념을 사용해 지식인이라는 집단의 상징적 지위를 모욕한다는 인상을 줌으로써 지식인 집단으로부터 공분을 자아냈다. 또 지식을 경제적 행위 논리와 직접적으로 연결시켜 인문학을 비롯한 기초학문을 시장의 논리에 의해 파괴한다는 인상을 줌으로써, 고매한 지식인들로부터 저항과 조롱, 비난을 감수해야 했다(홍성태, 1999 ; 임헌영, 2001).

물론 신지식인운동은 초기부터 기존의 정부 주도의 국민 동원이라는 오해를 피하기 위해 주의했던 것이 사실이다. 실제 신지식인운동의 진행에서 주도적인 역할을 했던 '제2건국추진위원회'의 경우 당시 부상하고 있던 광범한 시민사회운동 세력으로부터 협력과 지지를 끌어내고자 했다. 그럼에도 불구하고 결국 신지식인운동과 이를 추진하는 주체였던 제2건국 추진위원회는 또 다른 형태의 관료제적 국가기구란 한계를 넘어서지 못했다. 당시 제2건국추진위원회는 새마을운동본부를 비롯한 기존의 관변운동 단체들을 포함해 새롭게 등장하고 있던 시민사회운동을 망라하는 정부 주도의 국민운동을 시도하고자 했다. 그 결과 시민사회운동은 "박정희 시대의 관변단체운동을 닮았다"거나, "국민의 정부도 과거 권위주의 정부와 마찬가지로 인위적으로 시민단체를 동원할 수 있다는 인식을 보인다"거나, 아니면 "국민운동총본부 산하에 신관변단체, 시민사회단체, 종교단체, 직능단체, 여성 및 청소년단체를 모두 끌어들여 생활의식운동을 펼치는 것은 시민운동의 자발성과 자율성에 상처를 주는" 것이라는 논리를 들어 이에 참여하기를 거부했다.[1]

어쨌든 행정자치부 용역을 받아 작성된 연구보고서에 따르면, 신지식인운동은 1998년 10월 정보통신정책연구원이 "현장지식인" 발굴 계획으로 시작했다고 한다(미래경영개발연구원, 2004). 따라서 신지식인의 초기 이름은 '현장지식인'이었던 셈이다. 이를 시작한 기관의 성격에서 알 수 있듯이 정보통신기술의 사용에 국한되어 있던 지식(인)은 그 후 범위를 확대해 "기존의 사고와 틀에서 벗어난 새로운 발상으로 자신의 업무를 혁신, 개선해 부가가치를 극대화시키는 사람"으로 바뀌게 된다. 그 결과 1998년 12월 경제대책조정위원회 이후 교육부 등 8개 부처로 구성된 '신지식운동 추진반'을 구성함으로써 범정부적으로 추진됐다. 그리고 이는 다시 이듬해인 1999년에 범국민적인 차원으로 확산한다는 취지에서 '제2건국추진위원회'로 이관된다. 그런데 신지식인이란 개념은 이미 한 해 전인 1998년 매일경제신문사가 펴낸 『지식혁명보고서』를 통해 제시된 개념이었다. 이 신문사는 1997년부터 '비전코리아'란 이름으로 '한국재창조를 위한 범국민운동'을 시작함은 물론 1998년부터 지식기반경제로의 이행 방안을 모색하는 '지식포럼'을 정기적으로 개최하고 거의 매년 지식기반경제로 나아가기 위한 구체적 대안과 행동 방침을 제시하는 이른바 '국민보고대회'란 것을 개최해왔다. 특히 이 신문사는 지식기반경제라는 담론을 구성하는 각종 경영 및 경제적 표상들을 소개하고 확산시키는 데 두드러진 역할을 했는데, 그 가운데 하나가 바로 지식기반경제가 요구하는 새로운 노동주체의 정체성으로 강조되어왔던 "지식근로자"knowledge worker란 개념을 한국식으로 번역한 "신지식인"이었다.[2]

이 개념은 신문사가 1998년 12월 '비전코리아 두뇌강국 보고대회'에서 발표한 두 건의 보고서, 「두뇌강국보고서」와 「신지식인보고서」라는 것에서 처음 등장한다. 이 보고서에 기초해 그 다음해에 간행된 『新지식인』이라는 책에서는 신지식인에 관해 다음과 같이 설명한다.

과연 지식인이란 어떤 사람들인가? 아마도 우리 마음속에는 벌써 대학 교수나 아인슈타인 박사가 떠오를 것이다. 그러나 여기에서는 기존의 지식인의 개념과 구별해 21세기 지식기반경제 환경에서 가치를 창조하고 자신이 가진 지식을 고도화시켜가는 노력을 끊임없이 계속해가는 21세기 인재상으로 '신지식인'이라는 개념을 제안한다. 신지식인이란 자신이 선택한 분야에서 지식활동을 통해 가치를 창조하고 자아를 실현해가는 인류, 즉 호모 날리지언Homo-Knowledgian을 말한다(김효근, 1999: 78~79).

이 인용글에서 나온 신지식인이란 용어는 이후 정부의 신지식인운동이 언급하는 신지식인과 개념적 내용의 면에서 동일하다. 물론 여기에 등장하는 신지식인의 정의는 경영학자인 피터 드러커의 정의를 반복하는 것이다(드러커, 2003). 정부의 신지식인운동에서 말하는 신지식인에 관한 정의는 이런 것이었다. 신지식인이란 "자신이 하고 있는 일과 관련한 다양한 정보를 습득하고, 새로운 발상을 적용해 일하는 방법을 혁신함으로써 가치를 창출하며, 그 전 과정을 정보화해 사회적으로 공유하는 사람"이란 것이다(행정자치부 신지식인 데이터베이스). "지식을 활용해 부가가치를 능동적으로 창출하는 사람"이든 "기존 사고의 틀에서 벗어나 새로운 발상으로 자신의 일하는 방식을 혁신하는 사람"이든 이런저런 신지식인 개념은 모두 지식기반경제의 '지식근로자'란 개념을 반복하거나 변주하는 것에 다름 아니다.

그렇지만 신지식인운동이 정부 주도의 캠페인으로 진행되면서 지식인 집단이나 일부 언론매체로부터 받은 조롱과 비난에도 불구하고, 그것이 완전히 실패했다고 단정하는 데에는 무리가 있다. 외려 이데올로기적 동원이란 측면에서는 실패하고 지식인 집단으로부터 경멸을 받았을지 몰라도, 지식기반경제의 주체성이란 무엇인가를 표상하는 담론 공간을 열어놓고 지식기반경제의 주체성을 설명하는 다양한 언어를 소개하고 확산시켰다는 점을 감안할 때, 그것은 훗날 다양한 통치 프로그램이 받아들여질 수 있는 터전을 닦았다고 볼 수도 있다. 그러므로 신지식인 캠페인은 차후에 굳이 신지식인이란 개념을 사용하지 않더라도 그와 동일한 주체를 표상하는 여러 개념과 용어법들이 등장할 수 있는 담론 공간을 만들어냈다.

이는 크게 세 가지 측면에서 살펴볼 수 있을 것이다. 먼저 신지식인운동은 이후 등장하게 될 다양한 지식기반경제의 주체성에 관련된 담론적 모델로서는 '성공'했다고 볼 수 있다. 두번째로 신지식인운동은 새로운 주체성 모델이 가정하는 주체화 서사의 작인으로서 '자기'自己를 제시하고 이를 일반화하는 데 기여했다고 볼 수 있다. 세번째로 이질적인 영역에 속한 주체의 담론들 사이에 상호담론성interdiscursivity을 만들어냄으로써 새로운 '담론의 경제'를 만들어냈다고 볼 수 있다. 이런 점들을 고려하면 신지식인운동이 전연 성과가 없었다고 말하기는 어렵다.

무엇보다 신지식인운동은 1980년대 이후 한국 자본주의 변화에 조응하는 주체성의 담론을 본격적으로 예상하고, 이를 전사회적인 규모로 확산하는 계기를 만들어냈다는 점에서 상당한 의의가 있다. 1980년대 후반 이후 위기와 구조조정을 겪어가는 과정에서 '당신은 어떻게 살아야 하는가'를 말하는 담론이 끊임없이 증식했다. 이는 개인들이 처한 사회적 지위나 집단적 정체성에 따라 다기한 행위전략이나 처방 형태로 주어졌다. 이를테면 변화된 경제적 조건에서 "나의 취업전략은 어떻게 바뀌어야 하는가", "학교와 진로 선택은 어떻게 해야 하는가", "신세대 직장인은 무엇을 할 것인가", "고객 중심의 시대에 기업은 무엇을 해야 하는가" 등등. 그렇지만 신지식인운동은 특별한 직업적 정체성 혹은 상징적 신분과 상관없이 '우리' 혹은 '국민'이란 일반적인 주체의 이름을 내걸었고, 자신이 말을 건네는 대상이자 주체로서 일반적인 주체를 가정했다.

그러나 이것이 다양한 주체 위치들 사이에 놓인 차이를 지우면서 그를 초월적으로 종합하는 국민주체는 아니라는 점을 유의해야 할 것이다. 신지식인운동이 표상하고 말을 건네는 주체가 국민이란 점에서 과거의 유사한 언표들에 등장하는 국민이란 것과 같은 말처럼 들릴지 몰라도, 거기에서 가리키는 국민은 기존의 훈육적인 체제에서의 국민과는 전연 다른 특성을 가지고 있기 때문이다.[3] 신지식인운동이 내걸었던 국민이란 다양한 사회적 주체의 위치를 종합하는 국민이 아니라, 다양한 사회적 주체성을 등가화시키는 형식적인 논리로서만 작용한다. 이를 기존의 국민적 주체의 형태와 비교해보자. 국민적 주체를 개인적인 성원과 결합시키는 서사는 대개 "좋은 국민은 경제적 행위주체로서 어떤 모습을 취하는가"(예컨대 산업역군, 근대화의 기수 등), "좋은 국민은 교육적 실천의 주체로서 어떤 형식을 취하는가"(선진조국의 도량) 하는 형태로 나타났다. 이를 떠올려볼 때, 규율적 사회에서 국민적 주체성은 그에 속한 각각의 주체들을 본질과 현상의 관계란 면에서 표상한다고 볼 수 있다. 반면 신지식인운동은 상이한 주체성의 형태를 환원시킬 수 있는 상위의 우월한 정체성을 가정하지 않는다. 그것은 국민적 주체성이란 이상이 내거는 내용을 실현하는 각각의 주체를 상정하지 않고 거꾸로 각각의 주체들이 지닌 자율성을 강조한다. 그리고 그런 서로 다른 주체성의 형태들이 독자적으로 행동하면서 이뤄지는 효과로서 등장하는 시민이 국민의 새로운 모습이라고 강조한다.

이제 각 구성원들은 스스로가 개인 비전을 세우고, 창조적으로 활동해 창출가치가 존재비용을 능가하는 **자기책임의 구현자**로 변화되고 있다. 이런 구성원들이 제대로 활동하기 위해서는 조직은 투명하고, 지배구조의 진화를 통해 신뢰와 개방적인 경영을 정착시켜야 하고, 개인 비전과 조직 비전을 동시에 제시하고 통합시킬 수 있어야 한다. 이렇게 되면 창조적 긴장감 속에 가치를 창출하는 측정과 평가보상시스템이 실천되고 **종국적으로 국가적으로 학습과 성장의 조직문화가 정착될 것이기 때문이다** (미래경영개발연구원, 2004: 34. 강조는 인용자).

이 신지식인운동에 관한 보고서의 내용 역시 이런 점을 두드러지게 강조한다. 여기에서 언급되는 국민은 "자기책임의 구현자"로서의 국민이다. 그리고 앞서 말했듯이 이는 서로 다른 주체의 형태로 무한히 변환될 수 있다. 직업적인 활동을 수행하는 기업가나 근로자, 혹은 가정에서 삶을 살아가는 주부, 학교에서의 교사나 학생 역시 이런 "자기책임의 구현자"로서 시민이라는 주체를 구축한다.

요약하자면 신지식인운동은 이후 등장하게 될 다양한 형태의 주체성 담론들을 이미 예상하고 있었다고 볼 수 있다. 신지식인운동에서 각별한 점은 어떤 종류의 주체여야 하는가라는 뜻에서의 신지식인, 즉 신지식인이란 주체가 구체적으로 가리키는 내용이 중요한 것이 아니라는 점이다. 그렇기에 신지식인이란 무엇인가, 어떤 종류의 사람인가, 어떤 이데올로기를 운반하는가 묻는 것은 부적절하다. 반대로 "주체화subjectivation의 논리"라고 부를 수 있는 것, 즉 주체성을 문제화하는 형식이란 면에서 신지식인운동의 특성을 찾아봐야 할 것이다. 신지식인 운동이 말을 건네는 대상은 자율적인 책임의 개인적 주체였다. 그리고 이는 어떤 주체의 모습을 통해서도 나타날 수 있다. 그러므로 직접 경제활동에 참여하든 그러지 않든 모든 주체는 신지식인이라는 주체성의 표현 형태로 혹은 그것의 변이variation라는 형태로 맞바꿀 수 있다. 나아가 국가가 시민을 주체화하는 것이 아니라 그 역시 주체의 한 종류로서, 포괄적인 주체화의 논리에 종속된다고 말하는 편이 좋을 것이다. 국가는 신지식인운동이 가정하는 주체화의 논리에 따를 경우 더 이상 다른 주체와 구별되는 보편적인 주체, 종합하는 주체로 특권화될 수 없다. 국가가 개인을 만들어내는 것이 아니라 다양한 개인들이 벌이는 행위의 효과로서 국민이라는 상상적인 주체가 그려질 수 있을 뿐이다.

이제 새로운 경제적 가상 아래에서 국가는 더 이상 전과 같은 위상을 차지할 수 없게 된다. 이제부터 국가는 새로운 경제적 가상 즉 지식기반경제 속에서 새롭게 자신의 정체성을 위치시켜야 하며, '지식정부'나 '기업가적 정부'라는 형태로, 다른 개별적 주체와 다르지 않는 주체의 한 종種으로 자신을 재정의하여야 한다.[4] 결국 신지식인운동은 관료기구를 통해 진행되는 바람에 정작 스스로 내걸었던 자율적 주체의 책임의 논리란 것과 괴리되었다. 그렇지만 그것이 순전히 실패했다고 단정할 수는 없다. 적어도 담론적 형식이란 면에서 이후 등장할 다양한 주체성의 담론을 이미 선취하고, 이런 담론들이 작동할 공간을 만들어냈다는 점에서 성공을 거둔 측면이 있기 때문이다.

두번째로 신지식인운동은 '자기'의 담론으로서 특성을 분명히 했다. 신지식인운동은 사회적 정체성을 통해 규정되는 상징적 '나'(이를테면 학생, 직장인, 주부로서의 나 등)와는 다른 '나', 자신이 의식적·무의식적으로 상상하는 '나'를 향해 직접 말을 건넨다. 그리고 이를 통해 '자기'의 담론과 결합할 수 있는 가능성을 만들어냈다. 신지식인운동이 표상하는 신지식인이란 것이 모두가 도달해야 할 이상적인 규범으로 보이기만 했다면 그것은 그저 전과 다르지 않은 외적인 강요에 그쳤을 것이다. 그렇지만 좋은 시민, 능률적인 직장인, 순종적인 학생이라는 규범적인 이상과 달리 신지식인은 자기가 어디에 속한 누구인가와 상관없이 '자기와의 관계'를 중심으로 새로운 주체성을 생산하고자 했다. 이를테면 **표 2-1** 신지식인 지수 체크를 보라.

이 검사가 겨냥하는 주체는 누구일까. 물론 그것은 '아무나'라고 말할 수밖에 없다. 그것은 국민적 전체의 일원이란 점에서의 각각의 개인을 겨냥하는 것도 아니고 그렇다고 직장인, 노동자, 학생, 주부 등과 같이 특정한 상징적 정체성에 묶인 주체를 겨냥하지도 않는다. 신지식인이란 훈육적인 국민 형성의 메커니즘 속에서 호명되는 개인, 국민의 일원으로서의 개인과는 다른 주체의 모습이라 할 수 있다. 거칠게 말해 그것은 소속, 동일시, 충성 등과는 다른 주체의 모습을 제시한다. 그러므로 이후 신지식인 사례 보고서나 신지식인으로 선정된 인물들이 자기를 표현하는 데서도 나타나듯이, 신지식인은 독특한 '자기의 담론'으로 표현될 수 있었다. 특히 신지식인운동이 줄기차게 강조했던 평등주의적인 에토스는 이런 자기의 담론으로서의 성격을 강화하는 데 일조했다고 볼 수 있다.

표 2-1 신지식인 지수 체크

방법 : YES가 몇 개인가에 따라 신지식인 지수를 가늠해본다.

1 나는 내가 좋아하고 잘하는 분야가 있다.

2 나는 인터넷 검색을 잘한다.

3 나는 내게 필요한 자료를 미리 잘 보관, 정리한다.

4 나는 평소 궁금한 건 못 참는다.

5 나는 모르는 사항을 질문하는 것을 부끄러워하지 않는다.

6 나는 내가 상상한 것을 직접 실천해보기도 한다.

7 나는 사람들과 토의하는 것을 좋아한다.

8 나는 내가 아는 것들을 사람들에게 알려주고 싶다.

9 나는 가끔 엉뚱한 생각을 한다고 핀잔을 듣기도 한다.

10 나는 평소 불편한 상황이 닥치면 왜 그럴까, 바꿀 방법이 없을까 생각한다.

3개 이하 누구나 신지식인이 될 수 있습니다. 용기를 가지고 도전하세요!
4개 이상 신지식인이 될 가능성이 보입니다. 좀더 노력하세요.
8개 이상 당신은 21세기 대한민국을 이끌어갈 신지식인!!!

학식을 많이 쌓은 대학교수만 지식인이 아니라 자신의 일을 개선·개발·혁신해서 자기 몸값을 높이는 사람도 지식인이다. 그래서 자장면 배달원이나 청소부, 운동선수, 회사원 등 누구나 지식인이 될 수 있다. 지식경제로의 이행도 이런 '신지식인'의 출현으로부터 시작되는 것이다. 20년간 똑같은 강의노트로 학생을 가르치는 대학교수가 있다면 그가 아무리 박사학위를 갖고 있더라도 지식인이 아닌 것이다(매일경제신문사, 1998c: 51).

위에서 명료하게 드러나듯 신지식인운동은 사농공상이라는 전통적 가치를 비판하는 것이든 아니면 학벌 중심의 엘리트주의를 비판하는 것이든 공통적으로 평등주의적 에토스를 강하게 주장한다. 물론 이를 두고 훈육사회의 국민을 대신해 주권적 소비자로서의 개인이라는 새로운 주체성의 모델이 맹위를 떨치게 된 것뿐이라고 간단히 일축할 수 있을지도 모른다. 그럼에도 불구하고 **표 2-1**이 보여주듯이 신지식인은 더 이상 국민이 아니라 '자기'라는 주체를 향해 직접적으로 말을 건넨다. 이런 점에서 앞서 지적한 것처럼 신지식인운동은 이후 새로운 주체성 담론의 핵심적인 언표인 '자기계발' 담론 모델을 선취하고 있었다고 볼 수 있다.

세번째로 신지식인운동은 훗날 등장하는 주체성 모델의 특징인 호환성을 담지하고 있다고 볼 수 있다. "기업가적인 주체"나 "자기계발의 주체"와 같이 모든 주체의 형태를 망라하는 포괄적인 주체성의 모델이든 아니면 "인재나 지식근로자, 골드칼라, 창조적 계급, 혁신적 리더십"이란 형태로 등장한 경제적 주체에 관한 담론이든, 이들은 모두 신지식인운동이 보여준 담론 형식과 다르지 않다고 할 수 있다. 따라서 신지식인운동은 직접적인 효과란 면에서 실패했을지라도, 그것이 내장하고 있던 담론 형식을 대중화했다는 점에서 기대 이상의 성공을 거뒀다고 볼 수 있다. 따라서 신지식인운동에서 제시했던 신지식인이란 용어를 더 이상 사용하지 않더라도, 이후 상이한 사회영역에서 등장한 주체성의 모델은 모두 담론 형식이란 면에서 신지식인운동 담론과 동일하다고 볼 수 있다. '인적자원'이란 용어로 표현되는 새로운 시민성의 모델이나 '자기주도적인 주체'로서의 학습자 모델은 곧 직접적인 경제적 주체와 겹쳐지거나 복제될 수 있고, 그것은 모두 동등한 주체 형태로 서로 교환될 수 있었다. 그리고 이런 서로 다른 주체의 담론들의 교환 가능성은 이미 신지식인운동이 예기하고 있었던 것이었다.

2. 능동적 시민이라는 인적자원

평생학습 하는 시민

앞에서 말했듯 신지식인운동은 일시적이고 실패한 국가 캠페인으로 그쳤다. 그리고 그를 대신하게 된 것이 '인적자원'이란 담론이다. 곧 널리 사용하게 된 인적자원이란 용어가 뜻하는 바를 감안할 때, 그에 해당하는 국가정책이 바뀌기 시작한 시점은 그보다 훨씬 전으로 거슬러 올라갈 수 있을 것이다.[5] 그럼에도 불구하고 인적자원이란 용어를 직접적으로 사용한 것으로부터 그 기원을 찾자면, 2001년 정부의 '국가인적자원개발기본계획'에서 인적자원 담론이 본격적으로 사용되고 확산됐다고 볼 수 있을 것이다. 그리고 거칠게 요약하자면 국가인적자원개발기본계획은 지식기반경제라는 경제적 가상에 조응하는 주체성의 담론을, 그것도 통치의 담론이란 면에서 본격적으로 생산하기 시작했다고 볼 수 있다. 이는 이미 고립적이고 산발적으로 나타나던 다양한 형태의 시민 형성 담론[6]을 국가정책과 비전이란 차원에서 통합하는 것이었다.

그렇지만 '정치적 합리성'이란 측면에서 볼 때, 인적자원 담론이 가진 또 다른 의의를 짚어볼 수 있다. 무엇보다 인적자원 담론은 새로운 시민주체, 더 엄격히 말하자면 '국민 이후'의 사회적 주체성의 담론을 조형하고 있기 때문이다. 앞질러 말하자면 인적자원 담론은 경제는 물론 교육, 행정, 복지, 경제 등 다양한 영역에서 전개된 신자유주의적 통치로의 전환을, 각각의 정책에 한정된 논리에서 끌어내 '시민주체'의 문제설정으로 모으고 '국민 이후'의 주체성 모델, 즉 '자기를 관리하는 시민'이란 주체성의 담론을 만들어냈다. 이와 더불어 그 안에서 다양한 주체성의 언표들을 조직하고 구성할 수 있도록 하는 담론적 규칙을 수립했다.

그렇게 보자면, 신지식인운동에 드리워져 있던 국민주체의 그림자에서 벗어났다는 점에서 국가인적자원개발 담론은 지식기반경제와 본격적으로 결합할 수 있는 정체성을 표상한다고 볼 수 있다. 다음에서 우리는 국가인적자원개발 담론의 경과를 간략히 분석하고, 이것이 지식기반경제란 경제적 가상에 상관적인 주체성의 담론을 만들어내는 데 어떤 위치를 차지하고 있는지 간단히 설명하고자 할 것이다. 그리고 다음 장에서 자세하게 분석할 노동주체의 주체성 모델과 어떤 식으로 관련되는지 살펴볼 것이다.

인적자원 담론이 정부의 공식적인 담론으로 등장하고 확산, 정착하는 과정은 일차적으로 국가인적자원개발과 관련한 정책, 제도, 기관, 법률 등이 변화한 모습을 통해 살펴볼 수 있을 것이다. 정부는 2000년 2월 인적자원개발회의 규정을 제정했다. '인적자원개발회의'National Human Resource Development, NHRD는 "범정부 차원에서 인적자원정책을 논의하고 이를 효율적으로 추진"하며, "인적자원정책 총괄·조정 기능의 원활한 수행"을 위해 만들어졌다.[7] NHRD는 교육부, 재정경제부, 과학기술부, 문화관광부, 산업자원부, 정보통신부, 보건복지부, 노동부, 여성부, 기획예산처, 중앙인사위원회, 국무조정실, 국정홍보처, 행정자치부 등 14개 부처의 장관으로 구성되어 있으며, 관계 법령에 따라 월 1회 이상 회의를 개최했다. 그리고 NHRD에 뒤이어 정부는 2001년 1월 정부조직법을 개정해 교육인적자원부를 출범시켰다. 교육인적자원부는 "국가인적자원의 개발을 위해 교육과 고용을 포함한 직업과의 연계, 노동인력의 수요와 공급, 인적자원개발 등을 종합적으로 지원하고 평가하고자" 했다. 또 2001년 12월에는 '국가인적자원개발기본계획'을 확정하고, 2002년 8월에는 '인적자원개발기본법'을 제정함으로써 인적자원에 관한 정부의 정책을 실행하기 위한 제도적이고 법률적인 조건을 정비한 것으로 평가된다.

이 과정에서 정부는 교육부를 교육인적자원부로 명칭을 바꾸고, 교육인적자원부 장관을 부총리급으로 승격시키는 등 교육과 인적자원 관련 정책을 주요 통치의 영역으로 재정의한다. 그렇지만 교육인적자원부의 등장과 인적자원 관련 정책은 더 복잡한 과정과 결합되어 있다고 볼 수 있다. 그것은 무엇보다 김영삼 정권 당시에 실행된 제7차 교육과정의 도입과 '신교육체제'라고 불렸던 교육개혁과 깊이 연관되어 있다. 따라서 국가인적자원개발은 매우 이질적인 담론, 상이한 역사적 경로를 통해 진화해온 사회적 실천들이 결합해 만들어진 것이라고 볼 수 있다.

그렇지만 이런 변화를 기존 교육정책의 영역이 양적인 면에서 확대된 것으로 받아들이는 것은 옳지 않을 것이다. 실제로 많은 이들이 교육인적자원부의 등장을 비롯한 인적자원개발정책의 등장을 기존의 교육정책을 단순히 확대 개편하는 것에 불과하다고 받아들인 편이었다. 예를 들어 1990년대 후반 경제적 구조조정 과정에서 지식기반경제 담론의 영향을 받은 정부가 기존의 교육정책에 직업교육과 성인교육 등의 비학교 영역에서 행해지는 교육을 '추가'하고, 이를 국가인적자원개발이라는 정책과 교육인적자원부라는 정부조직 개편을 통해 표현하게 됐다는 식으로 생각하는 것이다. 그러나 이는 그런 변화에 함축된 적극적 효과를 간과하는 것이다. 알다시피 제7차 교육과정을 도입하는 과정에서 이미 기존의 제6차 교육과정과 전연 성격을 달리하는 국가정책의 대개혁이라는 논란이 제기됐고 수많은 논쟁이 뒤를 이은 바 있었다.

지식기반경제라는 경제적 가상에 부합하는 새로운 주체를 생산한다는 관점에서 볼 때, 제7차 교육과정의 도입과 '교육개혁안'은 외환위기를 전후한 구조조정에 버금가는 계기였다고 볼 근거가 충분하다. 사실 교육개혁을 추진하고 옹호했던 사회세력들은 이런 점을 처음부터 강하게 의식하고 또 역설하고 있었다고 볼 수 있다. 그러나 당시 '신교육체제'를 둘러싸고 쏟아져 나온 주장들은 대개 기존의 억압적이고 획일적인 교육을 수술하려는 소극적인 움직임으로 받아들여졌던 것으로 보인다. 따라서 그것을 새로운 경제적 실재를 구성하는 담론적 실천의 한 계기로 파악하는 데 어려움이 있었다. 다시 말해 그것은 기존의 그릇된 교육정책을 수정하려는 교육정책 내부의 문제일 뿐 전반적인 사회구성을 재편하는 포괄적 기획 가운데 하나로서 이해되지 못했던 것이다. 하지만 상황은 김대중 정권이 들어서며 신교육체제를 '계승'하고 그에 더해 국가인적자원개발이라는 정책을 출범시키면서 더욱 혼란스러워졌다. 그러나 이런 혼란과 동요는 그 자체로 주목할 만한 가치가 있다. 이는 무엇보다 국가인적자원개발 담론의 정체성을 밝히는 데 몇 가지 시사점을 던져주기 때문이다. 따라서 국가인적자원개발 담론에 관한 설명으로 나아가기에 앞서 간단하게나마 제7차 교육과정과 신교육체제를 설명하도록 하고 그것이 인적자원 담론으로 재접합되는 과정에서 어떤 혼란을 낳게 됐는지 간단히 분석해보기로 한다.

이미 말했듯이 신교육체제는 1995년 교육개혁위원회가 마련해 발표한 '신교육체제 수립을 위한 교육개혁방안'을 통해 가시화됐다. 이는 다시 '제7차 교육과정'을 통해 더 구체화되어 나타난다. 신교육체제와 제7차 교육과정은 "열린 교육 사회, 평생학습 사회"를 비전으로 제시하며 크게 **표 2-2**와 같은 핵심적인 내용을 제시했다.

이 신교육체제의 주요 내용은 제7차 교육과정에서 제시되는 내용과 크게 다르지 않다. 1996년과 1997년 각각 2~3차, 4차 교육개혁안으로 변형되고 일부 정책 내용이 추가되거나 기존의 내용이 수정됐다고 하더라도 기본적인 틀은 유지되어왔다고 볼 수 있다. 김대중 정권의 집권 이후에도 교육개혁위원회가 만들어놓은 큰 방향을 유지하고 그것을 효율적으로 추진하는 데 노력이 집중되었다.[8] 이 과정에서 교육체제의 재편을 둘러싸고 격렬한 논란이 벌어졌다. 공급자 중심의 교육에서 수요자 중심의 교육이라는 담론에 대해 "소비자주권의 교육"은 대안일 수 없다든가(이차영, 2000),

표 2-2 신교육체제의 주요 내용[9]

① 열린 교육, 평생학습의 기반 구축
② 대학의 다양화, 특성화
③ 초중등학교의 자율적 운영을 위한 학교 공동체 구축
④ 인성 및 창의성을 함양하는 교육과정
⑤ 국민의 고통을 덜어주는 대학입시제도
⑥ 학습자의 다양한 개성을 존중하는 초중등학교 운영
⑦ 교육 공급자에 대한 평가 및 지원체제 구축
⑧ 품위 있고 유능한 교원 육성
⑨ 교육 재정 GNP 5% 확보

"소비자주권을 폐기하고 사회적 기본권에 바탕한 교육"이어야 한다는(이순철, 2002) 주장에서부터 "파시즘적 교육체제"에서 교육의 인간화, 총체화가 아닌 교육시장화에 근거한 "신자유주의적 교육체제"로의 재편에 불과하다는 비판에 이르기까지 다양한 공격이 쏟아져 나왔다. 그것은 교육 공공성의 위기, 신자유주의적 교육정책, 수요자 중심의 논리에 근거한 교육의 상품화 등 다양한 비판으로 이어져왔다.[10] 이를 대표하거나 아니면 반박하는 대표적인 주장들을 몇 가지만 살펴보자.

교육 공급자 중심에서 교육 소비자 중심으로 교육구조를 전면적으로 바꾸자는 것이다. 국가가—교육 공급권을 틀어쥐고—교육상품을 생산하기만 하면 학부모나 학생 등 교육 소비자들이 무조건 그 상품을 살 수밖에 없고, 또 그것을 사기 위해 큰 희생과 불이익을 감수할 수밖에 없는 우리의 교육구조 자체를 재구성하는 것이 교육개혁의 핵심이다(나라정책연구회, 1995〔천보선·김학한, 1998, 74쪽에서 재인용〕).

1990년대는 교육 부문의 시민사회화가 가속화되어 이제 교육은 국가의 유지에 도움을 주는 존재가 아니라 부담을 주는 존재가 됐다고 할 수 있다. 그리고 '교육의 탈국가화'라는 목표에 있어서 교육부와 전교조의 합일점이 도출된 것이라고 할 수 있는 것이다. [……] 결론적으로 교육개혁위원회의 수요자 중심 교육개혁이나 교육의 시장논리화는 위험하기 짝이 없는 발상이다. 과거 군부독재 시절의 국가독점을 해결하기 위한 방법은 시장논리화에만 있는 것은 아니다. [……] 교통이나 치안이 국가가 경영해서 흑자를 남기는 사업이 아니라 국가가 적자를 감수하고 떠맡아야 할 짐이듯이 교육 또한 국가가 떠맡아야 할 짐이다(정재걸, 1997: 121~135).

분명한 사실의 하나는 교육이 국가 이데올로기 통제의 도구로 쓰이던 시대는 끝났다는 것이다. 이제 교육과 학교는 시장에서 필요로 하는 인력과 지식의 생산에 봉사할 때이다. 다만 시장의 원리가 공정한 질서에 기초해야 하고, 국가는 이를 보장함으로써 교육정책의 공공성을 확보해야 할 것이다. [……] 요컨대 교육의 공공성은 개인에게 교육 선택의 기회를 국가가 공적으로 보장해주는 데서부터 시작해야 할 것이다. 보다 정확한 교육상품의 시장정보, 곧 학교나 교사와 같은 교육 공급자들의 서비스의 질에 대한 정보를 제공해주어야 하고, 기본 교육권을 구매할 수 있는 비용은 모두에게 공통적으로 보장해주어야 한다. 추가적으로 필요한 사람들에게는 보조 또는 대여 정책을 통해 지원해야 할 것이다(천세영, 1998: 63~64).

원인은 국가에 있다. '입학시험'의 석차를 근거로 학생을 선발한다는 일본 통치의 유물을 폐지하지 않는 것이 바로 국가다. [……] 한국의 교육문제는 결코 돈이 없다는 데 있는 것이 아니다. 정부 지원이 부족하다는 것도 아니다. 국가에서 교육을 불필요하게 통제하고 여기저기 간섭함으로써 재정지출 요인을 늘리고 있다는 것이 문제이고, 모두 국가 개입과 재정 지원에 의존한다는 것이 문제이다. 〔……〕 **경계할 것은 신자유주의와 교육개혁·구조조정이 아니라 신자유주의적 정책 원칙을 피상화하고 기관과 일거리를 자꾸 만들어내고 확장하는 일이다**(김기수, 1998: 35~39. 강조는 인용자).

여기서 인용한 글들은 각기 신교육체제를 비판하거나 옹호 혹은 비판적(?)으로 지지하는 입장들을 대표하는 것들이라 할 수 있다. 그리고 이를 주장하는 이들의 지위 역시 교육 관련 학자나 정책제안자, 싱크탱크, 교사 등 매우 다양하다. 어쨌든 각각의 주장은 이미 신교육체제에 대한 정치적 언표의 공간을 만들어내고 있다. 위의 주장들은 이미 시장/국가, 공공성/이윤, 공급자 중심/수요자 중심, 관료적 통제/자율성 식의 입장으로 나누고, 그것을 둘러싸고 자신의 위치를 설정함으로써 교육개혁에 관련된 자신들의 입장을 제시한다. 따라서 여기에서 일단 표면적으로 드러나는 것은 교육개혁안과 그것이 상정하는 신교육체제에 관한 찬성과 반대라는 입장 차이라 할 수 있다. 신교육체제가 시장 중심적이고, 신자유주의적이며, 소비자주권의 논리에 따르고 있다는 "비판"은 절대 그릇된 주장은 아니다.

그렇지만 흥미로운 점은 바로 그런 신자유주의적, 소비자주권적, 시장 논리 종속적이라는 비판의 언표 안에서도 정작 그 비판의 대상이 되는 정책을 뒷받침하고 조정하는 정치적 합리성은 거부감 없이 지지를 받는다는 점이다. 가령, 교사 노동의 "책무성", 교육 재정의 "선택과 집중", 그리고 "학습자"의 "수월성", "자율성", "다양성" 같은 것은 모두 "신자유주의"의 세부적인 관리와 지배의 테크놀로지라고 할 수 있다. 이를테면 책무성은 관료적인 조직의 무책임성에서 벗어나 이제는 각각의 개인들이 수행하는 전체 활동을 사정과 평가의 대상으로 삼는다. 그리고 이를 통해 교사와 학교가 자율적이고 책임 있는 주체가 되도록 유인하는 대표적인 윤리적-정치적 테크놀로지를 생산한다. 이는 교육 재정을 선택하고 집중하는 데 있어서도 자원을 일괄적이고 획일적으로 분배하는 것이 아니라 개별 역량과 성과에 연계된 분배를 실행한다. 그리고 이로써 주체성의 동원mobilization을 자원 설계와 분배에 새로운 관리 및 경영의 테크닉으로서 구사한다.[11] 그러므로 교육체제 재편 과정에서 대립하거나 갈등했던 사회 집단과 그룹들은 새로운 교육정책이 실현하고자 했던 "주체성의 정치학"의 측면에서는 아무런 차이가 없다. 단적으로 더 많은 자율성과 다양성, 자유와 선택의 기회 등 새로운 교육정책의 핵심적 언표들은, 전국교직원노동조합(이하 '전교조'로 표기)을 비롯해 신교육체제를 반대한 집단들 어디에서도 거부당하거나 이의를 제기받지 않았다.[12]

오히려 거꾸로 사정은 정반대였다고 할 수 있다. 신교육체제를 반대하는 이들은 신교육체제가 등장하게 된 배경을 언급하면서 "교육 부문이 시민사회화"됨에 따라 어쩔 수 없이 일정한 자율성과 민주주의를 수용하지 않을 수 없게 됐다거나(정재걸, 1997), 신교육체제의 등장은 긍정적 현상도 일부 수반하는데, 그것은 "교육의 자율성과 다양성 증대, 주입식 교육의 변화, 부분적인 교육 환경 개선 등"이라고 주장한다(천보선·김학한, 1998: 58~59). 다시 말해 신교육체제와 제7차 교육과정이 기존의 교육 담론을 변형시키는 과정에서 제시한 핵심적 가치에 관한 한, 논쟁에 참여한 모든 주체들은 커다란 이의를 보이지 않는다. 결국 신교육체제와 제7차 교육과정 그리고 국가인적자원개발이 상정하는 주체성 모델에 대해 표면적으로는 신자유주의 비판이란 이름으로 이의를 제기함에도 불구하고, 정작 그것의 신자유주의적 에토스에 관한 한 지지를 보내는 아이러니한 입장을 나타낸 것이다. 구체적으로 신교육체제와 제7차 교육과정에 대해 주도적인 비판 세력이었던 전교조가 쏟아낸 언표들 안에서 이 점은 매우 잘 드러난다. 전교조의 경우 제7차 교육과정에 대한 투쟁 과정에서, 다음과 같이 자신의 입장을 밝힌 바 있었다.

〈제7차 교육과정에 대한 전교조의 입장〉

1. 20:80의 불평등사회로 가는 교육정책
   - 제7차 교육과정은 자립형 사립고, 교종안〔교직발전종합방안〕과 함께 초, 중, 고에서 20:80의 사회로 가는 교육정책이며 대학에서는 BK21로 구체화되고 있음.
   - 전교조는 암기 위주의 입시교육을 반대하지만, 그 대안이 학교를 시장으로 내맡기는 신자유주의 교육정책이 아니라고 판단함.

2. 대안

가. 수준에 맞는 교육을 하지 않아서 학교 붕괴 현상이 일어나고 있는 것이 아님. 낙후된 시설 속에서 봉건적인 시스템을 가지고 세계화·정보화 시대를 따라잡으려고 하는 데서 문제가 발생한 것임.

나. 학교 민주화: 사립학교법 개정, 교장선출보직제 실시
   - 학교교육이 정상화되기 위해서는 무엇보다 학교 자체가 정상적으로 운영되어야 함. 부패와 비리로 얼룩진 사립학교와 여전히 학교라는 왕국의 군주로 군림하는 교장의 문제를 극복하는 것이 학교 정상화의 선결 과제임.

다. 학교 현대화: 학급당 학생 수 감축, 교육 재정 GNP 6% 확보
   - 학교에 대한 투자 없이는 교육의 질은 향상되지 못함. 이제까지 우리나라 교육개혁의 대부분은 투자 없이 제도만 바꿔 생색을 내는 데 그치고, 장기적으로는 더욱 상황을 악화시킴(조남규, 2001: 14. 강조는 인용자).

이 인용문에서 보듯이 전교조 역시 "암기 위주의 입시교육을 반대하지만, 또한 그 대안이 학교를 시장으로 내맡기는 신자유주의 교육정책이 아니라고 판단"한다고 밝히고 있다. 결국 교육의 시장화에 반대하는 것이지 신교육체제가 제시하는 주체성의 정치학, 즉 학습자 중심, 다양화, 자율과 책무성, 자유와 평등, 열린 교육, 수월성과 평등 등의 담론에 관해서는 이견이 없다는 입장을 보인다. 그러나 전교조가 이견을 보이지 않는 바로 그것이 시장화라면 어떨까. 다시 말해 시장이란 것이 단순히 분화된 사회의 부분 가운데 하나에 그치지 않고 자유를 동원함으로써 개인들이 최선의 행복과 책임을 추구할 수 있는 사회적 삶의 원리를 뜻하는 것이라면, 전교조가 시장을 반대하면서 역시 시장화로부터 가능한 또 다른 사회적 삶의 세계를 반대한다는 것은 난센스라고 하지 않을 수 없다. 결국 이런 한계로 인해 전교조가 내거는 대안이란 '시장논리 대 공공성'이라는 또 다른 자유주의적인 이항대립으로부터 파생된 소극적인 대안, 가령 낙후된 시설을 현대화하고 더 많은 예산을 확보할 것 등을 주장하는 데 머물고 만다.

반면 현재의 신교육체제가 내건 전략을 보다 과감하고 적극적으로 표현하기를 주문하는 김기수의 인용문은 훨씬 더 풍부한 접근을 하는 것으로 보인다. 적어도 교육부와 이후의 교육인적자원부가 공식적으로 극구 신자유주의와 무관한 것이라고 부인하면서 소극적이고 기만적인(?) 자세를 취하는 것과 구분된다.[13] 그는 공교육이냐 사교육이냐 따지는 것은 전연 문제가 아니며 공교육이 등장하게 된 것은 자유주의적 시장경제론자들의 작품이라고 극구 강조한다. 그는 교육 영역의 경제적 배분에서 평등한 경쟁의 게임 규칙이 적용되기 어렵게 되자 시장경제론자들이 시장에서의 경쟁의 한계를 보완하기 위해 공교육을 도입했다는 주장까지 친절하게 덧붙인다. 여기에서 굳이 그가 제시하는 주장, 가정, 이념을 따지는 것은 의미가 없을 것이다. 핵심은 그가 시장경제론자이거나 신자유주의를 옹호한다는 것이 아니라, 그것이 제시하는 교육과 관련한 주체성의 담론에 있기 때문이다. 그는 국가의 쇠퇴가 필연적이고 불가항력적인 상황에서 국가는 한정된 자원을 빈민 계층에게 공교육을 통해 지원하고, 나머지는 "자기 힘으로 교육도 추구하고 살 길도 찾는 힘을 길러주는 데 교육과정의 초점을 맞추어야 한다"고 서술한다. 그리고 이에 덧붙여 "국가의 보호나 도움 없이 지역주민들이 상부상조하는 체제도 구축해야 한다"고 말한다. 그리하여 그가 말하는 교육이란 "기본적인 지식·기술의 전수와 '제 힘으로 사는 힘'을 기르는" 것이다(김기수, 1998: 32~34).

따라서 국가/시장, 공급자/수요자, 교육/학습의 이항대립에서 후자 쪽의 편에 서면서도 그가 주장하고자 하는 바의 요체는 바로 어떤 시민적 주체를 형성하는가, 자기와 어떤 관계를 맺는 주체를 형성하는가의 문제라고 할 수 있다. 그 탓에 그가 "신자유주의적 정책 원칙을 피상화하고 기관과 일거리를 자꾸 만들어내고 확장"한다고 신자유주의 비판자들을 비판하는 것 역시 수긍할 만한 일이라고 할 수 있다. 적어도 그의 생각에 따라 자율과 개성, 다양성과 자유 등을 옹호한다면 신자유주의적 교육정책을 반대할 이유가 하나도 없고, 오히려 '피상적인' 신자유주의야말로 장애물이 되기 때문이다. 그에게 있어 사교육이냐 공교육이냐, 시장이냐 국가냐의 문제는 어떤 사회적 주체성을 생산하느냐의 문제에 따라 역사적으로 선택해야 하는 쟁점에 불과하다. 따라서 그가 보기에 시장이냐 국가냐는 거짓 문제이거나 잘못 정의된 문제일 수밖에 없다. 문제는 어떻게 "지역주민들이 자발적으로 상부상조"하고, "제 힘으로 사는 힘"을 기르게 하느냐, 즉 시민들이 어떻게 "자기권능화self-empowerment의 주체"로 될 수 있느냐의 문제이다. 결국 김기수는 신교육체제를 "시민의 테크놀로지"technologies of the citizen(Cruikshank, 1999)란 점에서 이해하고 설명하려 한다 말할 수 있다. 그렇게 볼 때 신교육체제와 제7차 교육과정에 대한 격렬한 논쟁과 대립이 있었고 또 그것이 한국사회 전체를 가르는 대립 공간을 만들었던 것처럼 보였어도, 실제 담론 공간 자체는 단일한 담론형성에 의해 규제되고 있었다 할 수 있다. 다시 말해 새롭게 등장한 교육의 담론은 찬성과 반대로 분할된 언표의 공간을 만들어냈지만, 그런 갈등적인 언표들은 모두 새로운 담론형성의 정치학을 더 강화하면서 그것이 내포하고 있던 원리와 이념을 보편화했다고 할 수 있다.

그렇다면 어떻게 해서 이런 양상이 나타나게 된 것일까. 이는 크게 다음의 요인들에서 비롯된 것으로 분석할 수 있을 것이다. 먼저 교육체제 재편을 둘러싸고 생산된 담론들은 '교육의 언표'에 갇혀 있었다고 볼 수 있다. 그러나 교육체제 재편 과정은 교육정책이라는 고립된 영역 내의 논리에 따라 이뤄진 것이 아니었고 이 점은 실제 교육체제 재편에 관련된 이들이 극력 강조했던 부분이기도 했다. 교육체제를 재편하는 과정에 참여하거나 깊이 관여했던 이들은 이것이 한국 교육체제를 근본적으로 바꾸는 일이며 사회체제를 '문명사적 전환'으로 이끄는 근본적인 조치란 점을 역설한 바 있다. 이를테면 "지금까지의 산업화에 기여했던 우리의 양적 성장 중심의 교육을 가지고는 고도의 창의력과 높은 품격을 지닌 인간을 요구하는 미래 정보화·세계화 시대에 세계 중심국가로 발돋움하게 될 신新한국인을 길러낼 수가 없다"는 것이다(교육부, 1995: 12). 물론 교육체제 개편이 요구되는 당위적 배경으로 들먹이는 "세계화·정보화"라는 것이 정책입안 주체들이 공식적으로 발언할 때마다 의례적으로 반복하는 언표 행위일 수도 있다. 그렇지만 이는 새로운 교육정책이 교육이란 영역에 한정할 수 있는 것이 아님을 분명히 하고 있었다. 교육체제의 재편을 둘러싸고 제시됐던 공식적인 언표들은 모두 국가의 발전전략, 특히 국가와 그 성원인 국민의 관계, 국민의 능력 등의 언표체계 안에서 나타나고 있었기 때문이다. 따라서 그것은 교육의 매개를 통해 본격적으로 새로운 사회적 주체성을 그려내는 담론을 투입하고 있었다. 그렇지만 교육체제 재편을 둘러싼 담론 공간은 '교육정책'이란 문제 주위를 선회할 뿐이었지 새로운 주체성 생산을 둘러싼 담론 투쟁의 공간을 만들어내기에 이르지는 못했다. 따라서 신교육체제는 교육주체와 시민주체의 연계를 통해 새로운 통치 대상을 형성하는 정치적 기획으로서 여겨질 수 없었다.

두번째로, 교육체제 재편 과정에 포함된 구체적인 정책과 제도, 테크놀로지, 법률 등에 관한 비판적인 분석을 할 수 없었다는 점 역시 지적해볼 수 있다. 신교육체제를 둘러싸고 제시된 주장들은 대부분 단순히 신자유주의, 시장중심주의, 소비자주권론 등을 표현하는 것으로 환원됨으로써, 마치 어떤 총체적인 이념과 가치체계를 반영하는 것으로 신교육체제를 단순화시켜버렸다. 그렇지만 새로운 교육체제의 이념은 그것이 적용되는 대상을 빚어내고 이를 실행, 평가하고 지속시키는 관행, 제도, 정책, 법률 등과 분리시킬 수 없다. 다시 말해 신교육체제의 지배란 그것의 이념의 효과가 아니라 그것이 고안하는 대상과 영역 그리고 그 대상과 관련된 주체에 작용하는 세부적인 테크놀로지를 통해 실현된다. 이를테면 교육 노동의 정체성과 교육 재정을 살펴보자. 여기에서 먼저 쟁점이 되는 것은 교사 노동과 노동주체로서 교사의 정체성, 즉 교사란 무엇을 하는가, 교사의 활동은 어떤 책임과 의무를 가지는가, 교사의 활동은 어떻게 평가, 측정, 보상되어야 하는가 등의 문제이다. 교육체제 재편에서 가장 극적인 변화는 바로 교사 노동의 정체성을 둘러싼 변화라 해도 과언이 아니다. 그것은 장차 행정 영역에서 개혁과 혁신이란 이름으로 진행될 '신공공관리'new public management를 교육 (노동) 분야에 선도적으로 적용하는 것이었기도 하지만(예컨대 교사의 '책무성'에 대한 강조), 동시에 다음 장에서 살펴볼 것처럼, 지식기반경제에서의 노동주체의 주체성을 교육 노동의 주체(학교 운영자, 교사, 학생, 학부모, 지역사회, 지방정부, 국가 등)에 투입하는 과정이기도 했다.[14] 교육제도 안에서 행해지는 직접적이고 구체적인 노동의 성격과 노동주체의 정체성을 어떻게 변형시켰는가의 문제는 교육체제 재편의 담론 안에서 가장 중요한 쟁점을 만들어내고 있었다. 그럼에도 불구하고 교육 체제 재편을 둘러싼 담론 투쟁 안에서 이는 거의 무시됐던 것처럼 보인다.

다음으로 짚어볼 수 있는 것은 교육 재정이라 할 수 있다. 물론 교육체제 재편이 제시하는 교육 재정 관련 정책은 "후견자patron 국가의 교육 재정의 조달"에서 "시장에서의 자율적인 경쟁을 통한 생존"으로 변화하는 것이라고 요약할 수 있다. 이는 국가가 학교를 운영하는 물질적 자원을 보장하던 것에서 시장 경쟁의 원리를 도입해 학교 운영을 관리하는 것으로 변화하는 것이다. 그러나 이는 누가 교육 재정을 지원하는가의 문제에 그치지 않고 교육 노동의 정체성을 재정의하는 것일 뿐 아니라 교육 노동을 수행하는 노동주체가 사회와 맺는 관계 역시 새롭게 규범화하는 것이기도 했다는 점에서 상당히 중요하다 말할 수 있다. 이를테면 기업에서 새로운 노동관리의 테크놀로지로 사용하는 MBO가 "인적자원목표에 의한 관리" Management by Human Resource Objectivities, MBHRO란 이름으로 학교 현장에 적용될 때 교사의 노동은 개별적인 성과와 결합되어 새로운 정체성을 획득하게 된다. 이제 교사는 자신의 노동을 끊임없이 스스로의 자율과 책임에 따라 계발하고 향상시켜야 한다.[15] 그리고 이는 다시 '책무성'이라는 언표를 경유하면서 교육 노동을 사회와 연결시킨다. 책무성은 교육 주체가 자신의 활동을 사회와 어떻게 관련시켜야 할 것인가를 규정하는 윤리·정치적인 목적을 부과하는 것이면서, 또 교육 노동을 측정하고 보상, 평가하는 기술적인 수단이자 기준을 마련해준다.

따라서 이로부터 세번째의 요인을 자연스럽게 끌어낼 수 있다. 그것은 신교육체제에 관한 비판적인 주장들이 신교육체제가 시민적 주체성의 생산과 노동주체의 주체성, 그리고 개인적 주체성을 결합하는 담론적 결절

점을 만들어냄을 간과했다는 것이다. 교육체제 재편은 이후 지식기반사회의 담론에서 본격적으로 나타날 주체성의 형상figure을 응축하는 소우주였다고 볼 수 있다. 교육은 교사와 학교 운영자의 특정 행위가 이뤄지는 장場이면서 동시에 국민(시민)을 형성하고 관리하는 사회적 실천의 장이기도 하다. 또 교육은 국가, 기업, 지역사회, 가족, 개인들이 상호작용하는 사회적 실천의 장이기도 하다. 그런 점에서 ① 교육받는 주체에 관한 새로운 주체성의 담론,[16] ② 학부모, 지역사회, 학교, 국가들 사이의 관계를 규정하는 시민적 주체성의 담론,[17] ③ 교사와 학교 운영자들이라는 노동주체의 주체성의 담론을 접합한다.[18] 결국 교육체제 재편은 이미 새로운 주체성의 모델을 생산하고 있었고, 곧 이와 결합하게 될 국가인적자원개발 담론과 함께 새로운 주체성 담론을 이루고 있었다고 볼 수 있다.

그렇지만 교육체제 재편을 에워싸고 벌어진 논쟁과 사회적 갈등은 국가인적자원개발 담론이 등장하면서 새롭게 논의되지 않을 수 없었다. 먼저 국가인적자원개발 담론은 교육체제 재편을 둘러싼 담론이 더 이상 교육의 문제에 한정될 수 없음을 사회적 의제로 승인하도록 요구하면서 교육제도의 정체성을 근본적으로 재검토하도록 요구했다. 이런 점은 교육체제 재편 과정에 개입했던 대표적인 교육학자 가운데 하나였던 천세영의 다음 말에서 일목요연하게 드러난다. 그는 "최근 10년 내의 변화 중 가장 큰 변화 중의 하나는 교육이 교육계와 교육학계의 책상에만 있지 않고 경제, 사회, 문화 등 모든 분야의 책상에 놓이게 됐다"는 데 있다고 토로하며, 이것이 "'교육'이 '교육인적자원'의 문제로 바뀌었다는 매우 구체적인 증거의 하나"라고 지적한다(천세영, 2000b: 291~292). 그러면서 교육과 교육학이 직면한 혼란과 위기에 대해 나름의 고민을 털어놓는다. 그는 교육학자들이 그저 "저널리즘적인 이슈"로 생각하는 "직업훈련, 교육공학기술, 평생교육, 청소년문화" 같은 것들이 "사회로부터 더 많은 각광을 받는"

것이 "화가 나는 일"이라고 하면서 교육과 교육학계가 어떤 해답을 찾아야 할지 선택해야 한다고 주장한다(앞의 글: 295). 그는 인적자원 담론이 교육에 제기하는 상황을 다음과 같이 묘사한다. "경제가 교육을 없애는" 상황, 그의 또 다른 표현대로라면 "UNESCO가 OECD에 교육의 주도권을 빼앗기"는 상황이다(앞의 글: 295). 이런 상황 인식에서 그의 답변은 매우 명쾌하다. "경제와 손을 끊고, 인적자원과 손을 끊고 '교육'만을 살리는 것"이 아니라 "교육이 경제와 손을 잡고 그리고 경제보다 우위에 서서 경제를 휘두르게 되는 큰 꿈"을 꾸자는 것이다(앞의 글: 296). 그렇다면 교육이 자신의 위기로부터 벗어나 교육인적자원이란 큰 틀에서 자신을 자리 매김하고 나아가 "경제보다 우위에 서서 큰 꿈"을 펼치는 것은 어떻게 가능한가. 당연한 말이지만 교육을 인적자원이란 담론에 따라 재구성하는 것이다.

공장제학교 모형으로 비판받는 산업사회의 유제인 학교제도는 일정한 연령의 청소년들(학생)에게 일정한 교육내용(국가교육과정)을 이수하게 되고 졸업장으로 그것을 증명하면 교육이 종료된다고 하는 패러다임에 기반해왔다. 자연히 졸업장에 담긴 정보는 인간자본의 측정도구였다(앞의 글: 298).

그리고 그는 교육이 단지 인적자본의 한 분야였지만, 그것은 공장제학교 모형이 표상하던 졸업장으로서의 자본, 저량stock으로서의 인적자본에 머물러 있었다고 정의한다. 결국 그의 논리에 따르면 해결책은 간단하다. 저량이 아닌 유량flows으로 인적자본을 개념화하면 되는 것이다. 따라서 그는 이제 교육 더하기 직업훈련, 성인교육 등의 구분에서 벗어나자고 제안하면서 돌파구를 제시한다. 그는 우리가 생각하는 기존 교육은 인적자본을 저량으로 생각하던 "산업사회의 유제"일 뿐이라고 단언한다. 이제 후기산업사회에서 혹은 지식기반사회에서 인적자본은 새로운 유량으로 개념화해야 한다. 그리고 교육은 유량으로서의 인적자본을 개발하고 관리하는 그 모든 사회적 활동을 망라하게 될 것이다. 그리고 (당연한 말이지만) 교육은 인적자본이 가장 중요한 자원이 되는 시대에 "경제보다 우위에 서서" 큰 꿈을 펼치게 될 것이다.

경쟁력 있는 국민

천세영의 글은 교육에서 교육인적자원으로의 패러다임 전환을 통해 기존 교육(그리고 교육학계)이 직면한 수세적인 처지를 극복하자는 솔직하고 실제적인 주장을 담고 있다. 그렇지만 그 글이 교육의 위기에 개입하는 동시에 교육체제 재편을 둘러싼 그간의 논의를 인적자원 담론을 통해 소급적으로 재서술하는 것이란 점에 주목할 필요가 있다. 그는 이미 교육체제 재편을 둘러싼 논쟁에 참여하며 절충적인 입장을 내놓은 바 있었다.[19] 그렇지만 인용글에서 보듯이 그는 더 이상 교육체제 특성에 대한 이야기를 하지 않는다. 그리고 '교육'의 울타리에서 벗어나 교육과 경제, 교육과 인적자원, 산업사회와 지식기반사회라는 새로운 공간으로 이동해 교육에 새로운 담론적 정체성을 부여하는 역할을 자처한다. 기존의 교육 담론 안에서 순환하고 있던 언표의 공간을 더 이상 유지할 수 없음을 확인하고 있기 때문이다. 그는 교육체제 재편이 교육이라는 울타리 안에 한정된 문제로 좁혀질 수 없으며, 교육체제 재편을 주장했던 이들이 "문명사적 대전환"이라는 선언적인 주장을 반복하며 강조했듯이 교육의 정체성 자체를 변환시키는 것임을 '뒤늦게' 인정한 셈이다.

따라서 그의 개인적인 술회는 어느 한 교육학자가 품고 있는 위기의식과 고민을 넘어선다. 그의 반성과 자기 계몽의 몸짓은 한국 자본주의 재편

과정에서 등장한 주체성의 담론이 어떻게 복잡한 전개과정을 거치며 형성
됐던 것인지 그 이질적인 과정의 한 단면을 보여주기 때문이다. 교육체제
재편에서 인적자원으로 이어지는 과정이 새로운 자본주의적 주체성의 담
론을 생산하는 과정의 일부라는 점을 감안한다면 이들은 동일한 담론 공
간에 속한다. 그렇지만 그런 담론적인 연속성은 각각 전연 다른 차원에서
해석되고 표현되며, 서로 갈등하고 대립하는 언표 공간을 만들어낸다. 교
육체제 재편을 둘러싸고 벌어진 논쟁 공간은 '신경제'가 직면했던 논쟁의
공간과 매우 흡사하다. 신경제란 이름으로 본격적인 국가 개입을 통해 한
국 자본주의의 위기를 재편하려 했던 문민정부의 전략은 자본의 일시적인
축적위기를 타개하기 위한 합리화의 경향으로 받아들여진 바 있었다. 그
리고 신경제는 노동운동과 사회운동이 저항을 시도하면서 국가적 규모의
조정을 수행하지 못한 채 실패했다. 그렇지만 교육체제의 재편은 이와 사
뭇 다른 방향에서 전개됐다. 기존 입시 위주의 획일적이고 관료적인 교육
체제에 염증을 내고 있던 사회여론은 신교육체제와 제7차 교육과정이 내
건 자율과 자유의 담론에 지지를 보냈고, 그 탓에 이는 커다란 저항 없이
정착할 수 있었다. 그것이 시장중심주의, 경제지상주의라는 비판에 직면
했다 하더라도, 앞서 강조했듯이 그러한 비판 역시 기본적 원리에 대해서
는 큰 이견을 보이지 않았다. 결국 이것이 한국 자본주의가 변형되면서 나
타난 새로운 주체성을 생산하는 과정에 속한다는 것은 인적자원 담론이
등장하고 난 뒤에야 사후적으로 자각한 일이었다. 즉 교육체제 개편은 마
치 전반적 사회체제의 변화와 무관한 교육 내부의 일인 것처럼 여겨졌던
셈이다. 결국 새로운 자본주의적 주체성을 구성하는 언표들은 매우 이질
적인 공간에서 다른 반응과 언어들을 동원하면서 자신의 궤적을 밟았던
것이라 말할 수 있다.[20]

이미 암시했듯이 인적자원 담론은 지식기반경제 혹은 지식기반사회라

는 헤게모니적 경제적 가상에 부합하는 주체성 담론을 본격적으로 생산하기 시작했다. 1980년대 이후 장기적인 재편과 조정의 과정에서 국내 자본들은 다양한 경영 관행을 통해 이미 인적자원 담론을 채택하고 활용하기 시작하고 있었다. 그렇지만 자본이 직접적인 노동주체를 지배하기 위해 인적자원 담론을 실행하는 과정은 개별 기업들 경영전략상의 선택에 머물러 있었다. 그것이 1990년대 중반 이후에 다양한 경영 테크닉[21]과 결합해 지식경영, 인재경영, 인적자원관리(개발) 등과 함께 폭발적으로 확산됐지만, 이는 다른 사회적 공간에 놓인 주체의 삶을 규정하는 담론과 분리된 채 있었다. 그렇지만 교육체제 재편과 그에 이은 일련의 국가정책과 지배 방식의 변화는 마침내 이를 '다른 종류의 삶'과 이어줄 가교를 만들었다고 볼 수 있다. 따라서 국가인적자원개발 담론은 1980년대 이후부터 단속적이면서도 이질적인 경로를 따라 전개되던 경제질서의 변화와 그것에 연관된 주체성의 담론을 다른 공간에 놓인 주체들의 삶을 재현하는 담론들과 매개하고 결합할 수 있는 가능성을 만들어냈다. 한마디로 요약하자면 공장과 사무실이라는 일터에서 형성되고 있던 "생산하는 삶"productive life[22]의 주체성과 "시민적 삶"civic life의 주체성(시민, 국민, 지역사회의 성원) 사이에 새로운 연결고리가 만들어질 수 있었다. 아래에서는 이에 주목하며 국가인적자원개발 담론을 간단히 분석해보기로 한다. 특히 국가인적자원개발 담론이 "시민의 테크놀로지"로서 어떻게 작용하는가, 즉 크루익셴크의 표현을 빌리자면 통치가 어떻게 "시민이란 주체성에 '대해서'against가 아니라 주체성을 '통해'through 작동하는지"에 대해 주목해보기로 한다(Cruikshank, 1999: 69).

국가인적자원개발의 정의는 대개 다음과 같다. "21세기 지식기반사회에서 국민 개개인의 삶의 질을 제고하고 국가경쟁력을 강화하는 데 필요한 인적자본의 효율적 개발(양성)·배분·활용 및 유지·관리를 위한 국가·

사회의 총체적 노력"(한국직업능력개발원, 2000: 15). "국가인적자원개발은 도덕성, 인성 등의 사회적 자본과 지식기반사회에 요구되는 핵심적 능력개발 등을 통해 전 국민의 개인적 성장과 총체적 역량개발을 도모하며, 관리·지원체제의 효율적 활용을 통해 개발된 인적자원을 총칭"하는 것(한국교육개발원, 2000: ii). 이 정의에서 보듯 국가인적자원개발이란 지식기반사회 혹은 지식기반경제라는 새로운 경제적인 조건(헤게모니적인 경제적 가상) 아래에서, 개인들이 국가 및 경제적 사회와 맺는 관계를 새롭게 규정하는 담론이라 할 수 있다. 이는 지식기반경제론이라는 경제적 가상에 속한 다양한 담론의 장르들 가운데서 통치의 담론적 장르라고 해도 과언이 아닐 것이다.[23] 국가인적자원개발 담론은 국가인적자원개발기본계획의 수립과 시행을 통해 본격적으로 현실화됐다고 볼 수 있다. 이미 인적자원이란 것에 앞서는 변화로 교육체제 재편이 있었지만, 이는 아직 교육정책이라는 한계 속에 머물러 있었다. 그렇지만 국가인적자원개발 담론은 기존에 고립적으로 진행됐던 다양한 주체성의 언표들을 균질적이고 교환 가능한 등가적인 언표 공간 안으로 끌어들이며 이를 재조직하기 시작했다.

국가인적자원개발기본계획은 지식기반사회에 부응하는 새로운 통치 기획으로 착수됐다고 할 수 있다. 당시 정부는 "산업화 시대를 이끌어온 정부 주도의 양적 성장 모형은 한계에 봉착"했다는 전제하에 "21세기 일류 국가로의 도약을 위해서는 인적자원의 개발과 활용을 위한 국가 차원의 비전 제시와 추진전략 수립이 시급"하다는 입장을 밝힌 바 있다(대한민국 정부, 2001: 1). '국가인적자원개발기본계획'이 제시하는 목표와 전략은 이 보고서에 딸린 **표 2-3**에서 일목요연하게 나타난다.

국가인적자원개발기본계획은 2001년 교육부를 교육인적자원부로 확대개편하고 교육인적자원부 장관을 부총리급으로 승격시키는 일련의 정부 개혁과 더불어 시작됐다. 그리고 교육인적자원부는 광범위한 정부 부처, 정부출연 연구기관, 민간 경제연구소, 학자들과의 협력 속에서 2001년 '인적자원개발기본계획'을 만들어내고 그에 관련한 '인적자원개발기본법' 을 제정했다. 그리고 이를 지속적으로 추진하기 위한 법령 정비를 완료하고 NHRD를 구성·운영했다. 현재 이는 계획 단계를 넘어 구체적인 분야별 시행계획을 만들어 집행되고 있으며, 이는 지속·확대될 것으로 보인다(교육인적자원부, 2002; 2003; 2005). '국가인적자원개발기본계획'은 교육인적자원부 장관이 말하듯 "'사람과 지식', 즉 인적자원을 21세기 국가 발전의 핵심역량으로 규정하고, 이를 국가 차원에서 종합적으로 개발하고 활용하기 위한 정부의 정책 방향과 전략을 밝힌 최초의 국가계획"이라고 할 수 있다(교육인적자원부, 2003). 국가인적자원개발기본계획은 1990년대까지 국가 통치를 구성하고 지배하는 핵심적인 담론이던 '경제개발계획'(혹은 사회경제발전계획)을 대체하는, 의미심장한 단절이라 볼 수 있다. 아쉽지만 이 책에서는 '경제개발계획'[24]에서 '국가인적자원개발기본계획'으로의 변화가 한국 자본주의의 변형 과정에서 차지하는 각별한 의의를 분석할 여유가 없다. 그것은 국가와 경제적 장, 그리고 국민주체 형성을 복합적으로 분석함으로써 한국 자본주의를 계보적으로 분석하는 일에 가까울 것이다. 그렇지만 국가인적자원개발기본계획 담론을 분석하면서 이런 분석 가능성을 조금이라도 예시할 수 있기를 기대한다.

표 2-3에서 보듯이 국가인적자원개발기본계획은 크게 네 가지 영역으로 구성되어 있다. 그 가운데 기술적이고 제도적 수단과 장치에 관련된 부분(국가인적자원 활용 및 관리 고도화, 국가인적자원 인프라 구축)을 제외한다면, "전 국민 기초역량 강화"와 "성장을 위한 지식과 인력 개발"이 국가인적자원개발기본계획의 정체성을 규정하는 언표들이라 할 수 있을 것이다. 특히 국가인적자원개발의 목표로 제시되고 있는 "경쟁력 있는 국민", "서로 신뢰하는 사회"라는 언표가 만들어내는 효과를 이해하기 위해

표 2-3 국가인적자원 정책 목표와 추진전략[25]

정책 비전과 목표

경쟁력 있는 국민, 서로 신뢰하는 사회
— 인적자원 분야 경쟁력 10위권 진입

국민 개개인의 역량 강화	사회적 신뢰 구축과 결속의 강화	새로운 성장동력 창출

↑

정책 영역과 과제

전 국민 기초역량 강화	성장을 위한 지식과 인력 개발	국가인적자원 활용 및 관리 고도화	국가인적자원 인프라 구축
• 국민 기초교육 보장 • 진취적·창의적 청소년문화 육성 • 평생학습 활성화 • 취약계층 능력개발 지원 • 사회적 신뢰 구축과 시민의식 제고	• 우수인재 육성 • 국가전략 분야 인력 양성 • 산·학·연 협력 강화 • 서비스산업 분야 인적자원개발 • 문화예술 전문인력 양성	• 공적 부문 인적자원 전문성 제고 • 민간부문 인적자원 활용 개선 • 여성 인적자원 활용도 제고	• 인적자원 정보 인프라 구축 • 지식유통체제 혁신 • 인적자원 관련 정책 역량 강화

↑

중점전략			
개방화 · 네트워크화	정보화	탈규제화·자율화	여성 활용 극대화

서도 이를 분석하는 것이 중요하다 할 수 있다. 그렇지만 국가인적자원개
발기본계획이라는 매우 광범하고 복잡한 담론의 내적인 체계, 그 자체를
분석하려는 것이 이 글의 목표는 아니다. 여기에서는 단지 국가인적자원
개발기본계획의 대상이 되는 것들을 객관화시키고, 나아가 여기에 작용하
는 사회적 실천을 지배하는 언표들 가운데 몇 가지를 골라 분석하고자 한

다. 그 가운데서도 특별히 '생애능력'life competence이라는 매우 구체적인 언표 및 테크놀로지에 주목하고자 한다. 이런 언표들은 국가인적자원개발 담론이 국민주체의 주체성을 어떻게 구성하는지 살피는 데 풍부한 함축을 담고 있기 때문이다. 생애능력을 비롯한 여러 언표들은 국민주체의 삶을 사회의 안녕, 번영, 성장, 발전 등의 규범적 이상과 결합시킴은 물론, 국민이란 범주로 호명된 개인들이 어떻게 자신의 삶을 대하고 또 그것과 관계를 맺어야 하는지 매우 극명하게 보여준다.

경제 패러다임이 자원 중심 경제에서 지식 중심 경제로 전환되고, 지식이 경제활동의 핵심 요소가 됨에 따라 지식기반경제사회에서는 사회 전 분야에서 지식과 정보를 생성·가공·축적·활용할 인력, 지식근로자의 양성과 새로운 인재의 양성이 요청된다. 이들은 이미 생성된 지식과 정보를 수용하는 능력 외에 새로운 지식과 정보를 창출·생성할 수 있는 능력과 끊임없이 자신의 지식과 기술을 갱신해야 한다. 또 **산업사회에서 지식경제사회로의 전환은 그런 체제에 맞는 새로운 인간상을 요구한다.** [……] **지식기반경제사회가 추구할 인간상을 창의적 인간, 평생학습 하는 인간, 더불어 사는 인간으로 정립했다**(한국교육개발원, 1999: 19~29. 강조는 인용자).

이 글은 지식기반경제라는 사회적 정체성에 부합하는 주체성을 "지식기반경제사회가 추구할 인간상"이란 이름으로 요약하고 이를 "창의적 인간, 평생학습 하는 인간, 더불어 사는 인간"으로 정의한다. 물론 이런 인간상에 속한 각각의 개념들은 모호하기 그지없다. 창의적 인간, 평생학습 하는 인간, 더불어 사는 인간이란 무엇인가? 각각의 인간은 지식기반사회와 어떤 관련이 있기에 주요한 인간상으로 부각되는가? 그리고 그 인간에 해

표 2-4 지식기반경제에 걸맞은 각 경제주체별 역할과 책임[26]

	산업사회	지식기반경제	주체별 책임과 역할
정부	수직적 중앙집중 시장에 직접 개입 ⇨	수평적 분권주의 간접적 여건 조성 ➡	**지식정부** : 지식의 효율적 창출·유통·확대를 위한 인프라 구축
기업	모방기술 활용 공급자 위주 경영 소품종 대량생산 ⇨	자체 기술개발 고객 위주 경영 다품종 소량생산 ➡	**지식경영** : 지식자산의 효율적 관리·개발
개인	평생직장 암기력 중시 대립적 노사관계 ⇨	평생고용 창의성 중시 협력적 노사관계 ➡	**지식근로자** : 지속적 자기계발

당하는 주체는 구체적으로 누구인가? 복잡하고 다양한 사회적 활동과 그에 속한 각각의 분화된 주체들, 즉 경제적 장에 속한 노동주체와 정치·문화적 장에 속한 주체, 개인적인 삶의 세계 속에서 자신을 돌보는 '자기'라는 주체들은 이런 인간상 안에서 어떻게 재현되는가? 그러나 이런 물음에 답하기 위해 추상적인 이념이나 의미에 호소해서는 안 될 것이다. 새로운 인간상은 '지식기반경제'라는 새로운 주체성(혹은 주체화)의 조건과 결합되어 있기 때문이다. 따라서 지식기반경제가 요구하는 새로운 인간상이란 곧 통치되는 대상으로서의 국민이라는 주체를 빚어내는 담론적 실천과 불가분이라 여길 수 있다.

표 2-4가 보여주듯 통치 대상으로 국민을 객관화한다는 것은 통치의 대상으로서의 시민, 경제적 삶의 관리의 대상으로서의 노동주체, 그리고 일상적인 삶에서의 개인들을 각각 자율적인 그러나 상호공명하는 주체성의 규범에 따라 조직하는 일이라 할 수 있다. 물론 여기에서 하필 그것이 왜 정부, 기업, 개인이라는 짝을 통해 구성되어야 하는가를 되묻는다면, 우리가 건넬 수 있는 답은 그렇게 하는 것이 '자유주의'이기 때문이라는 것뿐이다. 아무튼 "정부", "기업" 그리고 "개인"은 각각 지식정부, 지식경영, 지

식근로자라는 목적 혹은 주체성의 이상을 통해 재정의되고 구체화된다. 따라서 새로운 '인간상'은 주체를 객체화하는 담론적 실천을 행하기도 하지만, 그렇게 구성된 각각의 주체들이 자신을 어떻게 대할지 규정하는 윤리적인 코드를 생산하기도 한다. 그것이 바로 위의 표에 나타난 각각의 주체별 역할과 책임이라 할 것이다. 위의 표에서 구체적으로 나타나지 않지만 정부는 이제 "책무성"에 기반한 촉진자facilitator 혹은 조정자로서의 역할이라는 새로운 "통치주체의 주체화"의 논리에 따라야 한다. 개인은 "지속적인 자기계발"이라는 방식으로 자신을 주체화해야 하며 이런 자기의 주체화는 고용 가능성employability, 창의성, 협력적 노사관계(사회적 파트너십)라는 형태로 구체화되어야 한다.

그렇다면 주체의 객체화와 주체가 자기와 맺는 관계(주체성의 윤리)는 어떻게 구체화될 수 있을까. 지식기반경제사회는 새로운 국민을 요구한다 말할 때, 이는 주체성의 '이념' 혹은 '이상적인 이미지'를 가리키는 것이 아닐 것이다. 국민주체란 국가라는 구체적인 사회적 장 안에서 살아가는 사람들이다. 따라서 주체를 객체화한다는 것은 이런 각각의 사회적 실천의 공간(가정, 일터, 지역사회, 국가 등)에서 이뤄지는 삶을 표상하고 규정하는 담론들을 생산하는 것이라 할 수 있다. 지식기반사회 혹은 지식기반경제에서 국가는 국민의 삶을 어떻게 돌볼 것인가, 그리고 국민은 자신이 살아가는 사회 안에서 더 나은 삶을 위해 스스로를 어떻게 돌봐야 할 것인가. 이런 국가의 국민주체 지배와 국민주체의 자기지배self-governing를 연결하는 고리의 역할을 하는 개념이 바로 '생애능력'이다. 생애능력이란 언표는 '핵심역량'core competence, '역량'competence/capability, '인재', '고용 가능성/평생직업능력'employability, '경력개발' 등 능력을 가리키는 숱한 다른 담론들과 '상호담론성'을 형성한다. 그리고 이는 일터의 주체, 지역사회의 주체, 자신을 돌보는 삶의 주체 등을 동등한 주체성 담론으로 수렴하는 역할을 하게 된다. 그렇다면 생애능력이란 언표의 특성을 살펴보기 위해 정부의 국가인적자원개발기본계획과 관련된 기관들이 '생애능력'에 관한 설명을 제시하는 몇 가지 텍스트를 분석할 필요가 있다. 분석할 텍스트들은 한국교육개발원에서 국가인적자원개발기본계획과 관련해 수행한 연구와 그것을 정리한 대표적인 보고서, 그리고 노동연구원, 한국직업능력개발원 등이 수행한 동일한 성격의 보고서들이다.

이 보고서들은 모두 지식기반사회로 이행하면서 국가가 인적자원개발을 효율적으로 수행하는 것을 돕기 위해 이뤄진 연구조사 작업의 결과이다.[27] 보고서들은 지식기반사회에서 인적자원으로서의 국민주체를 '생애능력'이라는 개념으로 객관화한다. 이는 인구 혹은 주민이라는 개념을 통해 국민을 통치 대상으로 구성하던 논리에 대응하는 것이라 할 수 있을 것이다.[28] 그렇지만 지식기반사회에서의 국민은 기존의 통치에서 특권화되던 주민/인구란 개념과 일정한 거리를 두지 않을 수 없게 된다. 그렇다면 평균적이고 표준적인 전체로서의 인구 그리고 그 일원으로서의 개인이[29] '지식기반사회'에서 어떤 국민적 주체성으로 바뀌는 것일까.

현대사회에서 한 개인이 사회의 일원으로서 의미 있는 삶을 살아가고자 할 때, 그 개인은 개인적으로 만족스러운 삶을 살아야 하며, 사회적으로도 건전한 시민이어야 할 뿐만 아니라, 직업인으로서도 생산적이어야 한다. 따라서 각 개인은 개별적으로는 능력 있고 행복한 사람이 되기 위해, 그리고 사회적으로는 건전한 시민이 되기 위해 요구되는 능력을 학습할 필요성이 있는 것이다. 그러나 한국의 현실은 이런 요소들이 개별적인 것처럼 다루어왔다. 생애능력의 횡적인 포괄성은 이런 이분법적 논의를 불식시킨다(유현숙 외, 2002: 40).

지식기반사회에서 인적자원에게 요구되는 능력들은 산업사회의 그것과 현저하게 다르다. 〔……〕 이런 능력들에 대한 표준화된 정보를 마련함으로써 개인의 생애능력 개발을 선도하고 정보비대칭에 따른 비효율을 최소화하기 위해 국가적 차원에서 인적자원에게 필요한 핵심능력이 무엇이 되어야 하는지에 대한 규명 작업이 필요하다. 이는 교육과 훈련의 연계, 일과 교육훈련의 연계, 자격과 학력의 연계의 기본적 인프라로서 국가인적자원개발체제의 혁신을 위한 국가의 주요한 책무이기도 하다(강순희·신범석, 2002: 9).

이 인용문이 요약하고 있듯이 생애능력이란 "개인"과 "시민", 그리고 "직업인"이라는 상이한 주체 형태를 접합한다.[30] 그리고 생애능력은 이런 주체 형태를 능력이란 개념을 통해 연결함으로써 국민주체의 주체성을 구체적인 사회적 주체, 개인적 주체와 결합시킨다. 따라서 생애능력이란 국민주체가 쫓아야 할 이상적인 규범이 아니라 푸코가 말한 "주체 형식"을 가리킨다고 볼 수 있다.[31] 이 개념은 현재 정부의 다양한 보고서에 출현하는데, 특히 『국가수준의 생애능력 표준 설정 및 학습체제 질 관리 연구』라는 보고서는 국민의 능력이란 범주를 통해 국가가 국민주체와 맺는 관계를 객체화하는 작업이다. 그것은 첫째, 국민주체의 주체성을 능력이란 언표를 통해 재구성하고(생애능력), 둘째, 이를 구체화하고 실현하기 위한 사회적 장치와 제도를 제시하며(학습체제), 셋째 이를 국가가 관리하기 위해 필요한 구체적인 테크놀로지를 가시화한다(질 관리). 위의 연구는 모두 3년간에 걸쳐 진행된 장기 프로젝트로, 보고서의 표현에 따른 연구의 목적은 다음과 같다.

이 연구는 세계적으로 기초가 되는 일반적인 능력의 중요성이 부각되고

표 2-5 생애능력의 네 가지 구성요소[32]

기초문해력	읽기, 쓰기, 셈하기의 3R(Read, wRite, aRithmetic)
핵심능력	정보화기기 사용 능력, 지식획득 및 숙지 능력, 문제해결력, 자기주도적 학습 능력
시민의식(citizenship)	사회적 자본의 육성을 위한 태도 요인, 도덕성, 질서의식, 책임감
직업특수능력	특정 직업이나 직종에서 요구되는 특수직무능력(job specific comeptency)

있는 지식정보사회에서 우리 국민들에게 필요한 능력 요인들을 규명하고, 이의 수준을 진단하며, 이를 토대로 능력을 관리하고 신장시켜줄 수 있는 학습체제를 비롯한 다양한 제도적인 장치를 마련함으로써 인적자원의 질을 높일 수 있는 방안을 마련하고자 하는 목적에서 비롯됐다(김안나 외, 2003 : 6).

1차년도의 연구보고서에서 정의한 바에 따르면 생애능력이란 "생애를 통해 육성시켜주어야 할 핵심능력"으로, 여기에서 말하는 능력이란 "지식, 기술, 태도의 집합체를 의미한다"고 한다(유현숙 외, 앞의글: 39). 구체적으로 생애능력은 네 가지로 유형화되는데, 이를 요약하면 **표 2-5**와 같다.

여기서 제시하는 생애능력은 보고서도 언급하고 있듯이 OECD를 비롯한 국제기구가 규정한 '능력' competence이란 개념과 그에 관한 세부적인 규정, 그리고 이와 관련되어 있는 서구 자본주의 국가의 기업과 정부가 제시한 개념들을 참조해 만들어진 것이다(OECD, 2000d; 2001b). 이 능력이란 언표에서 중요한 것은 경제적 삶의 능력으로 여겨져왔던 것과 경제의 바깥에서의 사회적 삶의 능력(사회에서의 시민의식, 일상적인 삶에서 개인의 자기정체성) 사이의 경계가 사라지고 둘이 모두 생애능력이란 범주 속으로 통합된다는 데 있다. 이는 3장에서 살펴볼 것처럼 '기술' 혹은 '숙련'이란 개념으로 표상되어왔던 노동의 능력이 더 이상 유지될 수 없게 되면서, 능력 혹은 역량이란 개념이 그 자리를 대신하는 과정과 일치한다.[33] 어쨌든 위의 능력 언표에서 중요한 것은 핵심능력과 시민의식이라는 '능력'이라 할 수 있다.

여러 글들이 조금씩 강조점을 달리하며 제시하듯이, 이 능력에 해당하는 사항들은 다른 능력들과 달리 새롭게 추가된 것이 아니라 이미 존재하던 능력 범주들의 성격을 변형하고 재설정하는 효과를 발휘한다. 예컨대 기초문해력이 기존부터 존재하던 지능·적성처럼 도구적으로 계량화되고 측정되며 생산·장려됐던 사회적 계산이었다고 할 수 있다면, 그것에 더해 이제는 문제해결 능력을 비롯해 새로운 능력들을 덧붙여진 것으로 간단히 일축할 일이 아니라는 것이다. 국내에서도 이미 널리 소개됐던 '다중지능'이나 '정서지능' 등 각양각색의 새로운 지능 범주[34]나 '비범성', '창의성' 등의 능력 언표들은 기초문해력이라는 노동의 지성적 능력을 재규정한다. 따라서 기초문해력 역시 단순히 과거의 경제적 행위에나 적합한, 시대에 뒤처지고 또 역사적으로 상대화된 능력으로 밀려나는 것이 아니라, 변화된 능력 개념이 지닌 특성에 의해 새로운 정체성을 부여받는다. 이는 시민의식이라는 개념에도 동일하게 적용해볼 수 있다. 위의 능력 언표들이 암묵적으로 신고전주의주의적 경제학의 핵심이라 할 인적자본과 사회적 자본이란 개념에 기대고 있다는 점을 감안한다면, 시민의식이란 개념이 사회적 자본을 재현하는 것임은 손쉽게 짐작할 수 있다. 결국 사회성과 관련한 위의 시민의식 역시 팀워크, 리더십, 대인관계 능력, 자기존중감 등의 언표들과 교환될 수 있는 것이 된다. 그리고 그를 통해 직업특수능력이라고 설정된, 일터에서 가져야 할 주체의 능력을 재규정한다. 따라서 행복한 개인이란 누구인가의 언표와 바람직한 시민이란 누구인가, 바람직한 노동자란 누구인가라 언표들은 모두 능력이란 언표를 통해 접합된다.

예를 들어 국가인적자원개발기본계획 가운데 하나로 지식기반사회에서 국민의 생산하는 삶의 능력을 제고하기 위한 다양한 정책 개발 작업의 결과로 나온 '직업기초능력'이란 개념 역시 생애능력이란 개념과 등치된다. 이는 일터의 주체가 체득해야 할 새로운 능력이자 기업이 교육훈련을 통해 조성해야 할 능력이다(이정표 외, 2004: 1). 또 이런 경제적인 삶의 능력이란 언표는 개인과 국가의 관계를 재구성하는 윤리적인 테크놀로지로서 기능한다.

인적자원개발의 목표는 국가경쟁력 강화에도 있는 것이기도 하지만 동시에 이를 통한 개인의 삶의 질 향상을 지향하는 것이기도 하다. 이런 점에서 국가인적자원개발이라는 정책은 적극적이고 생산적인 복지사회 active and productive welfare society 구현을 위한 정책으로서의 의미도 내포하고 있다(강순희 외, 2002: iii).

이 인용문은 인적자원개발을 자신의 개인적 삶의 질을 향상시키려는 개인의 실천(자신의 자아와의 관계)과 국민주체의 삶을 통치하는 국가의 실천을 결합하는 언표를 생산한다. 그리고 이는 개인의 삶과 국민주체로서의 삶을 중계하는 새로운 정치적 합리성의 표현이자 목적으로서 "적극적이고 생산적인 복지사회"란 언표를 생산한다. 적극적이고 생산적인 복지사회란 무엇일까. 여기에서도 역시 사회가 보장하는 복지란 것이 무엇인지 그 구체적이고 세부적인 내용이 중요한 것은 아닐 것이다. 위에서 말하는 적극적이고 생산적인 복지사회란 담론에서 중요한 점은 국민으로서의 삶과 개인적 삶을 관련시키는 주체화의 논리이자 테크놀로지 그 자체이기 때문이다. 따라서 인적자원개발 담론은 생애능력이란 구체적인 주체성의 언표와 테크놀로지(다양한 능력 훈련, 직업교육, 학교교육, 성인학습 등의 학습체제)를 만들어내면서 동시에 국민주체의 삶과 개인적 주체의 삶을 결합시키는 문제를 설정한다. 그리고 그 문제설정에서 개인이 자신과 맺는 관계는 새롭게 설정된다. 그것이 바로 '국가인적자원개발기본계획'이라는 담론에 내장된 주체성의 담론이라 할 수 있다.

3. 국민의 통치, 자아의 통치

앞서 설명했듯이 개발, 근대화, 산업화 과정으로 불리는 자본주의적 전화 과정에서 국가와 국민의 관계를 매개하는 대표적인 담론은 '경제개발계획'이라고 할 수 있을 것이다. 이는 경제, 교육, 복지, 안전, 건강 등의 다양한 사회적 장을 국민의 개인적 삶과 연계시키던 담론이었다. 그 담론 속에서 국민의 삶과 국가의 성장, 발전은 연계되고 더불어 다양한 통치의 테크놀로지들이 만들어졌다. 아마 이런 주체성의 담론을 가장 잘 집약하고 있는 것이 '국민교육헌장'이 아닐까. "나라의 융성이 나의 발전의 근본임을 깨달아, 자유와 권리에 따르는 책임과 의무를 다하며, 스스로 국가 건설에 참여하고 봉사하는 국민정신을 드높"이는 국민, 그리고 이를 위해 자신의 개별적인 국민주체로서의 삶에서는 "성실한 마음과 튼튼한 몸으로, 학문과 기술을 배우고 익히며, 타고난 저마다의 소질을 계발"하는 국민. 물론 주지하듯이 이런 국민은 법률적이고 주권적인 주체로서의 국민, 도시에 속한 국민주체로서의 국민이라는 또 하나의 국민주체의 주체성과 결합되어 있었다. 그것은 '국민교육헌장'에 등장하는 또 하나의 국민주체의 형상, "반공민주 정신에 투철한 애국애족"의 국민일 것이다. 따라서 '경제개발계획'이라는 담론이 표상하는 "자신의 발전과 행복을 꾀하는 국민"은 반공법과 국가보안법이라는 법률적인 주권적 주체로서의 국민과 짝을 이루어, 기괴하고 예속적인 근대 한국 자본주의의 국민주체를 만들어냈다고 볼 수 있을 것이다. 이는 한국 자본주의의 국가 정체성을 분석하는 주장들 사이의 갈등을 표현하는 것일지도 모른다. "배고픔의 굴레에서 마침내 벗어난 국민, 무지와 체념의 늪에서 벗어난 국민"을 만들어냈다고 찬미받는 사목권력으로서의 국가(개발국가)와 그의 또 다른 이면인 가혹한 정치적 억압과 질식할 듯한 규율로 군림했다고 비난받는 주권적 권력으로서의 국가(독재국가). 국민의 삶의 행복을 극대화시키는 데 분투했던 삶의 권력으로서의 국가 그리고 그를 위해 전력을 다했던 산업화·근대화의 역군으로서의 국민주체, 그렇지만 또한 얼마든지 죽음의 공포와 고문, 투옥, 살인의 위협 속에 던져 넣을 수 있었던 죽음의 권력으로서의 국가와 반공민주 시민으로서의 국민주체. 따라서 삶이란 것을 극대화하기 위해 분투하면서 또한 반대극에 놓인 죽음을 향해 달려가는 권력. 그것이 한국 자본주의 안에 새겨져 있던 국가의 모습이고 또한 근대적 국민주체의 모습이 아니었을까.

그렇다면 '국민교육헌장'의 후속이라 할 '국가인적자원개발기본계획'이 재현하는 국민은 어떤 모습일까. 물론 그것은 더 이상 "나라의 융성이 나의 발전의 근본"인 국민이 아니다. 국가인적자원개발기본계획이란 언표가 만들어내는 국민주체의 모습은 더 이상 국가가 돌보는 삶을 통해 자신의 삶을 보장받고 발전시키는 주체가 아니라 "경쟁력 있는 국민", 다시 말해 자기주도적으로 삶의 능력을 계발하고 실현하는 국민이다. 자신의 삶과 관계를 맺는 방식에 있어 이제 국민은 더 이상 국가의 발전과 융성을 위해 만들어진 정체성과 동일시할 필요가 없다. 그때의 국민은 자기의 삶의 목표와 사명을 스스로 설정하고 그것을 위해 자신의 삶을 끊임없이 '계발'하고 '혁신'하는 새로운 윤리적 주체이다. 국가인적자원개발기본계획은 바로 "경쟁력 있는 국민"이란 언표를 통해 그리고 '생애능력'을 개발하는 주체, 자기주도적인 학습자와 평생직업능력을 개발하는 노동자를 새로운 국민주체의 언표 속에 포개어 넣는다. 그리고 이는 "서로 신뢰하는 사회"란 이름으로 기존의 주권적인 권력에 속한 국민주체의 모습 역시 변화시킨다. 이제 주권적인 국민주체의 주체성은 자기계발하는 국민주체의 네트워크로서 존재할 따름이다.[35] 물론 국가의 보호와 후견을 통해 자신의 사회적 생존과 행복, 안전을 보장받는 주민으로서의 국민이 약화된다고 해서 그것이 곧 국가의 쇠퇴나 종말을 이야기하는 것은 아니다. 오히려 국가는 개인화란 형태를 통해, 즉 개인적 주체가 자기책임, 자기계발self-development, 자기조직self-organization, 자기존중self-esteem의 형태로 주체화하도록 고취하고 유인함으로써 더 섬세하고 강력하게 작동한다. 개인적 주체의 정체성과 지식기반경제류의 경제적 가상이 만들어내는 사회적 정체성을 결합하면서 국가 통치 역시 새로운 형태로 바뀌는 것일 뿐이다. 따라서 국가의 유연화 혹은 탈규제화라 부를 수 있는 이런 현상은, 국가의 약화나 쇠락이기는커녕 국가와 사회가 연결되고 그 안에서 살아가는 개인 및 집합체의 삶을 주체화하는 방식에서 변화가 이뤄진 것에 불과하다.[36]

국가인적자원개발이란 담론은 다양한 사회적 삶과 관련된 언표들을 접합하고 교환할 수 있는 가능성을 가지고 있다. 인적자원은 일터에서 노동주체의 경제적인 삶뿐 아니라 학교에서의 삶(학생이라는 주체의 삶), 정치적 영역에서의 삶(시민이라는 주체의 삶), 개인적인 영역에서의 삶(사적인 자기라는 주체의 삶) 등을 모두 아우른다. 이것은 인적자원이란 담론의 보편적인 '언표 값'이라고 부를 만한 것이다. 왜냐하면 인적자원 담론은 다양한 주체성을 등가화하고 서로 교환될 수 있는 주체로 만들어낼 수 있기 때문이다. 한편 인적자원이란 담론은 개인적 주체로서의 삶, 즉 학생에서 직장인으로, 다시 일의 세계로부터 은퇴와 노후 생활로 이어지는 단절적이고 불연속적인 전기적인biographic 삶 역시 주체화한다. 그것이 바로 위

에서 본 '생애능력'이란 언표일 것이다.[37]

이런 생애능력을 통해 가시화되고 대상화되는 개인의 삶이 수평적인 축이라고 부를 수 있다면, 개인의 삶에서 국민주체의 삶으로 이어지는 수직적인 축을 표상하는 것이 인적자원이란 언표일 것이다. 그가 학생이든, 주부이든, 직장인이든, 공무원이든, 시민이든 아니면 사적인 개인이든 상관없이, 이제는 모두 인적자원이란 언표를 통해 대상화될 수 있는 담론적 공간을 얻는다. 아마 이런 점은 수없이 쏟아져 나오는, 일에 관한 담론 속에서 확인할 수 있을 것이다. '인적자원'이란 용어는 기업과 일터에서의 '인적자원관리' 혹은 '인적자원개발'이라는 용어와 연결되고, 다시 학교에서의 '인재 양성'이란 언표와 연결된다. 일터에서의 '우수성'excellence 혹은 '베스트 프랙티스', '인재' 등의 개념은 국가에서의 '핵심역량', '혁신능력' 등의 개념으로 다시 복제되고, 이는 다시 학교에서의 '수월성'excellence/performance 등의 개념으로 이어진다. 물론 이런 용어들은 자기계발하는 주체가 자신의 삶을 표현하고 해석하는 수많은 언표 행위들에서 그대로 나타난다. 이처럼 인적자원 담론은 단순히 노동주체에 관한 새로운 사회적 표상이 아니라 그 자체 "담론의 질서"를 형성한다(푸코, 1993). 그런 점에서 인적자원은 노동주체에 관한 새로운 표상도 새로운 의미도 이데올로기도 아닌 새로운 담론형성이라고 할 수 있다. 그것은 수많은 주체성에 관한 언표들을 새로운 규칙에 따라 정렬하고 접합하는 것이며 또 그안에서 각각의 언표들 사이의 관계를 재배치하는 것이다.

그렇지만 인적자원은 노동주체, 국민주체에 관한 새로운 표상이나 의미가 아니다. 다시 말해 그것은 상대적으로 일관되고 안정적인 정체성을 지니고 있는 하나의 사회적 집단 혹은 주체, 즉 노동자나 직장인처럼 그들에게 속해 있거나 부여되던 정체성의 표상을 바꾸거나 교체하는 것이 아니다. 인적자원이란 언표는 노동주체에 관한 '표상의 역사', '개념의 역사'

안에서 새롭게 등장한 노동주체에 관한 또 하나의 표상이 아니라는 말이다. 지금까지 '산업노동자'라는 역사적으로 특수한 사회적 표상을 비판하거나 부정하는 수많은 주장들이 등장했다. 후기산업사회론에 속한 일련의 학자들이 사회학이나 미래학이라는 이름을 빌려 쏟아냈던 수많은 용어나 개념들이 이에 해당된다.[38] 그렇지만 그것과 인적자원이란 언표가 엇비슷해 보임에도 불구하고, 둘 사이에는 결정적인 차이가 있다. 인적자원은 복수적인 언표들의 집합을 접합한다. 이미 앞서 국가인적자원개발이란 언표를 통해 보았듯이 그것은 국민주체로서의 삶, 일터에서의 삶, 개인적 주체의 삶 등을 결합하는 담론 공간을 만들어낸다. 그것은 국가정책, 제도, 법률의 언표에서부터 개인이 자기 자신을 주체화하는 일상적인 언표들에 이르기까지 다양하게 펼쳐져 있다. 따라서 인적자원이란 언표는 "주체들의 가능한 자리를 정의하는 하나의 익명적인 장場"에 가깝다고 말할 수 있다 (푸코, 1993 : 177). 인적자원은 '어떤 누구'인 것이 아니라 사회 안에 속한 모든 주체들에게 자신의 삶을 표상할 수 있는 조건을 만들어준다. 따라서 인적자원이란 언표는 국가의 통치이든, 아니면 일터에서 노동과 그를 관리하는 경영이든, 다양한 사회적 공간에서 이뤄지는 교육이든, 아니면 개인의 일상적인 삶에 관련된 다양한 행위이든, 무한히 다양한 행위와 체험을 조직하는 가능성을 담지한다. 청소년으로서의 삶, 학생으로서의 삶, 직장인으로서의 삶, 국민으로서의 삶부터 자기 자신을 돌보는 삶에 이르기까지, 다양한 이종異種적인 삶들은 이제 인적자원이라는 담론구성체 안에 모아질 수 있다. 그리고 이 안에서 각각의 주체에 관한 언표들은 동일한 언표 값을 가지게 된다.

이 장에서 우리는 신지식인에서 국가인적자원개발까지 국가의 수준에서 등장했던 새로운 주체성의 담론을 살펴보았다. 이런 주체성의 담론은 지식기반경제 혹은 지식기반사회라는 새로운 헤게모니적인 경제적 가상이 만들어내는 현실과 그에 상응하는 주체를 형성하는 과정이자, 바로 그 주체를 재현할 수 있는 조건을 창출하는 과정이었다고 요약할 수 있다. 물론 새로운 주체성의 담론을 형성하는 과정은 매우 이질적이고 자율적인 담론적 실천들이 결합하며 이뤄진다고 할 수 있다. 특정한 정책, 제도, 법률들이 만들어지고 실행되는 과정에서, 어떤 것은 미리 선취되거나(예컨대 1980년대 후반 기업의 신경영, 1990년대 초반 신교육체제) 어떤 것은 뒤늦게 합류하면서(가령 1990년대 후반의 국가인적자원개발), 독자적인 담론으로서의 일관된 정체성을 만들어왔다고 볼 수 있다. 그리고 이런 다양한 주체성의 담론들이 본격화되고 전면화될 수 있는 것은 바로 전사회적 주체의 삶을 감쌀 수 있는 담론으로 구성될 수 있을 때, 다시 말해 국민주체의 주체성을 형성하는 담론으로 구성될 때이다. 그런 점에서 국가인적자원개발이란 특수한 언표는 새로운 노동주체 담론을 형성하는 사건이자 계기에 불과하지만, 그 역할은 훨씬 중요한 것이었다. 국가인적자원개발이란 언표는 이미 수십 년간 일터라는 경제적 장에서 혹은 교육이라는 사회적 장에서 분산적으로 생산되던 새로운 주체성의 언표들을 묶어주는 일반적인 담론의 경제를 마련했을 뿐 아니라, 또 그런 각각의 언표들을 특수한 이해관계의 표상도 아니고 특정한 정치적 이념의 표현도 아닌 사회적 필연성에 따른 결과로 재규정될 수 있게 했다. 따라서 교육체제 재편은 이제 더 이상 신자유주의적 교육정책의 여파가 아니라 지식기반사회의 도래에 따른 필연적인 변화로, 신경영에서 구조조정을 거쳐 인적자원관리로 상징되는 지식경영으로의 변화는 일시적인 환경의 변화에 따른 '자본의 공세'나 '합리화전략'이 아닌 지식기반경제에 따른 불가역적인 필연성으로 재의미화된다. 결국 국가인적자원개발이란 언표는 그런 일련의 변화의 한 계기이자 사건을 이루는 것임에도 불구하고, 공식적인 국가의 언표로서 지난 20년 동안 형성됐던 변화된 자본주의의 주체성의 언표들을 하나의 담론적 공간 안에 통합하고 각각의 언표들이 상호교환될 수 있는 담론 규칙을 마름질했다고 볼 수 있다.

3장으로 넘어가기에 앞서 국가인적자원개발이란 언표에서 주목해야 할 또 한 가지 측면을 언급하고자 한다. '국민주체가 국가와 맺는 관계'와 '국민주체가 자기 자신의 삶과 맺는 관계'를 새롭게 형성한다는 측면이 바로 그것이다. 이는 국가인적자원개발의 언표 안에 부속된 하위 언표 가운데 하나인 '생애능력'을 분석하며 강조했던 것이기도 하다. 자기계발하는 국민이라는 국민주체의 주체성은 '국민 만들기'와 '행복한 자기self가 되기'를 결합한다. 아니 그것은 두 개의 분리된 언표로 표상될 수 있을지 몰라도 두 개의 분리된 실천은 아니다. 존재하는 것은 '행복한 자기'를 만들기 위한 개인적 주체의 자기와의 관계일 뿐이며, "스스로 책임지고self-responsible, 스스로 독립해 있으며self-reliant, 스스로를 존중하는self-respectful" 국민, 즉 자기 자신과의 관계의 장 안에 존재하는 주체이다. 그렇다면 이런 자기계발하는 주체로서의 삶은 일터에서의 삶, 자신의 개인적 삶의 장 안에서는 어떻게 생산될까. 3장에서는 이에 대해 살펴보고자 한다.

유연한 노동주체

1. 자본의 유연화에 따른 노동주체의 변화

유연화 담론을 넘어서

지난 20년간 한국 자본주의가 변화하면서 나타난 노동 혹은 노동주체의 정체성이 어떻게 변화됐는지 서술하는 데 가장 빈번하게 등장한 언표는 단연 '유연화'라고 할 수 있다. 유연화란 개념이 가리키는 외연은 매우 넓다. 개별적인 자본의 경계 안에서 이뤄지는 유연화일 수도 있고 생산의 전지구적인 연관이란 면에서의 유연화일 수도 있다. 그것은 정리해고제나 유연시간제, 임시직, 연봉제나 성과배분제 같이 고용관계나 임금체계에서 이뤄지는 유연화를 가리키는 것이기도 하고, 노동자의 다능공화, 생력화省力化나 구상과 실행의 재통합을 통해 노동과정을 유연화하는, 즉 생산 과정의 기술적 체계를 유연화하는 것을 가리킬 수도 있다. 그 밖에도 다운사이징, 외주 하청과 같이 자본 운용 방식이 바뀌는 것을 가리킬 수도 있고, 권한위임, 직급파괴 등과 같이 조직체계의 탈관료제적 변화를 말할 수도 있다. 나아가 어떤 때에는 신보수주의 혹은 신자유주의적 정치 이념을 경제질서와 제도에 적용하는 것으로, 또 어떤 때에는 작업장 혹은 일터에서 나타나는 구체적인 노동과정의 변화를 가리키는 것으로 유연화란 개념이 회자되기도 했다.

유연화란 개념은 지난 20년간 나타났던 한국 자본주의의 모든 변화를 망라하는 표제어처럼 사용됐다 해도 과언이 아니다. 그런 탓에 거의 모든 것이면서 거의 아무것도 아닌 것처럼 보이기까지 한다. 그럼에도 불구하고 이것은 한국 자본주의가 겪은 단절적인 변화를 이해하려는 이들이 임시처방처럼 매달렸던 개념이었다. 분명히 확정할 수 있는 개념적 내용을 결여한 공허한 용어였다 할지라도, 이를 덧없다고 말할 수는 없을 것이다. 그것은 새로운 자본주의가 도래하며 빚어내는 변화와 혼란 가운데서 표류하지 않고 현실을 인식의 대상으로 가까스로 고정시키려는 의지를 표현하는 것이었을 수도 있다. 줄여 말하자면 유연화란 개념은 지난 20년간 나타난 자본주의 변화를 인식할 수 있는 조건을 만들어내는 데 주요한 지렛대의 역할을 했다고 볼 수 있다. 이런 점에서 이 언표는 공허하고 혼란스런 표제어이기도 했지만, 동시에 현재를 분석하는 수많은 언표들이 출현할 수 있는 조건을 만들어줌으로써 인식의 진공상태에서 벗어날 수 있는 기회를 주었다고 할 수 있을 것이다.

그렇지만 지난 20년간 한국사회에서 노동주체의 주체성 변화를 분석하려고 할 때 유연화란 언표는 빈곤하고 불충분한 것일 수밖에 없다. 유연화란 언표가 노동 그리고 노동주체의 정체성 변화에 대해 많은 분석과 진단을 제시했음에도 불구하고, 그것은 네그리의 표현을 빌리자면 "자본의 변증법"에 갇혀 있기 때문이다. 자본의 변증법이란 노동을 자본에 종속된 계기로서 간주하는 분석적 접근을 가리킨다. 변증법이란 것이 가리키는 바대로 자본의 변증법에서 노동은 자본의 반영적인 부정, 즉 자본의 거꾸로 선 모습으로 재현될 뿐이다. 따라서 노동과 노동주체의 정체성은 자본의 새로운 정체성의 효과이거나 그것의 부정적인 모습일 뿐이다. 거칠게 말하자면 자본의 변증법은 노동과 노동주체를 분석함에 있어 두 가지의 근본적인 한계에서 벗어나지 못한다. 먼저 노동을 자본의 운동법칙에 종속된 경제적 실재로 환원함으로써(경제주의), 노동주체를 노동력, 그것도 직접적인 고용관계에 종속된 노동자로 한정한다. 따라서 오직 경제적인 삶, 그것도 노동력이라는 범주의 매개를 통해서만 노동 현실을 표상한다. 그 탓에 노동 분석은 임금, 고용관계 등 노동력의 경제적인 삶을 분석하는데 머물러버리고, 노동주체 분석 역시 노동력의 분석, 혹은 노동자라는 특수한 법률적이고 경제적인 주체를 분석하는 것으로 축소된다. 다음으로 자본의 변증법은 경제적 삶 바깥에 놓인 자본의 운동을 이차적인 배경이나 조건, 아니면 '상부구조'로 환원함으로써 자본이 재생산되기 위해 사회적인 삶 자체를 생산해야 한다는 것을 간과한다. 따라서 자본은 자신의 지속적인 운동을 실현하기 위해 공장과 사무실 밖에서의 삶이 이뤄지는 조건과 규칙을 '동시에' 생산해야 한다는 것을, 그리고 노동력(노동자)이 아닌 주체 역시 자본주의적인 삶의 권력에 따라 빚어내고 또한 지배할 수 있어야 한다는 것을 간과하지 않을 수 없다. 따라서 노동의 분석은 자본의 정치경제학으로, 노동주체의 분석은 허위의식으로서의 이데올로기에 관한 분석으로, 각기 한정되어버린다.[1]

결국 자본의 변증법, 즉 자본과 노동의 대당對當을 분석하는 것만으로는, 자본이 노동을 지배하는 것에 앞서 사회적 삶을 생산한다는 것을 분석할 수 없다. 자본은 자신이 직면한 위기를 해결하면서 끊임없이 자신을 재생산한다. 이때 자본이 자신의 위기를 해결한다고 하는 것은 단순히 (경제적) 가치를 실현하는 데 따른 위기를 해결하는 것이 아니라[2] 사회적 삶의 (재)생산의 위기를 해결하는 것이라 할 수 있다.[3] 자본이 소유물이나 경제적 대상, 혹은 그것의 인격적 표현으로서의 자본가계급을 가리키는 것이 아니라, 사회적 삶을 자본의 결정 속에 포획하려는 경향 또는 힘을 가리키는 것이라 가정할 수 있다면, 자본주의란 곧 사회적 삶을 자본이라는 명령에 복속시키는 사회적 배치라고 볼 수 있다. 따라서 자본주의는 사회적 삶을 주체화하고 대상화하는 담론적/비담론적 실천을 지배하는 규칙과 코드를 끊임없이 갱신하고 변형한다. 그러므로 자본주의가 변화한다는 것은 자본주의가 사회적 삶을 생산하는 방식을 교체하고 변형하는 것이라고 할 수 있다. 자본주의는 자신의 새로운 경제적 운동의 조건을 고안하고 강요하는 과정을 통해 자신의 위기를 해결하는 것이지만, 그와 더불어 반드시 주체성을 새롭게 생산하지 않을 수 없다. 이 글에서 '주체성의 체제'라고 부르고 있는 주체성의 생산 방식을 만들어내지 않는 한, 다시 말해 사회적 삶을 주체화하는 새로운 규칙과 권력을 생산하지 않는 한, 자본주의는 자신의 위기를 해결할 수 없다. 그렇지만 유연화 담론은 전지구적 자본주의이든 네트워크된 경제이든 다양한 경제적 실재의 변화를 분석하는 데 머무를 뿐이다. 따라서 유연화 담론이 제시하는 유연한 주체란, 경제적 현실의 유연화에 따라 자신의 생존 조건과 노동 현실이 변화된 유연한 노동력일 뿐이다. 그런 탓에 유연화 담론은 주체성을 생산하는 새로운 규칙과 그런 주체화의 권력을 통해 자신의 개인적인 삶을 주체화하는 자아의 지배를 분석하지 못한다. 물론 유연화 담론으로 묶을 수 있는 다양한 분석들은 임금, 고용, 노동과정과 조직, 복지 등에 관한 분석을 통해 노동과 노동주체의 정체성의 변화에 관한 상당히 참조할 만한 분석을 제시해왔다. 그렇지만 유연화 담론은 유연화라고 불리는 일련의 변화가 새로운 자본의 주체를 형성하는 과정이었음을, 다시 말해 변화된 자본주의가 형성한 새로운 경제적 삶의 규칙에 종속시키는 과정이기도 하지만 또한 새롭게 자본주의적인 삶을 주체화하는 과정이었음을 분석하지 못한다.

126

한편 이와는 반대되는 편향의 담론 역시 경계해야 할 것이다. 이미 앞에서 살펴본 바 있는 '성찰적 주체성'의 담론이 이에 해당한다. 유연화 담론이 '자본의 변증법'에 얽매인 채 주체성의 생산을 자본의 운동의 반영으로 환원한다면, 앞서 살펴본 성찰적 주체성의 담론은 '재현의 변증법'에 갇혀버린다. 성찰적 주체성의 담론은 새로운 주체성을 적극적으로 발견하고 그것을 독창적으로 분석하려 하지만, 그때의 주체성이란 의미와 태도, 혹은 해석 등으로 환원된 의식적인 주체에 불과할 뿐이다. 새로운 '자기의 해석학'을 분석하며 성찰적 주체성의 담론을 주장했던 논자들(앤서니 기든스나 울리히 벡, 그리고 그들과 구별되지만 유사한 관점을 지닌 지그문트 바우만 등)이 그런 주체성의 출현을 가능케 한 현실을 분석하지 않는 것은 아니다. 그들은 후기근대 혹은 고도근대, 유체적 근대liquid modernity라는 이름으로 현재의 사회적 조건을 제시하기는 한다. 그렇지만 이들이 분석하고 있는 자아정체성이란, 비록 직업과 일의 세계에서 자아정체성의 변화를 포함한다고 할지라도, 의미와 해석이라는 재현의 영역에 갇힌 것일 수밖에 없다. 따라서 이들이 "기초적인 신뢰의 위기"(기든스), "위험사회"(벡)를 역설하며 새로운 주체성을 가능케 한 맥락과 배경을 분석한다고 할지라도, 그것은 "주관적 의미와 객관적 세계의 관계"를 문제삼는, 반영 혹은 재현의 관계에서 벗어나지 않는다. 이는 새로운 자본주의에서 노동주체의 자아정체성의 변화를 섬세하게 분석하고 있는 다른 주요한 저자들 역시 다르지 않다고 할 수 있다.[5]

계급구성 또는 노동주체의 계보학

따라서 새로운 자본주의적 주체성의 형성과 지배를 분석하기 위해서는 자본의 변증법에 갇힌 유연화 담론을 넘어섬은 물론, 재현의 변증법에서 벗어나지 못하고 있는 성찰성의 담론 역시 넘어서야 한다. 그렇다면 이런 새로운 주체성의 형성과 지배, 혹은 이 책에서 제시하는 개념을 사용하자면 주체성의 체제를 분석하는 데 어떤 접근이 유용할까. 나는 이를 위해 이탈리아 자율주의적 마르크스주의자들이 제시한 '계급구성'class composition이란 분석을 참조하고자 한다. 자율주의적 마르크스주의자들은 『제국』 발간 이후 널리 대중적인 명성을 얻게 된 안토니오 네그리로 대표되는 경향이 있다. 그러나 이들의 역사는 상당히 긴 것으로 1960년대부터 공산당 외부에서 독립적인 분파를 형성해 노동운동과 정치투쟁에 직접 참여함은 물론 마르크스주의의 이론적인 문제를 돌파하는 작업을 펼쳐왔다. 프랑스를 비롯한 유럽의 일부 비판적 사회·문화이론에서 주목을 받을 뿐 크게 알려지지 않았던 이들의 작업은 『제국』의 발간과 국제적인 성공 이후 커다란 관심을 끌고 있다. 그렇지만 이들의 작업은 그에 관한 관심이 『제국』의 성공에 따른 일종의 흥행 효과라는 냉소적인 반응과 상관없이 진지하게 검토될 충분한 이유가 있다. 무엇보다 여기에서 간단히 살펴볼 계급구성이란 관점은 포드주의적 자본주의의 위기와 그에 따른 자본주의의 재편을 분석함에 있어 위에서 언급한 이중적인 한계를 넘어서는 독창적인 분석을 생산해냈기 때문이다.

자율주의적 마르크스주의란, 간단히 소개하자면 1960년대의 오페라이스모Operaismo, 즉 노동자주의Workerism이라는 이름을 내걸고 활발한 활동을 펼치다가, 여러 쟁점들(공산당과의 관계, 일차적인 변혁의 주체와 투쟁 및 조직 형태 등)을 둘러싸고 갈등을 벌인 뒤 독자적으로 분리해 아우토노미아Autonomia라는 집단을 형성해 활동했던 마르크스주의자들을 가리킨다. 여기에는 마우리치오 라차라토, 일명 '비포'Bifo로 알려진 프랑코 버라디, 파올로 비르노, 세르조 볼로냐, 나아가 철학자인 조르조 아감벤 등이 포함된다.[6] 여기에서는 자율주의적 마르크스주의의 이론적인 작업을 소개할 여유가 없으므로 이 책에서의 직접적인 관심인 계급구성에 한정해 그들의 관점을 살펴보기로 한다. 계급구성이란 자율주의적 마르크스주의의 입장을 대표하는 관점 혹은 방법이라고 할 수 있다. 계급구성 혹은 재구성 re-composition이란 마르크스의 『자본론』에서의 경제적 정식인 "자본의 유기적 구성"을 변형한 것이다. 자본의 유기적 구성이란 간단히 말하자면 자본주의의 역사적 운동을 가치형태의 분석을 통해 재현하는 것이라 할 수 있다. 알다시피 마르크스는 『자본론』에서 자본의 유기적 구성의 심화와 성숙이라는 역사적 경향을 통해 자본주의의 역사적 운동을 분석하고자 했다 (마르크스, 2000). 그런데 자율주의적 마르크스주의자들은 가치형태가 그에 앞선 사회적 구성을 표상하는 '매개'mediation일 뿐이라는 점을 강조하면서 새로운 관점을 도입한다. 그들이 보기에 가치형태를 분석함으로써 자본의 유기적 구성의 경향을 분석하고, 이를 통해 자본의 역사적인 운동을 분석한다는 것은, 사회적 삶을 표상하는 특정한 형식 혹은 코드를 분석하는 것에 다름 아니다. 다시 말해 '사회의 구성'을 가치형태라는 추상적인 형식(쉽게 말하자면 가치라는 코드code)을 통해 표상한 것이 '가치의 구성', 즉 자본의 유기적 구성이라는 것이다. 따라서 가치구성의 역사적 변화는 사회적 구성의 변화를 추상적으로 표상하는 것에 불과하고, 이런 특수한 재현 형식으로서 가치형태 혹은 가치법칙은 사회적 구성을 분석할 목적으로 자본의 입장에서 강요된 일종의 정치적 결정에 불과하다는 것이다. 따라서 가치형태는 자본주의가 사회적 삶을 표상하기 위해 일종의 선험적인 법칙처럼 강요하는 담론적인 폭력에 다름 아니다.[7]

그렇다면 자율주의적 마르크스주의자들이 무슨 연유로 자본의 유기적 구성을 계급구성이란 것으로 변형하게 됐는지 어느 정도 짐작할 수 있다. 그들은 가치형태가 자본주의에서의 사회적 삶을 표상하는 담론적 실천, 네그리의 말을 빌리자면 거의 무의식에 가까운 "초월적인 질료"transcendental material로서 작용한다고 비판한다(네그리, 1996: 128). 따라서 간략하게 말해서 사회구성을 가치구성으로 번역하는 것, 즉 사회적 삶의 형성을 가치형태라는 코드로 매개하는 것에서 벗어나지 못했던 것이야말로 기존 마르크스주의의 결정적인 한계였다는 것이다. 특히 이들은 포드주의적 자본주의의 위기 이후 도래한 새로운 자본주의를 다룰 때, 가치형태에 근거한 분석은 무력할 수밖에 없다고 주장한다. 그들은 포스트포드주의라는 새로운 자본주의 형태가 가치법칙을 결정적으로 위기에 몰아넣었고, 그에 따라 가치법칙이 전제하고 있는 척도, 그리고 그 척도를 통해 노동을 분석할 때 대상이 됐던 (노동)시간 역시 위기에 처하게 됐다고 주장한다. 물론 이는 과도한 주장이라 할 수 있을지도 모른다. 그러나 들뢰즈가 「통제사회에 관한 후기」에서 포드주의/포스트포드주의 구분과 유사한 훈육사회/통제사회 구분을 통해 설명하듯, 훈육사회에서는 집과 일터와 학교 사이에 서로 울타리와 문턱이 있던 것과 달리 이제는 어디까지 노동이고 어디부터 노동이 아닌지 구분하기 어렵게 됐다는 주장은 제법 설득력을 가진다. 노동시간과 비노동시간 사이에 명료한 경계가 존재하지 않는다는 것이다. 백보 양보해 이런 관점을 받아들이지 않는다 하더라도 계급구성이라는 자율주의적 마르크스주의자들의 관점은 가치구성이라는 관점을 넘어서서 새로운 방식으로 자본주의의 현대적 특성[8] 이후의 자본주의를 분석하려는 이론적이고 정치적인 기획이라 해도 틀리지 않을 것이다.

그렇다면 계급구성이란 관점이 노동주체의 주체성을 분석하는 데 어떤 의의를 가지고 있을까. 나는 계급구성이야말로 노동주체의 주체성을 계보학적으로 분석하는 방법에 다름 아니라고 생각한다. 자본운동의 계기, 즉 가치법칙의 인격적인 표현으로서의 노동주체도 아니고, 노동을 둘러싼 문화적 표상이 변화하면서 그 양태를 달리하는 노동주체도 아닌 것으로서 노동주체를 분석하려 할 때, 계급구성이란 관점은 상당한 이론적인 가치를 지닌다. 특히 보편적인 실체로서 노동자계급을 전제하고 이를 선형적인 자기진화의 과정으로 분석하는 것이 아니라, 노동주체의 주체성을 형성하는 이질적이고 자율적인 사회적 실천이 결합하는 과정을 분석하는 것이란 점에서, 계급구성은 곧 주체성의 계보학적인 분석이라 해도 과언이 아닐 것이다.[9] 그렇다면 네그리의 주장을 참고해 계급구성이란 무엇인지 간단히 설명해보자. 비록 도식적인 단계 구분을 따르는 것이기는 하지만, 그의 계급구성 변화에 관한 분석은 노동주체의 주체성을 분석하는 데 계급구성이 어떤 인식론적 가치가 있는지 파악하는 데 도움을 준다. 그는 자본주의 발전의 단계를 자본의 유기적 구성이 아니라 계급구성의 변화라는 관점에서 분석한다. 네그리는 자본주의의 발전 과정을 크게 세 가지의 단계로 나누고 각각의 단계에 해당하는 계급구성을 ① 노동과정, ② 소비규범, ③ 규제양식, ④ 프롤레타리아트의 정치적 구성이라는 측면에서 분석한다. 대공업의 첫번째 국면이라고 그가 부르는 산업혁명 이후 1차 대전까지의 시기는 노동과정의 측면에서 볼 때에는 "전문노동자"profes-sional worker의 시기로, 이전까지 독립적이었던 노동자의 자질이 기계의 추상적인 명령에 복속되고, 소비규범이란 측면에서는 유효수요를 동반하지 못하는 지속적인 대량생산과 그것의 파국적인 위기에 시달리며, 규제양식이란 측면에서는 국가와 독점자본 사이의 제도적 통합이 이뤄지게 된다. 또 마지막으로 프롤레타리아트의 정치적 구성이란 측면에서는 노동조합과 정당이라는 이중적인 조직 형태가 만들어지고 이것이 자본과 노동사이의 적대관계를 중재하는 데 있어 지배적 지위를 차지하게 된다.

다음으로 두번째의 국면은 1차 대전부터 1968년까지의 시기인데 이는 노동과정이란 측면에서는 테일러주의로 요약할 수 있다. 이때 노동력은 탈숙련화된 대중노동자mass worker로 조직된다. 그리고 소비규범이란 측면에서는 대량생산과 대량소비가 연계된 포드주의로, 규제양식의 측면에서는 케인즈주의적인 복지국가의 모델에 근거한 개인주의적 국가 모델이 자리 잡는다. 마지막으로 프롤레타리아트의 정치적 구성이란 측면에서는 대중노동자의 헤게모니에 의한 정당과 노동조합의 형태가 보편화된다.

그리고 네그리는 현재에 이르는 마지막 국면을 분석하는 데, 그것은 1968년 이후에 시작되어 현재까지 이어지는 것으로, 노동과정의 측면에서는 생산의 자동화와 컴퓨터화에 따른 새로운 노동과정이 출현하고 이는 "사회적 노동자"social worker를 등장시킨다.[10] 소비규범의 측면에서는 이른바 시장에서의 선택으로 돌아가며, 새로운 유형의 개인주의가 확산된다.[11] 그리고 규제양식의 측면에서는 통화정책을 관리하는 초국적 기구 등을 통해 전지구화된 자본의 운동을 조절한다. 마지막으로 프롤레타리아트의 정치적 구성은 이제 사회적인 것이 되며 더 이상 특수한 노동형태, 특수한 사회적 집단을 통해 대표될 수 없게 된다(Negri, 1988; 1989; 네그리, 1996).

네그리가 제시하는 계급구성의 변화, 다시 말해 자본주의에서 노동의 계보학에 관한 분석은 주체성의 분석과 어떤 관련이 있으며 어떤 유효한 교훈을 제기할까. 앞서 극히 간략하게 요약하기는 했지만 네그리의 계급구성의 계보학은 계급의 기원에 관한 물음도 아니고 계급이란 보편적인 실체가 자기를 전개하는 것으로서 계급을 서사화하려는 것도 아니다. 그의 계급구성의 계보학은 노동주체의 주체성을 노동 정체성의 변화로 환원하는 데서 벗어난다. 노동이 어떻게 기술적으로 조직됐나, 노동은 일터 안에서 어떻게 사회적으로 조직되고 관리됐나의 문제들은, 노동을 통한 삶을 가능케 하는 사회적·정치적 지배의 형태는 어떻게 이뤄졌는가 하는 문제들과 떼어놓을 수 없기 때문이다. 따라서 그가 "전문노동자" 혹은 "장인"craftsman의 모델에서 "대중노동자"의 모델로 그리고 다시 "사회적 노동자"[12]의 모델로 계급구성의 계기적 변화를 서술할 때, 그것은 노동의 역사가 아니라 노동주체의 주체성을 구성하는 다양한 사회적 실천이 어떻게 결합하고 배치되는지를 분석하는 것에 다름 아니다. 따라서 노동주체의 주체성의 역사를 서술할 때 가정되는 동질적인 실체, 즉 노동과 노동자란 존재하지 않는다는 것이다. 케인스주의적인 복지국가라는 노동주체의 삶을 사회적으로 관리하고 지배하는 정치적 실천이 없다면, 테일러주의라는 노동주체의 직접적인 활동을 관리하는 특수한 기술사회적 체계가 없다면, 새로운 신용제도와 백화점, 광고, 시장조사와 같은 노동주체가 일터 바깥에서 보내는 삶을 소비주체로 구성하는 사회적 실천이 없다면, 대중노동자란 상상할 수 없다. 따라서 대중노동자는 서로 다른 시간적 연대기를 통해 발전되어온, 그리고 매우 이질적인 담론을 통해 매개된 사회적 실천이 접합하면서 만들어지는 것이다. 이것을 최종심급에서 결정하는 것은, 혹은 보다 적극적으로 말해 과잉결정하는 것은 자본과 노동 사이의 적대이다.

그렇다면 계급구성의 관점이 노동주체의 주체성의 구성, 주체성의 계보학적인 분석에 어떤 가치가 있는지 윤곽을 그려볼 수 있을 것이다. 이는 유연화 담론으로 돌아가 설명하면 더 쉽게 이해될 수 있을 것이다. 유연화 담론은 새로운 생산 방식과 새로운 축적 모델을 분석하는 데 주로 관심을 쏟는다. 이를 계급구성이란 관점에서 재구성한다면 유연화 담론이 분석하는 대상들은 다시 노동의 경제적 구성, 기술적 구성, 사회적 구성, 문화적 구성 등으로 서술될 수 있을 것이다. 그리고 지식기반경제라는 헤게모니적인 경제적 가상은 이런 노동의 사회적 구성을 일관되고 정합적인 언표들의 체계와 규칙으로 구성하려는 담론이라고 할 수 있을 것이다. 예를 들어 노동의 새로운 경제적 구성이란 무엇일까. 단적으로 성과배분제의 예를 들어보자. 성과배분제란 노동의 성과를 보상하는 특수한 임금형태의 하나에 불과하지만, 그것이 지배적인 임금형태로 정착하는 과정을, 주변에 위치해 있던 특정한 임금형태가 기존 임금형태를 제치고 지배적인 형태가 됐다고 말하는 것으로는 충분하지 않다. 성과배분제는 노동을 측정하고 평가하며 보상하는 다양한 언표를 생산하며 노동을 객체화하는 방식 자체를 변형시킨다. 또 노동을 수행하는 주체를 객체화하는 방식 역시 이와 더불어 바뀐다. 그 결과 '성과'와 '역량' 등의 새로운 언표가 성과배분제라는 임금형태와 결합하게 되는 것이다. 또 이는 더 많은 성과를 창출한다는 목적으로 노동을 사회적으로 관리하는 방식 역시 바꾼다. 기업문화, 학습조직, 실행공동체community of practices, 팀제 등의 새로운 조직 형태들은 바로 그런 변화를 표상하는 대표적인 언표들이자 테크놀로지라 할 수 있다. 나아가 이는 노동주체가 더 많고 더 좋은 역량을 획득하고 이를 발휘하기 위해, 자신을 대할 때 어떻게 행동해야 하는지 역시 바꾸도록 한다. 따라서 흔히 경영기법이라 불리는 고성과작업장, 학습조직, 지식경영, 인적자원관리, ERP, 리엔지니어링 등의 미시적인 테크놀로지부터 거시적으로 국가인적자원개발기본계획이나 책무성에 기반한 기업가적 정부의 구성에 이르는 정책과 제도의 변화에 이르기까지, 이 모두는 노동의 구성-재구성-탈구성이라는 변형 과정이라고 볼 수 있다.

계급구성을 넘어서

그렇지만 계급구성의 관점 역시 노동주체의 주체성 형성과 분석이란 측면에서 볼 때 한계를 갖는다. 그것은 가치형태의 분석으로 노동의 분석을 환원하는 자본의 변증법을 적극적으로 비판하기는 하지만, 주체성의 분석, 특히 노동주체의 자기로의 주체화에 관한 분석에 있어서는 적극적이지 못하다. 이를테면 사회적 노동자라는 새로운 계급구성을 분석할 때, 그들은 소비규범의 측면에서 새로운 개인주의 문화가 등장했다고 분석하는 데 그치고 만다. 이는 다른 분석에서 그들이 보여주는 정밀함에 견준다면 의외라고 할 만큼 소박한 사회학적 주장에 머문다. 계급구성이란 관점이 노동주체의 주체성을 경제적 실재 혹은 가치형태라는 추상적인 코드를 통해 한정된 노동(혹은 네그리와 하트의 표현을 빌리자면 "자본 내부에 통합되는 노동만을 생산적이라고 인식하는" 경제학적 관점에 제한된 노동)이 아니라, 자본이 지배 가능한 대상으로 구성한 우연적이고 역사적인 주체, 즉 끊임없이 자본에 의해 주체화된 노동주체로 분석을 전환시켰다는 점은 십분 인정할 수 있을 것이다. 그렇지만 그것이 주체성의 생산에서의 결정적인 측면, 즉 자기로의 주체화라는 측면에 관한 한 거의 아무런 분석을 제시하지 못한다는 점 역시 지적하지 않을 수 없다.

이 글에서 강조하는 것이 바로 그것이다. 나는 계급구성이란 관점을 참조하되, 그것이 결여하고 있는 '자기'라는 주체의 형성에 관한 분석을 시도하고자 한다. 다음 절에서 나는 한국사회에서 나타난 유연화를 경영 담론의 분석을 통해 비판적으로 해석해보고자 한다. 이 글은 주로 전략경영이나 지식경영과 같은 새로운 경영 담론에서부터 인적자원관리론처럼 노동주체를 관리하고 지배하기 위해 등장한 경영 담론까지를 분석할 것이다. 새로운 경영 담론은 앞서 살펴보았던 지식기반경제라는 새로운 경제적 가상을 노동주체의 관리와 지배를 위한 테크놀로지로 구체화하는 것이라 볼 수 있다.

2. 경영 담론과 주체성의 관리

노동자에서 인재로

언제부터인가 국내 기업들은 신입사원을 채용하는 과정에서 '인재상'이란 용어를 내걸기 시작했다.[13] 취업설명회이든 구인광고이든 아니면 기업설명회 자리이든, 어디에서나 인재란 언표가 떠돌아다닌다. 주주들을 위한 기업설명회 자리에서, CEO의 경영철학을 토로하는 인터뷰에서, 기업문화를 소개하는 신문기사에서, 인재란 언표는 어김없이 등장한다. 그리고 일터에서의 삶을 관리하고 조직하는 모든 담론들은 이제 더 이상 인재란 언표 없이 존재할 수 없다. 인사노무관리나 노사관계란 용어를 통해 표현되던 경영 실천, 즉 일터에서 노동주체를 관리하고 지배하던 사회적 실천은 이제 인적자원관리라는 전문용어로 바뀌었다. 그리고 이는 국내의 기업 내부에서 좀더 부드럽게 수정된 인재개발 등의 이름으로 바뀌었다. 한국사회에서 인적자원관리는 곧 인재관리이다. 직장인의 자기계발에 관련된 서비스를 제공하는 기업들도 상당수가 '인재개발'이란 이름을 내걸고 있다.

일터 안에서의 사회적인 관계를 조직하고 통제하는 담론은 '인재'라는 언표와 떼어놓을 수 없다. '기업문화' 담론부터 기업의 이념이나 가치, 사명을 제정하고 확산하는 활동 역시 인재 담론과 결합한다. 기업의 핵심가치와 노동주체의 '자아가치'를 일치시켜야 한다는 경영 담론이나, 단순히 인력을 채용·배치하는 것이 아니라 기업의 핵심전략과 노동주체의 관리가 동일한 것이어야 한다는 점을 역설하는 전략적 인적자원관리 같은 경영 담론은, 모두 인재란 개념을 강조한다. 유명한 경영학 서적의 제목처럼 새로운 자본주의에서는 "사람이 경쟁력"인 셈이다(페퍼, 1995). 지식경영을 비롯한 새로운 경영 테크놀로지 역시 역량, 지식근로자, 인적자산 등의 다양한 개념들을 짝으로 내놓으며 인재라는 용어를 소비해왔다. 따라서 지난 20년간 경영 담론의 세계는 인재라는 언표들로 충만해 있다고 해도 과언이 아니다. 그런 언표들의 전형적인 사례들을 꼽아보자.

지식이 경쟁우위의 핵심 요소가 되어가고 있는 지식경제하에서는 조직

성공의 관건은 구성원들, 특히 지식경영을 선도할 핵심 인재들의 역량과 노하우에 달려 있다고 해도 과언은 아니다. 따라서 기업의 지식 사업들을 이끌어갈 사업가적 기질을 갖춘 인재들뿐 아니라 미래에 리더십을 발휘할 핵심 인재들의 육성이 절실히 요구되고 있다(장영철, 2001a: 132).

내일을 예측하기 어려운 경영 환경, 그리고 기업 간 치열한 경쟁으로 특징지어지는 현재의 경영 환경하에서, 각 기업들은 우수 인재를 확보·육성·유지하는 데에 대단한 관심과 노력을 쏟고 있다. 그동안의 기업 성과를 볼 때, 기업이 현재 확보하고 있는 인력 수준이 단기적으로는 2~3년 뒤, 장기적으로는 10년 뒤의 기업 성과를 결정짓는 핵심 요인이라 보기 때문에, 각 기업들의 우수 인재 확보·육성·유지에 대한 관심은 앞으로도 더욱 커질 것으로 보인다(이주인, 2002: 36).

이 인용문에서 보이듯이 인재란 언표는 노동하는 삶을 가시화하는 새로운 표면을 열어놓는다. "지식정보사회, 무한경쟁의 시대"에 기업의 경쟁력은 무엇인가, 효율적이고 성과적인 경영은 무엇인가 등의 언표는 언제나 노동주체를 어떻게 관리하고 지배할 것인가라는 언표 행위를 동반한다. 근대적인 경영학의 출발을 알리는 '테일러주의'에 관한 분석들이 웅변하듯이, 경영 담론은 노동을 지배할 수 있는 대상으로 만들어내는 데 있어서나 그에 근거해 노동주체를 일터 안팎에서 관리하는 데 있어서나 결정적인 역할을 했다고 볼 수 있다.[14] 인재란 언표 역시 지식경영이나 인재경영이라는 다양한 담론을 통해 노동을 가시화하고 객체화하는 새로운 지식을 생산해왔다. 그런 점에서 인재란 언표는 단순히 노동주체를 가리키는 새로운 명칭이 아니라, 노동주체를 지배 가능한 대상으로 재구성하려는 담론적 기획에 다름 아니다.

인재란 언표를 전문적인 경영 지식을 다루는 진지한 글에서만 찾아볼 수 있는 것은 아니다. 지식경영이나 인적자원관리에 관한 진지한 경영 지식에서부터 취업이나 경력관리에 관련된 일상적인 지침서나 매뉴얼까지 인재란 언표는 모든 서사에 등장한다.[15] "한 명의 인재가 만 명을 먹여 살린다"는 어느 기업가의 유명한 인재경영론에서 지식경영은 인재경영이라는 경영기법에 관한 처방에 이르기까지, 또 인재의 선발과 채용, 육성, 개발, 유지에 관련한 수많은 경영의 담론들(인적자원관리 등)에서 인재가 되기 위한 수많은 일상적인 자기계발의 행위에 이르기까지, 인재란 언표는 도처에 존재한다. 노동주체 역시 이제 자신을 제시하는 활동 안에서 언제나 인재란 용어를 참조하고 사용한다. 종업원, 근로자, 노동자란 말 대신에 인재란 표현이 취업과 경력관리에 관한 담론들을 채운 지 오래이다. '명품 인재'란 무엇인가를 정의해주고 이에 이르기 위한 구체적인 비법을 알려준다고 홍보하는 수많은 자기관리 서적과 매뉴얼, 세미나, 워크숍, 컨설턴시 등은 모두 이 매력적인 언표를 사용한다. 심지어 파견근로자를 소개하는 일도 더 이상 취업소개소나 심부름센터라 부르지 않고 인재파견업이라고 불린다. 헤드헌터에 의해 발탁되어 외부 노동시장을 통해 파격적으로 채용되는 '고급 인재', '고성과 개인', '스타 직원', '멀티플레이어'에서부터 임시직 노동자와 파견근로자에 이르기까지 노동주체는 이제 인재라는 언표로 호명된다.

일례로 취업 준비생 혹은 이직이나 전직을 결심하는 노동자들은 모두 인재란 언표를 소비하면서 자신의 주체성을 재현한다. 취업이나 경력관리에 관한 노하우를 알려주는 수많은 지침서들이나 취업지도나 진로상담, 적성 및 인성 검사 역시 언제나 인재란 언표를 소비한다. 어느 취업 및 경력관리 매뉴얼은 다음과 같이 설명한다.

대개 기업마다 요구하는 인재상이 있게 마련이다. 기업 경영을 위해서 기업 고유의 원하는 인재상을 제시하고 있는데 인터넷의 발달에 따라 많은 기업들은 이런 정보를 자사의 홈페이지를 통해 공개하고 있다. (……) 자사의 인재상과 부합하는 인재를 찾는 기업들이 늘고 있으므로 입사지원 전에 반드시 기업의 인재상을 점검해보고 지원하는 것이 좋다. 또 많은 기업들의 인재상을 보다가 보면 기업이 개인에게 원하는 것이 무엇인지 나름대로 캐치해낼 수 있다. 일부 기업의 경우에는 모호한 표현으로 제시하는 기업이 있기도 하지만 대부분의 기업들은 자사의 인재상을 아주 구체적으로 밝히고 있기 때문에 기업의 인재상을 통해서 취업을 위해 자신이 갖춰야 되는 것이 무엇인지 알아낼 수도 있다(정철상, 2002: 43).

대기업을 비롯해 국내의 대다수 기업들은 인재상이란 것을 내걸고 있다. 이런 인재상은 좁혀 보자면 채용과 인사관리에 관련한 경영 행위를 가리키는 것이기도 하지만, 경영 행위의 정체성이 변화했음을 가리키는 징후라고도 말할 수 있다. 다시 말해 인재란 언표는 어떤 자격과 능력, 자질, 태도를 가진 노동주체를 원하는가를 표현하는 것이기도 하지만, 동시에 기업 내부에서 노동주체가 자신의 사회적 삶을 재정의하게끔 하고 그로부터 노동주체를 지배하는 권력 역시 재편성하는 역할을 한다고 볼 수 있다. 그런 점에서 인재는 노동주체를 제시하는 표상이 바뀌었을 뿐 아니라, 일터 안에서 노동주체를 관리하고 지배하는 권력과 그것이 작용하는 방식이 변화하고 있다는 것을 알려준다.

최근 인재 혹은 인재상을 둘러싼 언표의 핵심적인 특징은 학력이나 자격증과 같은 기술적이거나 일반적인 자격에 관한 언급보다 인성personality에 관한 언급이 더욱 큰 비중을 차지한다는 것이다.[16] 창의성, 주도성 등의 능력이나 커뮤니케이션 능력, 대인관계의 능력, 리더십 능력 등 숱한 능력의 언표가 그에 해당한다. 실제 채용 과정에서 그 원칙이 적용되고 있느냐의 여부와 관련 없이, 국내의 거의 모든 기업들은 시험, 심사, 면접 등의 과정에서 구직자의 출신 학교나 지역, 연고 등을 배제한 인사를 하는 것을 원칙으로 삼아야 한다고 강변해왔다.[17] 그리고 능력 위주의 선발이 새로운 인사관행, 인적자원관리의 원칙이 되어야 한다고 역설했다. 이와 더불어 "권위주의적이고 정실주의적인" 인사관행을 타파하고 사람 중심의 채용을 해야 한다면서 개인적인 자질들을 더 강조해왔다(박준성, 1983; 한인수, 1994; 한국노동연구원, 1999).

'역량'이란 담론은 바로 그런 새로운 노동주체의 해부학을 보여준다. 테일러주의는 시간과 동작의 분석을 통해 노동 행위를 분해하고 이를 다시 전체 생산 과정의 체계 속에 결합하는 효율적인 지식과 도구를 생산했다고 볼 수 있다. 그런 점에서 테일러주의는 시간당 생산량이라는 척도 혹은 목표에 따라 노동을 동원하고, 동시에 노동주체의 능력을 객체화하는 관리·통제의 담론이었다고 할 수 있다. 따라서 "신체 건장하고 성실한 사람을 구한다"는 언표는 전형적인 테일러주의적인 언표라고 말해도 과언이 아닐 것이다. 그렇다면 이제 노동주체의 '능력'에 관한 담론은 어떻게 변형됐을까. 이는 주변에서 흔히 볼 수 있는 다음과 같은 언표 행위 안에서 극명하게 드러난다. 이는 각각의 경제적 시대를 구분하며 그에 따라 능력의 모형을 제시하는 서사를 전개한다.

표 3-1은 국내의 대기업인 S사가 자사의 인재상으로 발표한 내용의 일부이다. 이를 인용하며 한 경영학자는 "다가오는 21세기에는 뇌력腦力을 발전적으로 승화시켜 지식을 기반으로 하는 산업이 주종을" 이루기 때문에, "지적 창의력, 소프트적 경쟁력, 아이디어 등을 바탕으로, '별난 것이 아름답다'를 강조하는 창의형 인재가 인재상으로 부각되고 있다"고 주장한다. 이처럼 산업생산 시대 대 지식정보자본주의, 근력의 시대 대 지력의

표 3-1 시대 구분과 인재상의 유형[18]

시대 구분	경쟁력 Point	인재 유형
70~80년대	큰 것이 강하다	노무형(산업전사형) – Physical Power
90년대	작은 것이 아름답다	두뇌형(지능형) – Brain Power
21세기	별난 것이 아름답다	창의형 – Concept Power

시대, 공급자 중심의 경제 대 고객 중심의 경제 등 통속적인 시대 구분의 형태를 취하든, 아니면 지적자본이니 인적자본이니 하는 새로운 경제학·경영학 담론을 통해서든, 노동주체에 관한 담론은 능력에 관한 표상들을 끌어들이고 이와 결합한다. 물론 지난 수십 년간 한국의 기업들이 내거는 인재상이 제시하는 능력 역시 새롭게 바뀌어왔다. "열린 마음", "열린 머리", "창조적 활동", "책임감", "유연함", "오픈 마인드", "가치 공유" 등 국내 기업들이 내거는 능력들이 그런 것이다. 그런데 그런 능력들이란 과연 무엇일까. 이는 어떻게 객관화되거나 측정·비교되고 보상할 수 있는 것일까. 그리고 이런 능력을 취득하기 위해 노동주체는 무엇을 해야 할까. 결국 인재를 둘러싼 담론을 과학적인 지식으로 혹은 실제적인 테크닉으로 변환하고 나아가 이를 재생산하는 경영 담론은 능력 담론과 불가분한 관계를 맺고 있다. "규격품 인재", "모범생", "공부 선수", "학식(인)", "제너럴리스트"가 아닌 "창의적인 인재", "튀는 이재異才", "사업가형 인재" 운운의 숱한 표현들은 지난 수십 년간 노동주체의 경제적 삶을 서술하는 데 한결같이 등장했던 것들이다. 물론 이런 언표들은 노동주체를 새롭게 문제화하는 기능을 수행한다. 인재라는 언표는 노동주체를 객체화하고 또한 동시에 주체화하는 새로운 문제를 설정한다. 그것은 노동주체를 지배의 대상으로 가시화하고, 노동주체를 객관화할 수 있는 지식을 생산할 뿐 아니라,

이를 통해 노동주체를 종속시키고, 또 더 능력 있는 인간으로 변신하려는 자기주체화의 행위를 규제한다.

이런 변화가 노동을 둘러싼 기술적·사회적·문화적 환경이 바뀜에 따라 대두된 것이라고 할 수 있음은 물론이다. 그러나 지식정보경제가 도래했다고 역설하는 이들이 상투적으로 말하는 것처럼 전통적인 손노동에 의존한 제조업 분야의 노동에서 대인적인 서비스를 비롯한 다양한 비물질적이고 정서적인 활동을 제공하는 활동으로 생산활동이 바뀐다고 노동주체의 주체성이 자동적으로 변화하는 것은 아니다.[19] 따라서 노동의 기술적인 기반이 변화했다는 것으로부터 노동주체를 재현하고 관리하는 권력이 어떤 모습을 가지고 있는지 간단히 연역해낼 수는 없다. 또 많은 이들이 주장하듯이 "직업관과 노동관" 같은 것이 변화했다고 해서 새로운 노동주체의 주체성이 부상한 것이라고 설명할 수도 없다. "신세대 직장인"에서부터 "개성 중시의 세대"론에 이르기까지, 수많은 언표들은 문화적 변화가 노동주체의 정체성을 변화시키는 데 중요한 역할을 했던 것인 양 이야기해왔다. 그리고 가벼운 앙케트, 보고서, 백서에서 경영학 및 사회학, 심리학 분야의 전문 연구서에 이르기까지 다양한 텍스트들은 '일과 문화'의 관계를 새롭게 조명하고 통제해야 한다는 점을 강조해왔다.[20] 그렇지만 이런 담론들은 현실을 반영하는 것이 아니라 거꾸로 반영해야 할 현실을 구성하는 데 더 큰 의의가 있다. 이를테면 기업문화를 비롯한 새로운 경영 담론이 보여주듯 노동주체를 관리하고 지배하는 권력은 노동주체를 전에 없이 문화적 주체로 가시화하면서 노동주체를 관리하는 방식을 수정해왔다고 말할수 있다. 따라서 문화의 시대가 왔으므로 문화적인 경영을 하는 것이 아니라, 문화라는 언표를 통해 노동주체를 재현하는 새로운 가시성의 장이 만들어지는 것이다.

알다시피 1990년대부터 한국사회에서 노동주체와 자본의 갈등관계를 조정하고 관리하는 담론은 '보람의 일터'에서부터 '신노사문화'로 숨 가쁘게 변천해왔다. 이는 새로운 경영전략을 통해 노동자들로 하여금 자본의 이해에 동일시하도록 만들려는 기만과 허위의식을 선전하는 것일 뿐이라고 일축하기에는 어려움이 있다. 무엇보다 그것은 '의식'의 차원에서 벌어지는 현상도 아니려니와 자본가의 편에서 노동주체 쪽으로 일방적으로 흘러들어가는 것도 아니기 때문이다. "산업 평화"에서 "강한 기업문화", "보람의 일터", "신바람문화", "W조직" 등으로 기업문화에 관한 담론이 확산되고 교체되어갈 때, 그것은 일터에서 노동주체의 사회적인 삶 혹은 조직생활을 형성하는 관계가 새롭게 조성되는 과정에 다름 아니다(이어령, 1984; 1990; 1992; 이면우, 1992; 1998; 이명환, 1997; 딜·케네디, 1987). 따라서 물리적인 강제, 인격적인 통제로부터 문화적인 지배로, 혹은 소프트한 관리, 동의를 통한 의식의 통제로 노동주체를 관리하는 방식이 바뀌었다고 분석하는 것은 피상적인 이해에 불과하다. 이는 '경영권력'을 지나치게 소박하게 이해한다. 경영이란 노동을 둘러싼 사회적 행위와 그 조건을 추상적이고 객관적인 지식으로 코드화하고 노동주체에 관한 지배를 관리와 개발, 보상, 평가 등의 문제로 변환시킨다. 경영 담론 안에서 노동주체와 자본은 권력관계가 아니라 기업이라는 동일한 사회의 성원으로 재현된다. 그리고 노동주체와 자본의 관계는 같은 조직 안에서 서로 이해관심을 달리하는 조직 내부의 갈등적인 세력으로 간주될 뿐이다. 예컨대 더 많고 적은 생산성, 효율, 성과 등을 둘러싸고 노동자와 기업가는 이해를 같이하거나 아니면 경합한다. 결국 경영은 자본의 권력이 행사되는 방식을 금지, 명령, 검열, 억압 등의 형태가 아니라 개발, 안전, 향상, 포상, 만족, 동기부여, 임파워먼트(권한위임) 등의 형태로 나타낸다. 다시 말해 자본은 경영을 통해 노동주체를 돌보고 개발하고 향상시키며 삶의 질을 제공한다. 자본은 노동주체를 착취하고 종속시키지만 그런 권력의 작용은 경영 담론을 통해 매개되면서 생산적이고 긍정적인 테크놀로지를 통해 실현되는 것이다.

그렇게 볼 때, 인재 담론은 노동주체를 재현하는 새로운 언표의 출현을 알리는 것이기도 하지만, 동시에 노동주체를 관리와 지배의 대상으로 가시화하는 새로운 지식이 출현했음을 알리는 것이다. 더불어 그것은 노동주체가 자신과 맺는 관계, 즉 노동주체의 자기주체화 방식의 변화를 가리킨다. 그러므로 인재의 담론은 푸코의 표현을 빌리자면 노동주체를 가시화하고 대상화하며 주체화하는 지식/권력에 다름 아니다. 결국 지난 20여 년간 한국 자본주의 변화 과정은 노동주체의 새로운 주체성을 생산하는 과정이기도 했다고 볼 수 있다. 이는 노동주체에 관한 새로운 사회적 표상(인재, 인재상)을 생산하는 과정이기도 했으며, 또한 노동주체를 관리하고 지배할 수 있는 대상으로 가시화·객관화하는 복잡하고 다양한 지식(예컨대 인적자본론 같은 경제학이나 전략경영론, 인적자원론 같은 경영학 담론)을 채택하고 확산하는 과정이었다. 또 이는 일터 안에서 노동주체의 사회적 삶을 측정, 평가, 보상, 개발함으로써 노동주체를 지배하는 새로운 테크놀로지(예를 들어 역량모델링, 직무분석, 다면평가제, 균형성과표Balanced Score Card, BSC, MBO 등)를 실행하는 과정이었다. 그리고 이 모두는 노동주체가 스스로와 맺는 관계, 노동주체로서 자신을 주체화하는 방식에 있어서의 극적인 변화를 가져오는 것이기도 했다. 이는 경영 담론 내에서는 인재 육성 혹은 경력career의 담론이란 형태로, 아니면 기업가정신이란 담론으로, 다양하게 표현되고 구체화됐다. 결국 요약하자면 지난 20년간 한국 자본주의는 지식정보경제로의 도약이라는 변형의 텔로스를 통해 노동주체에 관한 새로운 규범적인 이상(인재상)을 형성하며 더불어 이를 구성하고 관리하는 권력과 지식을 생산해왔다. 이 과정에서 노동주체는 '역량 있고', '가치 있는' 주체로 노동시장 내에서 혹은 일터의 조직적 구성 내에서 자신을 대상화·주체화하는 방식에 종속되어왔다고 볼 수 있다.

경제적 삶의 경영, 인간의 경영

표 3-2는 국내 대표적인 기업들이 제시하고 있는 인재상을 열거해본 것이다. 여기에서 선별한 기업들은 이른바 국내의 "인사 트렌드", "고용 트렌드"를 주도하는 기업이라 할 수 있다.[21] 1990년대 이후부터 채용, 고과, 승진, 보상 등의 경영 실천은 "패션"이나 "트렌드"란 명칭으로 불려왔다. 노동주체를 관리하고 지배하는 경제적·사회적 실천을 트렌드나 패션이란 이름으로 부르는 것은 새삼스러운 일이다. 그렇지만 이는 노동주체의 주체성을 관리하는 지배 형식이 어떻게 바뀌고 있는지를 보여준다는 점에서 주목할 가치가 있다. 특히 인사 트렌드나 고용 트렌드란 명칭은 노동주체를 관리하고 통제하는 경영 실천이 담론적 실천을 통해 작용한다는 점을 스스로 역설한다는 점에서도 흥미롭다고 할 수 있다. 적어도 1980년대 후반 이후 한국 자본주의의 주목할 만한 특징 가운데 하나는 바로 이런 일과 노동주체의 정체성을 둘러싼 혼란, 즉 일터에서 '일과 주체성의 재현의 위기'라 부를 수 있을 현상들이 폭증하고, 이를 해결하려는 목적으로 일과 노동주체에 관한 수많은 담론들이 생산·소비되어왔다는 점이라 할 수 있다. 과학적인 지식의 형태로든[22] 아니면 컨설팅 기업들이 제공하는 서비스 (그에 딸린 패키지화된 다양한 장치들, 예컨대 비즈니스 프로세스 리엔지니어링Business Process Reengineering, BPR, ERP 등과 관련된 솔루션 같은 소프트웨어) 같은 실용적인 지식과 상품의 형태로든, 일과 노동주체의 정체성을 표상하는 다양한 담론들이 생산·소비되어왔다.

물론 일과 노동주체의 정체성에 관한 담론이 경영 담론을 통해서만 만들어지는 것은 아니다. 여기에 노동윤리의 변화나 일을 둘러싼 가치관, 태도의 변화를 조사하고 보고하는 대량의 유사-사회학적인 담론이 발휘하는 효과 역시 덧붙여야 할 것이다. 언제부터인가 "일하고 싶은 직장"이나

표 3-2 국내 기업의 인재상

기업명	인재상
S사	**디지털 창조인** 세계 일류 제품과 서비스 창출자, 디지털 컨버전스/디지털 문화 주도 **디지털 세계인** 이질성의 수용/존중, 국제적 소양, 디지털 커뮤니케이션 능력으로 WW-Biz **디지털 학습인** 자기계발로 시장가치를 높여가는 사람, 지식전달·융합으로 조직 능력 향상에 공헌 **디지털 사회인** 디지털화의 혜택을 타인과 공유, 다양한 커뮤니티 참여와 헌신, 공동체 리드
P사	**전문인** 자신의 일에 긍지와 자부심, 책임의식을 갖고, 담당분야 최고의 전문가를 추구하는 Professionalist를 지향합니다. **세계인** 글로벌 무한경쟁 시대를 헤쳐 나갈 수 있는 도전의식과 열린 사고, 어학 구사 능력 등 국제적 감각을 보유한 Global화된 인재를 추구합니다. **디지털인** 세계화, 정보화 시대에 걸맞는 신속 정확한 정보수집 및 활용능력, IT 능력, 창의력 등을 보유한 디지털 인재를 지향합니다
H사	**창조하는 도전인** 진취적이며 유연한 사고로 변화를 추구하는 인재, 창의와 기술로 새로운 분야를 개척하며 미래를 예측, 대비하는 인재 **학습하는 전문인** 자기 분야 최고의 전문 능력으로 생산성 향상을 주도하는 인재, 능동적인 학습으로 핵심능력을 함양하고 자기분야에 VISION을 가진 인재 **봉사하는 사회인** 인간미와 도덕성을 갖추고 타인과 협조하는 인재, 더불어 사는 사회구성원으로서의 역할과 책임을 다하는 인재
K사	**자유로운 사고** 개성과 자율을 바탕으로 기존 사고의 틀에 얽매이지 않고 스스로 새로운 도전을 통해 개선 가능성을 찾아내는 유연한 사고의 소유자입니다. **창조적 활동** 기존의 지시문화를 과감히 탈피하며, 새로운 변화를 통해 가치를 창출하고 창출한 가치를 함께 공유하는 자세를 가진 사람입니다. **도전적 자세** 실패를 두려워하지 않고, 환경 변화에 순응하기보다는 변화를 선도하며, 긍정적, 진취적 기상으로 결코 포기하지 않는 기상과 태도를 가진 사람입니다.
C사	**유연함** 환경의 변화에 따라 유연하게 대처할 수 있는 사람 **가치공유** 조직의 가치를 공유한 사람 **책임감** 자신의 일에 책임감을 느끼고 최고를 추구하는 사람 **성장포텐셜** 성장 잠재력을 소유하고 있는 사람 **오픈마인드** 열린 마음으로 다양성을 수용할 수 있는 사람 **전문성** 타인에 비해 탁월한 전문지식 및 역량을 보유하고 Only-One 정신을 구현할 수 있는 사람

"영혼이 있는 일터" 같은, 대중매체를 통한 각종 앙케트나 여론조사, 특집 기사[23] 그리고 각종 시상제도 등이 끊임없이 소개되어왔다. "즐거운 일터", "상생의 기업경영", "기업문화 탐방", "훌륭한 일터 만들기" 같은 제목이 들어간 일간지나 주간지의 특집기사는 대중매체에서 거의 정기적으로 볼 수 있다. 일과 노동주체의 정체성을 문화적으로 생산하는 사회적 이벤트들 가운데 하나를 꼽자면 한국경제신문이 한 경영컨설팅 기업과 함께 2002년부터 제정해 발표하는 '대한민국 훌륭한 일터상'[24] 같은 것을 들 수 있다.[25] 이는『포춘』같은 경제 관련 매체의 '훌륭한 일터' the Best Workplace 100대 기업이라는 시상제도를 '벤치마킹'한 것이지만, 이 역시 일과 일터에 관한 담론을 생산하는 하나의 매체라 하지 않을 수 없다(박재림·한광모, 2003; 레버링, 2002). 겉보기에 기업은 새로운 세대의 직장인들이 지닌 요구와 정체성에 반응하고, 그에 적응해 새로운 일터를 만들어내고 노동주체를 관리하는 방식을 개선하는 것으로 보인다. 이런 담론적 실천 내에서 노동주체는 더 이상 기업의 명령에 종속된 주체가 아니라 자신의 욕구와 선택에 따라 노동과 일터를 소비하는 '소비자'로서 나타난다. 이런 "예속된 생산적 주체로서의 노동주체"로부터 "개성을 표현하고 일에의 몰입을 통해 쾌락을 추구하는 소비자로서의 노동주체"로의 이행이야말로 노동주체를 재현함에 있어서 가장 극적인 변화로 꼽을 만하다.[26]

어쨌든 언론매체를 비롯해 정부기관 및 민간 경제·경영 연구소, 국가 연구기관 등은 보고서를 발간하고 캠페인·시상제도를 마련함으로써, 또 민간기관이나 기업들은 다양한 이벤트[27]를 개최하고 고용과 인사를 계속함으로써 이를 "트렌드"로 만들어낸다.[28] 이런 고용과 인사의 트렌드화는 노동주체의 정체성을 표상하는 담론을 형성하는 데 중요한 영향을 미친다. 그렇지만 경영에 관한 과학적 지식이나 일과 노동주체의 정체성에 관한 문화적 표상에 못지않게 주목할 가치가 있는 것이 기업들이나 CEO에 관한 신화적 서사들이라 할 수 있다. 이미 대중적인 경영 관련 서적들이나 매뉴얼들의 전형적인 서사 형태가 보여주듯, 스타 기업들[29]이나 영웅적인 경영자, 리더, CEO 등[30]에 관한 서사들은 일과 노동주체에 관한 담론을 생산하는 중요한 문화적 매체로 기능해왔다. 위기 혹은 침체에 빠져 있던 기업을 회생시키고 초우량기업으로 변신시키는 데 성공한 영웅적인 CEO의 결단과 비책을 재현하는 문화적 생산물들은 최근 쉽게 접할 수 있는 대표적인 경영 담론의 장르라고 할 수 있다.

특히 앞서 열거했던 국내 주요 기업들은 새로운 경영 담론들이 적용되는 대상이기도 했지만, 동시에 새로운 경영 담론을 생산하고 확산시키는 주체이기도 했다. 더 이상 경제적 행위를 관리하는 도구적인 지식이 아니라 기업의 자기정체성을 관리하기 위한 문화적 실천으로 경영 담론을 소비하는 것은 이미 새삼스러운 일이 아니다. CEO나 기업 자체를 하나의 브랜드 혹은 문화적 자산으로 평가하고 측정하는 것은 '신경제'의 대표적인 현상 가운데 하나라 할 수 있다(김현기, 2005; 박지원, 2005). 이런 점에서 가장 눈에 띄는 것이 당연히 삼성이라고 할 수 있다. 이 기업의 경우 1993년 이미 '전설'이나 '신화'란 형태로 재현되고 있는 최고경영자의 '프랑크 푸르트 선언' 혹은 '질質경영 선언', '신경영 선언' 등을 통해 인재경영이란 언표를 주도해왔다. 그리고 이는 마치 국내의 모든 기업들이 '교훈'이나 '모범'으로 삼아야 할 새로운 경영 실천의 모범인 것처럼 간주되어왔다. 이는 매년마다 끊임없이 쏟아지는 이 기업의 경영 실천에 관한 신화적인 서사들을 생산하는 다양한 책과 강연, 텔레비전 프로그램 등을 통해 잘 나타난다.[31]

이 기업의 인재경영 담론은 '일본식 경영'과 '기업문화' 담론을 전환점으로 해서 신경제 혹은 지식정보경제를 대표하는 일련의 서구 경영 담론의 역사가 어떻게 한 기업의 경영 행위 속에서 투입되고 있는지를 보여준다는 점에서 흥미롭다. 이 기업의 후계자이자 신임 CEO가 내세웠던 이른 바 '질경영'의 담론을 구성하는 다양한 서사들은 곧 한국 자본주의의 위기와 그에 뒤이은 변형의 과정을 경영의 담론으로 완벽하게 대체한다고 해도 과언이 아니다. 저임금에 기반한 저가형 제품의 대량생산을 통해 성장했던 산업 시대의 한국 경제와 그를 지탱했던 노동과정, 그리고 그것의 한계와 폐해(높은 불량률, 이직과 결근, 노동자의 소외 등)를 '질경영 선언의 신화'는 일목요연하게 재현한다. 그리고 그를 극복하는 대안으로 제시된 질경영 담론은 1980년대부터 서구 자본주의 사회에서 새로운 체제로의 이행을 주도하면서 등장했던 수많은 경영 담론을 거의 무차별적으로 망라하며 요약한다. 즉 질경영과 이의 연속편인 인재경영이란 언표는 이 기업을 이끄는 한 기업가의 영웅적인 선택과 결단을 표상하는 것이기도 하지만, 1980년대 후반 이후 한국 자본주의의 변화 과정을 경영 담론의 변천으로 대리 표상하는 성공적인 서사로서의 효과를 만들어내는 것이기도 하다. 이는 이 기업이 어떤 경영을 하고 있는가를 끊임없이 들먹이는 대중매체나 다른 미디어에서의 이야기 속에서 쉽게 찾아볼 수 있다. 이 기업의 질경영 선언을 다룬 어느 신문기사는 다음과 같이 쓰고 있다.

> 재계에 '이건희 신드롬'이 불고 있다. 올 들어 잇달아 시도되고 있는 삼성그룹의 경영혁신을 일컫는 말이다. 이 회장의 새로운 경영 방식은 빠른 속도로 재벌기업 사이에 번져나가며 재계에 신선한 충격을 던지고 있다. 〔……〕 지난 6월 하순 삼성전관이 인수한 베를린의 WF사. 구동독기업을 처음으로 인수한 이 회장은 공장을 돌아보고는 기분이 상했다. 이곳에서 생산된 브라운관이 재고로 쌓여 있었기 때문이다. 이 회장은 바로 계열사 주요 임원들을 프랑크푸르트로 소집했다. 네 차례에 걸쳐 100여 명이 불려간 프랑크푸르트 회의는 평균 8시간 이상, 최장 16시간까지

마라톤식으로 진행돼 '질경영'에 대한 훈시가 이어졌다. 이 회장과 수행한 이수빈 그룹비서실장의 대화. '내가 기업경영의 역점을 품질 위주에 두도록 지시했는데 왜 이 모양이냐?'(이 회장). '회사의 생산캐퍼를 채우기 위해서는 양을 무시할 수 없습니다. 그래도 이제는 질과 양의 비중을 50:50으로 맞췄습니다. 내년에는 질의 비중을 60으로 높일 생각입니다'(이 실장). 이 회장은 다시 한국에 남아 있는 이학수 비서실차장을 전화로 불러냈다. 〔……〕 이 회장의 전화통화 내용은 품질경영을 강조하는 삼성그룹 계열사의 연수회에서 육성으로 들려주고 있다. 이건희 회장의 경영혁신은 21세기를 앞둔 위기의식에서 출발하고 있다. 1970년대 말부터 그룹의 위기를 느껴왔다는 이 회장은 최근 4~5년간은 '등어리에 진땀이 흐를 정도였다'고 말한다. 〔……〕 최근 이 회장이 강조하고 있는 말. **국제화가 진전되고 있는 21세기에 1류가 아닌 1.5류에라도 포함되기 위해서는 지금의 관습대로 기업을 운영해서는 도무지 승산이 없다**는 것이 그의 판단이다. 〔……〕 삼성그룹이 최근 조기출퇴근제를 도입하게 된 배경도 구태의연한 관습에서 벗어나야 한다는 필요성에서 시작됐다. '각자의 의식을 바꾸기 어렵다면 행태부터 바꾸자'는 것이다. 〔……〕 삼성그룹은 올 들어 계속된 이 회장의 해외경영회의 이후 상당한 변신을 보이고 있다. 각 계열사별로 1~2년차의 품질경영계획을 수립하고 있으며, 회사 내 보고서를 없애버리고 녹음기로 회의록을 대체하는 작업이 진행 중이다. 〔……〕 이와 함께 삼성전자를 비롯한 각 계열사들은 중소기업에 대한 기술지도를 강화하고 있다. 프랑크푸르트에서 삼성전자의 불량품 생산현장을 찍은 VCR테이프를 보고 이 회장의 노여움은 더욱 커졌다. 신제품인 열세탁기의 문짝이 제대로 맞지 않아 근로자들이 칼로 깎아내는 것을 보고난 뒤였다. 〔……〕 이 회장은 '앞으로 공장 가동률이 떨어지고 손실을 봐도 괜찮다. 무엇보다 품질을 높여 일본 제품과 동등한 값을 받고 팔라'는 지시를 각사에 내렸다. 〔……〕 삼성전자를 비롯한 삼성 계열사들은 최근 **일본 도요타자동차의 라인스톱제**(불량이 발생할 경우 생산라인을 작업자가 중지시키는 제도)를 도입하느라 부산하다. 〔……〕 삼성그룹의 갑작스런 변신에 대해 국내 재벌기업들은 의아한 눈길을 보내면서도 **품질경영 위주의 개혁 작업**에 점차 동참하는 추세이다. 또 국제화에 대비하기 위한 노력도 확산되고 있다. 한화그룹을 비롯해 쌍용·청구그룹 등이 임직원들의 해외연수에 적극적으로 나서고 있다(「"품질총력…… 양은 무시해라", 재계 '이건희 신드롬' 강타」, 『조선일보』, 1993년 7월 19일. 강조는 인용자).

위의 기사를 간단히 훑어봐도 "경영혁신", "품질경영", "도요타적 생산 방식", "국제화", "일류기업"Excellence, "고객 중심의 경영" 같은 용어들의 지속적인 출현에 주목하지 않을 수 없다. 이런 어휘들은 모두 지난 시기 폭발적으로 확산됐던 주요 "경영혁신" 기법을 대표하는 것들이라 할 수 있다. 그런 점을 생각할 때 이건희 신드롬이란 신화적인 서사가 제시하는 것은 사실 어느 기업가의 독창적이고 고유한 선택과 행위를 표상하는 것이기는커녕, 전지구적 자본주의로의 이행과 더불어 한국의 자본이 미국 중심의 새로운 경제체제와 초국적 경제기구의 명령에 종속되면서 선택한 새로운 경영 형태(경영 담론 안에서는 흔히 '글로벌 스탠더드'나 '베스트 프랙티스'란 이름으로 표상되는)를 반복하는 것에 다름 아니다. 따라서 어느 경영자에 관한 전기적인 서사를 전달하는 이 신문기사가 취하는 재현의 전략을 읽어내기란 그리 어려운 일이 아닐 것이다. 기사는 한국 자본주의를 대표하는 한 기업의 변화 과정을 영웅적인 기업가의 선택과 결단의 과정으로 은유한다. 그리고 그 기업의 경제적 행위가 암묵적으로 표상하는 한국 자본주의의 축적체제의 변화는, 새로운 자본주의적 구조로의 이행과 이를 강제한 사회적 힘들의 작용으로부터 면제된 어느 출중한 경영자의 행위로 환원된다. 그리고 나아가 이전 시대의 자본주의의 위기와 그를 해결하는 비책 혹은 만병통치약으로 등장했던 수많은 경영 담론을 한 인물의 몸짓을 통해 극적으로 상연한다.

이 서사의 주인공은 영웅적인 결단과 예지적인 판단을 하고 있는 한 경영자다. 그렇지만 서사의 주인공이 움직이는 언표의 궤도, 그의 선택과 결단이라는 개인적인 언표의 장場은, 이미 널리 승인되고 규범화된 경영 담론을 수행하기 위한 매체일 뿐이라 할 수 있다. TQM, 초우량기업, 도요타적 생산 방식, 고객 중심의 경영 등은 그 경영자가 고안해낸 독창적인 경영 방식이 전연 아니다. 그것은 이미 지난 수십 년간 '혁신경영기법'이란 이름으로 소개되고 '유행'했던 것에 불과하기 때문이다. 따라서 위의 신문 기사는 이건희식 경영의 내용을 표상하는 것이 아니라 헤게모니적인 경영 담론을 동원해 이건희식 경영이라는 독특한 경영 담론(담론분석의 용어를 빌리자면 담론의 스타일)을 구성한다고 볼 수 있다. 그런 점에서 위의 신문 기사는 이건희식 경영의 '내용'을 표상하지 않는다. 여기에서 경영의 내용은 헤게모니적인 경영 담론이라 할 수 있고 반대로 이건희식 경영이라고 불리우는 그것은 순전히 외적인 형식을 제공하는 것이라 볼 수 있다.

국내 최대의 기업, 수십억 원을 투입해 직원을 해외로 소집해 개최한 스펙터클한 회의, 그리고 영웅적인 리더의 연극적인 몸짓(그는 이즈음 자신이 행한 회의와 연설 등을 모두 수집하고 정리해 한글학자의 감수를 거친 후 책으로 발간했다!), 그리고 이런 움직임을 쫓으며 이를 끊임없이 운반하고 가공하는 언론매체의 행동. 이 모두는 한국 자본주의가 구조조정을 겪던 과정에서 경영 담론이 사회적 위기를 해결하고 국가 경제의 침체와 낙후를 극복하는 담론으로 어떻게 영향력을 발휘할 수 있게 됐는지 보여준다. 특히 그 경영자의 '프랑크푸르트 선언'은 1990년대 후반의 외환위기 이후 한국 자본주의의 격렬한 변화, 특히 유연화로 불리는 일련의 변화를 예언하고 또 그에 대처했던 언표로 예찬받아왔다.

기업의 본질은 품질 좋은 제품을 싼 가격에 신속 정확하게 공급함으로써 소비자를 만족시키는 것이다. 세계에서 일류가 되면 이익이 3~5배까지 늘어난다는 것은 반도체 메모리 분야에서 이미 입증됐다. 경영자의 역할은 뒷다리를 잡는 5%를 집어내고 잘하려는 5% 쪽에 힘을 몰아줘서 나머지 90%가 그 방향으로 나아가도록 하는 데 있다. 마누라와 자식 빼놓고는 다 바꾸자!(「1993년 6월 13일 프라하, 이건희 회장의 신경영 선언」, 김영안, 2004).

1993년 6월 7일 질경영을 선언한 프랑크푸르트에서의 유명한 회의, 그리고 훗날 경영 담론의 신화적 서사 가운데 가장 악명(?) 높은 전설이 된 "마누라와 자식 빼놓고는 다 바꾸자"란 언표는, 2003년 신경영 선언 10주년이 되는 해에 '인재경영'이란 선언으로 교체된다. 그리고 다시 한 번 저 악명 높은 "한 명의 천재가 천 명, 만 명을 먹여 살린다"는 선언이 출현한다. "나라를 위한 천재 키우기"라는 인재경영의 내용의 윤곽은 이렇다.

2010년까지 삼성의 목표는 초일류·초국적 기업이다. 이를 위해 ① S급, A급 등 핵심 우수 인력을 확보하고 육성하는 인재경영 실천, ② 어떤 환경에서도 지속 성장이 가능한 강건한 경영 체질 확보 및 세계 1등 제품과 서비스 경쟁력 확보, ③ 새로운 성장엔진으로서 신수종 사업 발굴 및 육성, ④ 정도경영·투명경영을 통한 사회 친화적 경영 및 기업 이미지·브랜드 가치 제고 등 4대 핵심전략을 선포했다. 이 가운데서도 천재급 인재의 중요성을 제1번으로 강조한 것은, 성공을 위해선 설비 투자보다 신기술을 이끌고 갈 '인재가 최우선'이라는 인식에서 나온 것이다(김영안, 2004).

그리고 인재경영이란 언표는 국내 기업들의 경영 실천을 재현하는 모든 언표들을 선도한다. 어느 신문기사의 말처럼 이제 S사의 인재경영은 국내 기업들이 추진하게 될 "인재경영의 원조元祖"가 된다(동아일보, 2004년 8월 28일). 창업 초기부터 수십 년간 '사업보국'이란 경영이념을 내걸어왔던 이 기업이 1993년 '질경영' 나아가 '인재경영'이라는 새로운 경영이념을 내걸었을 때, 이는 새로운 경영 담론의 핵심적인 문제설정이 바로 다름 아닌 노동주체의 주체성의 생산이란 점을 압축적으로 보여준다. 위의 언표에서 초일류·초국적 기업에 이르기 위한 기업의 경영 행위는 "인재 우선"의 경영이다. 결국 인재란 새로운 노동주체의 정체성을 생산하는 것은 경영 실천이 노동주체를 가시화하고 객관화하며 이를 관리하고 통제하는 방식을 변화시키는 것에 다름 아니다. 자본주의하에서 자본은 이미 완성된 형태로 주어진 기성의 노동을 지배하지 않는다. 자본은 노동을 지배하기 위해 무엇보다 지배할 수 있는 대상으로 노동과 노동주체를 대상화해야 한다. 즉 노동의 "근본적인 비결정성"radical indeterminancy을 저지하고 고정시킴으로써 자본은 자신을 지배하는 힘으로 정립해야 한다(마르크스, 1989a; 2000; 알튀세르, 1991a; 1991b; Martinez & Stewart, 1997; Townley, 1993b). 따라서 인재경영 담론은 곧 노동주체를 객관화하고 이를 지배할 수 있는 대상으로 구성하는 것이라 할 수 있다. 그렇다면 인재경영 담론은 어떻게 노동주체를 생산하는가. 그리고 그것은 어떻게 노동주체를 관리하고 통제하는 테크놀로지를 만들어내는 것일까.

경영 담론의 생산과 소비

한국은 물론 미국이나 유럽 국가들 나아가 러시아와 중국과 같이 새롭게 시장경제로 진입한 국가들 어디에서나, 경영자나 노동자들이 마치 음반이나 영화 같은 문화상품을 소비하는 것과 다르지 않은 모습으로 신종 경영 담론을 강박적으로 소비하고 있다는 것은 널리 알려진 사실이다. 경영 구루들이 대중문화 스타처럼 숭배받는 일 역시 전에 없던 새로운 현상이자 일견 놀라운 일이기는 하지만, 이를 낯설게 생각하는 이들은 더 이상 없다. 나폴레옹이나 페스탈로치 같은 위인들을 대신해, 잭 웰치, 스티브 잡스, 칼리 피오리나, 필립 나이트, 하워드 슐츠, 이건희 같은 이들이 20세기 후반부터 새로운 위인의 전형이 됐다고 말해야 하지 않을까. 이처럼 경영 담론이 맹위를 떨치게 된 현상을 일러 일부 경영학자들은 "경영 유행"management fads 혹은 "경영 패션"management fashion이라 부르기도 한다 (Huczynski, 1993 ; Abrahamson, 1996 ; Abrahamson & Fairchild, 1999 ; Fincham & Evans, 1999 ; Ogbonna & Harris, 2002). 경영 담론을 대량소비하는 현상은 한국에서도 역시 다르지 않게 진행됐다고 볼 수 있다.[32] 새로운 경영기법을 소개한다고 자처하는 많은 글들이 마치 약속이나 한 듯이 한국 경영자들이 이런저런 경영기법을 유행처럼 소비하고 있다며 푸념하는 것을 생각해볼 때도, 이런 사정은 쉬이 짐작할 수 있다. 이를테면 어느 경영학자는 "한국 기업들이 이미 채택하고 있거나, 채택하고자 하는 혁신기법들은 한국의 기업경영 풍토에 적합한지의 여부를 검증받지 못한 상태에서 대부분 외국 선진기업의 경영혁신기법만을 단순모방하거나 또는 기업의 내부적인 혁신의 필요성과 실행 과정에 대한 충분한 청사진을 마련하지 못한 채 하나의 유행처럼 혁신을 꾀하려는 등의 문제점들이 나타나고 있다"(신유근, 1997 : 516)고 힐난한다. 그렇지만 이는 그만의 비판적인 주장이 아니라 새로운 경영 담론이 자신의 참신함, 현실적합성, 실제성을 돋보이도록 하고 싶을 때, 늘 반복해서 들먹이는 수사학적인 몸짓이라 할 수 있다.[33]

경영 담론이 유행하는 것은 예외적이거나 병리적인 현상이기는커녕 현재 경영 행위의 특성을 생각해볼 때 외려 지극히 당연한 일이라고 생각할 수 있다. 이를테면 경영 담론이 유행하고 있다거나 모방이 성행한다는 투로 이야기하는 자리에서 흔히 들을 수 있는 이야기가 있다. 이는 "피터 드러커는 '경영자란 15세 소녀와 같이 유행에 민감해서 다른 회사들이 새로운 경영혁신기법을 사용하는 것을 보면 자기 회사에도 이를 적용하고 싶어 한다'고 지적한 바 있다"에서 인용된 피터 드러커의 말이 그것이다(한정민, 2001: 20). 피터 드러커가 했다는 말은 단순히 경영자의 심리적인 성향을 가리키는 게 아니라, 단적으로 경영 행위가 담론적 성격을 갖고 있다는 점을 일목요연하게 시사하는 것이다. 다시 말해, 경영이란 기업이 합리성, 생산성, 효율성 등의 규범을 쫓으면서 경제적 활동을 관리하는 것을 가리키는 것에 그치지 않는다. 경영이란 오히려 계속해 자기정체성을 담론적으로 구성하면서, 이를 통해 경영이 지닌 근본적인 모호성과 불안정성을 통제하려는 끊임없는 시도라고 할 수 있다.[34]

결국 경영 담론이 유행하는 현상은 그것이 어떻게 상품적인 성격을 가지고 있는가를 보여주는 것이기도 하지만, 동시에 경영이란 사회적 실천이 얼마나 스스로를 반영하면서 움직이는 것인지 짐작할 수 있게 한다. 특히 1990년대 초반 이후 경영 담론이 폭발적으로 증가하고 경쟁을 벌이게 된 사정, 또 무수한 경영기법을 비교하고 평가하는 담론들이 확산되게 된 것은 그저 경영에 관한 지식이 양적으로 증대하고 복잡하게 갈래를 친 것으로만 볼 수는 없다.[35] 그것은 이즈음부터 경영 업무 자체가 "경영이란 무엇인가"란 물음을 끊임없이 던지는 행위가 됐음을 알려주기 때문이다. 따라서 경영 담론을 만들어내고 소비하는 일이 폭발적으로 증대했다는 사실은, 경영이 스스로 관리하고 통제하는 대상, 그런 행위가 적용되거나 그것을 수행하는 주체, 그리고 양자를 특정한 경제적 실천의 목적[36]에 따라 결합하는 사회적·심리적·기술적 테크놀로지 등을 빚어내는 일 자체가 경영이 됐음을 알려준다.

크게 보아 경영 담론을 생산하고 확산시키는 출처는 세 가지로 생각해볼 수 있다. 먼저 그것은 '(유사)과학'적인 지식으로서 경영 담론을 생산하는 학술기관이나 제도이다. 국내 각 대학의 경영학과나 지난 몇 년간 폭발적으로 증가하고 있는 경영학석사MBA 과정 등은 경영 담론을 생산하고 순환시키는 데 중요한 역할을 해왔다. 이미 국내의 주요 대기업들은 해외의 유명한 대학의 경영학과나 MBA 과정과 제휴를 맺어왔고, '기업대학' 이나 '사이버-러닝' 혹은 'e-러닝' 같은 형태를 통해 중간관리자급 이상을 대상으로 자체 MBA 교육을 수행해왔다. 그러나 경영 담론의 경우 학술기관과 영리적인 기업을 따로 구분하기 어렵다. 국내의 많은 경영 관련 학술저널이나 매체의 기고자들 가운데 상당수가 경영컨설팅 관련 종사자이거나 기업 경영자들이기 때문이다. 또 학술기관에 종사하는 학자들 역시 기업의 경영 행위에 다양한 경로를 통해 직접 참여한다.

두번째로 기업의 경영자 집단이 생산해내는 경영 담론 역시 중요한 몫을 차지한다고 볼 수 있다. "초우량기업"의 "베스트 프랙티스"를 벤치마킹하고,[37] 각 기업이 생산해낸 조직 지식이나 독창적인 경영 비법을 알려준다고 주장하는 전문 경영 서적이나 관련 문헌, 텔레비전 프로그램이나 신문기사 등은 매일 엄청난 양으로 쏟아져 나온다. 한국사회에서도 종래의 "창업자"나 "재벌 총수"와 같은 "자수성가한self-made 기업가"의 모습을 대신해 전문적인 지식을 지닌 기업가들이 새롭게 부상한 지 오래이다.[38] 전문경영자 집단이 대두하면서 거액의 연봉을 받는 CEO, 최고정보경영자

Chief Information Officer, CIO, 최고지식경영자Chief Knowledge Officer, CKO 같은 이름을 단 스타급 경영자들에 관한 소식 역시 끊임없이 대중매체를 통해 전달되어왔다. 특히 안철수, 이재용, 이수영 등으로 대표되는 정보통신산업 분야의 젊은 CEO들이나 문국현 같은 새로운 경영 실천으로 명성을 얻은 전문경영자들이 명사화되면서 이런 현상은 더욱 대중화됐다.

아쉽게도 중간관리자 집단을 비롯해 경영자 집단에 관한 한국사회에서의 연구는 찾아보기 쉽지 않다. 특히 한국 자본주의의 변화와 경영자의 '일'과 그들의 '정체성'이 어떤 관계를 맺고 변화해왔는지 분석하는 글은 거의 희박하다고 해도 과언이 아니다. 경영 업무 혹은 경영 노동managerial work이란 것이 기업 안에서 벌어지는 경제활동을 관리하는 사회적 실천을 일컫는 것이라고 말할 수 있다면, 자본주의의 특성이 역사적으로 변화하면서 그 역시 변화하지 않을 수 없다.[39] 따라서 경영 업무란 생산성·효율성·능률성과 같은 객관적인 규범에 따라 경제활동을 관리하는 것으로서 표상되지만, 다른 한편 자신의 정체성을 끊임없이 변형하는 행위를 곧 경영 업무의 불가결한 일부로 포함하고 있다. 더불어 이는 그와 연관된 사회적 주체, 특히 경영자의 주체성을 형성하는 복잡한 사회적 실천과 분리시킬 수 없다. 뒤 게이와 샐러만 그리고 리즈 같은 학자들은 경영을 기업 안팎에서의 경제적인 삶을 관리하고 지배하는 "경향, 행위, 특성들의 집합체assemblage"라고 정의하면서, 이와 짝을 이루는 경영자라는 사회적 주체를 "조형"make-up하는 일 역시 역사적으로 특수한 "특성과 경향들의 집합체"를 얻어내는 것일 수밖에 없다고 설명한다.[40] 다시 말해 객관적인 실체로서의 경제적인 삶을 가정하는 것이 불가능한 것처럼, 그 경제적 삶을 관리하는 경영이라는 사회적 실천 역시 언제나 지속적으로 자신의 정체성을 문제화하면서 변형되지 않을 수 없을 것이다.

한편 경영 담론이 변화하는 과정은 경영을 둘러싼 경영자 집단 내부에서의 권력관계와 떼어놓을 수 없다. 고객중심경영, 인간존중경영 등과 같은 담론이 내거는 경영 행위의 목적은 곧 경영 업무와 관련한 경영자 집단 내부의 권력관계와 떼어놓고 생각하기 어렵다. 아직도 국내의 많은 기업들이 '오너' 중심의 관리체제를 유지하고 있다는 주장이 사실임에도 불구하고, 실제로 기업 내부의 경영권력은 매우 복잡한 구성으로 변화해왔다. 1990년대 초반 이후 국내의 대기업들이 비서실 중심의 경영체제에서 '구조조정본부' 중심의 체제로 이행했다는 식의 이야기는 이제는 시쳇말로 전설이 되다시피 했다. 그렇지만 그런 변화 자체가 다양한 경영 담론을 활용하면서 경영의 정체성을 바꾸는 것이라고 말할 수 있다면, 이는 기업조직 구성은 물론 경영권력을 분배하고 배치하는 데 있어서도 역시 그만한 효과를 발휘하는 것이라 말할 수 있을 것이다. 이를테면 고객중심경영은 마케팅 부문에, 인간존중경영이란 인적자원관리와 관련된 분야에, 각기 종사하는 경영 스태프나 해당 경영진들이 자신들이 가진 지위와 권력을 확대하고 또한 맡는 역할이나 비중의 면에서도 변화를 꾀하는 현상이라 볼 수 있다.[41] 따라서 경영 담론을 소비하는 과정은 단순히 경영에 관련된 지식과 테크닉을 찾아내서 그를 적용하는 것에 그치지 않고, 경영권력을 둘러싼 기업 내부에서의 복잡한 변화를 수반하기 마련이다. 이런 점은 뒤에서 좀더 자세히 살펴볼 '전략적 인적자원관리'라는 경영 담론이 자신을 드러내는 방식에서 역력히 드러난다. 인사부 혹은 인사관리팀 등의 이름으로 기존 조직에서 하위부서의 지위에 머물거나 아니면 단순히 기능적인 실무를 담당하는 주변적인 부분이었던 업무가, 1980년대 중반에 접어들면서부터는 집요하다 하리만치 기업전략과 불가분한 것으로 제시되어왔다. 따라서 이제 인사 담당 이사가 있는가, 별도의 부서가 존재하며 전문 역량을 갖춘 관리자가 존재하는가 등을 문제 삼으면서 그를 통해 유능한 경영을 하고 있는지 여부를 평가해야 한다는 말들이 증가하게 된다. 따라서 인재경영은 단순히 새로운 경영비전을 선택한다거나 경영 테크닉을 실행하는 것에 그치지 않고, 기업 내부에서 인적자원관리를 담당하는 경영자들이 자신의 경영권력을 획득하고 확대하려는 투쟁과 협상의 과정이기도 하다.

어쨌든 기업 안팎에서 이뤄지는 경제 행위를 관리하기 위한 실천은 다양한 담론적 관행과 제도, 장치, 기술, 인물 등과 접합하면서 경영 담론을 생산한다. '질경영'과 '인재경영'의 대변인으로서의 이건희라든가 '문국현식 모델'이란 평생학습체제와 결합한 고성과작업장의 패러다임적 모델의 대표자로서의 문국현처럼 개인적인 인물과 결합된 경영 모델에서부터, 'TDR'(Tear Down & Registry)[42]이란 이름의 경영 모델로 품질경영의 화신인 제너럴 일렉트릭General Electric, GE마저 벤치마킹하고 나선 LG전자의 경영 테크놀로지 같은 것들도 역시 모두 특정한 경영 담론을 생산한다(유호현, 2004). 이는 품질경영(TQM 같은 것), 고객만족경영, 전략경영, 지식경영 등의 다양한 경영 담론을 정당화하거나 아니면 이를 나름의 이름과 방식으로 실행하는 '증거'로 제시된다.[43] 따라서 기업 경영자들이 만들어내는 경영 담론 역시, 대중매체를 통해 번안된 것이든 아니면 경영학적인 지식을 통해 만들어진 것이든, 경영 담론을 생산하는 중요한 영역이라 할 수 있다.

마지막으로 경영컨설팅 관련 기업들이나 공공 혹은 민간 기관들 역시 경영 담론이 순환하는 데 중요한 역할을 한다고 볼 수 있다. 특히나 경영컨설팅은 다양한 경영 담론을 자문, 평가, 측정 등과 같은 계산의 담론으로, 혹은 '솔루션'이나 '패키지' 같은 이름을 단 표준화된 상품으로 판매하고 제공한다. 여기에서 눈여겨볼 점은 1980년대 후반 이후 한국 자본주의가 직면했던 위기는 사회적 위기가 아닌 '경영의 위기'로 압도적으로 표상됐고, 나아가 그 위기를 해석하고 재현하는 담론들 역시 상당수가 경영컨설팅을 통해 만들어졌다는 점이다. 이미 언급했듯이 '맥킨지컨설팅'이나 '보스턴컨설팅' 같은 굴지의 컨설팅 기업들은 국가경쟁력 담론이나 지식경제 담론을 통해 한국 경제의 능력과 수준을 진단하고 분석하는 담론들을 다투어 쏟아냈고, 이를 다시 국내의 대중매체들이 대서특필하면서 이와 관련된 경영 담론이 더욱 증폭되어왔다. 또 국내 기업들 역시 1980년대부터 본격화된 축적체제의 위기를 타개하고 우루과이라운드에서 WTO 가입에 이르는 일련의 변화된 조건에 대처하기 위해 경영컨설팅 담론이 제공하는 지식과 기술들을 꾸준히 소비해왔다. 이와 같이 경영 담론을 유행적으로 소비하는 경향을 짐작할 수 있게 하는 중요한 지표는 무엇보다 경영컨설팅 시장[44]의 상황이라고 할 수 있을 것이다.

한국의 경영컨설팅 시장을 둘러싼 정확한 정보는 알려져 있지 않다. 관련된 몇몇 분석들이 공통적으로 토로하듯이 국내 경영컨설팅 시장은 여러 영역이 혼재되어 있다. 기업연구소, 대학 내 연구기관, 정부 등을 포함한 연구·개발 관련 기관들도 경영컨설팅 서비스를 제공하고, 회계법인들 역시 컨설팅 업무를 겸하기 때문에, 단순히 컨설팅 기업들의 매출을 가늠해 공식적인 시장 규모를 추산하는 것은 적당치 않다. 가령 1999년 LG경제연구원의 보고서가 업계 관련자의 말을 인용하면서 해당 연도의 경우 경영컨설팅 시장의 규모가 약 1조 2,000억 정도일 것이라 추산했던 것에 견주어(최우열, 1997: 52), 산업연구원이 2000년에 발간한 연구보고서는 1996년에 약 6,525억 원 정도 규모였던 이 분야의 매출은 매년 고성장해 2000년경에는 약 1조 원 규모의 매출액을 나타낼 것이라 예상했다(최봉현 외, 2000). 한편 산업자원부의 경우 2001년경 한국의 컨설팅업의 경우 시장 규모가 1조 2,000억 원이었다고 발표한 바 있는데(산업자원부: 2004), 이에 관해 산업연구원의 박진수는 이것이 산업자원부의 표준산업분류에 따른 것에 불과하며 IT, 아웃소싱 등을 감안하면 훨씬 이를 상회할 것이라고 주장한다(박진수: 2005). 이에 더해 외환위기를 전후해 국내 대기업들은 물론 중소기업들이 폭발적으로 경영컨설팅을 받기 시작하고 시장에서 기업가치를 제고하기 위해 경영컨설팅 기업이 제공하는 경영품질인증을 받으려 경쟁했다는 점을 감안하면 이 수치는 더욱 커질 것이다.[45]

또 환경 컨설팅, DB 컨설팅, IT 컨설팅, 창업 컨설팅, 브랜드 컨설팅 등 세분화된 경영컨설팅 시장이 만들어지기 시작했다는 점과 일반적인 경영컨설팅의 범주를 통해 규모와 매출을 어림하기 어렵다는 점을 고려할 때 경영컨설팅 소비 규모는 상당할 것으로 보인다. 한편 '행정혁신', '정부혁신' 등을 내세우며 지난 수십 년간 정부, 지방자치단체, 공공기관, 교육기관, 병원 등이 경영 혹은 관리주의managerialism의 원리에 따라 '구조조정'을 행하면서 경영컨설팅은 마치 절대 빼놓아서는 안 될 상품처럼 여겨지게 됐다는 점 역시 놓쳐서는 안 될 것이다(박진수, 2005: 7). 나아가 다음 장에서 살펴볼 개인들의 자기계발 담론들 역시 상당수가 컨설팅이란 담론 형태로부터 기본적인 꼴을 취한다. '성공학 강사'나 자기계발 저술가들은 이제 자기관리와 자기경영에 관한 컨설턴트란 직함을 달고 있다. 따라서 컨설팅은 기업경영이란 영역에 국한된 기술적 지식의 차원에 머물지 않고 (기업이나 정부기관처럼) 조직화된 경제적인 삶의 관리에서부터 개인의 일상적인 삶의 관리에 이르기까지, 우리가 살아가는 세계의 모든 영역으로 흘러 다닌다.

경영 담론의 헤게모니

한국의 경영자들이 경영혁신기법을 어떻게 강박적으로 소비하는지 그 정도를 보여주는 몇 가지 예를 꼽아볼 수 있을 것이다. 먼저 1997년『매일 경제신문』이 내놓은「국내 100대 기업 경영혁신기법 도입 현황 분석」이란

표 3-3 우리나라 기업의 경영혁신기법 도입 동향[46]

	91~92년	93~94년	95~96년	97년	향후 5년 내
시기별 경향	경영 환경 악화 타개를 위해 사무 효율화 및 공장 효율화의 적극적 추진기	BPR 열풍 시작, 업무 효율화에서 경쟁력 강화로 변화 모색기	BPR 열풍 지속 공장 혁신의 급격한 퇴조기, 차세대 혁신기법에 대한 모색 활발	경영 환경 악화로 인한 원가절감, 의식 혁신 부활, 전략적 제휴 및 학습조직 부상	정보혁명 시대 불확실한 미래에 생존을 위한 변신 선호
선호 기법	• 사무혁신 • TQM • 재무성과 개선 • 비전 수립	• 비전 수립 • 고객만족경영 • 사무혁신 • BM & BPR • 신인사제도	• 비전 수립 • 고객만족경영 • BM & BPR • 신인사제도 • 리스트럭처링	• 재무성과 개선 • 신인사제도 • BPR • 전략적 제휴 • 학습조직	• CALS • 전략적 제휴 • 물류 혁신 • 학습조직 • 고객만족경영 • ERP/CRM

기사를 훑어보자. 이 기사는 1990년대 중반 한국에서 일련의 경영 담론이 어떻게 소비되고 있는지를 매우 효과적으로 제시한다는 점에서 흥미롭다. 기사에 따르면 분석 대상이 됐던 국내 100대 기업 경영자들 가운데 73%가 "다른 기업에 뒤지지 않기 위해 최신 경영혁신기법을 도입·활용하는 것을 중요하게 생각"하고 있다고 한다.

표 3-3의 '경영혁신기법 도입 동향'은 기업의 생산성을 증대시키고 경영을 효율화하기 위한 도구적인 지식들을 일일이 열거하는 데 그치지 않는다. "비전 수립", "BPR", "ERP", "학습조직", "신인사제도" 등 숱한 경영혁신기법은 기업에서 이뤄지는 경제적, 사회적, 조직적인 삶과 깊이 상관을 맺고 있는 담론적인 실천이라 할 수 있다. 이 기사에 따르면 "91년부터 96년까지 가장 많이 도입한 기법은 비전 수립(81건)으로 나타났으며 사무혁신(80건), 고객만족경영(72건), 신인사제도(61건) 순이었다. 리엔지니어링과 리스트럭처링은 1993년 이후 급격히 확산되기 시작해 각각 51건, 34건을 기록했다"고 한다. 이 기사에서 재미난 점은 "새 경영기법의 성공률은 대부분 50%에 못 미치는 것"이라 하면서 이런 실패가 나타난 것은

"기법 자체에 문제가 있는 게 아니고 이를 받아들이는 기업에 문제가 있다는 것을 뜻한다"는 결론이다. 다시 강조하지만, 특정한 경영기법이 성공했는지 여부를 가늠할 수 있는 기준은 특정한 경영 테크놀로지가 채택되느냐 거부되느냐가 아니라, 그것이 도구화·조작화하려는 경영의 합리성, 즉 노동주체와 자본의 관계를 재구성하고 이를 담론적으로 조직한다는 목표가 얼마나 실현되느냐라고 할 수 있다. 나아가 폴 뒤 게이 같은 학자들이 적절하게 지적하듯이, 특정한 경영 테크놀로지가 실패하는 것은 경영 담론을 거부하는 요인으로 작용하기는커녕 외려 이를 보증해주고 더욱 확충시켜주는 구실이 되어준다.

앞서 말했듯이 경영 '담론'이란 자본의 사회적인 실천이 이뤄지는 대상, 그리고 이를 수행하는 주체에 관한 표상을 생산함은 물론, 양자를 특정한 합리성 혹은 목표에 따라 결합시키는 도구·수단·계산(측정, 평가 등) 등의 테크놀로지를 두루 아우르는 것이라고 말할 수 있다. 그렇기에 경영이란 기업활동을 효과적으로 실현하기 위한 객관적이고 도구적인 지식이나 그것을 적용하는 일이기에 앞서, 자본이 자신의 사회적 실천을 수행하는 장場을 가시화하고 동시에 그에 연루된 사람들의 주체성을 형성하는 다양한 지식과 관행을 포함한다. 그런데 여기에서 주목할 만한 점은 경영 담론이 적어도 1990년대 이후 노동주체의 주체성을 재현하는 담론을 거의 도맡아 생산해왔다는 점이다. 이는 조직화된 노동운동이 등장하고 상대적으로 약진을 하던 시기였다는 점을 감안하면 더욱 이례적이라 할 수 있다.

이미 익숙한 일이겠지만, 한국사회에서 경영 담론을 창출하고 적용하는 일련의 과정은 '경영혁신'이란 이름으로 진행되어왔다. 경영혁신을 설명하는 방식은 대개 이렇다.

경영혁신이란 기업경영의 목적을 달성하기 위해 기존 업무를 새로운 생각idea이나 방법method으로 다시 계획하고 실천하고 평가하는 것을 말한다. 제품이나 서비스, 생산공정 기술, 관리시스템, 조직구성원 등을 획기적으로 변화시키는 계획이나 프로그램 등을 의도적으로 실행함으로써 기업경영을 본질적으로 변화시키는 것이 경영혁신의 목적이다. 경영혁신의 기법은 시대적 산물이라고 할 수 있을 정도로 각 시대의 경영 환경을 반영하면서 새롭게 등장하고 사라지기를 반복해왔다(한정민, 2001:20).

위의 "경영혁신"에 관한 설명은 품질경영, 기업문화, ERP, 고객만족경영 등이 노동주체와의 정치적이고 경제적인 관계를 함축한다는 점을 전연 드러내지 않는다. 또 그것이 노동주체의 정체성에 관한 새로운 표상을 생산하는 것이며 노동주체의 활동을 측정, 평가, 보상, 개발하는 새로운 사회적 테크놀로지라는 점도 전혀 보이지 않는다. 이는 '업무'라는 낱말, 즉 경영 담론이 기업에서의 경제활동을 재현하기 위해 사용하는 바로 그 용어를 통해, 일터 안에서의 활동을 '문제화'하기 때문이다. 따라서 경영혁신은 노동주체의 주체성을 업무의 담론, 즉 경영의 담론을 통해 정의하고 묘사할 따름이다.

기업 간 글로벌 경쟁이 치열해지고, 소비자의 니즈가 까다로워지는 현대 경영 환경에서 경영혁신은 기업들의 필수과목이 된 지 오래다. 이런 가운데 저마다 경영혁신에 앞장 서는 것은 서구의 선진기업과 개발국에 위치한 후발기업 간에 별다른 차이가 없다. 더욱이 많은 후발국의 기업이 선진기업의 방법론을 벤치마킹하고 컨설팅 회사나 전문가를 통해서 선진 기법을 배우고 있기 때문에, 경영혁신을 추진하는 과정에서도 커다란 차이가 없는 것이 현실이다. 이것은 우리나라의 경우에도 예외는 아니다. 〔……〕 경영혁신이 우리나라에서 본격화된 것은 세계화의 움직임이 활발해지던 1990년대 이후이다. 냉전의 종식과 정보통신기술의 발달에 의한 세계화의 진전으로 우리 기업들은 글로벌 경쟁이라는 극한 상황에 처하게 되어 혁신의 필요성을 절감했던 것이다. 특히 1993년에는 새로이 출범한 문민정부를 중심으로 개혁이 화두가 되고, 삼성그룹의 신경영이 알려지면서 경영혁신이 한국사회에서도 커다란 관심을 받았다. 그러다가 1998년 사회적으로는 IMF가 구제금융 지원의 조건으로 요구한 경제 개혁을 이행하는 과정에서, 기업이 치열해진 경영 환경에서 살아남기 위한 필요행위로서, 경영혁신은 우리 사회에서 보편화됐다(이병주, 2004: 3~5).

이 인용문은 경영컨설턴트라는 입장에서 서술하는 것이기는 하지만 경영 담론이 어떻게 소비되고 또 변천해왔는지 간결하게 보여준다. 그런데 인용문에서 설명하듯 1990년대 이후 한국에서 나타난 경영 담론 소비 현상은 비단 한국에만 국한된 일은 아니었다.[47] 1980년대에 미국과 영국을 비롯한 일부 유럽 국가에서 기업문화와 품질경영을 중심으로 경영 담론이 폭발적으로 확산됐던 것은 신경제 혹은 지식기반경제로의 이행하는 과정과 동일한 것이었다고 할 수 있다. 이런 변화 과정은 이른바 간단히 '유연화'라고 말할 수 있을, 노동주체의 정체성을 변형하는 과정에 다름 아니다. 관료적이고 위계적인 조직의 슬림화, 팀제화, 수평화, 네트워크화 등으로의 개편, 몰입과 동기부여, 경력개발 등을 통한 노동주체 관리 형태의 변화, 성과배분제에 기반한 새로운 보상 형태(연봉제, 스톡옵션을 비롯한 다양한 인센티브 제도)의 확산, 평생직장에서 평생직업 혹은 고용 가능성으로의 대체 등으로 압축되는 노동자의 사회적 보장체제의 재편 등은 새로운 경영 담론을 이루는 핵심적인 요소였다.

따라서 새로운 경영 담론이 등장해 실행되는 과정은 곧 일터에서 노동주체의 정체성을 변형하는 과정이자 동시에 노동주체를 관리하고 지배하는 새로운 권력 형태를 고안하고 집행하는 과정이었다고 볼 수 있다. 그런 점에서 이는 중요한 역사적인 단절이라고 하지 않을 수 없다. 포드주의적 자본주의가 국가를 매개로, 조직화된 노동과 자본의 협상과 중재를 통해 자신을 재생산했다고 말할 때, 이는 노동주체가 이해관계의 형태로든 아니면 정책과 제도 등에 관련한 정치적 대표의 형태로든 자신을 자본과 대립적인 사회 집단으로 정의하고 내세우고 있음을 함축한다. 따라서 노동조합이나 정당 혹은 다른 형태의 사회조직을 통해서 노동주체는 언제나 자본 외부에서 자신의 사회적인 삶을 재현하고 스스로를 독자적으로 대표해왔던 것으로 생각할 수 있다. 그런 점을 헤아릴 때 '지식정보경제'의 핵심적인 특성은 노동주체의 주체성이 더 이상 자본으로부터 독립적인 위치를 확보하지 못한다는 점에서 찾아볼 수 있을지도 모른다.

결국 지난 20년간 한국 자본주의가 변천해온 과정을 달리 바라보자면 노동주체의 주체성을 재현하고 관리하는 담론과 이를 자본의 경제적 실천과 접합하는 테크놀로지 및 권력이 '경영 담론'에 종속되고 통합되는 과정이었다고 말할 수 있다. 이런 과정은 계속 가속적으로 그리고 폭넓게 증대되고 있다. 앞의 신문기사가 게재된 1997년에서 4년이 흐른 뒤인 2001년에 나온 어느 글 역시 경영혁신기법이 지속적으로 확산, 증대해왔음을 보여준다. 이 글을 쓴 이는 1990년대 중반까지 성장지향의 경영혁신이 주종을 이뤘다면 1990년대 후반 이후에는 구조조정을 겪으며 "자율적·타율적 요구에 의해" 다양한 경영혁신기법을 도입하게 됐다고 서술하면서 경영 담론을 소비하는 경향을 세분한다. 그리고 한국 기업이 경영혁신기법을 도입하는 과정을 "자사의 실적, 위상, 역량에 대한 정확한 이해나 경영혁신기법의 도입 필요성 여부보다는 '남이 하면 나도 한다'는 추종전략me-too strategy에 따라" 도입된 것이라고 비판적인 논평을 덧붙이기도 한다(한

그림 3-1 한국기업의 상위 10대 경영혁신기법 도입 현황[48]

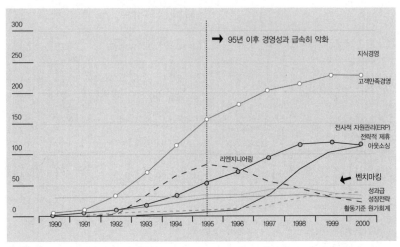

* 활용도 하위기법들의 순위는 EVA, 핵심역량, SCM, TQM/식스시그마, 스톡옵션, 리스트럭처링, 비전경영, 팀제/수평조직, BSC, 시나리오 경영 순임.

정민, 2001 : 24).

　　모방과 추종이라는 형태의 경영 담론 소비는 전지구적 자본주의가 등장하면서 자연스레 대두한 것이기도 하지만, 이는 다양한 기업조직 형태를 복제하는 과정을 통해 일국 차원에서 이뤄지기도 한다. 대기업이 수행하는 경영혁신기법은 물론이려니와 일터에서의 경제적 삶을 관리하는 세부적인 담론과 테크닉들은 거의 모든 곳으로 확산된다. 그것이 초일류기업이나 초우량기업을 벤치마크한다는 식의 경영 행위를 통한 것이든 아니면 경영컨설팅이 제공하는 표준적인 경영 테크놀로지를 흡수·적용하는 것이든, 그 세부적인 차이는 그다지 괘념할 필요가 없을 것이다. 문제는 경영 담론을 모방하고 증식시키는 과정이 언제나 그것이 관리·지배하는 대상, 즉 경영해야 할 대상으로 노동주체의 삶과 주체성을 포섭하고 또 그를 통해 규정하려 한다는 점에 있을 것이다. 요약하자면 경영 담론은 이제 노동주체의 주체성을 생산하는 데 있어 거의 무소불위의 독점적인 담론으로서의 위세를 발휘한다. 그것은 노동주체의 주체성을 규정하고 아울러 그를 관리하는 새로운 사회적 테크놀로지를 만들어낸다. 다음에는 이를 염두에 두면서 경영 담론이 어떻게 주체성을 생산하는 과정에 참여하는지 더 구체적으로 살펴볼 것이다. 이를 위해 여기에서는 특히 전략경영과 지식경영 그리고 인적자원관리라는 경영 담론에 주목할 것이다. 전략경영이나 지식경영의 경우 일터에서의 경제활동을 재규정하는 것이면서 동시에 노동주체의 주체성을 구성하는 중요한 역할을 한다는 점에서, 그리고 인적자원관리는 더 구체적이고 직접적으로 일터에서 노동주체의 삶을 지배하고 관리하는 다양한 언어와 테크놀로지를 생산한다는 점에서 중요한 의의를 차지한다고 볼 수 있기 때문이다.

3. 전략경영에서 인적자원관리까지

전략경영

1990년대 이후 기업들은 앞 다투어 기업의 핵심가치와 비전, 사명을 제시하고 이에 근거해 인재상을 제시해왔다. 이는 기존에 기업마다 내걸었던 창업주의 경영이념이나 사시社是라는 것들과는 사뭇 다른 것이다. 앞서 인재상을 인용했던 국내 주요 기업들은 모두 '사업보국'이니 '인재제일'이니 하는 경영이념이나 사시를 가지고 있었다. 그렇지만 그것은 1990년대 이후 이른바 '지식기반경제의 초우량기업'이 되겠다고 선언한 기업들이 내놓은 '비전'이니 '사명'이니 하는 것들과는 전혀 다르다. 비전이라고 불리는 것이 단순히 기업주나 창업자가 제시한 기업활동을 둘러싼 이

넘적인 표현이나 교훈적인 이야기를 담고 있는 것이 아니라 '전략경영'이라는 새로운 경영 담론을 통해 가공된 것이기 때문이다. 따라서 '비전 수립' 혹은 '비전 만들기'라는 새로운 경영기법을 통해 만들어진 기업들의 비전이나 사명은 기업의 경제적 행위의 명분과 철학을 알리는 것이 아니라 그 자체 기업의 경제활동을 그려내는 주요한 담론적 실천 가운데 하나로 생각해야 마땅하다.

'기업전략' 혹은 '전략경영'이란 1980년대에 미국을 비롯해 주요 자본주의 국가에서 확산됐던 경영 담론의 한 종류라고 할 수 있다. 경영 담론에서 전략이란 흔히 다음과 같이 정의된다.

전략이란 조직이 기업 능력을 환경적 기회 및 위협과 결합시켜 기업 목적을 달성하는 방책을 강구하는 일로 정의되며, 전략적 경영은 전략의 수립과 전술의 수행을 유도하는 의사결정과 행동의 집합으로 정의되는데, 오늘날의 기업 환경은 전술했듯이 경쟁과 불확실성과 기술혁신이 심화되고 있어 자사의 생존과 기업 발전에 영향을 미치는 외부 환경에 보다 잘 대처하기 위해 전략적 경영을 중요시하게 되는 것이다. 즉 자사의 내부 제조 중심 사고에서 벗어나 예상되는 환경상의 기회와 위협을 내부 능력과 서로 결합시키는 의사결정 과정이다(홍성학, 1991 : 182).

그런데 전략경영을 그저 다양한 경영 담론 가운데 한 가지일 뿐이라고 여겨서는 안 될 것이다. 전략경영은 이를 다시 세부적이고 직접적으로 구체화하는 리스트럭처링이니 리엔지니어링이니 ERP니 하는 다양한 혁신경영기법을 통해 자신을 증식시킬 뿐 아니라, 경영혁신기법이라는 경영 담론 전체를 관통하는 담론적인 모델로서 구실하기 때문이다. 그런 점에서 혁신경영기법의 한 종류인 것을 넘어 전략경영은 새로운 자본주의 안에서

경제적 삶을 재현하고 관리하는 담론들을 대표한다고 해도 과언이 아니다.[49]

특히 전략경영은 기업의 경제활동 안에서 노동주체의 주체성을 지배하는 방식이 외부적인 데 머무르지 않도록 했다는 점에서 새로운 것이다. 그런 점에서 기존의 경영 담론이 전제하던 노동주체 관리 방식과 전략경영 담론이 노동주체의 주체성을 재현하고 지배하는 방식 사이에는 현저한 차이가 있다. 간단히 말해, 기존 방식은 언제나 일터라는 조직 속에 울타리 쳐진 세계를 대상으로 하는 것이었다고 볼 수 있다. 그렇지만 전략경영 담론은 이런 장벽을 무너뜨린다. 그것은 일터에서의 노동주체를 기업의 경영전략 혹은 비전이란 새로운 경제활동의 합리성에 따라 움직이고 분절되는 대상으로 표상한다. 나아가 노동주체를 관리하는 방식과 노동주체가 자신을 주체화하는 방식에 있어서도 새로운 차원을 열어놓는다. 이 점은 전략경영 담론을 분석한 데이비드 나이츠와 글렌 모건의 말을 통해서 매우 잘 설명된 바 있다.

나이츠와 모건은 기업전략 혹은 전략경영이라는 담론을 계보학적으로 분석하며 전략경영 담론이 2차 대전 이후 등장해 서구에서 핵심적 경영 담론으로 정착하게 된 과정을 추적한다(Knights & Morgan, 1991). 그들은 전략경영이란 담론이 전전 자본주의에서 희박하거나 부재했던 이유를, 자본의 행위를 매개하는 경제적 담론의 특성(즉 보이지 않는 손으로서의 시장이라는 논리)이나 신화에 가까운 기업경영의 지도자로서의 기업가주의의 팽배, 그리고 소수 독점자본에 의한 지배 등에 따른 것으로 지적한다. 다시 말해 자본의 경제적 행위는 시장과의 관계란 면에서 '행위자 대 외부세계'라는 식으로 완전히 외재적인 관계로 인식됐고, 일터에서의 경제적 삶을 어떻게 관리할 것인가 하는 문제, 즉 경영이란 문제 역시 전적으로 "조직 내에서 생산의 통제"라는 차원에 머물러 있었다는 것이다. 그렇지만 전후

서구 자본주의가 변화하면서 기존의 담론은 수정될 수밖에 없었다. 그리고 이런 새로운 경영활동을 재현하는 역할을 전략경영 담론이 떠맡게 된다.

나이츠와 모건은 전후 서구 자본주의가 변화하는 과정에서 전략경영 담론이 부상하게 된 배경을 크게 세 가지로 요약한다. 이는 첫째 소유관계가 재구조화됐다는 점, 둘째 시장 조건이 바뀌었다는 점, 셋째 조직의 구조와 관리에서 새로운 발전이 있었다는 점이다. 먼저 소유관계 재구조화란 단적으로 소유와 경영이 분리된 현상을 일컫는다. 나이츠와 모건은 전후 미국 자본주의가 재편을 하는 과정에서 본격적으로 등장하기 시작해 이후 널리 퍼져나간 소유와 경영의 분리 현상은, 자본이 자신의 활동을 표현하고 제시하는 데 있어 새로운 기제를 만들어내도록 이끌었다고 분석한다. 예컨대 회계나 감사 같은 테크놀로지가 그것이다. 경영자들은 이제 기업 외부의 소유주에게 경영자들은 무엇을 하고 있으며 왜 그것을 하고 있는지에 관해 설명해야만 했고, 기업전략이란 담론은 이를 위한 담론적인 공간을 열어줬다는 것이다. 다음으로 시장 조건의 변화는 전후 미국이 유럽 자본주의와 경쟁을 벌여야 했던 데, 혹은 생산이 국제적으로 분업화된 데 따른 문제로서 설명될 수 있다. 복잡한 경쟁 조건에서 자본이 벌이는 경제활동은 기술혁신, 품질, 가격 등 다양한 영역에서 경쟁을 조직하는 것으로 나타나지 않을 수 없었다. 따라서 이제 시장의 보이지 않는 손은 경영을 통한 선택과 결정으로, 자본의 경제적 삶은 경영의 전략적 실천으로 적극적이면서도 긍정적으로 나타나야 했다. 결국 전략이란 담론은 전후 기업들이 자신들의 활동을 표현하는 주요한 매개항이 되지 않을 수 없었다.[50] 마지막으로 조직구조와 관리에서의 변화 역시 앞서 든 것과 관련시켜 설명해볼 수 있다. 다공장·다국적기업의 지리적 분산, 제품 차별화, 극적인 기술혁신을 통한 생산과 소통의 변형 등으로 나타난 기업활동의 변화는 기존에 있던 조직 형태를 바꾸지 않을 수 없도록 했고, 결국 자본은 기업조직의 각 부분을 독자적인 재무구조를 지닌 이윤 중심의 형태로 변형시키고 자율적으로 시장에 대처하도록 하는 변화를 꾀하게 됐다는 것이다.

그렇지만 객관적 조건이 바뀌었다고 해서 전략경영이라는 경영 담론이 자동적으로 뒤따라 나온 것으로 생각해선 안 된다. 오히려 이처럼 자본이 자기의 활동을 새롭게 표현하고 제시하기 위해서는 역설적으로 새로운 경영 담론의 개입과 매개가 절대적으로 필요했다. 나이츠와 모건도 이런 점에 주목하면서 전략이라는 군사 담론이 경영 담론으로 채택되고 사용되는 과정을 강조한다. 그들이 보기에 전략이란 군사 담론은 내부의 조직적인 특성과 외부 환경의 잠재성 사이에 시공간적인 연결고리들을 만들어내어 양자를 외부적인 것이 아니라 연속적인 것으로 인식하여 활용하는 것이었고, 그런 점에서 그것이 경영 담론으로 복제될 때 각별한 의의가 있는 것이었다.[51] 무엇보다 전략 담론은 기존에 조직 내부로 한정되어 이뤄지던 관리를 조직 외부에서의 경제적 삶을 관리하는 것과 결합 혹은 매개할 수 있는 담론적 가능성을 마련해줬다고 할 수 있다. 그리고 그를 통해 만들어진 전략경영 담론은 경영학이라는 전문적 지식 분야를 통해 널리 확산되고,[52] 기업의 경제활동을 이른바 전략분석이란 이름을 통해 분석하고 자문하는 전문적인 직업으로서 경영컨설턴트를 통해 재생산됐다. 그렇지만 전략경영 담론은 기업의 경제적 행위를 새롭게 재현하는 것일 뿐만 아니라 그와 연관된 행위자들을 주체화하는 권력이기도 했다는 점을 간과해서는 안 된다. 나이츠와 모건이 지적하듯이 "담론적 권력 메커니즘의 진리 효과는 주체성을 구성 혹은 재구성하면서 인간이란 무엇인가를 정의하는 것"에 있고,[53] 이는 전략경영 담론에서도 역시 동일하다. 전략경영 담론은 기업에서의 경제적 삶에 참여하는 주체들을 '전략적 행위자'strategic actor로 주체화한다. 바로 그런 주체화의 권력을 보여주는 예로 인사관리가 인적자원 '전략'으로 바뀐 것을 들 수 있다. 한국사회 역시 1990년대부터 이런 전략경영 담론을 통해 노동주체를 개발하거나 전략적으로 관리하려는 담론들이 증가하기 시작했다(김식현, 1995 ; 차동옥, 1997 ; 조은상, 2000 ; 삼성경제연구소, 2002c).[54]

70년대는 공급 초과 현상이 고착화됨에 따라 기업들은 '경쟁'이라는 개념을 인식, 시장에서 매력 있는 사업에 진출하는 것이 높은 수익을 올릴 수 있는 방법이라는 것을 점차 깨닫게 됐다. 이때 등장한 것이 '전략경영'이다. 기업이 수익을 내기 위해서는 명확한 목표 설정과 함께 이를 효과적이고 효율적으로 달성할 수 있는 전략을 수립하고 실행해야 하며, 이런 전략 과정을 통제할 수 있는 메커니즘을 구축해야 한다는 것이다. 〔……〕그러나 80년대에 개별 사업에 대한 정보가 일반화되고 전략을 구사하는 스킬이 보편화됨에 따라 누구든지 신규 사업에 진출해 고수익을 보장받는 것은 점차 어려워지게 됐다. 즉 자신의 능력을 고려하지 않은 채, 아무리 좋은 사업에 뛰어든다고 해도 반드시 성공할 수 있는 것은 아니라는 것이다. 〔……〕결국 기업들은 지속적인 수익 확보를 위해서 시장의 매력도도 중요하지만, 자신만의 차별적 핵심역량을 가지는 것이 더 중요하다는 것을 인식하게 됐다. 그리고 이런 경쟁우위의 원천을 확보하기 위해서는 지속적으로 노력해야 하며, 이렇게 해 확보된 핵심역량은 다른 기업에 의해 쉽게 모방되거나 잠식되지 않는다는 점도 알게 됐다. 이런 차별적 핵심역량을 획득하려는 노력의 시대가 바로 80년대 말에서 90년대 초까지 이어진 '경영혁신의 시대'이다(송계전, 1999 : 54~55).

어느 경영컨설턴트가 내놓고 있는 앞의 서술은 전략경영 담론을 논하는 자리에서라면 흔히 볼 수 있는 이야기 가운데 하나다. 위의 이야기는 전략경영이 경제적 조건이 변화하면서 나타난 것이라고 간단히 주장한다.

다시 말해 급변한 환경에서 수익과 성장을 위해 전략경영이 불가피한 것이 됐고 이에 따라 기업의 경영 방식 역시 전략경영을 필연적으로 채택해야 한다는 것이다. 따라서 앞서 인용한 글의 저자는 "경영혁신의 시대"라고 거창하게 명명하면서 지난 1990년대 이후 한국에서 경영활동이 변화한 과정을 마치 객관적인 필연성인 것인 양 이야기한다. 그러나 이런 주장과 달리 경영전략과 노동주체를 관리하는 방식을 결합하는 전략경영의 담론은 이미 1980년대부터 널리 성행했던 것으로 보인다.

> 80년대의 경제 환경은 급속하고 다각적으로 변화되고 있으므로 정부 엘리트 관료들의 일방적인 정책이나, 경영인 또는 기능 부문장部門長 개개인의 능력만으로는 이런 환경 변화에 효율적으로 적응하기가 어렵다. 따라서 정부나 민간기업이나 전문화된 각 부문과 기능이 분화된 각 계층의 능동적이고 자주적인 참여와 협동에 의한 다각적인 환경적응의 필요성이 증대되고 있다. 이런 점에서 기업의 경우 무엇보다 전원 참여를 통한 중지의 경영이 소망스러운 것이다(이동찬, 1983: 35).

> '21C에 우리나라의 기업들이 급변하는 환경 속에서 지속적으로 성장·발전하기 위해 어떻게 대비해야 하는가?' 이 질문에 대해 많은 경영학자와 컨설턴트들은 한결같이 '우수한 인재의 확보와 개발만이 한 기업의 미래를 보장해준다'고 말한다. 오늘날 선진국의 우량기업들은 인적자원개발을 핵심적인 경쟁전략으로 삼고 있다. 우리나라의 기업들도 인력개발에 많은 노력을 기울이고 있지만, 장기적이고 체계적인 인적자원개발이 아직은 미흡한 실정이다(차동옥, 1997: 20).

> 경영자가 원하는 기업의 형태나 구조, 즉 기업의 비전과 전략을 명확히

하는 것이 성공적인 기업경영을 위해 반드시 필요한 것이다. 그러나 비전이나 전략만 가지고 기업 성공이 보장되는 것은 아니다. 기업의 비전과 전략을 실행에 옮길 적합한 사람을 확보하고, 이들이 제 역할을 수행할 수 있도록 지속적으로 관리하는 것이 필요하다. 특히 기업 고유의 사업전략과 그 전략을 실행할 인적자원관리를 일관성 있게 연계하는 것은 기업 성공의 핵심 요인인 것이다(허진, 2001: 37).

시간 순으로 예시한 각각의 인용문은 한결같이 경영전략과 노동주체의 관리(인사노무관리이든 인적자원개발이든 아니면 인적자원관리이든)를 결합시켜야 한다고 역설한다. 이런 변화는 1980년대 후반부터 본격화된 한국 자본주의의 위기와 얼추 조응하는 것이다. 비록 인적자원관리란 담론이 기존의 노동주체를 관리하는 담론을 대체하고 본격적으로 자리를 굳힌 것이 1990년대 후반부터라고 할지라도, 기업의 경제활동과 노동주체 관리를 연계시키려는 새로운 경영 행위가 등장한 것은 1980년대부터로 볼 수 있을지 모른다. 그리고 앞에서도 언급했듯이 그즈음에 나타난 일시적인 호황과 강력한 노동조합운동이 이 같은 경영 담론이 실현될 수 있는 과정을 지연시키고 또 저지하는 효과를 만들어냈을 것이라 짐작해볼 수 있다. 그렇지만 실제 사정이 정확히 어떤 것이었든 1997년 외환위기 이후 전략경영 담론이 노동주체의 주체성을 지배하고 관리하는 일련의 담론을 흡수하고, 나아가 그것을 실제 기업정책으로 구체화하는 것으로 이어졌을 것이란 점은 매우 분명한 듯 보인다. 이런 변화 추이는 국내 S사의 다음과 같은 자료에서 극명하게 예시된다.

그림 3-2는 S사의 인재상을 보여주는 회사 내부 자료의 한 부분이다. 물론 이 같은 언표는 취업설명회, 채용박람회 혹은 기업 인재상을 홍보하는 다양한 대중매체 등을 통해 손쉽게 접할 수 있다. 그림에서 보듯 기업이

그림 3-2 S사의 전략경영과 인재상

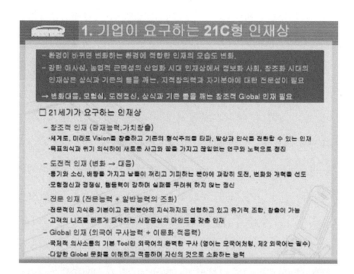

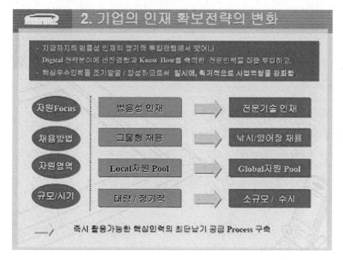

노동주체의 정체성을 재현하는 언표 행위는 환경의 변화와 전략의 선택 그리고 그에 적합한 인재라는 것을 통해 전개된다. 예컨대 "환경이 바뀌면 변화하는 환경에 적합한 인재의 모습도 변화", "강한 애사심, 농업적 근면성의 산업화 시대 인재상에서 정보화사회, 창조화 시대의 인재상은 상식과 기존의 틀을 깨는 지적 창의력과 자기 분야에 대한 전문성이 필요" 등의 부분이 그런 것이다. 언제부터인가 당연시됐던 이런 식의 이야기는, 단순히 경험적인 현실을 그려내는 것이 아니라 전략경영이라는 경영 담론이 개입하고 매개하면서 '제조된' 이야기라 할 수 있다. 어떤 노동주체가 바람직하고 적합한 인재인가 등을 정의하고 판단하는 일은 노동 성격을 분석한다거나 추상적인 노동윤리를 참조한다고 해서 할 수 있는 일이 아닐 것이다. 결국 일을 하는 사람의 정체성을 정의하고 판별하는 것, 일이란 무엇이며 일하는 주체의 자기정체성이란 무엇인가를 둘러싼 언표 행위는 기업의 경영전략이란 담론 안에서 형성될 수밖에 없다.

비전

전략경영 담론이 어떻게 노동주체를 표상하는지 살펴볼 수 있는 가장 효과적인 방편은 무엇보다 앞에서 지적한 비전과 인재상이라 할 수 있다. 경영 담론에서 비전이란 대개 다음과 같이 정의된다.

비전은 기업이 무엇을 위해서 존재하는지 그리고 기업이 추구하는 미래의 모습은 어떠해야 하는지에 대한 좌표이다. 비전의 진정한 역할은 명문화된 비전으로서가 아니라 비전이 제시하는 대로 기업 전체가 움직여 나가기 위한 모멘텀momentum을 제공하는 데 있다. 다시 말해 비전은 기업을 하나의 공동체로 뭉칠 수 있게 하고, 기업의 모든 행동과 사고를 일관되게 하는 중요한 수단이 된다. 따라서 한 기업이 혁신적이 되는가, 아니면 보수적·관료적이 되는가의 문제는 그 기업이 어떠한 비전을 행동 규범으로 갖느냐에 달려 있다고 할 수 있다(이진규·권상순, 1997: 473).

경영비전이란 기업의 역사와 전통, 그리고 미래에 대한 희망 등을 종합적으로 반영해 기업이 나아가야 할 미래의 모습을 안내해주는 이정표 역할을 하는 것으로, 기업이 미래에 도달하고자 하는 일종의 이상적인 모습ideal picture, 또는 기업의 전체적인 방향을 제시해주는 청사진을 말한다. 〔……〕 예를 들어 '21세기 초일류기업'이라든가 '최고의 경쟁력을 갖춘 기업'이라든가 하는 것이 이에 해당한다. 〔……〕 경영비전은 최고경영자의 개인적 희망에 의해 일방적으로 만들어져서는 안 되며, 조직구성원들의 희망과 가치, 그리고 잠재능력, 한계점 등을 종합적으로 고려해 정립해야 한다. 또한 경영비전이 도달하고자 하는 시점에서의 목표와 전략을 설정해 이를 목표지점으로 삼아 단계별로 추진하도록 해야 하고, 능력 면에서는 경영 능력을 고려해 조직이나 개인이 도달하고자 하는 목표 수준을 설정하고 이를 달성하기 위한 추진계획을 수립해야 한다. 예를 들어 '삶의 질' 향상을 위해 자녀교육이나 건강을 지원할 수 있는 프로그램 등의 신가족주의를 도입하고 자기계발의 지원 방안과 같은 것들을 통해 비전이 구현될 수 있도록 해야 할 것이다(신유근, 1997: 533~536).

인용한 글들이 보여주듯 전략경영 담론에서 '비전'이란 기업의 경제활동을 정의하고 조정하는 목적으로 간단히 생각하고 넘길 수 있는 것이 아니다. 전략이란 말은 기업이 하는 일이 상품을 제조하고 판매하는 좁은 의미에서의 경제활동에 머물지 않고 '환경'에 대응하는 역동적인 행위의 총체라고 묘사한다. 따라서 전략이란 경영 담론은 기업의 경제 행위를 효율

표 3-4 국내 주요 기업의 비전

기업명	비전(경영철학, 기업가치)
S사의 경영철학	S사의 경영이념은 "인재와 기술을 바탕으로 최고의 제품과 서비스를 창출하여 인류사회에 공헌한다"이다. 이는 S사가 인재를 가장 중요하게 생각하고, 인재를 키워나가는 기업임을 뜻하며, 각 개인이 글로벌 시대를 선도할 수 있도록 자신의 능력을 최대로 계발하고 미래를 개척하며, 인류의 발전에 기여하는 창의적이며, 열린 사고를 가진 인재를 양성하는 것을 의미한다.
P사의 가치	· **최고지향** · **창의존중** · **기본중시** 21세기의 P사는 최고지향, 창의존중, 기본중시의 세 가지 기본 가치를 지향한다. P사는 이를 통해 제품과 서비스의 수준을 한 단계 높임으로써 궁극적으로는 고객과 인류사회에 공헌하고자 한다.
H사의 비전	창의적 도전정신을 바탕으로 인류의 풍요로운 자동차 생활을 창조하기 위해 임직원 모두가 하나되어 최첨단 제품의 개발 및 최고 품질의 제품 생산으로 주주, 고객 및 자동차 이해관계자의 조화와 공영에 이바지하려고 최선을 다한다.
K사의 비전	**"The Value Networking Company"** The Value Networking Company란 다양한 형태의 고객들이 요구하는 가치가 창출, 소비, 유통될 수 있도록 최적으로 맞춤화된 솔루션을 제공함으로써 경영 지원, 성과 그리고 품질에 있어 세계적 수준의 초일류기업이 되겠다는 것으로서, 나아가 고객의 가치(value)와 K사의 가치를 상호 효과적으로 연계하여(Networking) 하여 주주/고객/사원에게 최고의 가치를 실현하겠다는 K사의 의지이다.
C사의 비전과 가치	**비전** 건강, 즐거움, 편리를 추구하는 제일 좋은 생활문화 기업. **미션: 창의 Creativity** 우리는 최초의 것, 최고의 것, 남다른 것을 위해 늘 새로운 방법을 추구합니다. **도전 Entrepreneurship** 우리는 각자의 직책에서 요구하는 리스크를 기꺼이 수용하며 그 결과에 대해 책임을 집니다. **고객 Customer Focus** 우리는 항상 고객의 니즈를 이해하고 대응하는 데 최선을 다합니다. **팀웍 Teamwork** 우리는 자신과 부서의 이해를 넘어 공동의 이익을 위해 동료들과 협력합니다. **정직 Honesty** 우리는 내외부 고객으로부터 신뢰받기 위해 어떤 상황에서도 정직하게 행동합니다. **존중 Respect for the Individuals** 우리는 서로를 존중하고 개인의 발전을 지원합니다.

적으로 관리하고 통제하는 테크놀로지이기도 하지만 동시에 환경에 능동적으로 대처하고 변화하는 행위자로 노동주체 정체성을 규정하는 데도 큰 역할을 한다. 그런 뜻에서 전략경영 담론은 조직(화)의 담론이기도 하며 주체화의 담론이기도 하다. 전략은 기업에 속한 다양한 사람들을 더 이상 불평등하고 대립적인 권력관계 속에 놓인 사람들로서가 아니라 환경에 대응하는 동질적인 사람들("하나의 공동체")로 간주한다. 전략은 기업에 관련된 모든 이들의 정체성을 전략이라는 기업의 경제활동이 내건 목표를 통해 재정의한다. 그리고 이를 통해 기업 안에서 살아가는 사람들은 전략을 실현하고 그를 위해 필요한 역량을 축적하고 발휘해야 하는 역할을 짊어져야 하는 것으로 전제된다. 따라서 전략이란 언표는 기업에서 경제활동을 펼치는 사람들의 일을 더 이상 명령과 통제의 역할을 담당하는 전문적 경영자와 그 대상이 되는 노동자로 구분하지 않는다.

어느 경영컨설턴트의 "HR〔Human Resource, 인적자원〕전략 없는 비즈니스전략은 없다"는 표현이야말로 전략경영 담론이 주체성의 정치학과 어느 정도 깊이 관련이 있는지를 일목요연하게 보여준다(백풍렬, 2001). **표 3-4** 역시 그런 점에서 기업의 경영전략과 '인적자원전략', 즉 노동주체를 관리하고 지배하는 전략이 어떻게 짝을 이루며 결합되는지를 보여준다. 그렇다면 위의 비전에 관한 언표와 노동주체를 관리하는 담론은 어떤 관계가 있으며 이 둘은 어떻게 실현되는 것일까. 이를 잘 보여주는 것이 바로 인적자원관리전략이라 할 수 있다. 통상적인 인적자원관리전략을 도식적이고 또 실무적인 처방이란 형태로 보여주는 것이 **그림 3-3**이라 할 수 있다.

그림 3-3에서 사업전략의 수립이라고 표시된 부분은 흔히 말하는 기업의 비전이다. 이 그림은 "기업은 고객에게 어떤 가치를 제공하려고 하는지, 그렇게 하기 위해 어떤 사업전략을 선택할지를" 명확히 하고, 이렇게 수립된 고객 가치와 사업전략에 기반해 구성들의 "필요역량을 도출"하는

그림 3-3 인적자원관리전략 수립 프로세스[55]

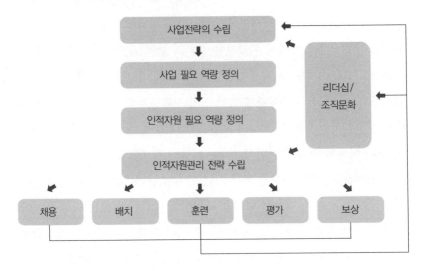

것이, 인적자원관리전략의 중요한 단계들이라는 점을 묘사한다. 여기에서 노동주체의 정체성은 기업전략을 거친 후에 역량이란 언표를 통해 정의된다. 기업이 제공하는 가치라고 부르는 것은 기업의 핵심역량으로 정의되고 그에 따라 기업에 속한 노동주체는 그런 핵심역량과 동일한 역량의 주체로 정의되어야 한다. 현재 성행하는 경영 담론의 흔한 표현을 빌리자면, "고객과의 친밀감"을 핵심역량으로 삼는 기업의 경우에는 노동주체의 핵심역량도 당연히 정서적인 친밀감을 제공하는 역량이 되어야 하고, "제품 리더십"을 핵심역량으로 삼는 경우에는 제품을 차별화하고 새로운 가치를 추가할 수 있기 위해 노동주체 역시 혁신적이고 모험적인 역량을 가져야 한다는 식으로 설명되는 것이다. 이를 단순화시켜 말한다면 기업의 경영 전략과 핵심가치(혹은 경영학의 표현을 빌리자면 가치제안value proposition) 에 따라 노동주체의 주체성을 규정하는 것이다.

　그렇다면 각 기업의 비전이나 기업의 핵심가치 역시 어떻게 읽어야 할지 생각해볼 수 있다. 예를 들어 생활문화 기업으로서 자신의 비전을 제시하는 C사는 창의성, 기업가정신(이를 "도전"으로 번역하고 있다), 고객, 팀워크, 정직, 개인에 대한 존중을 해당 기업의 가치로 삼는다. 이 기업은 식품제조업에서 영상문화 사업을 비롯한 다양한 사업 부문에 진출해 활동하고 있다. 특히 이 기업은 "창의적이고 자율적인" 기업문화, 파격적이고 독특한 채용 관행 등으로 빈번하게 대중매체에 등장해왔다. 특히 이 기업의 채용 방식은 기업의 가치와 노동주체의 주체성을 결합하는 경영 테크놀로지가 어떻게 작동하는지를 극명하게 보여준다는 점에서 주목할 만하다. 이 기업의 인사팀장은 한 신문에 기고한 글에서 다음과 같이 말한 바 있다.

> C사는 창의, 도전, 고객, 팀워크, 정직, 존중이라는 6대 가치를 두고 있다. 또 이를 구체화한 11가지 역량 평가 항목이 있다. 리더십, 의사소통, 분석적 의사결정, 계획 및 조직화, 비즈니스 마인드, 전문성 등. 면접 시 주어지는 질문은 모두 이 기준에서 평가하게 된다. 예컨대 '학교 다닐 때 학업 외에 어떤 동아리활동을 했습니까'라는 질문을 했다면 대답을 6대 가치와 11대 역량을 기준으로 하나하나 평가하는 것이다. C사는 또 취업에서 끝나는 것이 아니라 끊임없이 자신을 전문 인력으로 단련시키려는 사람을 원한다. C사는 연 40시간 이상 학습할 권리를 모든 임직원에게 주며 다양한 전문교육 프로그램을 운영하고 있다. 이는 기본적으로 지속적으로 자기계발을 하려는 사람을 위한 것이다. 신상품 기획부터 외식 사업, 영상 사업 부문 등 신세대들의 트렌드를 리드해야 하는 분야가 많기 때문에 '새로워지려는' 자세를 가져야 한다(「CEO 앞에서도 자기 주장 당당해야」, 『동아일보』, 2001년 6월 27일).

한편 1년 뒤 이 회사의 채용 방식을 보도하는 또 다른 기사 역시 앞의 주장을 더 구체적으로 묘사한다. 이 기사는 "'이직률 제로'와 '최고 인재 발굴'이라는 두 마리 토끼를 좇고 있는 이 그룹의 새로운 채용방식"을 소개한다면서 다음과 같이 쓰고 있다.

[채용 과정에서 면접관의 주관과 편견을 제거하기 위해] 결격자만 제외하는 간단한 수준의 서류전형을 거쳐 모든 응시자는 '비즈니스 상황에서의 가치판단'이라는 시험을 본다. 20분 동안 4지선다형 문제 25개를 푸는 간단한 과정이지만 여기에는 이 그룹이 추구하는 조직가치와 지원자의 개인가치가 서로 융합하는지를 재는 척도가 숨어 있다. 이 그룹 인사팀 C부장은 'C사의 비전에 맞는 사람에게 혜택을 주는 1차 필터링 과정으로 다른 기업의 1차 면접을 시험화한 것'이라고 말했다. 이런 추상적인 것을 어떻게 점수로 매길 수 있을까. 이 그룹은 '영원한 벤처정신' 등 그룹이 추구하는 가치를 아는 임직원 12명을 선정했다. 직급은 임원부터 대리급까지. 이들은 한 달여 동안 채용전문 컨설팅 회사의 도움을 받아 52개 상황을 설정했고 각 상황에 대한 반응을 유형화했다. 이 중 '가장 C사적' 또는 '가장 C사적이지 않은 것'에 대해 만장일치가 된 25개 상황을 문제로 만들었다. 'C사인人'이면 누구나 특정 문제에 대해 정답이 일치하는 기업문화의 객관화를 시도한 것(「C그룹 새 채용 방식 눈길」, 『동아일보』, 2002년 9월 17일).

이 인용문은 C사의 독특하고 '과학적인' 채용 방식을 묘사하는 것에 그치지 않는다. 이미 일상적인 용어가 됐지만 기업의 가치와 역량이라는 언표들을 동원하면서, 이는 노동주체를 관리하는 대표적인 경영 행위 가운데 하나인 '채용' 담론을 재구성한다. 최근 국내 기업들이 인적자원관리에 관해 일상적으로 사용하는 표현을 빌리자면 채용은 인적자원전략의 일부로서 "채용전략"이다. 따라서 기존에 노동주체를 관리하던 다양한 경영 행위는 이제 전략이란 담론을 통해 다시 묘사되고 제시된다. 예컨대 '육성 전략', '평가전략', '보상전략', '조직전략', '퇴직 관련 전략' 등이 그런 것에 해당된다. 채용 역시 생산 과정에서 구체적인 직무를 수행할 부족한 '인력'을 충원하는 것도 어느 일터에서나 공통적으로 행해지는 '일'을 담당할 '노동자'를 고용하는 것도 아닌, 기업가치에 부합하는 특별한 정체성을 지닌 주체를 발견하고 선발하는 과정으로 등장한다. 따라서 채용이란 것이 비록 노동주체를 관리하는 다양한 경영 행위 가운데 한 가지에 불과하지만 기업의 경제활동을 관리하는 실천과 노동주체를 지배하는 실천이 어떻게 결합되고 또 제시되는지를 여실히 보여준다. 이는 위에서 보았던 다른 기업에서도 다르지 않다 할 수 있다. 생활문화 기업이라고 자신을 칭하는 C사의 특성과 달리 전통적인 제조업 분야에 속한 H사나 P사라고 해서 이와 다르지 않다.

상투적인 경영 담론들은 전략경영과 인재개발전략 사이에 놓인 관계를 대개 이런 식으로 정의한다. "인재란 스스로 조직의 미래 방향에 대한 목표의식을 갖고 성과를 창출하는 사람"을 의미하며 "좋은 인재"good people 혹은 "적합한 인재"right people를 선발하기 위해 무엇보다 기업의 핵심 가치를 분명히 구체화해야 한다고 주장한다. 예를 들어 "열정"passion이라는 핵심가치를 가지고 있는 GE나 국가적 지위의 선양을 강조하는 소니의 "개척자정신", "꿈과 상상력"을 강조하는 월트디즈니처럼 국내 기업들 역시 핵심가치를 정립하고 이를 통해 인재를 선별하고 채용해야 한다는 것이다(노용진, 2004). 그렇다면 제조업 분야에 속한 위의 기업도 더 이상 제조업이라고 부를 수 없을 것이다.[56] 예컨대 전통적인 제조업 분야를 대표하는 H사의 경우에도 이와 다르지 않다. H사는 "창의적 도전정신을 바탕으로 인류의 풍요로운 자동차 생활을 창조"하는 것을 자신의 비전으로 삼고 "상품경쟁력 강화, 브랜드 가치 향상, 글로벌 생산체제 구축, 환경경영 체제 구축"을 주요 경영전략으로 제시한다(H사 2005년 기업설명회 자료). 그렇다면 이런 전략 담론은 노동주체를 관리하는 담론과 어떻게 결합할까. 이 기업의 비전 수립이 등장할 즈음 인재개발팀 이사를 맡고 있던 이는 "각 기업들은 자기 기업에 맞춰서 '앞으로 21세기에 우리 기업에 있어서 바람직한 인재상은 이러이러한 것이다'라고 대내외적으로 공표할 필요가" 있으며 "그렇게 함으로써 스스로 인재가 되도록 노력하게끔 유도해야" 한다고 말하면서, H사의 비전과 인재상 그리고 인적자원의 개발전략에 관해 다음과 같이 말한다.

> H사도 21세기 세계 일등기업을 목표로 해 직원만족, 고객만족, 사회만족을 위한 가치경영을 새로운 경영철학으로 삼고, 경영이념의 재정립을 바탕으로 한 경영혁신에 매진하고 있다. 여기서 21세기 장기발전전략 중 인사 부문은 기업이념인 가치경영을 종업원에 반영해 삶의 가치, 존재의 가치, 미래의 가치를 제공할 수 있는 인적자원개발전략을 세워나가기로 했다. 다시 말해 인사관리에 있어서도 과거의 방식에서 머무르지 말고 시대에 맞게 경영이념을 새롭게 정립한 바탕 위에서 인적자원개발 계획을 수립해나가야 한다(홍성원, 1996: 45).

외환위기 이후 H사는 한국 자본주의의 유연화를 둘러싼 세력 갈등이 벌어지는 각축장이자 그 현장의 대리인으로 여겨지다시피 했다. 1987년 이후 등장한 강력한 노동조합운동을 대표하는 일터이자 또한 유연화로 집약되는 새로운 노동체제를 편성하는 무대로서, 이 기업에서 벌어지는 변화는 마치 한국에서 자본 대 노동의 관계를 살피기 위해 반드시 참조해야 하는 거울처럼 여겨졌다 해도 과언이 아니다. 결국 엄청난 규모의 정리해고, 그리고 이에 뒤이은 사내 하청을 비롯한 다양한 비정규직 노동자의 활용 등으로 H사의 고용관계는 "수량적인 유연화"라고 불리는 바람직하지 못한 결과를 낳은 것으로 평가받아왔다. 그렇지만 유연자동화 시스템의 도입, 팀제와 권한위임의 활용, 능력 및 성과 중심의 임금체계, 숙련승진제도를 비롯한 교육훈련제도 등은 이미 1990년대부터 꾸준히 추진되어왔고 이는 노동과정 안에서의 변화라고만 부를 수 없는 광범한 효과를 가져왔다고 볼 수 있다. 물론 많은 분석들이 강조하듯이 실제로는 이런 변화가 신종 경영 담론이 흔히 주장하는 것들과 거리가 멀다는 것 역시 사실이다. 동기부여와 자율적인 학습조직은커녕 여전히 집체교육의 형태를 따르는 정신교육이 건재하고, 시간관리체제에 따른 테일러주의적인 노동통제가 만연해 있다는 분석은 주목할 가치가 있다(정승국, 1995; 박명준, 1997; 조형제, 1993; 정명기, 1997).

H사가 원하는 인재상은 세 가지 차원으로 요약될 수 있다. 첫째는 '창조하는 도전인'이다. 〔……〕 둘째는 '학습하는 전문인'이다. 자기 분야에서 최고의 전문 능력으로 생산성 향상을 주도할 뿐만 아니라 능동적인 자세로 자신의 핵심역량을 개발하고 자기 분야에 대한 비전을 스스로 만들어내는 사람이다. 마지막은 '봉사하는 사회인'으로 인간미와 도덕성을 갖추고 타인과 협조하며 사회구성원으로서의 역할과 책임을 다하는 사람을 말한다. 세 가지 인재상으로부터 추출해낼 수 있는 창의력, 도전의식, 자기학습의지, 스피드와 이타심 같은 덕목은 성과를 낳는 원동력과 직결되는 가치라는 게 H사의 설명이다. H자동차는 이같은 인재를 자체 육성하기 위해 다양한 교육체계를 갖추고 있다. 우선 각자 근무 분야에서 최고의 '직종전문가'로 육성하기 위해 대리급 이하 전 직원은 해당 직종의 실무교육을 이수해야 하고 교육 결과는 승진에 철저하게 반영되고 있다.

이 교육의 특징은 철저하게 현업 중심의 실제적이고 체험적인 교육이며 모든 교육의 운영주체가 사내 전문가들에 의해 기획되고 운영된다는 것이다. 또 직종 단위의 하위과목들을 더욱 철저하게 습득하기 위한 운영체계로서 '사이버 직무교육'이 99년부터 개발되어 올 10월에 개시된다. 사이버 직무교육은 해당업무에 필요한 지식과 기술을 구체적으로 학습토록 하는 지원체계로 총 1,900여 개 과목에 해당하는 방대한 교육 내용을 각 직무 조사자들이 작성해 탑재함으로써 전사적으로 지원토록 구성돼 있다. 경영관리 과목으로는 OES〔Open Education System〕방법을 96년부터 도입해 본인이 필요한 과목을 선택, 수강할 수 있도록 함으로써 개인의 성과 지원에 최선을 다하고 있다. 노사 간 신뢰관계를 다지기 위한 다양한 교육도 진행되고 있다(「H자동차, 1900과목 사이버직무교육」, 『매일경제신문』, 2001년 5월 11일).

그렇지만 이 신문기사가 언급하는 인재상과 교육훈련체계의 관계는 단순히 노동과정이 가진 기술적 특성과 사회적 통제에 관한 것이라고 좁혀 보기에는 어려운 부분이 있다. 전략경영이라는 경제활동의 기획과 노동주체의 주체화를 연결하는 새로운 지배 테크놀로지가 '교육·훈련'이란 형태로 진행되고 있다는 점 때문이다. 그런 점에서 간과해서는 안 될 것들이 있다. 예를 들어 H사가 시도를 꾀했지만 상대적인 경영 호전으로 경영진이 무관심해지면서 실행되지 못했다는 '기술교육경로'training road map 같은 것은 주목할 만하다. 기술교육경로란 지식경영 담론을 구체화하는 학습조직의 한 형태로, 노동주체의 자기계발과 숙련의 향상을 연계시키는 새로운 주체화의 테크놀로지를 포함하고 있기 때문이다.[57] 또 이는 직무와 관련한 교육 및 훈련에 국한시킬 수도 없다. 이미 H사는 외국어, 자아계발 관련 교육을 실시하고 있다. 그리고 생산직 노동자와 달리 판매직이나 영업직, 그리고 일반 경영직 노동자들을 관리하는 새로운 경영 테크놀로지(이를테면 영업직 직원들을 대상으로 한 '자기계발혁명프로젝트')에 대한 관심 역시 간과할 수 없다.

그럼 지금까지의 분석을 간단히 요약해보자. 1990년대부터 국내 기업들은 비전과 인재상 등을 통해 노동주체를 관리하는 새로운 관행을 정착시켜왔다. 이는 전략경영이라는 경영 담론에 기반을 둔 것으로, 전략경영은 기업의 경제적 행위를 재현하는 새로운 담론적인 실천임과 더불어 노동주체를 주체화하는 새로운 담론을 마련해준다. 특히 비전과 인재상이란 것은 노동주체를 전략적인 행위자로서 기업에 종속시킨다고 볼 수 있다. 이는 기존의 노동력, 인력 등의 담론이 노동주체를 그려내는 방식과 크게 다른 것이라는 점에서 기존의 노동주체 담론과 단절한다. 기존 담론들도 역시 기업의 경제적 요구와 노동주체를 결합시키는 담론이었다지만, 거기에서 일하는 사람은 경영의 편에서 명령을 내리고 관리를 꾀하는 외부적인 대상으로 분리된 것이었다고 할 수 있다. 그렇지만 전략경영 담론은 환경에의 대응과 행위 목표의 선택이란 언어를 통해 기업의 경제활동을 기업조직 전체의 행위로 그리고, 기업에 속한 모든 이들의 행위로 내면화시킨다. 노동주체는 더 이상 경영 명령과의 동일시를 꾀함으로써 자신을 주체화시키는 것이 아니라 전략에 따라 스스로 역량 있는 주체로 계발하고 향상시켜야 하는 책임을 지닌 인물인 것으로 주체화된다. 그런 점에서 전략경영 담론은 생산의 양(얼마나 생산했나)이나 시간(얼마나 일했나)과 같은 외적인 기준을 통해 일하는 사람을 통제하는 것이 아니라, 노동하는 이의 '자아'를 직접 겨냥하고 그것을 통해 노동주체가 스스로 기업전략과 일치된 주체로 자신을 향상시키고 변모시키도록 요구한다.

결국 비전이나 인재상은 일터 안팎에서 노동하는 사람들의 모든 행위와 정체성을 규제하는 주체화의 테크놀로지인 것이다. 그렇지만 비전과 인재상이 일터 안에서의 직접적인 경제활동과 어떤 관계를 맺는지는 잘 보이지 않는다. 그렇기 때문에 추상적이고 막연한 경영이념이나 가치에 관한 이야기일 뿐이라고 간주되기 십상이다. 그리고 이 때문에 부인 혹은 냉소, 무시 같은 형태의 반응을 통해 얼마든지 실패할 수 있다. 따라서 전략경영 담론이 비전 수립과 노동주체의 주체성을 관리하는 실천을 결합하려 노력할지라도 이는 언제나 좌초될 위험을 안고 있다. 그렇다면 전략경영 담론이 일하는 사람들의 일상적인 행위를 조직하는 과정에서 깊이 작용하고 나아가 자기 스스로를 효과적으로 규율하도록 이끈다고 말할 때, 이는 어떻게 실현되는 것일까. 다시 말해 전략경영 담론이 노동하는 주체를 '전략적인 행위자'란 정체성을 통해 변신시키고자 한다면, 전략적 행위자인 노동주체와 그것을 규정하는 전략의 관계는 어떻게 맺어지는 것일까. 그리고 이런 과정에서 둘 사이를 이어주고 구체화시켜주기 위해 작용하는 사회적·조직적·경제적 테크놀로지들은 무엇일까. 이를 알아보기 위해 '전략경영의 도구'로 널리 알려져 있으며 국내 상당수의 기업들과 정부기관이 도입하고 있는 BSC에 관해 살펴보기로 한다.

균형성과표

BSC는 1990년대 국내 기업들이 도입한 경영혁신기법 중 가장 크게 유행했던 것 가운데 하나이다(Kaplan & Norton, 1992; 1996; 캐플란·노튼, 1998; 2004; 김희경·성은숙, 2001).[58] 게다가 정부기관들이 이를 도입하거나 추진을 예고함으로써 BSC는 더욱 많은 관심을 받고 있다. 또 이를 도입한 국내 기업들의 성과를 보도하는 기사들이 빈번하게 등장하면서, BSC는 리스트럭처링이나 리엔지니어링, TQM 같은 경영기법들에 필적하는 대중적인 명성을 누려왔다. 특히 이를 도입한 기업들이 내놓은 성과를 측정, 평가하고 시상하는 경연 이벤트가 열리고[59] BSC 관련 국제 이벤트에서 국내 기업이 수상을 하는 등의 소식이 보도되면서, BSC는 마치 경영품질에 관한 표준인 것처럼 간주되기까지 하고 있다.[60] 물론 BSC에 관해 쏟아진 이야기들은 특정한 경영 도구나 기법, 담론이 합리적이고 기능적인 지식, 처방인 것처럼 생각되도록 하는 데 커다란 효과를 발휘했다. 그 결과 BSC는 기업의 경제활동을 새롭게 그려내고자 하는 담론이라기보다는 변화된 경영 환경에 대처하고 성과를 향상시키는 데 큰 효험을 발휘하는 과학적인 진실이자 척도인 것처럼 스스로를 제시한다.

다수의 기업들이 자사의 비전을 수립하고 있지만, 실제로 전략적인 성공을 거두는 비율은 그리 높지 못하다는 것을 보여주고 있다. 기업의 비전이 성공적으로 결실을 맺기까지는 기업 내 각 부서의 활동이 기업의 전략과 밀접하게 연계되고, 이의 실행이 이뤄지도록 해야 한다. BSC 구축 및 운영의 목표가 여기에 있다(김경태, 2002: 43~44).

균형성과측정표BSC의 도입 배경은 기업경영이 회사 비전만으로는 충분하지 않고 전사적 커뮤니케이션 및 공감대 형성이 필요하며 전략적 비전이 확립됐다고 해도 각 부문과 개인의 운영 목표에 곧바로 영향을 주는 것이 아니라는 점이다. 또한 일상적인 의사결정 행위가 전략 목표와 무관한 경우가 많고 목표 달성을 위한 업무 프로세스를 모니터링할 때도 올바른 정보를 얻지 못하므로 효과적이고 객관적인 측정이 가능한 입력 요소와 데이터가 필요하다는 점도 균형성과측정표의 도입 배경이다(김승용, 2001a: 50).

이 인용문들이 잘 보여주듯이 BSC는 전략경영을 구체적으로 실행하고, 이를 기업 내 각 부서는 물론 개인적 행위 차원과 결합시키는 수단으로 역설된다. 그런 점에서 BSC는 기업의 경영전략과 개별적인 주체의 삶을 효과적으로 결합하는 '조직화'의 담론이라 볼 수 있다. 더불어 이는 전략경영을 조직화시켜줌으로써 이것이 구체적으로 실행할 수 있도록 하는 세부적인 행위 테크놀로지이기도 하다. 그런 점에서 기업이라는 조직의 목표에 개별적 노동주체를 통합시키는 전체화의 기술이기도 하지만, 또한 BSC는 노동주체들이 스스로 자신을 개선하고 향상시키도록 감시하고 동원하는 개별화의 테크놀로지라 말할 수 있다. 아래에서는 전략경영이 일하는 주체를 빚어내는 테크놀로지로서 어떻게 작동하는지 간략히 살펴보고자 한다.

균형성과관리는 조직의 비전과 전략에 대한 명확한 이해를 바탕으로 조직의 사업 목표를 명확히 수립하고, 내부 커뮤니케이션을 통해 개인, 조직 및 부서의 활동 목표가 회사의 전략과 일치될 수 있도록 구성해 관리하게 해 조직의 역량을 전략 달성에 집중시켜주는 전략 구현 및 성과 측정의 도구이다. 〔……〕 균형성과관리는 회사의 비전과 전략을 재무적 시각, 고객의 시각, 내부 프로세스 시각 및 학습과 성장의 시각 등 네 가지 시각에서 본 균형 있는 내적·외적 성과지표를 사용해 회사의 전략적 목표를 측정하고, 이를 각 조직의 구성원과 공유하며, 각 조직구성원 또는 팀별 목표를 회사의 목표와 일치시키도록 한다. 즉 전략분석을 통해 찾아낸 핵심성공요소Critical Success Factor, CSF를 네 가지 관점에서 핵심성과지표Key Performance Indicator, KPI로 분해해 구성한 후 핵심성과지표 간의 인과관계를 나타냄으로써, 문제의 영역이 전체적인 목표에 미치는 영향을 쉽게 발견해 개선의 기회를 찾아 실행할 수 있게 한다. 따라서 회사는 균형성과관리를 활용함으로써 미래성장을 위한 핵심역량의 축적 상황을 모니터링하면서, 현재의 성과를 나타내는 재무적 결과를 동시에 추적해 경영에 활용하게 된다(문보경, 2000: 38).

이 설명은 BSC를 매우 간략하게 설명해준다. 위에서 특별히 주목할 필요가 있는 것은 이른바 BSC가 두드러지게 강조하는 "균형 잡힌" 관리라는 관점이다. 여기에서 재무적 시각, 고객의 시각, 내부 프로세스의 시각, 학습과 성장의 시각이라 각각 부르는 것은 기업의 경제적 행위가 추구해야 할 상이한 목표를 가리키는 것이기도 하지만, 또 동시에 기업에 속한 행위자들이 자신을 어떻게 주체화해야 할지 각각의 방향을 지시하는 것이기도 하다. 다음 설명은 이런 점을 더 상세하게 보여준다.

BSC가 주장하는 바는 만일 기업이 종합적이고 균형 잡힌 성과측정시스템을 갖고 있다면 기업의 구성원들은 다음의 네 가지 질문에 답할 수 있어야 한다는 것이다. 첫째는 조직의 재무성과에 관한 질문으로 '우리는 주주들에게 어떻게 보이고 있는가'이다. 〔……〕 둘째는 고객과의 관계를 나타내는 질문으로 '우리의 고객들은 우리를 어떻게 생각하고 있는가'이다. 〔……〕 셋째는 내부 프로세스와 관련된 질문으로서 '우리는 무엇에 초점을 맞추어 뛰어나야 하는가'이다. 〔……〕 그리고 넷째는 조직의 혁신과 학습 역량과 관련된 질문으로 '우리는 어떻게 계속해 혁신하고 학습함으로써 가치를 창조할 수 있는가'이다(민재형, 2000: 67~68).

이처럼 BSC는 기존에 기업의 경제활동이 얼마나 효율적이고 능률적인가를 측정하고자 살펴보던 대상의 범위를 획기적으로 확장한다. 간단히 말하자면 이윤과 같은 개념으로 기업의 경제활동이 얼마나 효율적인가를 평가하거나, 생산성·품질 등의 지표로 생산물과 노동과의 관계를 측정하고 평가하지 않는다는 것이다. 이런 것들은 BSC식의 표현을 빌리자면 고작해야 재무 성과라는 다양한 성과 측정의 지표 가운데 하나에 속할 뿐이다. 따라서 BSC는 일터에서 벌어지는 활동을 테일러주의적인 관리체계가 대표하는 것처럼 시간이나 품질 등의 지표를 통해 관리하지 않는다. BSC는 일터에서의 행위 및 지식, 태도와 관련된 거의 모든 것을 망라한다 해도 과언이 아니다. 특히 BSC는 종래의 생산성, 수익, 품질 등을 재무적인 지표로 묶고, 그와 구분되는 활동들을 각기 프로세스, 고객과의 관계, 학습과 혁신이라는 지표에 따라 측정한다. 경영 담론에서는 이미 불멸의 표어라고 할 "측정할 수 없는 것은 관리할 수 없다"는 말이 알려주는 것처럼 BSC는 일터에서 벌어지는 행위의 광범한 영역을 포괄하고 또 이를 객관화시키려고 한다. 물론 노동주체의 주관적인 삶, 특히 정서적이고 직관적인 행위들을 과연 객관화·수량화할 수 있겠는가, 그리고 측정·관리할 수 있겠는가 반문할 수도 있다. 그렇지만 이런 자못 냉소적인 반문은 BSC가 실현되기 어렵다는 근거가 되는 것이 아니라 그 때문에 BSC를 좀더 개선하고 확충해야 한다는 주장으로 이어질 뿐이다. 이를테면 좀더 섬세하고 정교한 심리적 관리의 지식과 기술을 도입하면 BSC는 개선될 수 있다고 얼마든지 주장할 수 있기 때문이다. 특정한 경영 테크놀로지가 '실패'했다는 것은 그것이 불가능하다는 점을 주장하는 것이기는커녕 그것이 유효하다는 점을 강화시키는 담론적인 공정 가운데 한 부분으로 통합된다.[61] 다시 말해 실패가 '사례'로서 고립적으로 분리되며 정상적이고 유효한 효과를 나타낸 다른 사례와 비교될 수 있다. 따라서 비정상적인 사례는 특정한 경영 기법의 한계로 작용하는 것이 아니라 그것의 교정과 개선을 위한 조건으로 작용할 뿐이다. 이는 경영 담론의 전형적인 언표 행위의 방식이 사례의 서사라는 언표와 비교의 언표로 나타나는 것을 상기하면 쉬이 알 수 있을 것이다.

표 3-5 택배사의 핵심성과지표[62]

연번	핵심성과지표의 내용	핵심성과지표의 목표치
1	화물터미널로부터 배송장 인계 소요시간 최소화	10분 이내
2	배송장 접수 후 고객에게 전화하기	10분 이내
3	예정배송시간 미준수 시 고객에게 즉시 전화하기	예송 배정시간 15분 전까지
4	업무시간 외 접수품목의 화물터미널 도착시간 단축	1시간
5	지방특송 항목 접수 후 고속버스터미널 도착시간 단축	1시간
6	지방특송 진행 시 해당 항목에 대한 즉각적인 대응	1시간 30분
7	지방 터미널 도착 후 물품 인도시간 단축	1시간
8	배송/집송 후 예약 담당자에 대한 운송증비서류 보고시간 합리화	10분
9	익일 배달 소화물의 경우, 당일 아침 고객에게 통보하는 시간 지키기	09:30 이전
10	고객으로부터의 배송 문의에 가능한 한 신속하게 응답	15분 이내
11	원천 배송장의 물류창고 전달시간 줄이기	익일 09:00까지
12	물류창고에 대한 일일 보고서 전달	매일 18:30까지
13	예정 배송시간에 대한 정시 배송	예정 배송시간 ±15분

그렇다면 BSC가 일터에서 노동주체의 다양한 사회적인 삶을 객관화해 이를 관찰하고 측정·평가라는 계산으로 통합한다고 할 때, 이것이 구체적으로 어떻게 나타나는지 좀더 자세히 살펴보자. 압축적으로 말하자면 이는 CSF와 이를 각기 네 가지 관점에서 구체화하는 KPI를 통해서 나타난다. 어떤 기업의 경영전략이 비전과 미션 등으로 구체화되면 이는 다시 CSF로 번역된다. 다음으로 그런 CSF들이 실현됐는지를 측정하고 평가할 수 있도록 하는 KPI를 구성하게 된다. 이렇게 설정된 각각의 KPI는 단순하게 병치되는 것이 아니라 수많은 경영컨설턴트들이 역설하는 것처럼 기업의 전략과 개인적 행위의 차원과 결합될 수 있도록 유기적인 인과관계가 명료하게 정의되어야 한다. 이를테면 "종업원에 대한 동기부여 및 만족도가 고객만족도와 연결되며 그것은 다시 시장점유율에 영향을 주어 결국 자산수익률에 영향을 준다는 논리적 흐름을 설정"할 경우에는 "고객만족

도, 종업원 동기부여, 시장점유율, 자산수익률" 등이 지표로 고려되어야 한다는 식이다(김범열, 2002c: 33). 더 구체적으로 택배사의 경우 그 기업은 **표 3-5**와 같은 KPI를 설정할 수 있다.

물론 이런 예는 다양하게 확장될 수 있다. 예를 들어 생명보험사라고 한다면 고객만족경영이라는 비전을 설정하고 다양한 조사와 분석을 통해 '대출금 지급 신속성' 같은 여러 종류의 CSF를 도출한 후에 이를 '대출 실행 소요기일' 같은 하위적인 KPI로 구체화할 수 있다.

이런 KPI들은 분명 새로운 형태의 테일러주의적 노동통제라 간주해도 충분하리만치 노동주체의 행위를 세부적으로 분해하고 이를 특정한 목표와 기준에 따라 관리하고 통제하려 하는 것으로 보인다.[63] 그렇지만 노동과정의 합리적 통제를 기존의 테일러주의적 노동통제와 다를 바 없다고 일축하기엔 어려움이 있다. 예를 들어 생명보험사라고 할 경우 KPI에 따라 노동과정을 세부적으로 객관화하고 이를 통제하려 애쓰지만 사람들이 이와 엮이는 방식은 사뭇 다르다. 이는 많은 경영 담론이 장밋빛 가득하게 예찬하는 다양한 테크놀로지와 결합하기 때문이다. 피라미드형의 관료적인 위계를 대신한다고 자처하는 팀제라든가 획일적인 시간 및 직무 중심의 임금 지급이 아닌 능력과 성과 중심의 보상체계라든가 하는 다양한 요소들이 바로 이를 대표한다 할 것이다. 예컨대 생명보험사인 K사의 경우 BSC를 통해 사람들을 관리한다. 그렇지만 그 회사의 자료가 보여주듯이 KPI를 통해 사람들을 훈육하고 통제한다 할 때, 이는 그들을 경영의 명령을 받는 수동적인 대상으로 다루려는 것은 아니다(「CS 평가시스템 구축 및 활용사례」, K사 내부 자료). KPI에서 지시하는 각각의 지표는 '경영 명령' 대 '일하는 사람들'의 주종관계가 아니라 고객 대 고객의 관계로 일하는 주체들 사이의 관계를 그려내고 또한 통제한다. 여기에서 말하는 고객이란 흔히 생각하듯 상점에서 물건을 사는 사람을 일컫는 것이 아니다. 여기에서 말하는 고객이란 "회사 내에서 내가 하는 일의 결과를 사용하는 사람/부서/프로세스"로서, 다른 노동주체는 "나"에게 "사내고객"으로 정의된다. 따라서 "고객만족"이란 경영전략은 이제 기업 바깥에 있는 소비자들을 만족시키고자 나온 명령이 아니라 기업 안에서 일하는 다양한 사람들 사이에서 이뤄지는 호혜적인 상호작용이란 형태로 변형된다. 따라서 여기에서 BSC는 일하는 사람을 생산자이자 동시에 소비자 정체성을 가진 것으로 바꿔내고, 이를 다시 팀체제 특유의 훈육과 결합시킨다. 노동주체들은 이제 서로에게 만족을 제공하는 고객 간의 관계, 즉 서로의 노동 행위의 결과를 소비하는 고객의 관계가 된다. 따라서 테일러주의적인 주체화의 테크놀로지가 하는 것처럼 경영권력의 규범에 복종시키거나 동일시하도록 하는 것이 아니라 여기에서는 나와 다른 일하는 사람들이 서로를 적극적으로 만족시키는 것으로 나타난다. 따라서 "한울타리", "미소천사", "고객짱", "디딤돌", "CS보라매" 같은 "동아리"들은, 다양한 동아리들의 네트워크처럼 보이기조차하는 기업조직 안에서, 각자 고객이 되어 일을 한다. 따라서 그들은 전략경영 담론에서 말하는 바처럼 각각의 '전략적인 단위'가 되어 서로 자율적으로 소통하고 각자 자신의 성과에 대한 책임을 떠맡는 것이다.

　"BSC의 구축은 측정시스템을 개선하기 위한 활동이 아니라 조직을 보는 시각이나 관리하는 방법에서 근본적인 변화를 이루기 위한 경영활동"이라는 주장은 BSC가 주체화의 테크놀로지로서 지닌 특성을 구체적으로 보여주는 말이라 할 수 있을 것이다(이원창·서의호·최우승, 2001: 596). BSC가 작용하는 방식은 다름 아닌 "학습 및 성장(혹은 혁신)"이라는 단언을 생각해보면, 이런 측면은 더욱 확연해진다. BSC는 전략경영 담론을 도구화하는 객관적인 지식과 절차, 평가의 규준 등으로 이뤄져 있지만, 그렇다고 BSC를 전략경영 담론에 부속된 하위 테크닉으로 평가절하할 수는 없을 것이다. 뒤에서 역량 담론을 살피면서 다시 검토하겠지만 BSC는 일터에서 사람들이 벌이는 활동, 특히 기존에는 경제적인 행위로 가치를 평가하지 않았던 다양한 사회적 삶(지식과 학습, 감정적인 상호작용, 몰입과 헌신 등)을 '자산'으로 구성하고 이를 자본이 효과적으로 전유할 수 있도록 하는 노동의 표상체계이다. BSC가 자신을 "균형 잡힌" 것으로 제시할 때 여기에서 말하는 "균형 잡힌"이란 바로 기존에 경제 행위와 그 성과를 제시하던 체계(대표적으로 재무제표)가 재무적인 지표들만 고려한 채 "지식기반경제"에서 가장 중요한 "무형 자산"을 고려하지 못하는 점을 "균형 있게" 조절한다는 뜻이기도 하다.[64] 그러므로 BSC는 단순히 경영기법을 넘어 기업의 경제적 행위를 새로운 '계산의 실천', 즉 회계 담론과 결합하는 역할을 한다. 이런 점에서 BSC는 전략경영 담론의 일부이기도 하지만 또 인적자원회계니 지적자산회계니 하는 이른바 지식기반경제란 이름에서 내놓고 있는 "경제적 가치화"의 담론, 회계의 담론으로 간주될 수도 있다.[65] 결국 BSC는 노동하는 이들의 주체성을 계산의 행위 속에 통합하고 이를 통해 경제활동을 드러내고 제시할 수 있도록 하는 표면을 만들어낸다. 다시 말해 BSC는 일터에서 벌어지는 활동을 '자산'과 '성과'라는 측정·평가 체계에 종속시키고 이를 통해 노동주체를 경영권력에 복종하도록 한다. 이로써 일터에서 노동주체가 하는 활동은 생산물과의 관계, 즉 얼마나 많이, 빨리, 불량 없이 생산을 했느냐는 기준만으로 드러나지 않는다. 그것이 커뮤니케이션이나 팀워크라고 부르는 사람들 사이의 사회적 상호작용에서부터 자신의 행위를 스스로 얼마나 잘 관리했느냐는 '나의 돌봄'에 이르기까지 모두가 성과지표를 통해 관리 대상으로 객관화된다. 그리고 이는 다시 승진과 보상 등 노동주체를 관리하는 다양한 도구들과 결합한다. "노동자는 더 이상 안전, 연대, 및 복지를 향한 자신의 욕구 만족을 추구하는 사회적 피조물이 아니라 성공과 성취란 측면에서 자신의 수익을 최대화할 목적으로 능동적으로 자신의 삶을 형성하고 관리하고자 추구하는 개인으로 구성된다. 그리하여 기업가정신이란 언어는 시장이라는 외부세계 안에서 기업전략을 산정하고 촉진하는 방식을 형성하고자 할 뿐 아니라 경영 전문가들이 사업의 성공을 보장하게끔 돕는 새로운 테크놀로지의 흐름으로 체계화될 수도 있다"고 밀러와 로즈가 말할 때, 이는 또한 BSC에 액면 그대로 해당되는 것임은 물론이다(Miller & Rose, 1990: 100).

한편 앞의 분석에서 쉬이 짐작할 수 있듯이 BSC는 전략경영 담론뿐 아니라 "지식경영" 담론을 구성하는 중요한 부분이기도 하다(삼성경제연구소, 1999; 현선해·차동옥, 1999). BSC는 일터 안에서 벌어지는 사람들 사이의 활동을 이른바 "학습과 성장의 관점"에서 평가한다. 다시 말해 경영전략을 수행하는 다양한 사회적 활동의 일부로서 각자 개인이 펼치는 기업 안에서의 생활을 "지식근로자" 혹은 "자기주도적인 평생학습의 주체"란 이름하에 묶어낸다. 특히 BSC가 "조직의 비전과 전략에 대한 합의를 도출하고 전략을 모든 구성원에게 전달하면서 팀 및 개인의 목표와 연결"하는 관리 테크놀로지라고 할 때(이남주·김재석·김강, 2001: 12), 이런 개인화시키고 동시에 기업화시키는 관리 테크놀로지는 학습이란 행위를 동원함으로써 진행된다. "종업원의 창의력을 기업성과에 연계"시키고, "지식의 창출, 공유, 축적, 학습, 활용을 촉진하기 위한 포상, 승진, 휴가 등 다양한 인센티브 및 보상시스템 개발"을 위해 유용하다는 것이다(삼성경제연구소, 1999: 254).

로즈와 개릭은 지식경영 담론이 경제적 행위자로서의 노동주체(인적자원)와 인지적 주체로서의 노동주체(지식근로자)를 결합시켜 인지-경제적 주체cogito-economic subjects로 만든다고 말한다(Rhodes & Garrick, 2002). 그렇다면 BSC를 통해 스스로 유용한 지식을 창출하고 확산시키고 이를 통해 보상과 평가를 받는 사람들이란 곧 그들이 말하는 "인지-경제적 주체"에 다름 아닐 것이다. 성인 캐주얼웨어를 생산하는 의류제조 브랜드 회사인 E사의 경우 BSC와 지식경영을 결합시킨 사례로 대중매체에 자주 등장한다. 이 기업이 어떻게 BSC를 구축하고 실행했는가를 분석하는 글들을 보면 BSC가 어떻게 개별적인 일하는 주체를 인지-경제적 주체로 변형시키는지 잘 알 수 있다(김교연, 2001 ; 이남주·김재석·김강, 2001).

> 〔E사는〕각 관점별로 50개의 전략적 지표를 개발했다. 사업부별, 팀별, 개인별로 목표관리보고서를 작성하도록 하고, 지식경영시스템Knowledge Management System, KMS을 통한 개인성과표Personal Score Card, PSC 의 피드백을 수행했으며, 월·분기·반기·연 평가회를 개최해 베스트 프랙티스에 관한 지식을 발굴, 공유했다. 〔……〕월 평가회 및 분기 평가회에서 검토하는 사항은 다음과 같다. ―월 평가회 검토사항: ① 전월의 결정대로 실행했는가? ② 무슨 일이 일어났는가? ③ 왜 그 일이 일어났는가? ④ 그것에 대해 무엇을 해야 하는가? ⑤ 그 결과를 어떻게 확인할 것인가? ⑥ Best Practice의 공유〔……〕(이남주·김재석·김강, 2001 : 239).[66]

그리하여 BSC가 지닌 효과는 "경영관리 프로세스의 향상"이란 결과에 더해 "조직구성원들의 의식과 행동의 변화"를 가져온다.[67] 이 기업의 자체 직무만족도에 대한 조사가 보여주듯이 각각의 일하는 주체는 개인적인 "책임"을 명확히 하게 됐고, "공동체 의식"을 강화했다는 것이다. BSC를 통해 "자아"를 빚어낸다는 것은 이 회사의 BSC 도입의 성과를 소개하는 다음의 기사에서 매우 자극적인 어조로 제시된다.

중견 의류업체인 E사의 경우 1999년 말 '개인측정 성과시스템'을 도입,

일부 사원들의 성적표를 공개하는 등 신인사시스템을 도입했다. 〔……〕 1등을 한 디자이너는 '비교지표가 없을 때는 막연하게 일을 했는데 성적표가 공개된 이후 나 자신의 시장가치를 높여야겠다는 생각이 강하게 들었다'고 말했다. 직장에서 일을 하는 방식도 크게 바뀌었다. 성과 측정의 주요 항목인 판매율과 매출이익 증가에 직원들의 업무가 집중된다. 한 디자이너는 '과거에는 상사가 지시한 업무를 우선적으로 처리했는데, 요즘은 자신이 만든 옷이 몇 장 팔렸는지 항상 신경을 쓰는 등 판매율을 높이는 데 주력한다'고 말했다. 〔……〕 또 회사 측은 측정 결과를 보고 아주 놀랐다. 그 이유는 회사 측이 그동안 막연하게 생각해온 근로자들의 기여도와 통계수치의 격차가 너무 컸기 때문이다. 회사 측은 1998년까지 상중하 세 단계로만 평가했다. 1999년 디자이너 33명의 1인당 매출이익을 측정한 결과 1등(37억 6,300만 원)과 꼴찌(800만 원) 간에 격차가 무려 470배인 것으로 나타났다. 〔……〕 회사는 1999년 개인성과표가 발표된 이후 금년 1/4분기에 디자이너 간의 매출이익 차이가 100배로 줄어든 사실에 고무돼 있다. 성적표의 공개가 직원들을 업무에 집중하도록 하고 내부경쟁을 유발, 직원들 간의 생산성 격차가 상당히 줄어들었다는 게 회사 측의 판단이다(한국경영자총협회, 「E사 개인측정 성과시스템 도입」, 『임금연구』, 2000년 여름호: 147~148).

여기에서 말하는 종래의 "상중하의 3단계"와 BSC 이후의 "470배의 개인적 차이"를 가르는 것은 무엇일까. 이를 위의 경영자 스스로 말하듯이 개별화된 노동자들 사이의 경쟁을 도입했느냐에 있다고 서둘러서 말해서는 안 될 것이다. 일하는 이들 사이에 개인적인 경쟁을 도입하고 이를 통해 전체적인 것(기업, 조직 등)과 개별적인 것(낱낱의 구성원) 사이에 생산적인 관계를 극대화하려는 것은 언제 어디에나 상존하는 테크놀로지이다. 푸코의 말처럼 규율 혹은 훈육이란 "단순히 사람들을 모아두는 것"이 아니라 "개개인의 효용 가능성을 증대시키는 적극적인 역할"을 하도록 조직하는 것이라 할 수 있다(푸코, 1994a: 308~309). 노동자를 규율하기 위해 자본은 이들을 개별화시키고, 그들을 평균 혹은 표준과의 거리, 테일러 시스템 창안자인 프레드릭 테일러의 말을 빌리자면 '최선의 방식'을 통해 각각의 행위자들을 특정화한다(테일러, 2004). 다시 말하자면 각각의 개인들을 정상과 비정상 또는 모범과 열등 등으로 분류하고 그들을 검사, 시험, 포상, 승진, 동기부여 등의 구체적인 테크놀로지로 구성된 망 속에 끌어넣는다.[68] 앞에서 본 상중하의 구분이 바로 그런 것에 해당할 것이다. 그렇다면 "470배의 개인적 차이"를 통해 재현되는 개인과 "상중하"의 개인은 다를 수밖에 없다. 그 차이는 디자이너들이 자신을 드러내는 방식 안에서 이미 드러난다. "나 자신의 시장가치를 높이는" 노동자, "과거에는 상사가 지시한 업무를 우선적으로 처리했는데, 요즘은 자신이 만든 옷이 몇 장 팔렸는지 항상 신경을 쓰는" 노동자는 더 이상 규범화·규격화하는 권력에 지배를 받는다고 보기 어렵다. 그들은 '업무 지시'라는 것을 통해 전달되고 매개되는 훈육권력의 명령에 복종하는 것이 아니라 자기 스스로가 내린 명령, 즉 명령 아닌 명령에 복종한다. 이때 경영권력이 지배하는 대상은 더 이상 '일'이라 말하기 어렵다. 그것은 노동자의 일터 안에서의 다양한 사회적 삶, 즉 위에서 보았듯이 의사소통, 팀워크, 학습 등은 물론 자신을 향상시키고 계발하려는 의지 등을 망라하기 때문이다.

따라서 BSC는 기존에 유행한 바 있던 기업문화 같은 경영 테크놀로지들이 지닌 한계를 뛰어넘는다. 1980년대 후반부터 국내 기업들이 다투어 도입했던 다양한 기업문화 캠페인은 노동자들로부터 반감과 냉소적 거부를 불러일으키기 일쑤였다. 반면 BSC는 그런 기업문화 캠페인이 연상시켰던 주입과 동원이라는 훈육적 주체화의 인상을 떨치는 데 어느 정도 성공한 것처럼 보인다. BSC는 기업주나 경영자 집단이 강제적으로 전달하는 상징과 의례, 이념이 아니라 노동주체의 자발적인 삶 자체를 동원함으로써 구성되는 것이기 때문이다. BSC는 전략경영 담론을 구체화하는 효과적 도구로서 일하는 사람들의 일상적인 행위를 동원할 수 있다. 예를 들어 BSC는 일하는 주체를 지식근로자, 평생학습의 주체로 동원해 그들이 일터 안팎에서 벌이는 다양한 지적인 활동을 가치화하고 전유한다. 그렇지만 동시에 BSC는 일터 안에서 이뤄지는 생활, 즉 경영 담론이 의사소통, 팀워크, 조직문화 등이라고 부르는 것 역시 관리하고 조직한다.

BSC의 이런 측면은 이를 다루고 보급, 장려하는 모든 글에서 나타난다. 예를 들어 국내 전체 제조업 분야의 대표적 상장기업 76개 회사를 대상으로 BSC와 팀제의 상관관계를 분석한 글을 보면 이런 주장이 나온다. 이 분석에서 필자들은 재무 및 고객 관점이 측정에 곤란할 뿐 아니라 재무적 관점이 팀구성원들에게 "스트레스로 작용"하는 반면, 학습과 성장의 관점은 "팀구성원들로 하여금 업무 수행력을 증가시킴으로써 구성원들의 직무만족을 증가"시킨다고 주장했다(박기석·이갑두, 2004). 이는 BSC가 "사업전략을 구체화시키고 구성원들 사이에 의사소통하며, 공동의 목표를 달성하도록 개인과 부서, 그리고 조직의 노력을 일원화"(민재형, 2000: 78)시키며, "기업의 사업전략과 행동계획을 구성원들에게 효과적으로 의사소통함으로써 그들에게 공동체의 일원이라는 의식을 고취시킴과 동시에 그들 각자가 공동의 목표를 구성하기 위해 구체적으로 무엇을 해야 하는지 알 수" 있게 한다는 것이다(민재형, 2000: 81). BSC는 이런 목표를 효과적으로 실현하기 위해 다양한 경영 테크놀로지와 결합하기도 한다. 바로 그것이 BSC라는 경영 테크놀로지가 낯설게 들리는 사람이라도 한 번쯤은 들어본 적이 있을, 연봉제와 항상 짝을 이루는 'MBO'나 '다면평가제' 같은 것이라 할 수 있다.

구성원들에 대한 동기부여를 위해 BSC의 측정 결과와 개인 보상 프로그램의 연계를 고려해야 한다. 보상과 연계되어야만 구성원들은 보다 명확한 주인의식을 갖고 목표달성을 위해 창의력과 열정을 발휘하기 때문이다(김범열, 2003c: 29).

MBO는 인용문에서 말하는 "주인의식"과 "창의력" 그리고 "열정"을 이끌어냄으로써 일하는 주체를 관리하려는 개인 보상 프로그램이다. 이 역시 미국 경영 컨설턴트의 발명품인 BSC처럼 미국의 경영학자인 피터 드러커가 내놓은 발명품이다. 이는 국내에서는 1990년대 이후 국내 많은 기업들이 사용하기 시작했고, 연봉제라는 새로운 임금형태와 짝을 이루어 직장인들이라면 1년에 한두 번쯤은 반드시 겪어야 하는 의례가 됐다. 한편 이 역시 BSC의 도입과 유사하게 공기업과 정부기관에서 새로운 인사관리 제도로서 사용을 결정하면서 몇 년 동안 상당한 관심이 조성됐다.

목표관리제

전략의 실행/구체화, 중간관리층의 기능 강화/활성화, 업적의 향상, 기업의 체질 개선, 조직풍토의 개혁, 사원의 의식개혁, 조직의 이노베이션, 업무개선 촉진, 직장의 커뮤니케이션 활성화, 직장의 팀력 강화, 일하는 보람의 향상, 창조성 발휘, 능력개발, 자율적 인재의 육성, 개인의 자립, 업적 평가의 납득성 제고.[69]

이토록 다양한 재주를 가진 만능 경영 도구는 과연 무엇일까. 바로 MBO이다.[70] MBO란 대개 "조직구성원이 자율적으로 상사와 협의해 자신의 업무목표를 정해 업무를 수행하고 그 수행결과를 스스로 평가하는 경영

관리기법"으로 정의된다(김창의, 2002: 112).⁷¹ 그러나 대부분의 직장인들에게 MBO란 연봉제와 인사고과라 불리는 것에 딸린 귀찮고 성가신, 그렇지만 불안하고 무시할 수 없는 경영권력의 얼굴일 것이다. MBO와 항상 함께 거론되곤 하는 역량, 능력, 성과, 다면평가, 연봉, 자기계발 등의 용어들에 주눅 든 이들에게 이 MBO를 향한 예찬은 아마 먼 나라에서 들리는 경영의 복음처럼 들릴 수 있을 것이다. 직장인들로부터 흔히 들을 수 있는 다음과 같은 MBO에 관한 푸념은 경영권력의 MBO의 능력을 향한 믿음과 거리가 멀기만 해 보인다.

올해부터 우리 사무실에서 어설픈 연봉제를 도입하면서 개인 MBO 카드를 만들어서 연말에 자기의 목표치를 어느 정도 이루어냈는지 알아보고 이걸 개인 연봉에 반영한다고 했었다. 물론 누구나 큰 기대를 가지고 시작한 건 아니었지만 아무튼 연말에 사무실에 팀원들이 모여 작성하면서 되돌아보는 계기는 됐던 것 같다……. 내년 초에도 또 만들겠지만 이런 군대식의 장난 같은 요식행위는 별로 탐탁치가 않다……. 그냥 나 혼자만의 MBO 카드를 작성해보고자 한다. 우선 최고의 목표는 5월 이내에 결혼하는 것…… 많은 무리수가 따를 것이고 급하게 이것저것 준비하다 보면 티격태격하는 일이 많을 테지만 무조건 할 거다. 〔……〕 내가 하는 일에 있어서의 목표는 크게 두 가지로 나눌 수 있는데 첫번째는 'EMS 보고서'를 6월 이전에 그래도 대충 냈다는 소리 안 듣게 내는 것이다. 내가 처음으로 한 현장이라고도 할 수 있는 데다가 그 과정에서 미운 정 고운 정 많이 든 현장이다. 또 어쩌면 사무실 대부분의 사람들에게 나를 인식시킨 현장이기도 하기 때문이다. 나머지 한 가지는 지금 하고 있는 XX지구 조사를 책임지고 해내고 싶은 생각이다. 물론 모자란 점도 엄청 많고 내가 감당할 수 있을지 나조차 의문시되고 사무실에서도 많이들 그렇게 느끼고 있겠지만 꼭 해내고 싶다. 〔……〕 마지막으로 한 가지 생각난 거지만 서류를 잘 만들어야겠다는 생각이 든다……. 결국 내가 애들한 테 싫은 소리할 때 자주 쓰는 말이지만 똑같은 실수를 계속하는 것은 실수가 아니라 실력이라는 말처럼 이제 현장조사보다 훨씬 더 스트레스를 받는 일이 돼버렸다. 나름대로 꼼꼼하다고 생각하는데 왜 서류만 그렇게 체크가 안 되는지 모르겠다(인터넷 개인 블로그에 올린 어느 직장인의 이야기).

대학 시절…… 건축디자인 수업 때 교수는 일정규격 면적을 던져주고선 그 속에 뭐든 자기가 만들고 싶은 걸 디자인하라고 했다. 〔……〕 나는 〔……〕 복층구조의 원룸을 설계했었다. 그러나 며칠 밤샘작업의 결과에도 불구하고 교수가 평가한 내 디자인 점수는 열나 비참했다. 〔……〕 그렇다면 상대평가 그 자체가 오류다. 그 자식은 건축은 예술이라 했지만, 나는 건축은 삶이라 생각하는 부류였다. 예술을 논하는 그 넘에게 현실적인 내 삶은 그렇게나 보잘것없었나 보다. Anyway……상대평가는 경쟁을 통한 외발적 동기를 유발하는 데는 적합할지 몰라도 경쟁과 분류만을 강조해 피평가자의 정신위생에 문제를 일으킬 소지가 다분하다. 요즘 회사에서는 MBO다, KPI다, 뭐다 뭐다 하면서 난리 부르스를 떨고 있다. 나는 잘 모르겠다……. 아니 정말 모르겠다. 상대평가와 절대평가 사이에 존재하는 그 알 듯 말 듯한 내연의 관계(?)가 나는 너무 싫다. 절대평가, 절대사랑, 절대믿음, 절대가치, 절대XX, 절대XX, 절대XX…… 과연 이런 것은 절대로 존재할 수 없는 것들인가……. 아휴, 쓰기 시러, MBO(인터넷 개인 블로그에 올린 어느 직장인의 이야기).

그렇지만 MBO를 향한 원망 섞인 직장인들의 푸념은, 곧 살펴보겠지만 MBO의 이데올로기에 반하는 것이 아니다. 역설적으로 그것은 MBO를 고안했던 것으로 알려진 피터 드러커가 MBO를 두고 말했다는 유명한 선언, 즉 MBO는 "경영의 철학"이란 말이 어떻게 실현되고 있는지 보여준다. MBO가 가진 주체화의 테크놀로지로서의 위력을 보여주는 것은 아래와 같은 어느 경영자의 발언일 것이다.

"올해 저의 목표는 1, 30, 74, 79, 105입니다. 105는 회사 내에서의 제 업무 목표를 105% 달성하는 것이고, 79는 골프 스코어, 74는 몸무게, 30은 올 한 해 읽을 책 권수, 1은 영어성경 1독讀입니다. 현재 달성치요? 0.3, 33, 80, 86, 118이네요." 한국 썬마이크로시스템즈(주) 유원식(44) 사장이 내민 올해 그의 MBO, 즉 목표관리계획이다. 독서와 업무에서는 벌써 목표를 초과달성했지만, 다른 부분들은 '아직'이라며 멋쩍은 웃음을 짓는다. 유 사장은 한국 썬에 오자마자 직원 모두에게 이 같은 MBO를 작성하도록 했다. 분기별로 자신의 목표를 스스로 정해 올리고, 이 내용을 바탕으로 직속 매니저와 상의하고 지원을 요청하고 평가를 받도록 했다. 특히 유 사장이 강조한 부분은 회사 업무와 개인 생활의 균형. 일뿐만 아니라 가족, 친구, 건강, 자기계발 등의 부분에도 많은 가치를 두고 이에 관한 목표를 꼭 세우도록 강조했다. 목표를 수치화한 유 사장 자신의 MBO를 공개한 것도 '일만 염두에 두지 말 것'을 설명하기 위해서였다. 'IT 업계에만 22년 있었는데, 역시 여기는 '사람'이구나 하는 것이 제가 얻은 결론입니다. 특히 외국계 회사들은 제품이나 품질에 있어 큰 차별화를 보이기가 쉽지 않습니다. 어떤 사람들로 구성되어 있느냐가 조직의 경쟁력을 판단할 수 있는 기준이 되는 겁니다"(「글로벌 시대, 이공계 후배에게 CEO 권하고 싶어」, 『사이언스타임즈』, 2004년 3월 8일).

지금 본 어느 경영자의 다짐 섞인 이야기는 자기관리 혹은 자기계발과 관련한 이야기를 MBO와 결합하는 전형적인 표현이라 할 수 있다. 얼핏 보기엔 자기관리에 진력하는 평범한 개인의 모습을 보여주는 것 같지만 목표관리를 따르는 삶, 자기계발하는 삶은 "사람"(인적자원)이 중요해졌다고 역설하는, 일터를 둘러싼 새로운 표상과 결합한다. MBO를 열정적으로 실천하는 모습은 비단 방금 든 경영자에게 한정된 것만은 절대 아니다. 1990년대 중반 이른바 신인사제도란 것이 등장하면서 MBO는 본격적으로 확산되기 시작했고, 이제 그것은 일상적인 언어 속에 버젓이 자리 잡았다 해도 과언이 아닐 정도가 됐다.[72] 이제는 심심찮게 "나의 올해의 MBO는 결혼"이라든가 "나의 상반기 MBO는 토익 몇 점"이라는 식의 이야기를 들을 수 있기 때문이다.

　　위에서 인용했던 직장인들의 이야기, 즉 번거로운 형식적인 절차 때문에 짜증이 난다거나, "군대식의 장난 같은 요식행위"라서 반감이 든다든가 하는 것은 MBO의 비효과성을 증명하는 것이 아니다. 위의 푸념과 반감은 차라리 MBO가 겨냥하는 효과 가운데 하나라고 할 수 있다. 평가가 얼마나 공정하겠는가에 관한 의혹이라면, 평가 기준을 공정하고 정당하게 마련하는 데 유의하면 될 일이고, 그래서 MBO 관련 매뉴얼이나 지침서는 그것을 위한 구체적인 테크닉을 이미 상세하게 소개하고 있다. "과정관리가 개인과 조직의 성과 향상을 위해 필요하다는 생각보다 오히려 '일 그 자체를 위한 일'이 아닌가 하는 생각"이 들거나(정연양, 2000: 62), "개인 및 조직 성과는 별로 좋아지는 것은 없는데 페이퍼 워킹 등의 잡일이 너무 많아졌다"고 불평이 생겨도 걱정할 일은 없는 것이다(장성근, 1999a: 46). 사람을 성가시게 만드는 관료제적인 회사 일 한 가지가 더 늘어난 것이라는 푸념을 하기에 앞서 동기부여와 만족, 몰입 효과와 결합할 수 있도록 MBO의 효과적 사용법을 배워야 하며 MBO의 진정한 가치를 깨닫도록 이해를 제고하면 되기 때문이다. 문서작업이 문제라면 언제 어디에서나 손쉽게 자신의 목표를 입력하고 달성 정도를 평가함은 물론 자기가 더욱 개발할 필요가 있는 능력이 무엇인지를 친절히 알려주는 솔루션을 사용할 수 있다. 뒤의 그림(**그림 3-6, 3-7**)이 보여주듯이 이미 국내의 많은 기업들은 'BPR'이나 'ERP' 혹은 'BSC' 같은 솔루션을 통해 이런 과정을 컴퓨터화하고 있다. 그러므로 위에서 본 MBO를 둘러싼 부정적인 이야기들은 MBO가 그 효과를 증대시키고 강화하는 데 일조한다. 나아가 위의 직장인들의 이야기가 직접 보여주듯 그들은 MBO와 관련한 몇 가지의 형식적인 행위를 기피하거나 귀찮아하지만 MBO의 핵심적인 작용이라 할 수 있는 '목표에 따른 삶', MBO의 창시자인 피터 드러커의 표현을 빌리자면 '자기관리'하는 삶이란 이상은 충실하게 따른다. "나만의 MBO"를 정하든 "도전적인 목표"를 설정하든, 위의 노동자들은 이미 MBO가 요구하는 주체화의 명령에 종속되어 있기 때문이다. 따라서 경영자가 요란하게 추어올리는 자기계발하는 삶으로서의 MBO와 번거롭고 삭막한 평가 절차를 탐탁찮게 여기는 노동자들의 MBO 사이에 큰 차이가 있는 것은 아니다.

앞서 말했듯 MBO가 널리 도입된 계기는 연봉제로 대표되는 이른바 "보상제도의 유연화"라 할 수 있다. MBO의 도입 실태 현황을 보여주는 어느 통계에 따르면 2000년의 경우 국내 상장기업의 49%가 MBO를 도입해 이용하고 있는 것으로 나타난다(박우성·노용진, 2001: 21). 특히 1995년에 24.4% 정도의 도입률을 보이던 것이 1998년에는 35%로, 다시 2000년에는 49%로 증가했고, 정부기관이나 교육기관에서 역시 MBO를 도입하거나 활용하고 있음을 감안할 때 이를 활용하는 정도는 상당하다고 볼 수 있다. 또한 MBO를 활용하는 주된 목적이 승진, 승격 등을 위한 도구에서 점차 임금 수준을 결정하거나 경력개발 등을 비롯한 이른바 인재 육성으로 변화함으로써, MBO가 활용되는 방식에서도 큰 변화가 나타난다고 한다.[73] 특히 MBO의 중요한 효과 가운데 하나인 업적고과로부터 능력고과로의 변화 같은 것은 중요하게 고려해야 할 필요가 있는 대목이다. 아래에서는 이런 점들에 주목해 MBO가 어떻게 노동주체를 관리와 통제의 대상으로 구성하며 그것을 어떻게 실천하는지 간단히 살펴보도록 하자.

1990년대 초반부터 그즈음 "신인사제도"로 불린 새로운 노동관리 방식이 도입되면서 임금체계 역시 중대한 변화를 겪게 됐다.[74] 오랫동안 노동자를 가리키는 또 다른 이름이던 "월급쟁이"에서의 "월급"은 이제 프로야구 선수들에게나 해당되는 낯선 보상 형태로 들리던 "연봉"이란 명칭에 빛이 바래기 시작했고, 연봉제로 대표되는 "능력주의, 성과주의" 보상체계가 불가피하고 필연적이라는 담론이 부상해 영향력을 확대하기 시작했다 (양병무, 1994a; 박준성, 1999; 송광선, 1999; 노용진, 2004; 한국노동연구원, 1999; 지광수, 2001; 이경희, 2002; 박지원, 2003b). 뒤에서 다시 살펴보겠지만 인적자원관리로 불리는 경영 담론의 새로운 장르는, '능력'과 '성과'란 용어를 끊임없이 되풀이해왔다. 그러면서 경제적 행위를 어떻게 보상할 것인가란 문제를 대할 때 기존 담론이 전제하던 가정, 예컨대 생산이라는 직접적인 행위나 제품이든 서비스이든 일체의 노동생산물로부터 보상에 관한 담론을 떼어놓으려 해왔다. 따라서 일한 대가 혹은 노동의 삯으로서의 임금이란 종래의 생각은 이젠 노동주체의 주관적인 능력(역량) 혹은 인성(태도)에 대해 보상한다는 생각으로 대체될 지경에 이르게 된다. 이는 언제 어디에서 얼마만큼의 일을 했는가라는 '일'의 보상으로부터 자기 자신의 삶을 어떻게 다뤘는가에 대한 '주체화의 행위'(능력개발, 셀프-리더십, 커뮤니케이션 등)에 대한 보상으로 전환하기 시작한 것이라 볼 수도 있다. 여기에서 더 상세하게 다룰 수 없겠지만 임금이란 보상제도 역시 일하는 주체의 경제생활을 구성하고 또 지배하는 데 상당한 역할을 발휘하는 담론적 실천 가운데 하나이다. 임금이라는 제도가 경제적인 회계라는 행

표 3-6 연봉제 도입 실태의 추이[75]

구분	'96.11	'97.10	'99.1	'00.1	'01.1	'02.1	'03.1	'04.1
연봉제 도입업체 (도입비율)	94 (1.6)	205 (3.6)	649 (15.1)	932 (23.0)	1,275 (27.1)	1,612 (32.3)	1,712 (37.5)	1,829 (41.9)
조사업체수	5,830	5,754	4,303	4,052	4,698	4,998	4,570	4,370

* 1996~1997년은 임금교섭 타결 현황 조사와 병행해 조사, 1999년부터 별도의 설문조사 실시.

위를 통해 어떻게 노동하는 주체의 활동을 측정할 수 있고 평가할 수 있는 '경제적 실재'로 드러내고 또 규정하는가 하는 것은, 자본이 행사하는 경영권력 가운데 핵심적인 부분이라 할 수 있다. 자본은 노동주체를 지배할 때 그를 지배할 수 있는 대상으로 구성하는 것이고, 이때 가장 중요한 것 가운데 하나가 바로 그들을 "계산할 수 있는 주체"calculable subject, "책임 있는 주체"accountable subject[76]로 규정하는 것이기 때문이다(Townley, 1996 : 566~569).

그렇지만 임금은 주관적인 정체성을 지배하는 테크놀로지이기도 하다. 어느 경영컨설턴트의 "목표관리제도의 정착 없이 연봉제 없다"는 단호한 요구가 웅변하듯이 임금형태와 주체화 테크놀로지를 떼어놓기란 불가능하다(장성근, 1999a). 연봉제라는 임금형태와 MBO라는 테크놀로지는 일하는 주체의 주관적인 삶을 형성하고 관리하려 한다는 점에서 서로 합치하기 때문이다.

표 3-6은 1996년부터 2004년까지 한국 기업에서 연봉제가 도입되어 온 추이를 보여준다. 위의 표를 보면 알 수 있듯이 한국 기업에서 연봉제는 꾸준히 증가하고 있는 추세이다. 대기업과 정부기관은 물론 많은 중소기업이 연봉제 형태를 도입했거나 도입을 추진하고 있다. 물론 연봉제가 노동주체의 경제적 행위를 측정하고 평가, 보상하는 유일한 형태는 아니다. 연봉제는 새로운 보상체계를 대표하는 형태로 간주되는 것은 분명하지만,

이는 다른 여러 보상 형태(스톡옵션제, 종업원지주제 및 다른 성과급 형태의 보상 등)와 결합되어 있기도 하다. 그리고 연봉제 도입 방식이나 형태 역시 단선적으로 나타나지 않는다. 연봉제 도입에 관한 분석들이 이구동성으로 주장하듯이 이는 직종이나 직급의 성격에 따라 혹은 산업 형태에 따라 서로 다르게 나타나고, 동일 기업에서도 관리직에 우선 적용하고 이후 생산직 노동자에게 확대하는 등 복잡한 형태로 실행되고 있다.[77] 또 연봉제를 에워싼 수많은 논쟁적인 토론들이 알려주듯이 연봉제가 기존의 연공급에 기반한 임금형태의 문제를 해결하는 것, 즉 노동주체의 주체성을 변형하는 것이어야 함에도 불구하고, 지급방식과 계약 형태만 연봉으로 바뀌었을 뿐 성과와 능력을 중시하는 연봉제의 기본 취지는 살리지 못하고 있다는 주장 역시 집요하게 되풀이되어왔다. 그러나 이 글에서는 임금형태의 변화와 그것의 성격에 관해 자세히 논의하기는 어려우므로 앞서 언급했던 주체화의 권력이자 테크놀로지로서의 임금제도, 특히 MBO와 연봉제의 관계에 한정해 간단히 살펴보기로 하자.

"우리나라 기업의 경쟁력을 약화시킨 여러 가지 요인 중의 하나는 동기부여 기능을 상실한 보상제도"(박준성, 1999: 189)라는 말이 노골적으로 가리키듯이, 임금 혹은 보상 제도는 단순히 경제적 삶에 관련된 것만은 아니다. 그것은 '동기부여'와 같은 관리 행위를 통해 노동주체의 심리적인 주관성을 조절하는 것이기도 하다. 따라서 경제적 행위를 보상하는 것은 일터 안팎에서 노동주체의 주체성을 관리하고 지배하는 테크놀로지로서의 역할을 겸하는 셈이다. 아마 연봉제가 지닌 이런 특성을 가장 잘 요약해주는 것이 다음의 이야기라 할 수 있을 것이다.

임금결정 패러다임이 바뀌지 않는 한 연봉제를 도입해도 기업회계에서 임금은 비용으로 처리된다. [……] 임금이 절감대상 비용으로 평가되는 현장에는 사람의 온기가 스며들 여유가 없다. 인위적으로 인간적인 분위기를 연출하려는 착상이 산업심리학이나 조직행동론을 발달시키고 인사관리 전문가를 양산했지만 노동시장에서 노동조합을 승복시키지는 못했다. 이윤을 키우려는 기업 목적과 품삯을 올려 받으려는 노동 측 욕구는 여전히 '우리'와 '저들'의 관계로 맞서 있다. 〔……〕 종업원이 회사 일을 내 일처럼 생각하고 전력투구하도록 다양한 매니지먼트 기법과 임금제도가 제안되고 있지만 노사분규 통계는 줄지 않고 있다. 일할 때는 주인 기분을 내라고 하지만 돈 줄 때는 1일 8시간 근로계약이 적용된다는 것을 종업원은 잘 알고 있기 때문이다. 임노동이 창출된 이래 200여 년간 종업원의 마음을 사기 위해 인사관리이론이 개발되어왔지만 그 한계에 직면하고 있다. 이제 그 해법은 보다 내면적인 차원, 말하자면 임금결정 패러다임 자체에서 찾아야 할 것이다(김영환, 2001 : 51).

위의 글은 능력주의, 성과주의 등에 관한 숱한 조언과 처방을 제시하는 인적자원관리 담론의 경박함을 조롱하면서 한편으로는 연봉제를 단순히 기업회계, 비용 등으로 간주하는 세론에 비판을 던진다. 그렇다면 그가 말하는 대안은 무엇일까. 연봉제 실패를 만회하기 위해 단순히 지불 형태만 바꾸는 것이 아니라 그것이 만들어내야 하는 새로운 "임금결정 패러다임"이란 무엇일까. 그는 전형적인 산업민주주의industrial democracy 담론(흔히 '노동의 인간화'나 '근로 생활의 질'이라는 담론으로 대표되는)을 끌어들이며 근로계약이 아닌 위임, 비용이 아닌 이윤, 심리조작이 아닌 투명한 파트너십 등의 관점을 제시한다. 결국 그가 말하는 새로운 임금결정 패러다임이란 곧 노동주체의 경제적인 삶을 관리하는 것이 아니라 노동주체와 자본이 맺는 관계 자체를 새롭게 구성하는 것이어야 한다는 것이다. 물론 그 가운데서 가장 중요한 것은 권한위임 같은 담론을 통해 일하는 주체의 삶을 새롭게 주체화하는 것이다. 위의 저자의 말을 빌리자면 "종업원 관계를 재설계"해야 하며, "종업원이 주인이란 사장 말은 일할 때만 해당되고 기업성과를 나눌 때는 머슴으로 후퇴"하는 것이 아니라 "일 앞에서 종업원이 주인임을 인정"해야 하는 것이다. 그것은 기업이 "소송 의뢰인이 유능한 변호사에게 사건을 위임하는 것과 같이 종업원을 믿고 일을 맡기는" 것이고, 이럼으로써 "연봉제를 설계하면서 비즈니스 파트너십을 강화하는 내용들을 확대해간다면 종업원 관계가 새롭게 열리는" 것이다(김영환, 2001 : 52~53).

임금이 노동주체의 주관적인 삶을 관리하고 훈육하는 지배 방식 가운데 하나라는 점은 새삼스러운 주장은 아니다. "인정과 존경의 욕구 충족 수단", "조직 내의 공통 언어의 구실", "생존의 욕구와 자기실현 욕구를 성취하는 수단"으로 임금을 이해하는 것은 경제학과 같은 학문적 담론 내에서 비록 주변적인 것이기는 했지만 언제나 있어왔던 주장이기 때문이다(황정현, 1992 : 39~47〔지광수, 2001 : 288에서 재인용〕). 그렇지만 생계 혹은 생활의 유지, 비용 등과 같은 경제적인 표상으로부터 벗어나고, 임금을 '생계유지자'breadwinner라는 정체성에서 떼어내고자 한다면 새로운 조건이 필요하다. 임금이 노동주체의 주관적인 삶을 관리하고 통제하는 구체적인 테크놀로지와 결합하고 자아실현을 보상하는 것이자 자신의 심리적 현실(몰입, 동기부여, 만족 등)에 대응하는 것으로 보이기 위해서는, 그에 부합하는 테크닉이 결합하고 또 서로 맞물려야 한다. 일하는 주체의 경제적·사회적·주관적 삶을 재현하는 다양한 언표들이 규칙성을 만들어내며 공명할 때, 즉 동일한 담론형성 안에 접합될 때, 그것은 효과를 발휘하게 된다. 그런 점에서 연봉제와 같은 새로운 임금형태와 일터에서 노동주체를 관리하는 새로운 규칙, 제도, 기술 등이 서로 일관되게 결합된 연후에야 이런 임금 담론은 비로소 현실화될 수 있다고 할 수 있다. MBO가 가진 각

그림 3-4 경영계획과 MBO[78]

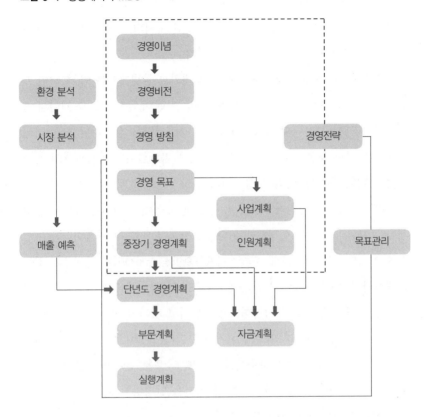

별한 의의도 바로 여기에 있다.

연봉제가 경제적인 삶을 평가, 측정, 보상하는 데 머물지 않고, 앞서 로즈와 개릭의 표현을 빌리자면 "인지-경제적 주체"로서의 삶, 새로운 경영 담론이 만들어낸 유행어를 빌리자면 "지식근로자", "프리에이전트", "창조적 계급"으로서의 주체성을 평가, 측정, 보상하게 할 수 있는 이유는 무엇인가. MBO는 바로 그것에 해답을 제공한다. MBO는 앞에서 살펴본 BSC와도 불가분의 관계를 맺고 있다. "경영의 우수성을 지향하는 종합적인 경영관리제도"로서, "성과평가, 동기부여, 전략계획으로부터 고객만족과 종업원 개발이라는 두 개의 축을 기초로 관련된 모든 부분을 통합시키는 총체적 경영"을 가능케 하는 것이 MBO인 것이다. 이를 간명하게 보여주는 것이 **그림 3-4**라고 할 수 있을 것이다.

　그림 3-4에서 하단에 놓여 있는 부문계획과 실행계획은 팀, 부서와 개인들의 자기 목표를 가리킨다고 볼 수 있다. 이런 개인적 목표는 기업의 경영전략과 연계된 것이다. 물론 여기에서 경영전략은 상명하달 같은 방식으로 전달되지 않는다. MBO에 관련된 많은 자료집이나 매뉴얼들이 강조하듯이 기업 특성에 따라 상향식인가 하향식인가의 차이가 있다 할지라도, 일단 기업의 경영전략, 즉 비전, 경영 목표 등이 설정되면 개별 노동주체들은 자신의 목표를 설정하게 된다. "도전적인 목표"를 설정하라든가(김범열, 2002f), 아니면 "통제 가능한 목표"(황인경, 2003)여야 한다든가 하는 구체적인 처방에서 차이가 있다 할지라도, 일하는 주체는 경영전략과 일치하는 자신의 목표를 설정한다. "전략합치형 평가시스템"이야말로 연봉제와 같은 성과주의 인사의 핵심이기 때문이다(장상수, 1997). 초일류기업이 목표라면 이를 위해 노동주체들이 어떤 역량을 갖추어야 할 것인지를 설정하고 또 개별 노동주체로 하여금 이것을 달성하기 위한 평가 항목이나 평가 지표들을 설정하면 되는 식이다.

　한편 이런 목표 설정 과정은 경영자나 관리자와 노동자 사이에 이뤄지는 다양한 상호작용을 통해 이뤄진다. 흔히 '고과면담'이라 불리기도 하는 이런 과정은 MBO의 중요한 목표가 조직개발 혹은 기업문화 형성이라고 간주되는 이유를 납득할 수 있게 한다. 예컨대 목표 설정과 관리 및 평가에 이르는 전체 과정에서 "피고과자의 동기유발과 능력개발에 연결시키는 데 중요한 역할을 하는 것이 고과면담"이고 이것이 효율적으로 이뤄짐으로써 "조직구성원 간의 의사소통을 활성화"시킬 수 있게 된다(김창의, 2002: 130). 이런 점은 최근 경영 업무 또는 경영자의 정체성을 규정하려 하는 담

그림 3-5 MBO 작성 서식 사례

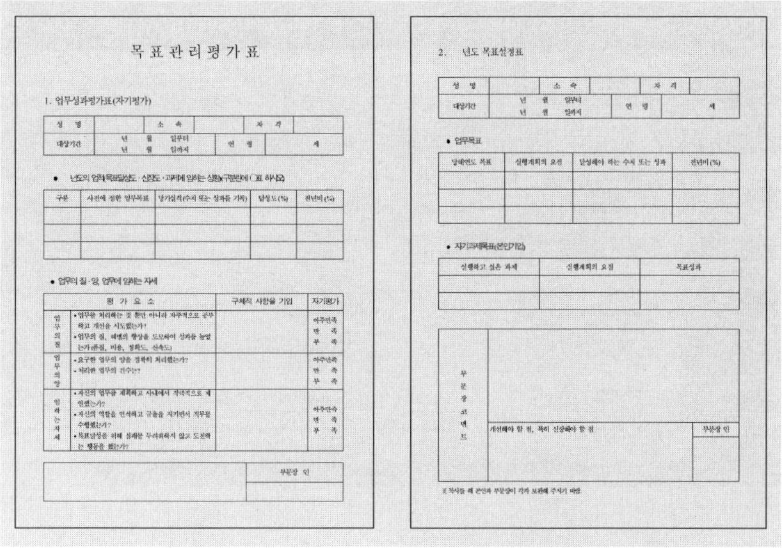

목표관리평가표

1. 업무성과평가표(자기평가)

성 명		소 속		자 격	
대상기간	년 월 일부터 년 월 일까지		연 령		세

• 년도의 업적(목표달성도 · 신장도 · 과제에 임하는 상황)(구분란에 ○표 하시오)

구분	사전에 정한 업무목표	당기실적(수치 또는 성과를 기록)	달성도(%)	전년비(%)

• 업무의 질 · 양, 업무에 임하는 자세

평 가 요 소		구체적 사항을 기입	자기평가
업무의 질	•업무를 처리하는 것 뿐만 아니라 자주적으로 공부하고 개선을 시도했는가? •업무의 질, 태생의 향상을 도모하여 성과를 높였는가(품질, 비용, 정확도, 신속도)		아주만족 만 족 부 족
업무의 양	•요구한 업무의 양을 정확히 처리했는가? •처리한 업무의 건수는?		아주만족 만 족 부 족
임하는 자세	•자신의 업무를 계획하고 사내에서 적극적으로 제안했는가? •자신의 역할을 인식하고 규율을 지키면서 직무를 수행했는가? •목표달성을 위해 실패를 두려워하지 않고 도전하는 행동을 했는가?		아주만족 만 족 부 족

	부문장 인

2. 년도 목표설정표

성 명		소 속		자 격	
대상기간	년 월 일부터 년 월 일까지		연 령		세

• 업무목표

당해연도 목표	실행계획의 요점	달성해야 하는 수치 또는 성과	전년비(%)

• 자기과제목표(본인기입)

실행하고 싶은 과제	실행계획의 요점	목표성과

부문장코멘트		
	개선해야 할 점, 특히 신장해야 할 점	부문장 인

※ 복사할 때 본인과 부문장이 각각 보관해 주시기 바람.

론들 속에서도 중요한 부분을 차지한다. 어쩌면 이제 관리자나 상사 혹은 경영자가 하는 일을 "감독"이나 "지도"로 부르는 것은 거의 금기처럼 보이기까지 한다.[79] 그 자리를 채우는 개념은 물론 리더십이다. 리더십에 관해 쏟아져 나오는 이루 헤아릴 수 없이 많은 지침서와 매뉴얼, 훈련 프로그램, 강의, 세미나, 워크숍 등은 관리자 혹은 상사, 경영자 등이 일터 안에서 겪는 자기정체성의 혼란을 제어할 수 있도록 하는 데 기여한다. 그렇지만 이는 단순히 어떤 지식이나 관념을 취득한다고 해서 이뤄지는 일은 아닐 것이다. MBO와 짝을 이뤄 실행되는 다양한 평가 행위에서 그 도구로 사용되는 '다면평가' 혹은 '360도 피드백'처럼, 일터 안에서 상용되는 미시적인 테크닉 안에서 '리더십 능력'은 세부적 행위기술로서 노동주체들이 스스로 관리하고 익혀야 하는 것이 되고 또한 그 자체 평가 대상이 된다.

그림 3-6과 **3-7**에서 보듯이 국내의 각 기업들은 문서화된 양식으로

그림 3-6 P사의 MBO 입력화면

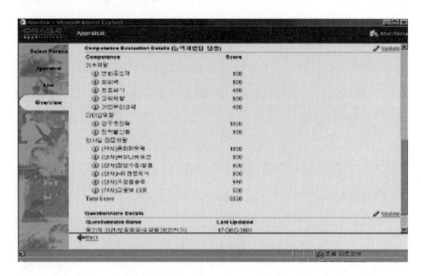

그림 3-7 K사의 MBO 입력화면

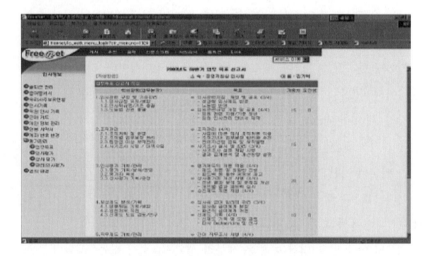

든 혹은 ERP나 BPR 등처럼 회사 내의 정보시스템을 이용하든, 다양한 수단을 통해 MBO에 따른 목표를 설정하게끔 한다. 그리고 자신이 설정한 목표를 실현하기 위해 자신이 기울인 다양한 활동의 성과를 평가받을 수 있도록 하고 있다. 여기에서 평가 대상이 되는 성과는 직접적인 행위 결과에 머물지 않는다. 성과배분제에 관한 경영 담론들이 거의 공식처럼 외워 말하듯이, 평가는 결과가 아니라 과정이며,[80] 실적이 아니라 능력과 성품이고, 관리자의 통제가 아니라 일하는 주체가 행한 자기관리이기 때문이다. MBO에 관한 전형적인 설명이 말해주듯이 "스스로 목표를 설정하고 목표 수행 과정을 통제하며 달성 결과를 자기평가해 자기반성을 유도하고 자기계발을 촉진하는 것은 주체성을 중시하는 MBO의 일관성 있는 기본 이념"인 것이다(김창의, 2002: 117~118).

목표관리가 관리자에게 주는 가장 큰 실천적인 의미는 '자신이 어떠한 일을 하는가?'라든가 또는 '일을 어떻게 진행할 것인가?'가 아니라 '우리들이 어떠한 목표를 향해서 일을 해야 하는가?'를 끊임없이 의식하고 추구할 것을 강조하는 것이다. 〔……〕 원래 개인의 자유를 가능한 한 인정해 창의력을 발휘케 하는 자기통제의 자주관리 사고방식을 기초로 한다. 〔……〕 사람의 욕구구조상 자아성취의 욕구가 충족되는 자기통제야말로 현대 경영에서 최고의 관리 방법인 것이다(조윤성, 1998: 100~101).

목표에 의한 관리는 다른 사람의 활동에 대한 통제라기보다 자기활동에 대한 통제를 말하는 자기통제self-control를 더 효과적인 방법으로 제시하고 있다. MBO는 종업원을 목표 설정 및 행동계획의 수립에 참여시키고 종업원에게 필요한 정보를 제공해주는 참여적 경영의 원칙에 입각해서 종업원 자신이 무엇을 어떻게 해야 할 것인지를 가장 잘 아는 사람이므로 진전 상황에 비추어 스스로 보완조치를 취할 수 있는 것이다(노부호, 1998: 10).

지금 인용한 목표관리의 철학과 이념을 서술하는 언표들은 MBO가 단순히 연봉제라는 임금형태의 지급을 위한 도구적 수단이 아님을 강변한다. 그리고 여기에서 그런 주장들이 함축하는 요점은 "현대 경영의 최고의 관리 방법", 즉 "자신이 무엇을 어떻게 해야 할 것인지를 가장 잘 아는" 주체를 형성하자는 것이다. 결국 MBO 역시 앞 절에서 살펴본 BSC처럼 아니 이보다 더욱 구체적으로 일하는 주체를 자본에 종속시킨다. 1년이 지나면 한 호봉이 올라가는 연공급적인 임금이 아닌 연봉제의 형태로, 연말이나 명절이면 일률적으로 지급되는 성과급이나 보너스가 아닌 개별화된 성과 평가와 목표관리에 따른 평가로, 표준화된 시간과 노동의 양이 아닌 노동 주체가 자신의 삶을 향상시키고 개발하는 자아실현에 대한 지배로, 실적과 업적이 중심이 대상이 되는 것이 아니라 그에 더해 자신의 능력과 태도를 어떻게 다루는가에 대한 감시와 통제로, 노동은 자본에 대해 자신을 개별화하고 동시에 자본을 위해 자신을 극대화하게 된다.

4. 능력에서 역량으로

능력의 계보, 자본의 역사

경영컨설턴트이자 자기계발 분야의 대표적인 명사 가운데 한 명인 권영설은, 베스트셀러였던 자신의 책 『직장인의 경영연습』에서 1980년대 이후의 한국 직장인 계보를 재치 있고 재미있게 서술한다. 그는 한국의 기업문화 혹은 회사문화는 경영자 리더십이 바뀜에 따라 변화했다고 이야기하면서 이것이 직장인들의 "행동양식"에 그대로 반영됐다고 말한다. 그는 "1960~1970년대에는 그야말로 불굴의 의지, '하면 된다'는 자세를 보이는 사원들이 중용"됐고, "정부가 산업정책을 주도할 힘이 약해지고 우리 기업들이 해외로 뻗어나가기 시작한 1980년대에는 해외통, 기획통 등이 유능한 직장인의 상징"이었다면, "외환위기를 겪은 후에는 '숫자'를 만지는 재무통들이 회사 자금조달과 직접 연관된 IR(기업설명회) 등을 주도하면서 부상"했다고 말한다. 덧붙여 그는 다음과 같이 그 나름대로 한국에서 우대받던 직장인의 계보를 간명하게 요약한다.

> 1960~1970년대에는 새벽별보고 출근해서 12시가 다 되어 들어가는 근면한 직장인, 1980년대에는 대정부 로비나 외국어에 능통해 국내외에서 기회를 잡아내는 직장인이, 1990년대에는 경영에 대한 해박한 지식을 갖고 기업의 목줄이 되는 돈을 제대로 만지는 직장인이 가장 우대받았다. 그리고 직장인들은 그렇게 되기 위해 노력했다. 2000년 이후에 번뜩이는 아이디어로 전혀 새로운 사업을 찾아내는 창의적인 사람들이 주목받고 있다. 벤처 CEO들이 급부상하는 것은 이런 추세를 반영하는 것이다(권영설, 2004: 26~27).

이 이야기는 직장인 정체성이란 것이 어떻게 변천했는지 간결하게 말해준다. 언뜻 매우 평범하고 상식적인 것처럼 보이는 그의 이야기 안에는, 그러나 흥미로운 서사화의 논리들이 교차한다. 그리고 이는 매우 짧은 것임에도 20년간 한국사회에서 일하는 주체의 정체성을 규정해온 요소들을 일목요연하게 열거한다. 아마 그 가운데서 가장 특기할 만한 점은 바로 '능력'에 관한 이야기를 통해 한국 자본주의의 역사적 변화를 재현하려 한다는 점에 있을 것이다.

알다시피 능력 담론은 일터에서 직접 일하는 주체에게 한정되지 않는다. 지식기반경제에서 경쟁우위를 유지하고, '무한경쟁의 시대'에 살아남기 위한 국가 발전의 전략 역시 '국민의 역량'이란 담론에 의지한다.[81] 새로운 지식기반경제에 필요한 '국가인적자원'을 개발하고 양성하려 한다면 국민은 어떤 역량을 가져야 하는가 같은 문제들을 둘러싸고 숱한 통치 담론들이 만들어졌고, 이는 행정관리, 교육, 직업교육훈련, 보건 등의 다양한 영역에서 제도와 정책으로 구체화됐다(강순희·신범석, 2002; 장영철, 2001b; 노동부·교육인적자원부·산업자원부·중소기업청, 2002; 강순희 외, 2002; 유현숙 외, 2002; 김미숙·이동원, 2002; 김안나 외, 2003; 조정윤 외, 2003; 김성국·신수영, 2004).

앞 장에서 간략히 살펴보았듯이 정부는 1990년대부터 지속적으로 '국가인적자원개발'이라는 포괄적인 명칭 아래 다양한 정책을 전개해왔다. '뉴패러다임센터'라는 기관을 설립해 일터에서의 학습조직 형성을 장려하는 캠페인을 실행하는가 하면, 인적자원개발에 관한 자문을 수행하는 '사람입국신경쟁력특별위원회'[82] 같은 다양한 위원회, 정부기구, 프로젝트를 구성·운용하기도 했다.[83] 이는 모두 국민의 능력이란 담론을 통해 사회의 경제적 현실을 구성하고 변형하고자 하는 담론적 실천이라 할 수 있다. 이 과정에서 국가인적자원개발은 국민의 삶의 능력을 개발하고 증대하려 한다는 명목으로 다양한 지식을 동원하고 활용한다. 이를테면 현재 OECD와 같은 초국적 기구가 추진하고 장려하는 국민역량모델이 그런 것이라 할 수 있다. OECD는 'DeSeCo'란 이름의 프로젝트를 통해 지식기반경제가 요구하는 국민의 능력을 역량이란 범주로 표준화하고, 이를 통해 각 나라의 국민 역량을 개발하고 향상시키기 위한 틀을 제공해왔다. DeSeCo란 'Definitions and Selection of Competencies: Theoretical and Conceptual Foundations'의 이니셜을 딴 것으로 국민역량을 측정, 평가하기 위한 기준을 마련하려는 의도에서 추진되고 있는 OECD의 프로젝트이다. 이는 국가별 학업성취도에 대한 비교평가인 '국제학업성취도평가'Programme for International Student Assessment, PISA와 더불어 이른바 지식기반경제 담론에 따른 인적자원개발 담론에 중요한 도구를 제공하고 있다(기로멘, 2000 ; Rychen & Salganik, 2003a ; 2003b).[84] PISA 역시 능력과 기술이란 범주를 넘어 역량이란 개념에 기반해 지식기반경제가 요구하는 새로운 국민 능력 의 종류와 질을 설정하고 이를 표준화하고자 하는 취지를 역설한다. 나아 가 PISA는 해당 국가에게 기존의 문해력을 비롯한 지적 능력에 더해 자기 주도적 학습 능력을 더한 학습역량의 지표를 개발하고 이를 통해 국가 간 학습 성과를 비교, 평가하는 작업을 수행하고 있다(김명숙 외, 1998 ; 노국향 외, 1999 ; 2000a ; 2000b ; OECD, 1999c ; 2000d ; 2000e).[85]

이 모두는 개인들이 고용 가능성을 증대시키고 더불어 자기 스스로의 자율과 책임에 따라 경력을 개발하도록 요구하고 장려하는 구구한 사회적 해결책을 제시한다. 그리고 이는 지금까지 언급했던 다양한 경영 담론들 을 통해 이야기로 꾸며진다. 지식경영이라는 경영 담론이 말하는 학습조 직과 고성과작업장 모델은 지식사회를 준비하는 '역량 있는' 국민이란 모 델 속에 삽입되고 조작화된다. 일하는 주체가 가진 의식과 태도, 신체 속에 '체화되어' 있는 모방할 수 없고 독특한 자신의 노하우와 지식을 얻어내는 새로운 학습조직의 형태를 만들어냄으로써 지식경영을 실현할 수 있다고 역설하는 지식경영 담론은, 곧 '사람입국 신경쟁력'이라는 국민역량 언표 를 보조하고 지지한다. 조금 비약을 하자면 국민역량 담론은 또한 국민경 영의 담론이며, 새로운 경제적 주체성의 이상에 따라 국민을 주체화하려 는 새로운 권력이라 할 수 있다. 밀러와 로즈의 표현을 빌리자면, "국가의 생산적인 삶의 통치에 대한 관심과 기업의 경제적 이익을 최대화하고자

표 3-7 시대별 역량의 변화[86]

구분	1960년대	1970년대	1980년대	1990년대	2000년대
산업구조	농업사회 공업화 초기	공업화 중화학공업	산업성장 시대	고도산업 시대	지식기반 정보사회
노동력 주요 수요	경공업 단순노무직	중화학공업 생산직 생산관리직	중화학공업 관리직 영업직	첨단산업 기획직 서비스직	지식기반산업 정보산업 IT 기술직
인적 핵심역량	참을성 성실성 협동심	신속성 책임감 솔선수범 추진력	적극성 문제해결 능력 협상력 도전정신 외국어 능력 영업 능력 대인관계 능력	자율성 권한위임 창조성 국제감각 전문성 상품계발 능력 고객관리 능력 서비스정신 기획 능력 홍보 능력 마케팅 능력	전략적 사고 혁신적 사고 변화관리 능력 비전제시 능력 네트워크 능력 자기관리 능력 시간관리 능력 의사소통기술 멀티기술화 대화상담기법
국가적 핵심역량	손기술 능력 조립기술 저가 노동력	전자공학기술 기계공학기술	자동차학기술 철강기술 조선공학기술	가전기술 반도체기술 컴퓨터기술 통신기술 사회통합 IT 인프라	바이오기술 환경기술 항공우주기술 나노가공기술 IT 솔루션 및 보안기술

하는 자본 소유주들의 관심, 그리고 주체의 통치를 위한 테크닉 사이에서 개념적이면서도 실제적인 수준에서 연계성과 대칭성"을 실현하는 것이 신자유주의적 통치 담론이라면, 국민역량이라는 능력 담론은 바로 그들이 말하는 신자유주의적 통치 담론의 압축판이라고 말할 수 있을 것이다 (Miller & Rose, 1990 : 101).

일하는 주체의 능력을 정의하고 관리하기 위해 등장한 능력 담론이 어떻게 국민의 능력이란 담론과 공명하고, 일하는 주체의 능력을 구성하는 경영 담론이 어떻게 헤게모니적인 담론으로서 정치적인 영역을 잠식하는

지 보여주는 것이, 바로 다음의 예라 할 수 있을 것이다. **표 3-7**은 국가인 적자원개발과 관련해 직업능력을 재정의하고 이에 근거해 새로운 직업훈련체제를 구상하기 위해 제출된, 어느 연구보고서에 실린 것이다.

표 3-7은 한국 경제가 변화하면서 어떤 능력들이 요구되고 또한 주요한 능력의 내용들이 어떻게 바뀌어왔는지를 서사화한다. 이 표 역시 권영설의 이야기처럼 한국 자본주의의 역사적 변화를 노동주체의 능력이란 서사와 결합한다. 다른 점이 있다면 오직 그것이 조금 더 진지하고 유사과학적인 언어를 구사한다는 점에 있을 것이다. 위 인용문의 저자는 능력의 역사로 재현되는 일하는 주체의 역사와 자본주의의 역사, 즉 "국가적 핵심역량, 산업구조, 노동력 주요 수요의 변천"이란 경제적 대상의 역사를 병치한다. 그런데 능력의 역사와 자본의 역사를 결합하는 이런 재현체계를 가능하게 하는 조건은 무엇일까. 능력에서 역량으로 노동주체의 변화를 규정할 때 이는 경제활동의 바탕이 되는 기술체계가 바뀌었거나 일에서 요구되는 지식의 종류와 질이 달라졌기 때문만은 아닐 것이다. 경제적 삶에 필요한 주체의 능력은 그 안에서 행해진 행위의 객관적인 특성을 반영하는 것이 아니라, 언제나 유능하고 효과적인 주체로서 노동주체를 구성하는 사회적 실천을 통해 중재되고 또 규정되기 때문이다. "노동을 생산력으로 조직하기 위해 어떤 종류의 기술과 지식이 필요한가, 노동자는 어떻게 지식의 대상, 권력의 표적으로 되는가"를 결정하지 않는 한 "생산적인 삶"이란 불가능하다(Marsden, 1998a: 109). 그런 점에서 볼 때 역량 담론은 그를 지지하는 이들이 역설하듯이 인적자원관리라는 단순한 경영 담론의 기술적인 도구에 그치는 것이 아니라 일하는 주체를 관리하는 경영 담론에 있어 일종의 패러다임 전환을 시사하는 것인지도 모른다.

우선 현재 경영 담론에서 제시하는 역량이란, 단순히 능력에 관한 새로운 주장인 것에 그치지 않고 일에 관한 새로운 표상을 생산한다는 점에서 유의하지 않을 수 없다. '직업능력표준'을 제정하려는 정부 프로젝트에서부터 개별 기업에서 핵심역량을 선별, 분석, 정의하려는 작업에 이르기까지, 역량 담론은 새로운 지식들을 생산해낸다. 4장에서 살펴보겠지만, 이는 대중적인 자기계발용 지침서들이 열거하는 수많은 능력 이야기들을 통해서 증폭한다. 프레젠테이션 능력에서부터 설득의 기술까지, 글쓰기 능력에서 시간관리 기술까지, 수많은 자기계발 지침서와 매뉴얼들이 능력의 언표 없이 존재한다고 상상하기란 절대 불가능하다. 현기증이 나리만치 엄청난 능력 이야기가 쏟아져 나오는 것은 물론 일의 정체성을 둘러싼 담론들이 현저하게 바뀌었기 때문이다. 일의 사회적 정체성에 관한 자기 반영성이 증대된 것, 다시 말해 일은 그것을 수행하는 이들이 반성하고 평가함을 통해서만 그 정체성을 규정할 수 있게 된다는 것은, 아마 우리 시대에 일이 가진 가장 두드러진 특징이라 할 수 있을지 모른다. 아마 이는 직업을 가리키는 이름들이 수없이 변경되고 새롭게 분화되는 현상을 봐도 알 수 있다. 일이란 무엇인가, 일을 잘한다는 것은 무엇인가, 그것은 어떻게 측정할 수 있는 것인가 하는 물음은 노동을 가치화하고 그것을 측정, 보상, 평가, 개발하는 수많은 사회적 활동들과 결합한다. 물론 측정한다는 것은 관리하고 경영할 수 있는 대상을 만들어내는 일을 항상 동반한다. 역량 담론은 일이 무엇인지를 둘러싼 모호함을 벗겨내고 이를 통해 경영권력이 통제할 수 있는 대상을 빚어내는 사회적 실천 가운데 하나로 여길 수 있다. 따라서 '직무분석'에서부터 '역량모델링'에 이르기까지 역량 담론이 수반하는 다양한 가시성의 테크놀로지, 즉 일에 관한 과학적 지식을 생산하는 것은 역량 담론을 이루는 핵심적인 성분이라 할 수 있다.

다음으로 역량 담론은 일하는 주체의 신체성에 관한 정치적 테크놀로지라고 할 수 있다. 생산 혹은 노동이란 행위가 자명한 것이 아니듯이 유능한 일하는 주체가 무엇인지 역시 자명한 것은 아니다. 그렇지만 역량 담론

226

은 일하는 주체의 정체성을 능력이란 언표를 통해 객관화하고, 이를 통해 관리하고 통제할 수 있으며 계산될 수 있는 대상으로 만들어낸다. 특히 "숫자를 통한 관리"는 측정, 고과, 평정, 보상 등 노동주체의 일터에서의 경제적 삶(임금과 복리후생 등), 사회적 삶(승진과 승격, 조직생활 등)을 관리할 수 있도록 하는 중요한 도구로 사용될 수 있다(Townley, 1995). 이런 점에서 역량 담론은 일하는 주체의 '사회적 몸'을 형성하고 통제하는 중요한 담론이라 하지 않을 수 없다.

세번째로 역량 담론은 노동주체가 일터는 물론 그 바깥에서 자신을 유능하고 능력 있는 주체로 관리하고 지배할 수 있는 새로운 권력이 들어서고, 또 이것이 작용할 수 있는 공간을 만들어낸다. 역량 담론의 불가결한 일부인 인재 육성 프로그램을 통해서이든 아니면 '경력개발' 담론을 통해서이든, 일하는 주체는 자기 삶을 스스로 관리하고 경영해야 한다. 따라서 역량 담론은 자기관리하는 주체, 자기경영하는 주체로서의 삶을 윤리적인 목표로 설정한다. 『회사 안팎에서 제값 받는 핵심경쟁력, 역량』 같은 제목의 자기계발서가 낯설지 않은 것도 이 때문이다(김남희, 2004). 글로벌 기업의 인사 담당 임원이 알려주는 취업과 성공의 지침서라고 자처하는 이 책은 역량 언표를 개인들이 자기 삶을 돌보는 테크닉의 담론과 능란하게 교직한다. 그리고 이런 매뉴얼이나 지침서가 건네는 '나의 몸값은 얼마인가', '나는 핵심 인재인가' 등의 언표는 일하는 주체의 삶을 결정하는 사회적 관계를 흔적 없이 지운다. 그리고 개별적인 일하는 주체가 자기정체성에 관해 겪을 수 있는 불안과 혼란은 언제나 역량이란 미끼를 통해 안정된다. 자기 앞을 가로막는 불안과 혼란은 역량이란 언표를 통해 통제하고 예측하며 관리·경영할 수 있기 때문이다.

지능과 적성을 넘어서

경영 담론에서는 역량모델을 일종의 과학적 지식의 전통으로 구성하기 위해 역량의 지식, 혹은 역량에 관한 이론적 학파를 제시하고 설명하곤 한다. 그렇지만 역량이란 신종 경영 담론은 1980년대 미국을 중심으로 확산되기 시작해 1990년대에 전지구적인 담론으로 헤게모니를 굳힌 것에 불과하다.[87] 그리고 이는 이른바 지식기반경제라는 새로운 경제적 가상과 효과적으로 조응하는 경영 담론으로 자격을 얻고 또 일하는 주체의 경제적 삶을 제시하는 데 지속적으로 인용되고 활용됨으로써 자신의 담론적인 꼴을 갖추게 된 것에 불과하다. 그럼에도 불구하고 역량 담론은 자신을 새로운 일의 과학, 일을 분석하고 측정하는 새로운 과학적 진실로서의 지위를 내세운다. 그리고 일하는 주체의 능력을 다루는 과학적이면서 효과적인 지식으로 자신을 차별화하는 과정에서 기존 경영 담론들을 비과학적이거나 비현실적인 것으로, 혹은 정치적으로 부적절한 것으로 '비판'한다.

산업혁명 이후부터 유지되던 직종별 임금이 테일러의 과학적 관리법에 따라 직무급으로 세분화되어 직무기술서와 함께 인적자원관리시스템의 근간을 이뤘으나 다음과 같은 문제점이 있다. ① 종업원들이 자신의 직무 이외에는 하지 않으려고 한다. ② 경영 환경으로 인해 직무가 자주 바뀔 수 있다. ③ 자신의 능력을 개발하고 싶다는 인간 본연의 욕구에 반한다. 이를 개선하기 위해 최근 미국에서는 직무 중심job-oriented의 급여시스템이 기술을 중시하는 사람 중심person-oriented의 급여시스템으로 대체되는 경향이 증가하고 있다(이원행, 2002: 119).

1980년대 경제성장의 둔화로 인해 나타난 경영혁신과 인사혁신 프로그

램의 등장. 전통적인 직무 중심의 접근법에서 벗어나 탈직무화dejobing
를 추진하는 데 있다. 테일러의 과학적 관리법이 등장한 이후 미국에서
는 직무기술서에 기록된 직무를 중심으로 조직 설계 및 임금관리제도가
발전해왔으며, 직무는 인사관리의 기본이 됐다. 이런 직무 중심의 인사
제도는 급속한 환경 변화와 기술혁신에 신속하게 대응할 수 없었고, 내
부 직원의 인사이동을 통한 인력의 유연한 운영을 가로막는 원인이 됐
다. 역량모델은 직무 중심의 인사제도가 지니는 한계와 문제점을 극복하
기 위한 수단으로 개발이 본격화됐다. 두번째로 성과주의·능력주의에
대한 공감대의 확산이다. 우수한 인재의 확보와 관리가 조직의 성공을
좌우하는 핵심성공요인이라는 인식이 확대됐다는 것이다. 세번째로 인
사행정의 패러다임 전환이다. 종래에는 인사관리에서 추구하는 개별 기
능을 중시해 조직의 목표 내지 사업전략과 조화를 이루지 못했다. 이에
대한 반성으로 전략적 인적자원관리가 부각되면서 역량모델의 개발과
활용 추세가 점차 증대하고 있다(안희정·최은석, 2003: 45~46).

역량에 관한 국내의 몇 가지 글에서 인용한 앞의 이야기들은 모두 역
량 담론을 "테일러주의 이후", "직무 중심주의 이후"라는 식으로 역사적인
서사를 통해 그려낸다. 이런 역사적인 서사를 보여주는 글은 부지기수이
다. 그러나 역량 담론이 각별한 주목을 받을 수 있었던 것은 그것이 일하는
주체의 능력을 그려내고 다루는 데 활용되는 지식·기술 가운데 하나로 그
치지 않고, 능력에 관한 다른 담론들을 포괄적으로 감싸면서 그것을 하나
로 연결시켜줄 수 있는 힘을 가지고 있었기 때문이라 말할 수 있다. 역량
담론의 그 같은 특성은 역량 개념을 발명한 것으로 알려진 맥클러랜드의
역량 개념에서도 의미심장하게 드러난다. 「지능검사가 아니라 역량검사
로」라는, 해당 분야의 전설이 되다시피 한 텍스트가 시사하듯, 역량 담론

은 기존의 유명한 능력 평가 테크놀로지인 심리검사 및 지능검사를 상대
화한다(McClelland, 1973). 지능과 적성 검사는 직업심리학이든 교육학이
든 그것이 참조하는 분야나 성격을 떠나, 20세기 자본주의에서 일하는 주
체가 가진 능력을 측정하고 관리하는, 가장 일반적인 표준적 검사 및 시험
의 테크놀로지였다고 할 수 있다(Berdayes, 2002). 이는 진로지도, 직업 선
택, 입학과 학년진급 등 다양한 사회적 실천의 근거로 광범위하게 사용되
어왔다. 지배받는 대상의 삶을 구체적인 능력의 형태와 그 정도로 객관화
하고 관리하는 것은 푸코가 훈육사회라고 불렀던 근대 자본주의 사회에서
핵심적인 통치의 테크놀로지라고 할 수 있다.[88] 그러나 위에서 인용한 글
들이 한결같이 강변하듯 역량이란 언표는 훈육사회가 생산하는 주체가 가
진 능력을 객관화하고자 사용하던 지식들과 단절을 꾀하고 있는 것처럼
보인다. 그것은 단적으로 지능과 적성에서 역량이란 담론으로 전환하는
것에서 찾아볼 수 있다.[89]

그러나 역량 담론이 지능이란 담론을 밀어내는 것은 아니다. 심리학이
든 교육학이든 다양한 분야에서 이미 지능 비판이 이뤄지고 지능은 역량
이란 담론과 호응하는 새로운 담론 속에 통합되어왔기 때문이다. 정서지
능, 감성지능, 문화지능, 리더십지능 등 수많은 지능에 관한 전문적인 지식
과 척도가 만들어지면서 지능에 관한 전문적인 측정 도구와 테크놀로지,
이에 관한 전문가와 인증, 자격의 제도 등이 봇물처럼 쏟아져 나오고 있다.
이 모두는 여전히 지능이란 언표를 사용하고 있지만 그것을 지배하는 담
론은 역량이다. 이런 변화는 일과 관련한 심리적 능력을 둘러싼 검사와 측
정이 폭발적으로 유행하는 현상에서 찾아볼 수 있다. 기존의 경우 국가에
의해 표준화되거나 인증된 심리검사가 학교나 다른 유사한 공적 기관을
통해 이뤄졌다면, 이제 심리검사는 개인적 소비자들이 '인성 산업'의 시장
에서 자유롭게 구매하고 소비하는 상품이 되어 있다. 이런 인성 측정과 조

언이란 서비스를 제공하는 상품은, (유사)의학적 지식에서부터 종교적인 담론을 아우르는 다양한 지식을 뒤섞으며 곳곳에서 제공되고 있다. 'MBTI'(Myers-Briggs Type Indicator), 'CBT'(Cognitive Beharioral Therapy)에서부터 '에니어그램'에 이르기까지 다양한 전문지식은 이제 주변에서 흔히 볼 수 있는 측정 상품이다.[90] 어린이 학습교재에서부터 취업정보 서비스 등과 무한한 자기계발 상품, 나아가 식음료 회사까지 다양한 심리적 특성과 지능의 종류를 열거하고 그것을 자신들이 제공하는 상품과 연계시킨다(이를테면 두뇌 강화 성분 무엇무엇이 강화된 식품·음료 같은 것을 생각해보라). 그렇지만 여기에서 중요한 점은 지능에서 역량으로 능력을 측정하고 평가하는 기준이 대체됐다는 게 아닐 것이다. 오히려 주목할 점은 능력을 그려내는 담론이 의존하고 있는 전체적인 담론구성체가 어떻게 일하는 주체를 객관화시키고 또 종속시키는가이다. 따라서 관심을 기울여야 할 곳은 심리검사가 쇄도하고 유행한다는 표면적인 현상에 있는 것이 아니라, 그것이 일하는 주체의 능력을 그려내고 또 생산하는 담론을 변형한다는 데 있을 것이다.

역량모델링

그렇다면 역량 담론은 어떻게 능력에 관한 언어를 재구성하는가. 이를 설명하기 위해 먼저 간단하게 역량에 관한 담론을 설명하고 이를 활용하는 국내 기업의 사례들을 소개해보자. 역량 담론은 지식이 가치를 낳는다거나 인적자원이 기업의 핵심적인 자산이 되어버린 새로운 경제체제가 요구하는 필수적이고 최선의 지식으로, 혹자의 말을 빌리자면 "인사제도의 토탈혁명을 위한 솔루션"인 것처럼 열정적으로 소개되어왔다(박재호, 2003: 25).[91] 그 과정에서 역량은 마치 일관되고 정합적인 과학적 지식인

양, 경영 담론 특히 인적자원관리 담론을 통해 순환해왔다.[92] 그리고 이 과정에서 데이비드 맥클러랜드에서 리처드 보야치스, 나아가 라일 스펜서와 시뉴 스펜서에 이르는 일련의 학자들의 작업은 역량 학파나 이론을 대표하는 것처럼 소개됐다(Boyatzis, 1982; 스펜서·스펜서, 1998). 아니면 하멜과 프라하라드의 유명한 '핵심역량' 논의를 통해 혁신적인 경영 담론의 불가결한 일부분으로 소개되기도 했다(Hamel & Prahalad, 1990; 이동현, 2003: 3장). 여기에서 이런 '역량 담론'이 어떻게 생겨나 발전되어왔는지 또 그것이 어떻게 과학적 담론으로 부상하게 됐는지 굳이 설명할 필요는 없을 것이다.[93] 여기에서는 국내 기업들이 사용하는 역량 담론과 그 구체적 테크놀로지에 관한 매뉴얼들에 초점을 맞추기로 한다.

경영 담론에서 정의하는 역량이란 대개 이렇다. 역량이란 "조직의 비전과 전략 구현에 꼭 필요한 인적 요소"라거나, 아니면 이를 다시 조직역량과 개인역량으로 구분해 전자를 핵심역량이라 칭한 후 이렇게 정의한다. "핵심역량은 조직 내부의 기술이나 단순한 기능을 뛰어넘는 노하우를 포함한 종합적인 능력으로서, 기업경쟁력의 원천"이고, 개인역량은 "구성원이 각자의 업무에 부여하는 지식, 스킬, 태도의 집합체"로서 "높은 성과를 창출한 고성과자High Performer로부터 일관되게 관찰되는 행동특성"을 가리킨다는 것이다(이홍민·김종인, 2003: 20). 이는 모두 앞서 말한 다양한 역량 담론의 과학자들의 주장을 인용하거나 참조한 것에 불과하다. 특히 가장 빈번하게 인용하는 라일 스펜서와 시뉴 스펜서의 역량모델은 다음과 같은 도식을 통해 역량의 구성요소를 표현한다.

그림 3-8에서 나타나듯이 역량은 기술과 지식, 자기개념과 태도, 가치관 그리고 특질과 동기에 이르는 다양한 요소들을 포함한다. 그렇다면 지식이나 기술과 달리 태도와 가치관, 특질과 동기, 자기개념 등, 경영 담론이 '내면적인 특성'이라고 부르는 주관적인 대상들을 어떻게 측정하고 평

그림 3-8 역량의 구성요소[94]

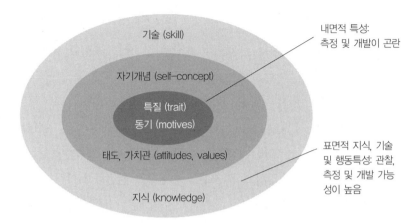

가할 것이며 이를 보상이나 다른 형태의 관리 수단과 어떻게 결합할 것인가 하는 것은 문제가 되지 않을 수 없다. 그렇지만 이는 기우에 불과하다. 왜냐면 '표면적인 지식'이라고 지칭되는 지식이나 기술이라고 '객관적'이거나 '자명'하거나 '표면적'인 것은 아니기 때문이다. 그런 것들도 역시 담론적 실천을 통해 구성된 것에 다름 아니다. 역량 담론 이전에 존재했던 능력 담론을 대표하는 것이라 할 '과학적 관리법'의 경우, 전설적인 시간-동작연구time-motion studies를 통해, 관리될 수 있는 대상으로 노동을 객관화하려는 기획을 시도했다. 또 내면적이라 말한 노동주체의 심리적 능력 역시 20세기 내내 '인간관계론'을 비롯해 다양한 일의 심리학이 객관적 대상으로 측정, 관리하려는 노력을 해왔다. 단적으로 "동기부여"나 "스트레스" 같은 담론들이 이를 대표한다고 볼 수 있다(M. Rose, 1978; N. Rose, 1990; Rabinbach, 1990).

따라서 지식과 기술이라는 능력에 더해 새로운 능력이 추가된다면 이역시 과학적 지식을 통해 측정 가능하고 관찰 가능한 대상으로 만들어내면 될 것이다. 따라서 니콜라스 로즈가 "심리 복합체"psy-complex가 부른 바 있는 심리과학들은, 내면의 과학 혹은 주체성에 관한 전문지식들을 생산해내면서 일하는 주체의 '내면적인 삶'을 평가, 측정, 관리할 수 있는 대상으로 구성한다. 그리고 역량 담론이 맡고 있는 주된 역할 역시 바로 이런 일하는 주체의 능력을 가시화하고 관찰, 측정할 수 있는 대상으로 바꿔내는 데 있다고 할 수 있다. 이는 역량 담론 스스로 자신이 과학적 진실임을 역설하고 구체적이며 실용적인 쓸모를 가지고 있다 하면서 주장하는 것이기도 하다. "능력은 개인의 보유 자질을 중심으로 설정하고 이런 것이 조직의 목적 달성에 발현되는지에는 관심을 두지 않는 경향이 있는 반면에, 역량은 조직의 기대되는 성과 창출과 관련해 실제로 우수한 성과를 실현한 사람의 발현된 행동특성을 중심으로 내적인 특성을 규명하므로, 조직의 성과 창출과 직접적으로 연계되는 특징을 가지고 있다"고 말할 때, 이는 역량 담론이 어떻게 내면적인 것을 관리할 수 있는 대상으로 구성하는지 잘 보여준다. 이는 다른 역량 담론의 옹호자들 역시 강조하는 것이기도 하다. 예컨대 역량의 특성을 정의하면서 이원행은 역량이 "① 업무 수행 과정에서 나타나는 행동의 특성을 강조한다, ② 각각은 직무 수행 결과에 인과관계를 맺는 것으로 객관화될 수 있다, ③ 관찰과 측정이 가능하다, ④ 개발이 가능하다"고 주장한다(이원행, 2002: 111~112). 한편 이홍민과 김종인은 역시 유사한 논리로 역량이 "① 업무 수행 과정에서 나타나는 구체적인 행동이다. ② 조직이 필요한 역량을 규명하므로 조직 변화를 지원한다, ③ 조직에 따라 역량을 선별하고 규정하므로 상황대응적이다, ④ 성과에 초점을 맞춘다, ⑤ 개발이 가능하다, ⑥ 관찰과 측정이 가능하다"는 점을 꼽는다(이홍민·김종인, 2003: 24~25). 둘 모두 역량 담론이 구체적인 행동을 상대하며 이를 지표로 구성함으로써 구체적으로 측정하고 관찰할 수 있는 대상에 초점을 맞춘다는 점을 극구 강조한다. 물론 여기에서 말하는

그림 3-9 역량모델링의 과정

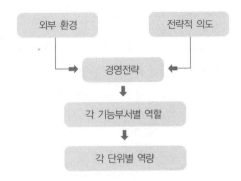

것은 역량 담론이 관찰·측정 가능한 것과 그렇지 않은 것을 구분한다는 것이 아니라, 그러한 대상을 고안해내고 또 정의해 이를 일하는 주체에 관한 다른 지식들과 결합한다는 것이다. 이런 점은 곧 살펴볼 역량모델링이 수행하는 핵심적인 공정이라 할 수 있다.

역량 담론은 기업 내에서 활용될 때 역량모델링 혹은 역량모형이란 방법을 통해 구체적이고 실용적인 테크닉으로 바뀐다. 이는 대개 기업 내부에서 인적자원관리에 관련된 부서나 전문가를 통해서나 아니면 전문적인 경영컨설턴트의 참여를 통해 이뤄진다. 이미 역량모델링에 관련된 컨설턴시 상품을 전문으로 취급하는 컨설팅 기업들이 난무하고 있고, 국내 최대의 경영컨설팅 기업인 삼일회계법인과 휴잇어소시에이츠코리아가 참여해 진행한 정부기관의 인사관리에 관련한 역량모델링 같은 대규모의 프로젝트 역시 가능하다(삼일회계법인·Hewitt Assciates Korea, 2001). 역량모델링은 크게 다음과 같은 과정을 거친다.

역량모델링 과정은 반드시 이와 동일한 형태로 진행되는 것만은 아니다. 앞 장에서 살펴보았듯이 일반적으로 역량모델링 과정은 BSC와 같은 전략경영과 관련 있는 경영기법들과 함께 사용된다. 따라서 부서나 팀 등

기업의 조직 단위 역량은 KPI로 기업의 핵심역량은 비전과 미션으로부터 도출되는 CSF로 각각 번역되는 것이 관례이다.[95] 그렇다면 역량모델링의 과정에서 무엇이 역량으로 선별되고 정의되며, 이를 도출하는 과정은 무엇일까. 이에 관해 역량모델링에 관한 매뉴얼들이 꼽는 일반적인 방법은 행동사건면접Behavioral Event Interview: BEI, 전문가패널, 일반역량사전General Competency Dictionary, GCD 등이다.

이를 좀더 구체적으로 국내 기업에서의 사례를 통해 설명해보자. 앞서 언급했던 P사의 경우 능력, 성과주의에 기반을 둔 새로운 인사관리제도를 도입한다는 목적으로 2000년 10월부터 역량체계를 수립해 평가제도를 개선하고 2001년 7월에 가동이 시작된 ERP 시스템과 통합했다.[96] P사는 자체 역량체계를 수립하기 위해 회사의 전략적 방향을 감안해 각 직무 또는 조직별로 우수한 구성원들에 대한 분석 결과를 근거로 직무역량을 도출했다고 한다. 이 회사는 먼저 이를 위해 직원 개개인이 수행하는 해당 직무와 관련해, 성과 발휘 가능성을 추정하기 위한 지표를 설정하기 위해, 그간의 자료를 기초로 학력/전공, 외국어, 자격/면허, 성격/품성, 보유 지식, 보유 경험 등을 요건을 설정했다. P사의 직무 역량모델링은 BEI에 바탕한 것이었다. 이 회사는 각 부서별로 우수한 성과를 내고 있는 직원들을 대상으로 한 소그룹 회의를 실시하고 부서별 대표 직무역량을 도출해 이를 전사 차원에서 체계화하는 작업을 실시했다고 한다. 이 결과 직무역량을 크게 세 가지의 직무역량 군으로 나누었다.

- 기초역량: 회사의 인재상으로서의 의미가 있다는 점을 고려해 경영전략과 인재 육성 목표, 다른 유수 기업의 인재상을 종합적으로 반영해 최종적으로 4개의 기초역량을 선정했고, 2002년에는 투명(책임)경영

이라는 항목을 추가해 5개로 확정(→ 변화주도력, 창의력, 프로의식, 고객
지향, 기업윤리의식).

- 리더십 역량: 회사 성공 요인 등 조직 특성과 선진기업의 리더상의 벤
치마킹, 리더십 이론 모델을 검토해 4개를 선정(→ 업무추진력, 팀워크
활성화, 부하지도, 공정평가).

- 전문역량: 최소조직 단위부터 직접 해당 업무를 수행하는 사원들이
참여해 선정함으로써 해당 업무의 특성을 충분히 반영하면서, 작업단
위(팀)의 구성원들의 토론을 거쳐 선정된 역량을 검증해 확정했는데,
평균 팀별 6개 안팎의 역량이 선정되어 회사 전체 차원에서 총 884개
의 역량이 선정.

이렇게 분류, 선정된 직무역량은 일하는 주체를 관리하는 일상적 테크
놀로지로 구체화될 수 있도록 하기 위해 다시 역량기술서와 역량정의서로
번안된다. 이는 기존의 직무분석에 근거한 직무명세서, 직무기술서 등을
대신하는 것으로 역량 담론이 가진 중요한 특성을 보여준다. 역량기술서
는 역할과 책임, 기초역량, 그리고 각각의 역량에 해당하는 종류와 그에 대
한 수준을 표시하는 칸으로 구성된다. 예를 들어 인사관리팀의 팀장이면
전체 경영 목표, 인사제도의 프로젝트 관리, 인사제도에 대한 이해 재고,
인력 운용 효율화 및 노동생산성 향상이 역할과 책임으로 설정되고, 위에
서 열거한 리더십 역량 네 가지와 해당 전문역량 일곱 가지, 즉 ① 기획력,
② 의사전달, ③ 베스트 프랙티스 인지, ④ 프로젝트 관리, ⑤ 규정·법규
이해, ⑥ 절충력, ⑦ 노무제도 이해 등으로 구성된다. 이런 각각의 역량의
항목들은 P1에서 P5까지 점수가 부여되고 이는 각기 인적자원관리와 관련
된 다양한 실천 즉 평가, 보상, 육성 등의 다양한 테크놀로지와 결합된다.

역량평가 과정은 앞의 절에서 BSC와 다면평가에 대한 부분에서 살펴

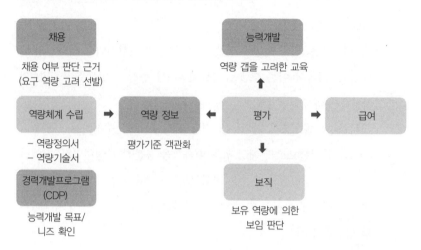

그림 3-10 P사의 역량에 기반한 인적자원관리 프로세스

보았던 것과 유사하게 자기평가(혹은 기업에 따라 자기신고서 등으로 부르기도 한다)의 과정을 거치고, 다시 1, 2차의 평가(5단계의 절대평가로 이뤄진 1차 평가와 피평가자 종합판단에 따른 절대평가로서의 2차 평가)를 거쳐 다시 최종등급을 산출한다고 한다. 그리고 이 결과는 ERP 시스템을 통해 본인이 컴퓨터를 통해 직접 조회할 수 있고 이 과정에서 피드백이 이뤄진다고 한다(P사는 다면평가제를 도입해 사용하고 있다). 이런 P사의 역량모델에 따른 전체 인적지원관리 과정을 간단히 도식화한 것이 **그림 3-10**이라 할 수 있다.

　　그림 3-10에서 볼 수 있듯이 역량은 경영권력이 일하는 주체를 관리하는 모든 영역에 작용한다. 선발과 채용, 보유, 평가와 보상 그리고 개발과 육성에 이르기까지, 일하는 주체의 삶은 이제 역량의 그물망 안에 갇혀 있다 해도 과언이 아니다. 그렇다면 역량 담론이 일하는 주체를 관리하는 방식에 어떤 변화를 초래하는지, 그리고 그것이 일하는 주체를 경영권력이 지배할 수 있는 대상으로 어떻게 객체화하는지 살펴보자.

직무분석과 그 이후

역량 담론은 노동주체가 일과 맺는 관계를 변화시킨다는 점에서 두드러진 특성을 갖는다. 무엇보다 역량 담론은 일의 담론이다. 역량 담론이 폭발적으로 확산된 주요한 배경 가운데 하나는, 그것이 일에 관한 새로운 표상을 가능케 한다는 점에 있다고 해도 과언이 아니기 때문이다. 이런 점은 앞서 지적했듯 테일러주의와 직무중심주의라는 이전 시대의 '일의 과학'과 역량 담론이 제시하는 일의 과학 사이의 차이를 강조하는데, 이는 경영담론이 으레 강조하는 것이기도 하다.

표 3-8은 직무분석과 역량모델링을 구분하면서 역량모델링이 직무분석을 대신하는 대안인 듯 제시한다. 그런데 이는 직무분석과 역량모델링이 효과 면에서 어떤 차이가 있냐는 것을 제시하냐에 그치지 않고, 일하는 주체와 일 사이의 관계를 그려낸다는 점에서 흥미롭다. 즉 "직무 중심주의"란 언표가 시사하듯이 역량모델링은 직무분석이라는 일의 분석 혹은 일의 표상체계가 마치 특정한 이념적 행위였던 것처럼 다룬다. 다시 말해 직무분석은 일을 분석하는 특정한 기술에 머물지 않고 일과 일하는 주체가 관계를 맺을 때, 이를 특정한 경향에 따라 조직하는 담론적 실천이었던 것처럼 비판을 받는다. 그러나 어쨌든 일을 한다는 것이 과연 무엇을 가리키는 것인지는 언제나 불확실하고 비결정적인 상태에 놓여 있을 수밖에 없다. 일하는 주체를 관리한다는 것은 일하는 주체들의 행위 전체를 대상으로 하는 것이 아니다. 이는 근본적으로 불가능한 일이다. 따라서 일하는 주체가 겪는 삶과 행위는 관리하고 보상할 수 있는 대상으로 구체적으로 객체화되어야 한다. 일하는 주체를 관리하기 위해 노동하는 삶을 '관리할 수 있는' 대상, 즉 '노동력' 혹은 '인적자원'으로 변형하는 것이 불가피할 수밖에 없다. 직무분석이란 바로 일을 지배할 수 있는 대상으로 변형시키

표 3-8 직무분석과 역량모델링의 차이

구분	직무분석의 접근	역량모델링의 접근
목적	· 일의 단계, 절차 분석을 통하여 필요한 지식을 파악	· 조직이나 개인의 우수한 비즈니스 능력을 발굴, 접근
접근	· Skill의 개발 · 일 중심 · 최소요건으로서의 지식, 스킬, 능력 도출	· 성과(performance) 창출이 목적 · 지식, 스킬, 능력, 그리고 개인의 특성, 동기 등 보다 심층적인 요소까지 추출 · 우수 성과자의 직무 수행 역량에 초점
문제해결	· On the Job Training, 교육훈련	· 사람 중심
적응 평가	· 안정적이며, 최소한의 수행 능력 여부 · 직능등급의 세분화(보통 3단계)	· 교육은 다양한 해결 방안 중의 하나로 보며, 브로드밴드(broad band)와 Competency 모델을 연결시켜, 3~4개월 정도의 브로드밴드를 기초로 개인의 자율적인 경력 구축을 지원하는 시스템으로 운영
이점 & 활용	· 업무의 규모 파악, 구성요소, 기술적 지식의 규명 · 능력 그 자체에 등급을 매겨 임금 및 승진과 같은 보상에 활용	· 성과지향적 목적을 위해 활용하며, 채용, 평가, 보상, 교육, 후계자 양성 등에 활용 · 개인의 역량 향상을 통하여 자신의 피고용 가능성과 조직의 성과 향상이 주된 목적
결과물	· 직무기술서 · 직무명세서	· 역량군(Clusters) · 역량 List
비고	· 환경과 분리 · 개인과 성과 요인과의 인과관계에 대한 설명 부족	· 조직의 Vision, Mission, 경영전략과 연계되어 있음

* 직무 수행에 필요한 개인적 특성을 도출한다는 점에서는 직무분석과 핵심역량모델링의 접근이 유사하다.

는 대표적인 테크놀로지였다 할 수 있다. 달리 말하자면 직무분석은 일터에서의 삶 혹은 활동을 경영권력이 처리하고 관리할 수 있는 정보로 바꿔내는 일이었다고 할 수 있다.

한국에서 직무분석의 역사를 다루는 본격적인 분석은 찾아보기 어렵다. 단지 1960년대 초 한국전력공사에서 처음으로 직무분석을 시작한 이후 정부기관에서 이를 사용하기 시작했으며 1980년대에 기업들도 직무분석을 시작했다는 정도의 언급을 찾아볼 수 있는 정도이다(안춘식, 1987; 박상언·신택현, 1995; 안희탁, 1999b; 허진, 2003a).[97] 인사노무관리나 인적자원관리에 관한 교과서들이 직무분석을 중요한 부분으로 배치하고 있음에도 불구하고 이것이 널리 활용되지 못한 데에는 여러 가지 이유가 있을 수 있다.[98] 허진은 직무 특성과 내용이 급격하게 변화하는 것을 따라잡기 어려웠다는 점, 공기업이나 정부기관에서 널리 사용하는 '업무분장'이란 용어가 말해주듯이 일의 책임소재를 파악하려는 제한된 용도로 사용됐다는 점, 인력구조조정 등 부정적인 용도로 사용되면서 직무분석을 기피하는 경향이 있었다는 점, 그리고 직무분석만 해놓고 이를 활용하기는커녕, 여전히 학력과 성적순으로 채용하는 관행이 상존했다는 점 등을 꼽는다(허진, 2003a: 25~26). 이는 이를 좀더 상세하게 다루는 박상언과 신택현의 글에서도 비슷하게 지적된다. 그렇지만 대부분의 경우 이는 흔히 1990년대에 본격화된 이른바 신인사제도나 신경영기법의 주된 슬로건이었던 '능력주의·성과주의'에 수반된 테크놀로지로 여겨졌던 듯하다.[99] 그도 그럴 것이 능력주의와 성과주의란 일의 종류와 성격에 따라 평가, 보상하기 위한 작업들을 수행할 수밖에 없기 때문이다. 따라서 직무분석이 얼마나 또 어느 정도 사용됐으며 얼마나 효과적이었느냐의 여부가 그리 중요하지는 않다. 오히려 그보다는 일을 가시화하고자 하는 욕망이 왜 증대했으며 경영권력은 어떻게 일을 객관화하는 지식을 생산했는가가 더 중요한 문제이다.

이는 1990년대에 본격적으로 대두했던 직능자격제도를 비롯한 '신인사제도'란 이름의 테크놀로지가 왜 한결같이 '사람 중심'에서 '일 중심'으로라는 구호를 반복했는지 풀이할 수 있는 배경을 제공한다. 문제는 직무분석이 가리키는 경영 행위가 겨냥하고 있던 정치적 목표에 있다. 일에 관한 지식을 경영권력이 통제하고 이를 통해 일하는 주체와 일 사이의 관계를 관리하고 지배하는 과정이 중요한 것이지 직무분석 자체가 문제는 아니다. 따라서 1990년대에 직무분석에 관한 관심이 등장하자마자 다시 이것이 다시 역량모델링으로 신속히 대체되어간 과정은 단절이라기보다는 '일의 과학'을 통제함으로써 일하는 주체를 객체화할 뿐 아니라 경영권력에 예속시키려는 전체적인 과정의 한 계기란 측면에서 이해해야 한다.

인사노무관리나 인적자원관리에서 직무분석은 대개 "직무에 관련된 정보를 수집, 분석, 종합하는 활동"(권인호 외, 1997: 68)이나 "직무를 구성하고 있는 업무의 내용과 직무를 수행하기 위해 담당자에게 요구되는 경험·자질·기능·지식·능력 등을 파악해 어떤 직무가 타 직무와 구별되는 요인을 명확하게 밝혀 기술해내는 것"(이재규 외, 1996: 93)으로 정의된다. 그러나 바버러 타운리가 말하듯이 직무분석은 "과업에 관한 비개인적이고 비인격적인 정의를 부여하는 것"으로서, 그것의 의도는 "노동자의 행위에 가시성을 만들어내면서 그것을 제시하는 것으로 이는 궁극적으로 규범과 관리를 구축하는 밑바탕"을 마련하는 것이다(Townley, 1995: 564). 다시 말해 직무분석은 구체적인 장소와 시간의 한계에서 벗어나 언제 어디에서나 관리될 수 있는 대상으로 일하는 주체의 행위를 규정하고 분류하는 것이다. 이에 따라 일하는 주체의 행동은 비교, 복제, 분석, 조합 및 합성, 전산화가 가능한 '데이터'로 고립될 수 있다. 그리고 이렇게 객관적 정보로 가시화, 객체화된 일하는 주체의 행동은 이제 직무분석을 활용한 다양한 경영 업무를 통해 다시 조작될 수 있다. 이를테면 효율적인 것과 비효율적인 것, 생산적인 것과 비생산적인 것 사이에 간격을 만드는 나누기differenti-ation, 더 단순한 업무와 복잡한 업무 사이에 거리를 만듦으로써 일의 종류와 그에 결합된 직위·직급·능력 등을 위계화시키는 결합시키기integration 등은 바로 직무분석이 만들어내는 핵심적인 효과라 할 수 있다. 역량모델링이 어떻게 일을 가시화하는지는 다음의 설명이 잘 보여준다.

〔역량은〕 무엇이 감시되고 측정될 것인가에 대해 관심을 갖게 한다. 평가 시스템에 역량모형을 도입하게 되면 두 가지 이슈에 대해 어느 정도 해답을 줄 수 있다. 먼저 역량모형은 무엇이 성취되어야 하고, 어떻게 성취되어야 하는지, 즉 조직으로 하여금 결과뿐 아니라, 그 결과가 얻어지게 된 행위에 대해서도 관심을 갖게 한다. 〔……〕 둘째, 성과 평가에 대한 토론을 촉진한다. 〔……〕 셋째, 행동에 관한 정보 획득에 집중한다. 역량모형은 상사에게 효율적 성과에 대한 구체적이고 중요한 행동을 인식하게 한다. 어떤 기업은 이런 자료의 수집을 촉진하기 위해 360도 피드백 과정을 사용하기 시작했다. 360도 피드백 과정은 광범위한 사람들로부터 성과에 대한 관찰을 얻는다. 여기에는 동료, 본인의 직접보고서, 고객, 공급자 등이 포함된다. 이 경우에 상사는 자기 자신의 지각뿐만 아니라 다른 사람들의 지각에도 의존할 수 있다(이원행, 2002: 117~118).

일을 "관리할 수 있는 구체적 대상"으로 한정하는 경영권력의 담론적인 실천이라 생각한다면, 직무분석과 역량모델링 사이에는 근본적인 차이가 없다. 그렇지만 역량모델링이 직무분석과 차이가 있다면 그것의 담론적인 효과라 할 수 있는 것, 즉 일의 정체성에 관한 담론을 재구성하고 그에 관한 새로운 '과학적 진실'을 제정한다는 데 있을 것이다. 이는 위의 **표 3-8**가 강조하는 것이기도 하다. 역량 담론이 일을 가시화, 객체화하는 방식에서 직무분석과 다른 점이 있다면, 한마디로 일 분석을 주체성 분석으로 대체한다는 것이다. 직무분석이나 역량모델링 모두 일하는 주체의 '행동'을 분석의 대상으로 삼지만, 둘은 분석의 대상이 되는 행동을 무엇으로 그려내는가라는 점에서 사뭇 다른 입장을 제시한다. 직무분석의 경우 자르기, 깎기, 나르기 등의 객체화되는 행동을 분석했다면, 역량모델링은 구체적인 직무와 관련한 일의 분석에 더해 '핵심', '기본' 등이라고 스스로 명명하는 역량으로서, '창의성, 주도성, 팀워크, 변화관리' 등을 분석한다. 예를 하나 들어보자면 국내의 J사는 "조직 및 인력개발, 고객지향, 시장지향, 혁신과 창조, 상호협력, 커뮤니케이션, 계획과 조직, 변화관리, 판단과 문제해결, 기업성과지향" 등을 핵심역량으로 꼽는다. 그렇다면 여기에서 포함된 각각의 역량은 무엇이며, 어떻게 측정, 정의, 관리될 수 있을까. 바로 이에 대한 답을 제공하는 것이 역량모델링이다. 다시 말해 역량모델링은 일하는 주체의 주체성을 모델링할 수 있는 주체화의 테크놀로지를 제공해준다.

과연 어떻게 개개인의 시간을 자본화해 그것을 활용하고 통제할 수 있도록 각 개인의 신체나 힘이나 능력 속에 축적시킬 수 있을 것인가? 이익을 가져다주는 시간의 흐름은 어떻게 조립하는가? 공간을 분석하고, 모든 활동을 분해해 재편성하는 규율은 또한 시간을 가산해 자본화하기 위한 장치로서 이해되어야 한다(푸코, 1994a: 257).

푸코는 여기에서 일하는 주체를 자본화하는 과정을 일하는 주체를 개별적인 관리 대상으로 객체화/주체화하는 과정과 연결한다. 그러므로 기존에 있던 일의 과학이 주체성을 분석하지 않았다고 말하는 것은 위험한 일이다. 직무분석은 일을 분석하면서 시간과 장소 등과 일을 연계시키고 이를 통해 효율적이고 생산적인 노동의 기준을 수립하며 그것에 근거해 일하는 주체를 관리했다. 따라서 낭비, 게으름, 불량 등을 규정하는 규범을 통해 나쁜 주체들을 단속하고 규율하는 다양한 테크놀로지들을 사용했다. 그렇지만 역량모델링은 더 이상 표준화·평균화된 일이 아니라 개별적인 주체의 심리활동을 직접적으로 겨냥한다. 직무분석이 일하는 주체를 차별화하되 전체적인 척도의 개별적인 '사례' [100]로서 다룬다면, 역량모델링은 그것을 일하는 주체 개인이 담당하는 삶의 활동으로 다룬다.

다시 말해 역량 담론은 규격화/규범화하는 담론normalizing discourse 란 형태를 취하지 않는다. 이런 담론 형태에서 권력은 비정상적이고 열등한 것을 배제하거나 고립시키고, 이를 정상으로 혹은 평균에 접근한 형태로 향상시키기 위한 다양한 노력을 투입했다. 반면 역량 담론이 그려내는 능력은 그런 정상과 비정상의 규준을 따르지 않는 것처럼 보인다. 역량이 부족하거나 희박한 주체는 처음부터 노동이라는 사회적 삶에 참여할 기회를 잃을 뿐 아니라(역량에 기반한 채용), 경영전략이 설정한 핵심역량에 따라 자신의 능력을 끊임없이 변조하고modulating, 변용해야transforming 한다(역량모델링과 성과지표, 다면평가 등의 다양한 경영기법). 따라서 표준, 평균 혹은 일반적인 기준이 있는 것이 아니라 능력에 관한 끊임없는 현재적 해석과 평가를 할 수 있는 능력이 요구된다.

이는 현재 국내 기업이 제시하는 인재상의 요건으로 꼽는 수많은 능력 가운데 으뜸가는 능력인 '문제해결 능력'이나 '진취성', '도전정신', '창의성' 등에서 잘 나타난다. 피상적으로 볼 때 이는 그저 다른 여러 가지 인지적 능력이나 업무 수행에 필요한 능력들을 추상적으로 표현한 것처럼 보일 뿐이다. 그렇지만 조금 더 자세히 살펴보면 그렇지 않다. 그것은 일하는 주체가 자기 능력을 어떻게 향상시키고 재조직해야 할 것인가, 더 엄밀하게 말하자면 일하는 주체가 자기 삶을 어떻게 다루어야 할 것인가를 가리키는 능력이라 할 수 있다. 이런 '능력에 관한 능력'은 일반 교육 담론이나 기업교육 담론에서 성행하는 이야기들, 특히 '학습할 수 있는 학습'learn to learn, '현장학습', '체험학습', '액션 러닝', '러닝 바이 두잉'Learning by Doing 등에서도 확인할 수 있다. 이런 능력 획득의 테크놀로지, 학습기술들은 어떤 안정적이고 고정된 대상과 공간을 가정하지 않는다. 그 대신 전략이나 맥락, 체험, 실제 행위 등의 개념을 사용하며 끊임없이 각각의 노동-학습 주체들이 자신을 변형하도록 요구한다. 그런 점에서 역량 담론은 지능과 적성을 대신하는 능력의 표상이지만 동시에 주체가 자신의 능력을 형성하고 개발하며 획득하는 과정, 즉 자신을 능력 있는 주체로 주체화하는 방식에 깊숙이 개입하고 또 이를 촉진한다. 따라서 상위에 어떤 기준이 있고 그에 도달하려 애쓰는 일하는 주체가 있는 것이 아니라, 자기 스스로 목표를 설정하고 이를 실현하기 위해 노력하는 개인적인 주체가 있는 것이다. 따라서 앞서 반복해서 강조했듯이 이미 설정된 일반적인 기준에 따라 일하는 주체를 정상화시키는 것이 아니라, 끊임없이 변화하는 상황에서 스스로 목표를 설정하고 최선의 성과를 내는 역량 있는 주체, 자기의 기대 혹은 목표와 실제 자신 사이에 '간극'을 극복하려고 노력하는 자기관리의 주체가 있다.[101] 직무분석에서 객체화되는 '일하는 주체'가 효율·능률·생산성 등의 일반적인 규범에 의해 관리받는 주체이며, 그것이 일하는 주체를 분류하는 방식이 정상과 비정상/모범과 열등이라면, 역량 담론이 객체화하는 일하는 주체는 어떤 기준도 없이 스스로 끊임없이 자신을 개발하고 향상시키는 주체이다. 역량 담론이 가시화하는 주체는 "자기제시, 자기관리, 자기실현의 주체"이기 때문이다(du Gay, Salaman & Rees, 1996: 275).

경력개발 담론의 정치학

그림 3-11에서 보듯이 역량 담론은 일하는 주체가 살아가는 모든 영역에 두루 걸쳐 있다. 역량 중심의 보상, 역량 중심의 채용, 역량 중심의 경력개발, 역량 기반 커리큘럼 등, 역량이란 접두사가 붙은 수많은 경영 담론들은, 일하는 주체를 역량이란 언표로 감싼다. 먼저 역량 중심의 보상에 관해 살펴보도록 하자. 역량 중심의 보상 가운데 재무적인 보상이라고 할 임금

그림 3-11 역량모형에 근거한 인적자원관리

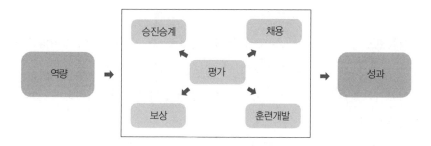

을 보면, 역량급力量給은 연공급이나 직무급, 성과급 등의 임금형태와 자신이 다른 것임을 극구 강조한다. 이는 단순히 지급방식이 다른 것이 아니라 일과 그에 대한 보상 사이에 놓인 관계 자체를 수정한다는 점에서 다르다. 일터에 재직한 시간에 따른 연공급이나 누가 일하느냐와 상관없이 직무 자체의 종류에 따라 설정된 직무급은, 일하는 주체가 어떻게 자신을 빚어내느냐 하는 자기-주체화와 무관한 것이랄 수밖에 없다. 역량급을 옹호하고 장려하는 이들은 기존 임금형태를 이런 식으로 비판하곤 한다. 성과급은 일의 성과와 보상을 연계시킴으로서 일하는 주체의 개별적인 활동을 이끌어내는 데 쓸모 있긴 하지만 그 역시 일에 얽매여 있다는 점에서 직무급을 조금 개선한 형태에 불과하다는 것이다. 더욱이 성과급은 단기적인 성과 향상에 급급하도록 할 뿐 아니라 과잉경쟁을 유발시키고 기업 전체의 사기를 떨어뜨릴 수도 있다는 것이 이들의 지적이다. 그렇다면 그들이 보기에 역량급은 그 같은 한계를 극복하는 좋은 대안이지 않을 수 없다. 역량급은 일하는 주체가 자발적으로 높은 수준의 역량을 취득하고, 그렇게 얻은 역량을 실제 업무 수행에 적용하도록 유도함으로써 높은 성과를 창출하는 것을 보증하기 때문이다. 다시 말해 지식기반경제에서 "성과 창출의 근본 요인이 되는 구성원의 역량개발"을 촉진할 수 있다는 것이다. 그리고 역량급은 기업이 구성원에게 요구하는 핵심가치가 무엇인지를 명확히 전달하고 나아가 "목표 달성 그 자체보다는 목표를 달성하는 방법을 중시함으로써" 개인은 물론 조직역량을 강화할 수 있다는 것이다(최병권, 2001: 30). 결국 "사람이 경쟁력"인 새로운 자본주의에서 인적자원 혹은 지식자본을 동원할 수 있는 최적의 임금형태가 바로 역량급이라고 주장하는 셈이다.

그렇다면 앞의 절에서도 언급했듯, 임금은 자본이 일하는 주체의 행위 가운데 무엇에 관해 보상해야 할 것인가를 규정하는, 즉 보상해야 하는 대상으로서의 경제적 실재를 '발명'하지 않는 한 불가능하다.[102] 그런 점에서 역량급은 임금에 관한 다양한 경영 담론, 예컨대 근대 경영 담론에서 거의 표준적인 역할을 했던 원가회계의 담론을 대체한다. 생산성, 생계비용 등과 임금을 연계시킴으로써 임금을 사회적으로 관리하던 경제적 계산 혹은 셈법은, 역량급에서 볼 수 있듯이 새로운 계산 혹은 회계의 형태에 자리를 물려주게 된다. 이같은 경영권력의 변화는 역량급이 환기시켜주듯이 일하는 주체의 직접적인 삶, 즉 일하는 주체가 자아와 맺는 관계와 그 활동을 평가와 보상의 대상으로 규정한다. 다시 말해 역량급은 단적으로 일하는 주체에게 "당신은 자신을 어떻게 대하고 있는가?" 같은 물음을 던지고 그 결과를 보상과 평가의 대상으로 삼는다. 즉 일하는 주체를 경제적으로(좀 더 엄밀하게 말하자면 재무적으로financially) 관리하는 경영 실천과 일하는 주체의 주체성을 관리하는 경영 실천이 하나로 결합하는 것이다. 이는 종래의 획일적이고 평균적인 임금체계가 부과하던 관료적인 속박(?)에서 벗어나 자기 능력과 행위에 따라 임금을 받는다는 점에서 실제 많은 노동자들로부터 직접 환영받기도 한다. 능력과 성과에 따라 임금을 지급하는 것을, 적어도 사무전문직을 비롯한 다수 노동자들이 '임금형태의 민주화'로 간주하고 이를 지지했던 것은 의미심장한 현상이라 하지 않을 수 없다. 역량급은 성과와 능력에 따른 임금형태를 '개선'한다고 말할 수 있다. 그것이 일하는 주체에게 개선인 것으로 보이는 이유는 마치 자신의 적극적인 선택과 결정에 따른 결과를 보상받음으로써 획일적이고 억압적인 임금체계의 굴레에서 벗어날 수 있는 것처럼 보이기 때문이다. 반면 그것이 경영권력에게 개선인 것은 아무런 직접적인 명령과 통제 없이도 일하는 주체가 개인적인 자기계발과 변화를 통해 기업 성과를 향상시켜주기 때문이다. 그런 점에서 역량급은 기존 임금형태와 달리 자기 삶을 스스로 관리하고 개발하는 행위를 평가와 보상의 대상으로 삼음으로써 일하는 주체를 효과적으로 경영권력에 묶어두고 복종하게 한다.

그렇지만 역량 담론이 지닌 특성을 가장 잘 드러내는 부분은 경력개발 담론이라 할 수 있다. 경력개발이란 국내 기업에서 '인재 육성'이라 부르는 것이다. 최근에는 경영컨설턴트나 경영학자들이 인적자원개발이라 부르곤 하는 것도 역시 경력개발이라고 할 수 있을 것이다. 흔히 "경력이란 개인이 일생 동안 경험한 일의 역사이다. 그리고 경력개발은 개인의 경력 희망과 회사의 인력관리계획을 결합시키는 의도적이고 제도적인 활동을 말한다"고 정의된다. 그렇지만 일하는 주체의 정체성을 둘러싼 주장들이 '패러다임의 전환'을 역설하듯이, 경력개발이란 담론도 요란하게 패러다임 전환을 주장하며 경력개발이 가진 새로운 정체성을 강조한다.[103] 예컨대, "무경계경력",[104] "프로티안 경력"protean career,[105] "다중경력",[106] "지성적 경력"intelligent career[107]이니 하는 용어들이 앞 다투어 쏟아져 나왔고, 이제 진로지도, 취업상담, 전직과 이직, 창업에 관련한 담론들이 순환하는 곳이면 어디서든 이런 용어들을 마주칠 수 있다.

커리어는 개인의 생애직업발달과 그 과정 내용을 가리키는 포괄적인 용어로서 과거에는 한 직업을 평생 동안 고수하는 예가 많았기 때문에 진로를 직업과 동일어로 취급했으나 이제는 한 개인의 전 생애를 일컫는 용어로 그 범위가 확장됐다. [……] 요컨대, 커리어가 '직업'이었던 개념에서 점점 그 의미가 확대되어 여가를 포함하고 여기에 개인의 생애를 통해 겪게 되는 라이프 역할(부모, 배우자 등), 라이프 세팅(가정, 학교, 직장 등), 라이프 이벤트(결혼, 입직, 은퇴, 이혼 등) 등이 전 생애에 걸쳐 일어나는 역동적인 상호작용의 결과를 총체적으로 이르는 것까지 확대됐다 (정병익, 2000 : 34~35).

위의 인용문은 경력이란 용어가 과거의 인식과 단절을 꾀하는 것임을 역설하면서 새로운 경력 패러다임의 등장을 강변한다. 여기에서 말하려는 바의 핵심은 경력은 이제 더 이상 일과 관련한 것이 아니라 개인의 삶 전체를 대상으로 한다는 것이라 요약할 수 있을 것이다. 이는 새로운 경력 담론을 주장하는 이들이 똑같이 강조하는 내용이기도 하다. 예컨대 이런 식이다. "과거 평생직장과 종신고용하에서는 경력개발이란 회사가 개인에게 반강제적으로 제공하는 사내 성장 경로라는 의미가 강했다. 그러나 최근 평생직업, 고용 가능성의 개념이 중요해지면서 개인의 비전과 회사의 비전을 결합시키는 활동으로써 경력개발이 부각되고 있다. 이에 따라 경력개발은 개인이 과거보다 훨씬 자유롭게 경력 경로를 선택할 수 있도록 자율성을 배가시키는 방향으로 변화하고 있다"(허진, 2003a : 4). 이런 경력 패러다임의 전환이 단순히 경력을 둘러싼 생각이나 태도가 달라졌다는 것에 머물지 않고, 일하는 주체를 관리하는 구체적이고 세부적인 경영 테크놀로지와 병존하고 또 그에 의해 강화됐다는 점에 주목할 필요가 있다. 이런 점에서 경력 담론이 전환됐음을 알려주는 가장 두드러진 관리 테크놀로지가 역량 담론이다.

국내에서 경력개발 담론이 주요한 테크놀로지로 사용된 것은 1990년

그림 3-12 S사의 경력개발 프로세스

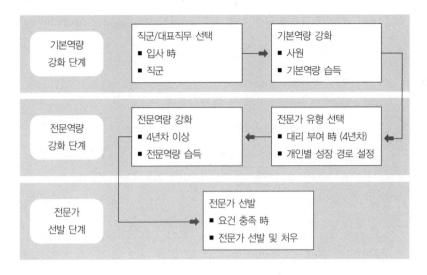

대부터인 것으로 보인다. 1987년 이후 현재까지 경력개발제도의 도입과 사용 실태를 분석한 김동배의 작업은 대기업을 중심으로 경력개발제도 도입이 꾸준히 증가한 것으로 설명한다(김동배, 2003). 그렇지만 경력개발 담론 역시 위에서 살펴본 직무분석과 역량모델링의 관계처럼 도입되자마자 곧 새로운 경력개발 담론에 압도됐다고 볼 수 있다. 즉 기존의 경력개발 담론이 직무순환이나 확충 혹은 사내자격제도를 통해 자격 취득을 통한 숙련 형성을 가리키는 것에 가까운 것이었다면, 이제 경력개발은 자기계발, 경력개발 담론의 용어를 빌리자면 "개인 주도형 경력개발"로 순식간에 변화됐기 때문이다. 그리고 자기주도적 경력개발은 또 역량 중심 경력개발 담론이 가진 핵심적 특성이기도 하다. 역량 중심의 경력개발제도가 어떻게 활용되고 있으며 그것의 특성이 무엇인지는 국내 몇몇 기업의 사례에서 잘 드러난다. 먼저 경력개발 담론을 거론할 때마다 언급되곤 하는 S사의 사례에 주목해보자. 정보통신업체인 S사는 2001년부터 "개인별 맞춤형

성장체계 구축을 통한 전문가 양성"을 목적으로 한 'My ProWay'라는 이름의 역량 중심 경력개발제도를 운용하고 있다.[108] 이 회사의 경력개발 프로그램은 역량모델링을 통해 기존의 직무분석체계와 절충한 형태를 취하는 것처럼 보인다.

그림 3-12에서 보듯이 먼저 이 회사는 사원과 4년차인 대리와 그 이상의 전문가들로 각기 사원을 분류하고 이를 직군, 직무에 따른 역량과 연결하는 역량체계를 활용한다. 이를 위해 먼저 전체 사원을 대상으로 공통 교육을 실행한 이후에 개인들로 하여금 직군명세서, 역량평가서, 역량정의서 등에 따라 만들어진 직군 및 대표 직무를 선정하게 한다. 그리고 이 과정의 종료 단계에서 역량 진단을 하고, 그 결과에 따라 자신의 전문가 유형을 선택한다고 한다. 이는 대리 직급으로의 승진 시에 자신의 전문가 유형을 선택하는 것으로 이어지는데, 이때 총 5개, 16개 분야 가운데서 각 개인은 88개의 전문성 강화 분야를 스스로 선정해 역량 강화계획을 수립한다. 이때 리더는 코칭과 멘토링을 통해 이들을 지원하게끔 되어 있다. 그리고 이런 자기계발계획에 따라 연간 의무교육 시간에 따른 역량 강화를 수행하고 사내에서 마련한 공인자격을 취득하면 전문가로 선발된다.[109] 이렇게 해서 선발된 전문가들에게는 그에 상응하는 보상과 역할을 부여하는 것으로 되어 있다. **그림 3-13**은 이 회사의 역량 중심 경력개발 프로그램의 구조를 보여주는 화면이다.

이런 역량 중심의 경력개발제도는 다른 국내 기업들 역시 유사하게 운용한다. 이를테면 K사는 "종업원들의 자기계발 욕구를 충족시키고 직원역량 제고를 통한 생산성 향상"을 위해 '자기계발공시제'라는 독특한 제도를 운용한다.[110] 이는 앞서 살펴보았던 전형적인 역량모델링의 방법을 통해 자기의 역량을 진단하고 상사와의 합의 상담을 거친 후에 역량 목표를 설정한다. 그리고 이후 상사의 '코칭'을 통해 지도를 받으며 사원은 자기계

그림 3-13 S사의 자기계발계획 수립 화면

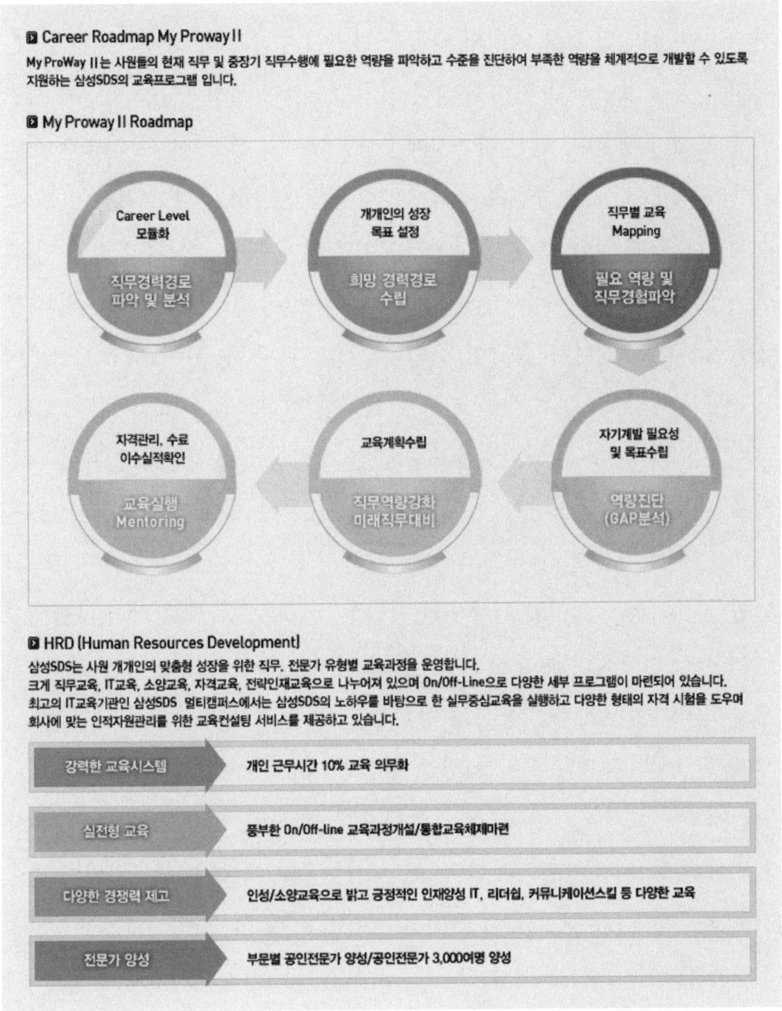

▣ Career Roadmap My Proway Ⅱ

My ProWay Ⅱ는 사원들의 현재 직무 및 중장기 직무수행에 필요한 역량을 파악하고 수준을 진단하여 부족한 역량을 체계적으로 개발할 수 있도록 지원하는 삼성SDS의 교육프로그램 입니다.

▣ My Proway Ⅱ Roadmap

Career Level 모듈화 / 직무경력경로 파악 및 분석	개개인의 성장 목표 설정 / 희망 경력경로 수립	직무별 교육 Mapping / 필요 역량 및 직무경험파악
자격관리, 수료 이수실적확인 / 교육실행 Mentoring	교육계획수립 / 직무역량강화 미래직무대비	자기계발 필요성 및 목표수립 / 역량진단 (GAP분석)

▣ HRD (Human Resources Development)

삼성SDS는 사원 개개인의 맞춤형 성장을 위한 직무, 전문가 유형별 교육과정을 운영합니다.
크게 직무교육, IT교육, 소양교육, 자격교육, 전략인재교육으로 나누어져 있으며 On/Off-Line으로 다양한 세부 프로그램이 마련되어 있습니다.
최고의 IT교육기관인 삼성SDS 멀티캠퍼스에서는 삼성SDS의 노하우를 바탕으로 한 실무중심교육을 실행하고 다양한 형태의 자격 시험을 도우며 회사에 맞는 인적자원관리를 위한 교육컨설팅 서비스를 제공하고 있습니다.

강력한 교육시스템	개인 근무시간 10% 교육 의무화
실전형 교육	풍부한 On/Off-Line 교육과정개설/통합교육체제마련
다양한 경쟁력 제고	인성/소양교육으로 밝고 긍정적인 인재양성 IT, 리더십, 커뮤니케이션스킬 등 다양한 교육
전문가 양성	부문별 공인전문가 양성/공인전문가 3,000여명 양성

발을 추진하고, 그 실적에 따라 보상이 따르게 된다. 자기계발공시제를 위한 K사의 '역량 진단—강화 시스템'은 앞서의 S사와 유사하게 직무에 필요한 역량과 개인별 보요 역량의 간극을 확인할 수 있도록 하는데, 각 개인은 이런 간극을 보완하기 위해 다양한 자기주도적인 평생학습을 사내의 시스템을 통해 수행한다. 한편 자동차제조사인 H사의 경우엔 사무기술계 직원들을 중심으로 역량 중심의 경력개발제도를 운영하고 있고 점차 이를 확대시킬 계획에 있다.[111] 현재 사무기술직 사원에 한해 실시되고 있는 이 회사의 능력개발제도Competence Development by Rotation, CDR는 기존의 직무순환을 역량모델링과 결합한 것이라고 할 수 있다. H사는 1997년부터 1998년까지 2년에 걸쳐 직무를 분석·분류해 역량모델을 도출했다고 한다. 그리고 이에 따라 각 종업원들은 자신의 경력목표를 설정하고 자신의 경력을 개발하며 그 성과는 역시 평가, 보상 등의 형태와 결합하게 됐다. CDR의 특성 가운데 하나는 10~20%의 우수한 인원을 'core', 하위 10%의 인원을 'below', 그리고 대다수의 인원을 'main' 그룹으로 각기 분할하고 이에 따라 차별적인 육성을 실행한다고 한다는 점이라 할 수 있다. 구체적으로 경력개발체계가 작용하는 방식을 보면 먼저 사무기술계 사원들이 2년에 한 번씩 자신의 경력 희망을 포함한 '자기신고서'를 작성 제출하고 여기에 자신의 역량, 성격, 직무 유형과 업무 성향, 업무 수행 정도, 전보 희망사항 등을 기록한다고 한다. 그리고 두 차례에 걸친 상사와의 면담을 거쳐 자신의 경력 경로를 설정하는데, 이는 각각 직무순환을 뜻하는 전출 경로와 승진을 뜻하는 전입 경로로 구성된다고 한다. 직무순환의 경우 이 회사는 각 직무마다 체류 연한을 4년 기준으로 하되 직무와 능력에 따른 차이를 반영해 2~7년으로 직무순환을 할 수 있도록 했다. 물론 이 연한을 넘는 '말뚝근무' 역시 불가능하다. H사의 경력개발제도 역시 기업이 설정한 역량모델에 따라 경력을 개발하되 그것이 기존에 있던 직무순환이라는 제도를 합성한 형태란 점에서 조금 특수하다 할 수 있다. 따라서 산업민주주의가 말하던 일터의 민주화, 노동의 인간화 담론이 역설하던 것, 즉 직무순환을 통해 지루하고 반복적인 일로부터 소외를 극복하자는 전망은 이제 경력개발 담론에 의해 나포되어 새로운 정치학으로 이동하게 된다.[112]

그런데 지금까지 몇 가지 참고했던 국내 기업의 경력개발 프로그램은 경력 담론이 떠들썩하게 주장하던 패러다임 전환, 예를 들어 더 이상 일터의 울타리에 갇히지 않은 경력, 일로부터 분리된 경력 등과 적지 않은 거리가 있어 보인다. 그렇지만 위의 경력개발 프로그램이 가진 성격을 다른 측면에서 생각해본다면 특히 역량이란 담론을 통해 살펴본다면, 이 역시 현재 경력 담론이 제시하는 것과 다르지 않음을 확인할 수 있다. 현재 범람하고 있는 경력개발 담론이 지닌 특성을 거칠게 요약하자면 크게 두 가지라고 할 수 있다. 먼저 '무경계'니 '프로티안'이니 하는 개념들을 사용하면서 경력을 일과 분리시킨다. 물론 여기에서의 일이란 더 이상 직무지시서나 명세서에 나온 일이 아닐 뿐이다. 상대적으로 안정되고 고정된 역할과 지위를 맡으면서 그와 관련된 일련의 일의 목록들이 주어졌다면 이제 일은 바깥에서 부과되는 것이 아니라 일하는 주체 스스로 기업전략을 실현하기 위해 발견하고 해결해야 하는 행위 전체로 변화된다. 나아가 경력이란 한 일터 안에서 승진과 같은 폐쇄된 궤도 위에서 움직이는 것이 아니라 무한히 개방된 다양한 일로의 이동, 자신이 선호하는 일터를 적극적으로 선택하는 행위인 것처럼 그려진다. 따라서 경력개발에서 말하는 개발해야 할 경력이란 특정 종류의 일이 요구하는 자질과 특성이 아니라 일하는 주체가 "자신의 욕구와 기업의 욕구를 일치"시키는 삶 전체라 해도 틀리지 않다.

두번째로 경력개발 담론은 경력개발을 조직, 즉 일터로부터 해방시킨다. 근년 경력개발 담론은 "전통적인 고용안정 대신에 새로운 경력 개념으로 고용 가능성과 경력탄력성career resilience이라는 개념"을 관례적으로 내세운다(이진규·김강중·최종인, 2000: 107). 이는 일하는 주체가 사회적으로 생존하는 데 미치는 힘을 점차 보이지 않게 만들어버리고 자신의 삶을 유지하고 향상시키는 활동을 경력개발과 관리라는 문제로 정의한다. 이는 인적자원관리 담론이나 경력개발 담론이 반복적으로 인용하는 기업과 일하는 주체 간의 "자비"에 기초한 심리적 계약이 붕괴하고(이진규·최종인, 1998: 13; 김홍국, 2000: 291~292) 평생직장, 평생 충성을 바치는 조직은 사라진다는 식의 주장에서 잘 나타난다. 이런 변화는 경력개발의 주체와 대상을 모두 바꾼다. 이제 경력개발은 "직무 수행 능력know-how보다는 전반적 적응력learn-how을, 한 직장에서의 고용안정보다는 고용 가능성을 중시"하고, "직업적 성공보다는 심리적 성공을, 일을 중심으로 한 자아보다 총체적 자아를 성공의 지표로 삼는다"는 식의 주장은, 경력개발의 주체가 더 이상 일터가 아니며, 개발되어야 할 경력도 역시 특정한 일이 아니라는 점을 강조한다. 결국 위의 두 가지 새로운 경력 담론의 특성은 "경력은 근본적으로 개인에게 속한다"는 언표로 수렴한다(Adamson, Doherty & Viney, 1998: 257). 다시 말해 경력개발이란 일하는 주체가 고용 가능성을 증대시키고 자신의 삶을 실현하기 위해 스스로를 책임지고 관리해야 하는 자기 윤리적인 실천이다. 예컨대 경력이란 '명성' 쌓기에 다름 아니라는 경력개발 담론의 주장은 자기계발 담론의 중요한 장르 가운데 하나인 '개인 브랜드' 만들기나 '인맥관리' 등으로 확장되는 것이기도 하다.

결국 경력이란 나의 문제이고, 나의 성공을 위한 나의 기획과 실천이 된다. 이를 경력개발 담론은 "개인주도적 경력개발"이라 칭한다. 아마 이런 유의 주장을 잘 보여주는 것이 경력개발 전문가들이 말하는 "경력 자본가"란 주장일 것이다.[113] 이제 새로운 자본주의는 "경력 자본주의"이며, 우리는 모두 경력 자본가라고 주장하는 이들의 주장은, 경력 담론의 정치학이 과연 무엇인지 헤아릴 수 있도록 한다(물론 이는 신고전주의 경제학이 말하는 인적자본론을 유치하게 재가공한 것이기도 하다). 일과 경력의 분리, 조직과 경력의 분리, 그 어느 것이든 경력개발 담론이 만들어내는 결과는 자신을 규율하는 개인이라는 형태로 일하는 주체의 주체화라는 점에서 동일하다. 그런 점에서 "경력 담론이란 전지구화, 유연전략에서 비롯되는 광범한 경제적·정치적 변화를 자연스럽고 불가피한 것인 양 무비판적으로 받아들이게끔 행동과 태도를 규범화시키려 고안 된, 훈육 테크놀로지의 연장으로 볼 수 있다"는 주장은 설득력이 있다(Dyer & Humphries, 2002: 3). 그리고 이런 점들은 국내 기업들이 실행하는 경력개발 프로그램에 담겨진 핵심적 목표이기도 하다. 'My ProWay', '자기계발공시제도', '자기신고서'에 따라 자기 역량을 평가, 진단하고 역량목표를 설정하는 것, 그리고 이와 연계된 다양한 평가와 측정, 보상을 실행하는 것. 이 모두는 경영권력의 새로운 테크닉으로서 그 대상은 일하는 주체가 자기 자신과 맺는 관계라 할 수 있다.

또 간과해서 안 되는 점은, 역량 담론이 일하는 주체를 개인화하는 데, 자기관리의 주체로 변형시킴으로써 그를 자본에 더 적합한 경제적 주체로 관리하는 데 머물지 않는다는 점이다. 역량 담론이 전략경영 및 전략적 인적자원관리 담론의 일부분인 데서 알 수 있듯이, 역량 중심의 경력개발은 곧 새로운 '조직화 담론'이기도 하다. 요컨대, "역량 중심의 인사관리제도는 조직의 전략과 목표를 개인의 역량과 직접적으로 연계할 수 있다. 이를 통해 직원 개인에게 요구되는 책임과 역량을 명확히 하는 일이 가능해졌다"(안희정·최은석, 2003: 46)거나 "해당 기업이 추구하는 기업 차원의 핵심역량competence은 결국 구성원들이 갖추어야 할 조직이나 개인 차원의 핵심역량competency의 필요성으로 연결"된다는 주장(송영수, 2002: 13), "인재 육성 기관은 기 수립된 양성계획을 차근차근 집행해나가는 단순 교육기관이 아니라 변화를 먼저 감지하고 변화를 주도하며, 조직원들이 문화공동체로써 공유해야 할 핵심가치를 유지시켜나가는 '가치공유센터', 그리고 살아 있는(산지식), 새로운 지식(신지식)과 정보를 제공해줄 수 있는 '지식창출센터'가 되어야 하며 현장의 문제해결을 통해 구체적인 성과를 개선시켜나갈 수 있는 '성과 창출센터'로서의 역할로 전환"해야 한다는 주장 등은, 모두 이런 점들을 지적한다(송영수, 2002: 17). 그렇지만 조직화 담론으로서 역량 담론이 가진 차별점을 찾을 수 있다면, 이는 일하는 주체를 개별성을 억압하고 규범에 순응하도록 하는 것이 아니라 더 개별화함으로써 더 깊숙이 그리고 철저하게 조직화하는 것일 뿐이다.

아무튼 각 기업들이 제시하는 경력개발 프로그램 대상이 역량이라 할 때 이는 비록 직무와 관련된 것이라 할지라도 그 직무는 변형된 직무순환의 형태이든 아니면 자신의 역량 강화 로드맵을 통한 것이든 언제나 스스로를 개발하는 행위라는 형태로 정의된다. 그리고 여기에서 무엇을 개발하고 강화할 것인가 하는 문제, 즉 개발하고 향상시켜야 할 대상으로서의 경력은 역량을 통해 객관화된다. 역량 담론은 자기가 개발해야 할 경력이 무엇인지 모호할 때, 그 불확정성을 역량이란 언어를 통해 구체적으로 객관화시키면서 그것에 기준과 척도를 부여한다. 그것은 외국어 구사 능력일 수도 있고 MBA 과정일 수도 있으며 사내자격증이나 전문가인증일 수도 있다. 그렇지만 세부적인 역량의 종류가 무엇이냐가 쟁점은 아닐 것이다. 관건은 바로 이런 역량 담론을 통해 일하는 주체가 '역량 있는 자아'로 자신을 주체화하는 과정에서 경영권력에 종속되는 새로운 권력관계를 구축하는 것이기 때문이다.

노동기계에서 역량기계로

지금까지 우리는 능력 담론의 새로운 형태인 역량 담론을 살펴보았다.

역량 담론을 요약하자면 새로운 과학적 지식(직무분석, 역량모델링 등)을 고안하고 투여함으로써 일의 정체성을 새롭게 규정하고, 더불어 일하는 주체와 일의 관계를 관리하고 통제하는(역량 중심의 인적자원관리, 역량 기반 경력개발 등) 경영 담론이자 사회적 테크놀로지라 할 수 있다. 경영 담론의 장르로서, 역량 담론은 다른 경영 실천과 언제나 함께한다. 노동하는 삶을 '생산적인 노동력'으로, '유능한 사회적 신체'로 전환하는 것, 그리고 인식할 수 있고 관리할 수 있는 대상으로 구성하는 것이 경영이라면 역량 담론은 바로 경영의 거의 모든 영역을 망라하는 것으로 볼 수 있다. 이미 살펴보았듯 인적자원관리라는 경영 담론 안에서 역량은 거의 전방위적인 영향력을 행사한다. '컴피턴시(핵심역량) 인사 모델', '역량 중심의 채용', '역량모델에 따른 보상', '역량 중심의 경력개발', '역량 기반 인적자원관리', '역량모델링' 등, 역량은 인적자원관리와 관련된 거의 모든 경영 실천 속에 스며들어 있다. 또 역량 담론은 조직화의 담론으로서도 작용한다. 일하는 주체를 '기업에 적합한 주체'로 만드는 것은 역량을 강화하고 개발하는 주체화의 실천을 통해 가능하다. 경영전략과 비전에 의해 구성된 역량 목록은 스스로 실현해야 할 삶의 목표로 자리바꿈하고, 일하는 주체는 이제 인적자본 혹은 인적자원으로서 자신의 삶에 투자하고 이를 가치화하는 활동을 해야 한다.

생산성이란 점에서 탐구되어왔던 '인적 요소'는 이제 전략적 인적자원이 되어버리고, 그 잠재력은 개인의 이해관심과 자기실현의 충동을 전략적 목표와 연계시킴으로써 최대화된다. 노동하는 주체는 이제 '역량기계' competency machine가 되고, 주체는 그 안에 투여되고 소득을 생산해야만 한다(Weiskopf, 2005: 12).

위의 인용문이 말하는 것처럼 이제 일하는 주체는 "역량기계"[114]가 되어 자신의 삶의 가능성, 혹은 잠재력을 기업의 목표와 연계시킨다. 역량 담론이 표상하는 일하는 주체의 주체성이 '역량기계'라면 기존의 일하는 주체의 주체성은 '노동기계'라고 할 수 있지 않을까. 그리고 노동기계가 일터에서의 주체와 그 바깥의 "나" 사이에 가능한 최대한의 거리를 두려고 하는 것이었다면, 역량기계는 이 거리를 가능한 한 좁히려고 한다고 할 수 있을 것이다. 들뢰즈가 훈육사회의 모델에 따른 주체성 관리를 묘사하면서 말했듯이 일터에서의 일하는 주체를 향해 자본은 이렇게 말을 건넸다. "여기는 일터이다, 이제 학생 시절은 잊어라! 여기는 직장이다, 가족일랑 잊어버려라!" 그러나 역량기계는 그런 울타리 쳐진 별도의 고립된 사회적 공간, 독자적인 합리성을 갖는 관리/경영 규범을 통해 조직된 사회적 장으로서의 일터라는 관점을 규탄한다. 새로운 경영 담론이 걸핏하면 비난하는 전 시대의 일터의 형상들, '조직인간', '소외', '관료제' 등은 이제 자율적이고 유연하며 자신의 욕망을 실현하려는 일하는 주체들을 예찬한다. 그리고 이제 새로운 경영 담론은 노동기계와 "자유로운 개인" 사이에 놓인 거리를 사라지게 해야 한다고 강변한다. 역량기계는 스스로의 능력을 키우고 개발함으로써 자신을 실현하려는 '자유로운 나'와 일터의 일하는 주체 사이의 거리를 지운다.

앞에서도 강조했듯 자본주의의 역사적인 변화는 일하는 주체의 신체를 끊임없이 측정하고 관리하며 평가하는 다양한 사회적 테크놀로지와 결합되어 있었다. 그것은 감각적인 지각과 행위 등 일하는 주체의 생물학적인 몸을 대상으로 할 수도 있다. 테일러주의에서부터 현재의 '지식경영'에 이르는 다양한 테크놀로지들은 모두 노동하는 신체를 가시화하고 이를 측정하고 평가하며 보상하는 다양한 담론적 실천이라 할 수 있다. 일하는 주체의 '심리적인 삶'을 가시화하고 이를 관리, 지배하는 다양한 사회적 실천 역시 이에 속한다고 볼 수 있다. 만족, 욕구, 스트레스, 동기부여, 권한 위임, 몰입 등의 다양한 이야기들은 모두 이와 결합되어 있고, 이는 다시 '근로 생활의 질'Quality of Working Life, QWL, '삶의 질'Quality of Life, QL, '노동의 인간화', '신노사문화' 등의 정치적인 담론으로 나타날 수도 있다. 그리고 이처럼 노동하는 사회적 신체를 고안하는 행위들은 항상 그것을 사회 전체의 목표 혹은 이상과 결합하면서 국가의 다양한 사회적 관리와 지배의 관행, 제도, 정책 등을 통해 구체화된다. 예를 들어 직업 분류와 국가에 의한 직업능력의 교육과 훈련은 근대 자본주의 국가의 중요한 통치 행위 가운데 하나였다. 사회에서 요구되는 직업의 구체적인 종류를 구분하고 그것에 관한 정보와 자료를 수집하며 이에 따라 '인구' 혹은 '주민'을 교육하고 훈련하는 것 역시 근대 국가의 핵심적인 통치 테크놀로지 가운데 하나라고 볼 수 있다.

역량이란 언표는 일하는 주체의 능력을 그려내는 개념에 머물지 않고 일하는 주체의 주체성을 지배하고 관리하는 다양한 사회적 실천체계를 생산한다. 이는 일터에서 일하는 주체의 능력을 측정하고 평가하며 보상하는 경영 실천의 체계(채용, 선발, 승진, 보상, 상벌, 퇴직 등)와 결합할 수도 있고, 일하는 주체를 개발하고 관리하며 향상시키기 위한 실천의 체계(교육, 훈련, 경력개발 등)와 결합할 수도 있다. 또 그것은 일터의 안팎에서 일하는 주체가 더 적합하고 유능한 주체가 되기 위해 행하는 다양한 실천의 체계(취업 준비, 사교 행위, 소비 생활, 자기계발 등)와 결합할 수도 있다. 나아가 이는 일하는 주체를 양성하고 관리하는 전체 사회적 실천의 체계, 즉 교육이나 직업훈련, 복지, 문화 등의 영역에서의 정책, 제도, 관행과 결합하기도 한다.[115] 이처럼 역량이란 언표는 단순히 능력이란 범주에 묶인 폐쇄된 영역의 언표가 아니라 일하는 주체를 새롭게 주체화하는 일련의 사회적 실천을 규제하는 담론을 만들어낸다.

결국 역량이 서로 다른 담론들을 잇고 접합하는, 즉 상호담론적인 것임을 주지해야 한다. 역량 담론은 국민의 능력을 표상하고 관리하며 장려하는 국가의 제도, 정책, 관행 등을 통해 생산된다. 그것은 국민의 생애능력, 직업능력에 관한 표준, 지표 등을 마련하고 광범위한 조사와 기록, 평가, 교육, 비교 등을 통해 조성된다. 또 이는 심리적 능력, 신체적 능력, 인지적인 능력에 관한 담론의 장르들(예컨대 직업심리, 창의성, 정서지능, 자아존중감, 자기효능감 등)을 형성하고 이를 교육, 복지, 행정 등의 사회적 활동에 투여하는 국가적 차원의 기획을 통해 확산된다. 물론 이는 OECD 세계은행, UNESCO, ILO 등을 통해 생산되는 다양한 능력 담론(학업성취도, 생애능력 비교 등)과 떼어놓고 생각할 수 없다. 한편 역량 담론은 정부기관 혹은 유사 정부기관을 통해 이뤄지는 사업을 통해 구체화되기도 한다. 직업훈련 및 교육, 교육정책 등에서 이미 역량 담론은 범람한다. 일하는 주체들이 "자신의 고용 가능성을 제고하고 자기 역량을 향상하기 위해 고용보험을 통해 환급되는 다양한 역량개발 프로그램에 참여한다"고 할 때 이는 취업과 복지, 재정을 비롯한 일련의 정부의 행위가 어떻게 역량 담론이란 회로 안에서 조직되는지를 잘 보여준다. 나아가 역량 담론은 일터에서의 경영 담론이기도 하다. 인적자원관리이든 아니면 전략경영, 지식경영이든 새로운 경영 담론과 그것이 그려내는 일하는 주체의 관리는 언제나 역량 담론을 경유한다. 일과 일하는 주체를 인식 가능한 대상으로 만들어내고 성과 향상과 기업가치 등의 다양한 경제적 목표와 연계시킬 때 역량 담론은 다른 경영 담론과 언제나 함께 움직인다. 그러나 무엇보다 역량 담론은 바로 일하는 주체가 자신의 삶을 다루는 윤리적인 장 속에서 작동한다. 자신을 객관화하고 평가하며 개발하기 위한 수많은 행위와 테크놀로지를 통해, 일하는 주체는 스스로를 유능하고 역량 있는 주체로 빚어낸다.

자기계발의 의지

1. 한국의 자기계발 담론

자기계발이라는 문화산업

지난 20년간 한국에서 베스트셀러 목록의 수위를 차지한 책들은 대부분 '자기계발'이란 이름으로 분류되는 서적들이었다. 스티븐 코비의 『성공하는 사람을 위한 7가지 습관』은 1990년대 내내 매년 빠짐없이 베스트셀러의 지위를 차지했다. 그리고 이에 곁달린 맞짝인 '프랭클린 플래너'라는 시간관리를 위한 '일지'는, '자기경영'에 관심을 갖는 이라면 누구나 가져야 할 필수품처럼 여겨졌다. 1980년대부터 기하급수적으로 늘어나기 시작했던 자조自助지침서는 이제 헤아릴 수 없이 많은 종류로 불어났다. 직장인 예절과 같은 문제들을 다루는 간단한 예법서(직장에서의 에티켓이나 매너 등)이거나 직장인으로서 성공하는 법에 관한 실용적인 자조지침서들에 불과했던 자기계발서들은 이제 삶의 모든 영역을 망라한다고 해도 과언이 아닐 만큼 세부적인 문제들을 다룬다. 한편 공병호, 구본형 등 이른바 국내

파 자기계발 분야의 구루들이 등장했고 이들이 출간한 책들은 모두 베스트셀러가 됐다. 그리고 이들은 시간당 수백만 원을 호가하는 거액의 강사료를 받으며 기업과 대학, 정부기관, 교육시설 등에서 강의를 하고 있다. 특히 2004년에 출간된 『아침형 인간』이라는 책은 베스트셀러의 수준을 넘어 사회적인 현상 혹은 문제로 대두되기에 이르렀다. '아침형 인간'을 둘러싸고 논란을 벌이는 언론기사나 텔레비전 프로그램이 줄지어 쏟아져 나왔고 심지어 『아침형 인간, 강요하지 마라』는 이름의 대항 텍스트까지 출간됐다.[1] 물론 자기계발이란 용어로 분류되는 서가에 꽂힌 책들만이 자기계발서라고 볼 수는 없다. 자기계발이란 이름으로 분류되는 장르의 텍스트를 따로 묶는다는 일이 숫제 불가능해 보이기까지 한다. 조금 과장하자면 국내에 출간·소개된 서적들 중, 비소설 분야의 대중적인 것들은 거의 모두가 자기계발이란 담론의 울타리에 속한다고 말할 수 있을 지경이다. 피트니스와 다이어트, 요리 등의 신체관리에 관한 자조지침서에서부터 시간관리, 책 읽기, 글쓰기, 친밀관계, 인간관계 등에 관한 지침서나 매뉴얼에 이르기까지, 나아가 어린이를 위한 동화나 청소년을 위한 교양 서적, 그리고 종교와 영성에 관한 서적에 이르기까지 대부분의 출판물들이 자기계발이란 담론의 자장 안에 속한다고 볼 수 있다.

한편 자기계발 담론은 거기에 머물지 않고 기존의 문화적 실천과 대상을 끌어들인다. 뒤에서 다시 살펴보겠지만 기존의 문학 텍스트를 자기계발 담론으로 취하면서 이를 통해 새로운 '읽기의 공간'을 만들어내기도 한다. 예컨대 2005년 상반기의 베스트셀러였던 『미운오리새끼의 출근』은 안데르센의 유명한 동화를 직장인의 자기계발 텍스트로 개작한 것이었다. 이처럼 직접 기존의 문학 혹은 비문학적인 텍스트를 자기계발의 담론적 형태로 각색하는 경우는 수없이 많다. 대표적으로 『삼국지』를 비롯한 문학적인 정전은 자기계발 문학으로 소비할 수 있다는 조건과 함께 다시 출판

시장에서 큰 성황을 이루게 됐다. 그러면서 다양한 판본의 『삼국지』와 더불어 이를 자기계발 텍스트로 소비하는 것을 돕는 수많은 2차적인 자기계발 텍스트들이 양산됐다. 전기문학 역시 자기계발 담론이란 형태로 변형되면서 전연 다른 양상으로 소비된다. 이를테면 남미의 사회주의 혁명가였던 체 게바라는 자기관리나 팀워크를 이끄는 리더십을 배우는 데 매우 유용한 인물로 알려져 자기계발 담론에 관련한 텍스트에 단골로 등장하게 됐고, 그의 이름을 딴 『체 게바라식 경영』 같은 서적들이 잇달아 출판됐다. 경제적 행위와 무관한 듯이 보이는 마하트마 간디와 마더 테레사 같은 인물들의 전기 역시 수많은 자기관리나 리더십, 경영 담론의 텍스트로 나와 있다. 심지어 "예수로부터 배우는 비즈니스 리더십"류의 제목을 단 자기계발 텍스트 역시 부지기수로 출간되고 있다. 어린이를 위한 전기동화 역시 『해상왕 장보고—교과서 역사인물 만화 리더십편』 같은 텍스트의 형태로 출간되어 나온다. 헤르만 헤세의 텍스트들은 지난 몇 년간 리더십 담론을 주도했던 "섬김의 리더십"이 참조하는 대상이었다.

또 자기계발 담론은 이른바 라이프스타일 및 시사 잡지의 기사와 칼럼 등의 형태로 제시된다. 성인 남성 독자들을 겨냥한 시사 잡지이든 아니면 여성 독자를 위한 라이프스타일 잡지이든 아니면 가벼운 읽을 거리를 제공하는 에세이 잡지이든, 1980년대 초반부터 특별부록의 형태로 자기계발에 관련된 서적을 직접 제공하거나 아니면 다양한 기사 형태로 꾸준히 자기계발 담론을 생산하고 증식시켜왔다. 이는 텔레비전을 비롯한 방송매체에서도 다르지 않게 나타난 현상이었다. 지난 몇 년간 베스트셀러가 됐던 『총각네 야채가게』 같은 텍스트는 창업과 관련한 다양한 텔레비전 쇼의 산물이라고 할 수 있다. 1990년대를 전후해 텔레비전과 라디오의 시사 프로그램은 물론 대중적인 오락 프로그램에서 자기계발 분야의 전문 강사나 컨설턴트들이 출연해 다양한 조언과 자문을 제공하는 것도 흔한 일이 됐다. 윤은기를 비롯한 몇몇의 자기계발 분야 전문가들은 이미 대중적인 스타가 됐다.

경기 불황기를 맞아 직장마다 자기계발 붐이 일고 있다. 유명 강사 초청 세미나에는 수만 명의 청중들이 몰려들고, 관련 인터넷 커뮤니티는 수십만 명의 회원들이 정보 공유를 위해 북적대고 있다. 이런 자기계발 붐은 학연과 인맥이 좌우하던 시대가 흘러가고 새로운 '자조自助의 시대'가 왔다는 징후로 여겨진다. 지난해 국내 서점가에서 최고 인기어를 꼽으라면 단연 '성공과 재테크'일 것이다. 돈 버는 법, 대인관계를 원활하게 하는 노하우, 설득하는 법 등을 담은 책들이 끊임없이 쏟아져 나왔다. 베스트셀러 톱 10 중 4~5권은 성공을 키워드로 삼은 자기계발서가 차지할 정도다. 이런 열풍은 올해도 이어질 분위기다. 세계적인 명강사들의 한국 방문도 지난해 줄을 이었다. 『정상에서 만납시다』로 잘 알려진 지그 지글러, 『네 안에 잠든 거인을 깨워라』의 앤서니 라빈스에 이어 10월에는 전세계 36개국에서 1,300만부(한국 120만부) 판매고를 기록한 『성공하는 사람들의 7가지 습관』의 스티븐 코비, 11월에는 브라이언 트레이시가 한국을 찾았다. 이들은 강연료만도 최소 1억 원에서 3억 원을 호가해 움직이는 1인기업으로 불릴 정도다. 대규모 공연이나 콘서트도 아닌 이들의 '스탠딩 강의'를 듣기 위해 수만 명의 청중들이 수십만 원씩을 기꺼이 호주머니에서 꺼냈다. 최근 들어 유명 강사들의 한국행이 잦아진 것은 그만큼 국내 자기계발 시장이 붐을 타고 있음을 반증하는 것이기도 하다. 긍정적인 동기부여를 하고, 내면에 숨겨진 가치와 열정·리더십을 발휘할 수 있도록 자신감을 북돋우는 자기계발 산업은 불경기와 고실업 속에서 오히려 급성장하고 있다. 하지만 국내 자기계발 시장은 아직 개념이 완전히 정립되지 않은 미완의 시장이라고 볼 수 있다. 국내에서는 자기계발과 함께 사용되는 용어도 성공학, 모티베이션motivation, 동기부여, 셀프 헬프Self-help, 自助, HRD 등으로 복잡하다. 다양한 용어만큼이나 그 해석도 제각각이다. 국내 시장 규모에 대해서도 전문가들은 이구동성 "추산이 어렵다"고 말한다. 워낙 다양한 곳에서 다양한 방식으로 교육과 세미나와 컨설팅이 이루어지고 있기 때문이다. 그러나 자기계발 붐이 의미하는 코드는 확실하다. 자기계발 붐은 IMF 외환위기와 개인 신용위기를 겪은 직장인들이 독립해야 할 연령대가 점차 낮아지고, 평생 직장이 평생직업으로 바뀌고 있는 추세의 반증이기 때문이다. 이와 함께 인터넷 소호몰, 프랜차이즈, 네트워크 마케팅 등 "1인 산업"이 급성장하며 개인의 역량 강화는 어느 때보다 중요한 과제로 떠오르고 있다(「비즈니스맨을 위한 자기계발 7대 포인트」, 『비즈넷타임스』, 2004년 1월호).

그렇지만 자기계발 담론은 출판물에 머물지 않는 광범한 문화적 실천을 아우르는 문화구성체cultural assemblage라 할 수 있다. 이 인용문은 자기계발 산업이 현재 어림짐작하기 어려우리만치 규모가 크며 또 급성장하고 있는 시장이라 주장한다. 이미 말했지만 다이어리 쓰기와 관련한 노하우를 알려주는 세미나에서부터 시간관리, '이미지 컨설팅'이나 '색채 컨설팅' 등의 외모관리, '포토리딩'이라는 책 읽기 기법, '테크니컬 라이팅'이라는 글쓰기 기법에 관련된 수많은 세미나와 워크숍 등은 모두 세분된 자기계발의 테크닉을 전문적으로 교육하고 훈련한다. 이런 교육 및 훈련 프로그램은 나름의 독자적인 테크닉을 가지고 있고, 이를 지원하거나 효율적으로 실행할 수 있도록 돕는다고 자처하는 수많은 도구와 보조수단을 상품 형태로 판매한다. 이런 문화상품을 대표하는 세계적 베스트셀러라고 할 수 있을 '프랭클린 플래너' 같은 시스템 다이어리나, 일정 및 시간 관리에 관련된 컴퓨터 소프트웨어, 개인적인 목표관리와 마인드맵의 형성·통제를 지원하는 상품, 인맥관리에 관련한 도구나 소프트웨어, 인터넷 서비스 역시 흔히 볼 수 있는 상품이다. 그러나 무엇보다 자기계발을 대표하는 것은 자기계발의 심리적 테크놀로지들에 관련된 상품들이라고 할 수 있을 것이다. 'MBTI'나 '에니어그램' 같은 성격 측정 및 검사 프로그램들은 1990년대 이후 큰 성공을 거뒀다. 그 외에도 미국을 비롯한 해외의 유명한 인성 산업, 특히 심리 측정과 검사에 관련된 기업들이 판매하는 브랜드화된 자기계발의 심리적 테크놀로지들이 속속 한국에서 유행했다. 그에 더해 자기계발 담론을 구성하는 중요한 부분인 뉴에이지주의 역시 '채널링'이나 '아봐타', '수피즘', '초월 명상' 같은 다양한 기법을 이용한 세부적이고 복잡한 자기계발 심리 상품을 판매하고 있다. 그 가운데서 자기계발 담론을 대표하는 것이라고 해도 과언이 아닐 '성공하는 사람들의 7가지 습관' 같은 성격 및 습관 형성 트레이닝 프로그램이나 '신경언어프로그래밍' Neurolinguistic Programming, NLP 같은 성격 개조 트레이닝 프로그램은 기업이나 정부기관, 사회·종교단체 및 교육기관에서 공식적인 교육훈련프로그램으로 제공된다. 예를 들어 '성공하는 사람들의 7가지 습관' 같은 리더십 프로그램이 1990년대부터 자동차 제조업체인 H사의 관리직 사원 이상을 대상으로 한 공식적인 교육훈련 프로그램으로 채택되어 사용되는 식이다. 자기계발 문화구성체의 중요한 일부는 아예 대중문화적인 이벤트의 형태로 등장하기도 한다. 자기계발 분야의 구루인 스티븐 코비의 강연과 세미나는 대형 체육관이나 컨벤션센터에서 유명 연예인들의 공연과 같은 형태로 개최되고 또 항상 성황을 이룬다.

이처럼 자기계발 문화구성체는 출판부터 시작해 다이어리, 컴퓨터 소프트웨어 등의 문화적 대상, 세미나, 워크숍, 강연, 트레이닝 코스, 심리상담 및 카운슬링 등의 이벤트나 의례, 그리고 일터나 학교에서의 다양한 경력개발 프로그램이나 교육훈련 프로그램 등의 공식·비공식적인 사회적 관행에 이르기까지 수많은 대상을 포괄한다. 그리고 쉬이 짐작할 수 있듯이 자기계발은 더 이상 직장인 남성들만을 소구대상으로 삼지도 않는다. 어린이를 위한 리더십 프로그램이나 청소년을 위한 기업가정신 연수·교육 프로그램은 이미 성황을 이루고 있다. 그리고 무엇보다 자기계발 담론을 열정적으로 소비하는 주체는 여성이라고 할 수 있다. 이는 주로 마케팅, 판매, 상담, 교육 등 여성들이 종사하는 다양한 분야의 직종이 일을 개별적인 주체의 사업으로 그려내기 때문이라 짐작할 수 있다. 예를 들어 세일즈와 같이 여성들이 주로 종사했던 직종은 곧 그들의 일을 '자기의 사업'으로 묘사할 뿐 아니라 그들의 노동 행위를 보상하고 평가하는 방식 역시 전적으로 자기의 활동, 자기의 업적이란 형태로 관리된다고 볼 수 있다. 매년 거르지 않고 뉴스를 통해 보게 되는 판매왕, 세일즈의 여왕 등은 아마 여성의 일이 어떻게 '자기의 사업'으로 그려지는지 적나라하게 보여준다고 말할 수 있을 것이다. 혼자 힘으로 수십억 원대의 가전제품을 판매한 가정주부가 미인대회를 방불케 하는 이벤트를 통해 포상을 받는 식의 화려한 의례는, 언제나 일하는 주체의 '자기'를 겨냥한다. 특히 1980년대 중반을 전후해 폭발적으로 확산된 이른바 네트워크 마케팅(흔히 다단계로 불리는)은 가정용 소비재를 판매하는 소매업이기도 하지만 곧 자기계발 산업이라고 부를 만큼 엄청난 양의 자기계발 문화상품을 소비하고 있다고 한다. 다시 언급하겠지만 국내 자기계발 관련 서적의 최대 소비자가 이들 네트워크 마케팅 분야의 여성들이라는 주장이 있을 만큼 자기계발 담론은 여성들에게 자기 삶을 사회적으로 주체화하는 데 있어 무엇보다 강력한 영향을 발휘하는 담론 장르로 자리하고 있다.

그런데 자기계발 담론은 이미 오래전부터 처세술, 성공학이라는 이름을 단 별도의 장르 담론, 그리고 또한 그와 관련된 나름의 전문가들로 이뤄진 독특한 문화적 실천의 장을 형성해왔다. 그렇지만 성공학 혹은 처세술 같은 이름으로 불리던 자조 담론과 1990년대부터 폭발적으로 증식하기 시작한 '성공학 이후'의 자기계발 담론 사이에는 상당한 거리가 있다. 단적으로 그들이 만들어내는 텍스트가 생산하는 언어와 장르부터가 다르다고 볼 수 있다. 여전히 베스트셀러의 지위를 차지하는 벤저민 프랭클린, 데일 카네기나 노먼 빈센트 필 같은 이들이 쓴 자기계발 텍스트들이 자기수련에 가까운 행위를 권고하는 교훈적인 주장들로 가득 찬 일종의 자기수련 지침서들이라면, 1980년대 이후의 스티븐 코비, 톰 피터스, 피터 드러커 같은 경영 구루 혹은 자기계발 분야의 구루들이 생산하는 텍스트는 경영 담론과 자기계발 담론 사이의 경계를 넘나든다. 따라서 비록 그것이 성공, 출세, 행복과 같은 세속적 목적을 겨냥한 것이라 할지라도 종래의 자조 담론은 '나'와 '외부 세계'를 구분하고, 전자에 관련된 윤리적 지식과 수련이란 것에 자신을 제한했다. 그렇지만 현재 '자기경영'이라 불리는 담론은 공적인 경제적 주체로서의 삶과 사적인 자아로서의 삶 사이에 어떤 거리를 두지 않는다. 경제적 삶은 자아의 자율성을 위협하거나 오염시키는 외부적 힘이 아니라 자아실현의 능동적인 지평으로 바뀐다. 이는 이미 3장에서 거듭 강조한 것이기도 하다.

나아가 자기계발 담론을 구성하는 다양한 장르들이 출현하면서 자기계발 문학은 이제 폭넓은 일상적 대중문화가 되어 있다. 흔히 자기계발에 부정적인 반응을 보이는 이들은, 그것이 성공학이나 처세술이라는 것에 불과하다며 폄하고 저급한 황금만능주의 혹은 경제적 가치를 제일로 두는 싸구려 대중문학의 한 형태로 치부한다. 그렇지만 그들은 자기계발이란 용어를 경유하지 않은 채, "삶에 도움이 되는", "나의 경력개발에 유용한", "내가 누구인지 깨닫게 하는", "나의 진정한 자유를 발견하고 성찰하게 한" 등의 이야기를 통해 자기계발 담론을 열정적으로 소비한다. 물론 '부자되기 동호회'나 '성공클럽'과 같은 형태로 치부와 경제적 성공을 목표로 한 구체적인 행위의 기술과 자질, 태도를 훈련하는 자기계발 담론은 여전히 유행하고 또한 성황을 이룬다. 그렇지만『일상의 황홀』같은 제목을 단구본형의 자기계발서나 틱낫한의『화』, 그리고 스펜서 존슨의『누가 내 치즈를 옮겼을까?』같은 텍스트들은 성공학이나 처세술로 분류되는 자기계발 담론의 장르와 확연히 구분된다. 그리고 이를 소비하는 이들은 자신의 행위에 자기계발이란 이름을 더 이상 덧씌우지 않은 채 '자기'를 계발한다. 따라서 자기계발에 관련된 전문가와 전문지식들이 존재하고 이것이 독자적인 상품과 지식의 형태로 순환하지만 그것과 냉소적으로 거리를 두는 사람들도 역시 '자기계발하는 주체'라는 새로운 정체성에 포박되기는 마찬가지이다.

그렇다면 성공학으로부터 (현재 많은 자기계발 담론의 대표적인 인물들이 명명하듯이) "자기경영"이라 부르는 자기계발 담론으로의 변화를 어떻게 생각해야 할까. 성공학과 자기경영이란 담론은 '자기自己의 담론'이란 점에서 본성은 같지만, 그것을 형성하고 소비하는 조건과 표현하는 형태라는 면에서 역사적인 차이가 있을 뿐일까. 아니면 자기계발 담론을 생산하는 이들이 역설하듯이 단순히 성공과 출세라는 세속적이고 도구적인 목적을 위한 교훈적 설교에 불과한 종래의 성공학과 좀더 근본적인 삶의 가치의 변화를 꿈꾸고 나아가 사회변혁의 전망까지 모색하는 자기계발 담론 사이에는 근본적인 차이가 있는 것일까. 물론 이에 관해 직접 답을 내놓는 것이 이 글의 목적은 아닐뿐더러 그 자체로 방대한 연구 작업이 될 것이다. 하지만 이런 물음은 지금까지 분석했던 국민적 주체성의 형성과 일터에서의 경제적 주체성의 형성을 관류하고 있던 '자기의 주체화'라는 담론적 실천이 그와 병존적으로 등장해 확산됐던 이른바 '자기계발'이란 문화구성체와의 관계를 살펴보는 데 도움을 줄 것이다. 따라서 여기에서는 국내 '성공학의 역사'에 관한 거의 유일한 텍스트라고 할 수 있는 어느 글에 기대어 잠시 '성공학'에서 '자기경영'으로 자기계발 담론이 이행하게 된 것이 어떤 의미를 갖는지 간단히 짚어보고자 한다.

성공학에서 자기경영으로

정해윤은 『성공학의 역사』라는 저서에서 '21세기 한국의 성공학'이라는 제목의 절을 통해 매우 짧지만 한국에서의 성공학 계보에 관한 흥미있는 정보를 제시한다(정해윤, 2004). 그는 스스로 자기계발 콘텐츠 유통 회사라고 부르는 어느 기업의 대표로 활동하는, 자기계발 분야의 기업가이자 전문가이다. 그는 자기계발 분야의 대표적인 인물인 나폴레온 힐의 성공학 프로그램과 앤서니 라빈스 류의 NLP 기법을 중심으로 한 자기계발 프로그램을 판매하는 것으로 보인다.[2] 그런 점에서 1990년대 이후에 등장했던 다양한 자기계발 담론의 장르를 염두에 둔다면, 그는 이른바 '정통' 성공학의 계보에 속한다고 볼 수 있다. 그 탓인지 그는 책 제목에서 암시되듯이 자기계발 담론이란 용어보다 성공학이란 용어를 내세우고 그것이 훨씬 깊은 의미를 지닌 개념인 것처럼 간주한다. 그는 한국에서 성공학이란 개념이 나폴레온 힐이 만들어낸 "성공의 과학"이란 용어가 일본에 소개되고 그것이 다시 한국에 알려짐으로써 정착했을 것이라고 주장한다. 그는 한국 성공학의 역사를 나름대로 서술한다. 이는 성공학 강사로서 그의 개인적인 이력을 배경으로 구성된 것처럼 보인다. 그럼에도 불구하고 이는 유용한 정보를 제공한다. 그는 한국에서의 성공학의 역사를 크게 세 개의 배경으로부터 형성되어 발전한 것으로 설명한다. 그가 꼽는 것은 먼저 "한국의 프로테스탄트"이고 다음은 "기업교육" 그리고 마지막으로는 "네트워크 마케팅"이다.

먼저 한국의 프로테스탄트란, 그의 표현을 빌리자면 "1960년대의 경제 기적"과 더불어 나타난 한국 교회의 "선교 기적"이 만들어낸 "한국 교회의 현세 중심의 기복 신앙적 특징"과 그로부터 파생된 일군의 부흥목사들을 가리킨다. "1960~1970년대 박태선의 전도관, 문선명의 통일교 등 비정통 기독교 종파들이 우후죽순처럼 생겨나기 시작했고 세계에서 그 유례를 보기 힘든 새벽예배가 자리를" 잡았으며, "노먼 빈센트 필, 로버트 슐러 등 미국의 저명한 성공학 저술가이자 부흥목사들의 영향을 받은 젊은 목사들이 두각을" 나타냈다는 것이다. 그런 점에서 "한국 프로테스탄트는 (……) 성인들에 대한 사회교육이 부실했던 개발연대에 성공학의 세례를 베푼 공간"이라는 것이다(정해윤, 2004: 89). 두번째로 그는 기업교육을 꼽는다. 그는 "1977년 삼성이 국내 처음으로 직원교육을 위한 연수원을 개원하고", 이것이 다른 기업에도 전파되어 연수원들이 잇달아 생겨나면서 이것이 성공학의 주요한 보급 장소가 됐다는 것이다. 그는 처음에 기업 연수원의 교육이 대학교수들의 강의로 채워졌지만 별 실효를 거두지 못하게 되자 이를 대신해 전문적인 기업교육 강사진들이 등장하게 됐는데, "현재 1만여 명에 이를 것으로 추산되는 이들 기업교육 강사군 중 이상헌, 유철종 등의 인물이 1세대로 꼽히며 선도적인 역할을 했다"고 주장한다. 마지막으로 그가 꼽는 네트워크 마케팅은 1990년대의 산물이라고 할 수 있다. 그는 "네트워크 마케팅 자체가 국내에선 생소한 유통 기법이었을뿐더러 하위조직을 육성할 리더십 능력과 동기부여 프로그램이 절대적으로 필요"했고, "이런 시장 상황에 부응하듯 데일 카네기와 스티븐 코비의 프로그램이 1990년대 초부터 국내에 도입됐다"고 말한다. 그는 "미국에서 교육받고 정식으로 라이센스를 취득한 강사들에 의해 진행되는 고급 프로그램의 도입은 단비와 같았다"고까지 말한다. 어쨌든 그는 "네트워크 마케팅 조직은 한국인들에게 익숙지 않은 오디오 테이프를 통한 성공학 강좌 청취, 대중교통 내에서의 자기계발 서적 탐독 등 새로운 변화를 일으키며 자기계발 문화를 만들어"나갔고, "현재 출판시장에서 네트워크 마케팅 조직에 의한 자기계발 서적 구매력은 상당한 비중을 차지하는 것으로 알려져 있다"고 설명한다(정해윤, 2004: 93). 그리고 그는 이런 성공학의 도입과 성장의 과정을 거치고 난 후, IMF 이후 본격적으로 성공학 시대가 열리게 됐다고 역설한다.[3]

> 한국사회에서도 대마불사와 철밥통의 신화가 깨어지면서 많은 개인들이 스스로를 구제해야 할 필요성을 느끼게 된 것이다. 미국인들에게 건국 이후 줄곧 지속되는 자조의 전통이 대한민국에선 그제야 싹트게 된 것이다. 〔……〕 많은 이들이 창업과 전직이라는 낯선 단어를 자신의 목표로 인식하게 됐고, 자기계발은 그를 위한 필수적인 요소였다. 〔……〕 이런 경향은 경제신문의 구독률 상승과 더불어 출판시장에서 가장 먼저 나타났다. 각종 재테크 서적과 자기계발에 관련된 책들이 출간 붐을 이뤘다. 이와 더불어 한국에서도 서서히 책이 아닌 세미나를 통해서도 지식을 공유하는 사람들이 생겨나기 시작했다. 미국의 경우와는 비교될 수 없지만 일반인들이 자기계발을 위해 시간과 돈을 투자하기 시작한 것이다(정해윤, 2004: 94~95).

그리고 그는 "자기계발 붐을 타오르고 떠오른 몇몇 스타 강사들"이 있지만 아직도 전문적인 강사군의 확대와 다양한 프로그램 개발은 부족한 편이라고 우려하며, 성공학이 "21세기 한국인들에게도 하나의 보편적 경향으로 자리 잡을 것"이라고 역설한다. 인용한 이야기의 상당 부분은 다분히 성공학 분야의 전문가로서 저자의 기대와 욕구가 반영된 자의적인 설명이라 할 수 있다. 예컨대 그는 성공학을 자신이 속한 전문화된 자기계발 산업의 정제된 테크놀로지와 지식에 한정한다. 그렇지만 자기계발 담론은 그가 성공학이라고 칭하는 전문 산업이 생산하는 문화적·교육적 생산물만을 가리키는 것이 아니다. 뒤에서 다시 언급할 자기계발이란 담론의 정체성을 염두에 두자면 이미 1980년대부터 한국사회에서 자기계발 담론이 영향을 발휘하고 또 본격적으로 확산되어온 것처럼 보인다. 예컨대 어느 출판평론가는 한국 베스트셀러의 역사를 서술하면서 어떻게 자기계발 담론이 서적 형태로 소비되어왔는지를 일목요연하게 보여준다.

1980년대에는 대학가와 사회변혁운동 진영을 중심으로 이른바 사회과학 서적이 널리 읽혔지만, 대중적으로는 크리슈나무르티의 『삶의 진실에 대하여』(까치)와 『자기로부터의 혁명』(범우사)이나 헤르만 헤세의 『괴로움의 위안을 꿈꾸는 너희들이여』(장석주 편역, 청하) 등, 일종의 안심입명安心立命 도서들이 인기를 끌기도 했다. 〔……〕 1990년대 중·후반의 베스트셀러에서 또 하나 눈여겨볼 대목은 실용서의 대두다. 물론 1969년 하다케야마 요시오의 『이런 간부는 사표를 써라』(삼신서적), 1973년 노먼 V. 필의 『적극적 사고방식』(정음사) 등 간헐적으로 실용서가 베스트셀러가 되는 경우는 있었다. 하지만 1990년대 중후반부터 처세서, 경제·경영서 분야에서 베스트셀러가 나오는 일이 한결 잦아졌다. 예컨대 1994년 스티븐 코비의 『성공하는 사람들의 7가지 습관』(김영사), 이명복의 『체질을 알면 건강이 보인다』(대광출판사), 1996년 노구치 유키오의 『초학습법』(중앙일보사), 1997년 나카다니 아키히로의 『20대에 하지 않으면 안 되는 50가지』(홍익출판사), 김찬경의 『돈 버는 데는 장사가 최고다』(현대미디어), 1998년 구본형의 『익숙한 것과의 결별』(생각의 나무) 등을 들수 있다. 이런 현상을 놓고 IMF체제라는 외적 환경을 거론할 수도 있다. "평생직장의 신화라는 익숙한 것과 결별하고 장사에 나서 돈을 벌어야 하는" 상황이 전개됐으니 말이다. 〔……〕 출판에서도 해외 트렌드의 실시간 확산이 갈수록 두드러진다. 명실상부하게 세계적인 동시 현상이 되어버린『해리 포터』시리즈를 필두로, 미국사회에서 새로운 계층의 부각과 그들의 생활 양식 및 태도 등을 분석한 데이비드 브룩스의『보보스』(동방미디어), 우리 사회에 부자 열풍을 몰고 온 로버트 기요사키의『부자 아빠 가난한 아빠』(황금가지), 최근 미국과 유럽 사회의 한 흐름인 자발적 단순함voluntary simplicity을 구체적으로 실천하는 방법을 안내하는 로타르 J. 자이베르트와 베르너 티키 퀴스텐마허의『단순하게 살아라』(김영사) 등 2000년 이후의 베스트셀러들을 예로 들 수 있다(표정훈, 「세월 속에 피고 진 베스트셀러 반세기」,『중앙일보』, 2004년 6월 14일).

이 인용문을 보면 1960년대에나 1970년대에도 본격적인 자기계발에 속한 서적들이 이미 국내 베스트셀러의 지위를 차지하고 있었으며 널리 읽히고 있었음을 알 수 있다. 이를테면 정해윤이 속한 '정통' 성공학 분야를 대표하는 대가라고 할 노먼 필의『적극적 사고방식』이 1973년에 베스트셀러였다는 점은 유의할 만하다. 특히 1980년대 내내 비판적인 인문사회과학 서적들과 나란히 혹은 그보다 널리 읽혔던 크리슈나무르티와 헤르만 헤세 등의 서적은 이후 본격적으로 등장하는 자기계발 문학과 동일한 것이란 점에서 이후의 자기계발 담론의 수용을 예기한다. 1990년대에 널리 확산된 뉴에이지주의에 영향을 받은 자기계발 담론들은 대개 1980년대의 베스트셀러를 통해 선취되고 있었던 셈이다. 정해윤이 말하는 본격적인 자기계발에 관련된 서적들도 IMF 이후에 급성장하기는 했지만, 역시 그 이전부터 1990년대 내내 베스트셀러였다는 점 역시 주목할 필요가 있다. 결국 정해윤은 자기계발 산업의 한 하위분야인 성공학 분야의 전문가란 자신의 위치에서 자기계발 담론이 놓인 맥락을 단순하게 재단하고 있는지도 모른다.

한편 기업교육에 관해 서술하고 있는 부분 역시 얼마간 그의 처지에서 본 편의적인 서술로 보인다. 기업교육이 한국사회에서 가장 큰 자기계발 담론 시장을 이루고 있고, 자기계발을 별도의 전문적인 산업의 형태로 발전시키는 데 중요한 물질적 배경을 제공한다는 점을 부인하기는 어렵다. 1990년대 후반부터 상당수 기업들이 인적자원관리의 한 분야로 기업의 '인재 육성'을 아웃소싱함에 따라 그에 관한 전문적인 서비스를 제공하는 기업들이 폭발적으로 늘어났다. 또 대학교의 취업 및 진로 상담에 관련한 프로그램은 이런 자기계발 산업의 가장 큰 시장 가운데 한 부분이다. 따라서 자기계발 산업에 관련한 기업이나 전문가들은 실적과 효험을 강조하기 위해 자신들의 프로그램을 활용한 기업, 학교, 정부기관을 열거하기 일쑤이다. 그 탓에 상당수의 자기계발 담론의 전문가들은 사내 강사가 아니면 기업이나 대학을 대상으로 한 자기계발 전문 강사로 활동한다. 따라서 이들은 자기들 회사 이름에 'HRD' 혹은 '인재개발' 따위의 이름을 갖다 붙이기 시작했다. 1990년대 후반 이후 자기계발 산업에 관련한 기업들은 '○○문화원', '○○아카데미' 등의 이름을 달고 있던 것에서 벗어나 대부분 '○○인재개발', '○○HRD', '○○컨설팅', '○○리더십센터' 등으로 이름을 바꿔왔다. 그리고 자기계발 산업의 전문가들은 자신을 부르는 명칭들이 구구하지만 전문적인 자격과 기준을 갖추고 인증제도를 도입하는 형태로 변모하고 있다.[4]

그런 점들을 감안할 때 기업교육이나 직장인교육에 관련한 전문가들이 자기계발 담론의 중요한 생산자들이며 보급자들로서 역할하고 있음을 알 수 있다. 그렇지만 기업교육의 측면에 한정시켜놓고 볼 때에도 그 프로그램의 일부로서의 성공학을 일면적으로 강조하는 것은, 굳이 자기계발이란 이름을 빌리지 않고 생산·소비되는 자기계발 담론을 무시하거나 간과할 수 있다. 뒤에서 다시 살펴보겠지만 자기계발 담론은 경제적 행위자의 주체성을 그려내고 규정하는 모든 담론적 실천들과 불가분한 관계를 맺고 있었다. 미국 자본주의 초기의 '자수성가인'이나 기업가정신 담론에서부터 최근의 '벤처정신'이나 '경영 마인드' 혹은 '비즈니스 마인드'에 이르는 좀더 일상적인 용어들까지, 자기계발 담론은 경제적 행위자의 주체성을 제시하는 담론적 실천과 떼어놓을 수가 없다. 따라서 "어떻게 사업에서 성공할 것인가?", 어떻게 직장에서 꿈을 실현할 것인가?", 어떻게 유능한 노동자가 될 것인가?" 등과 같은 물음을 던지고 이에 대한 답변을 구하는 일련의 담론적 실천은 언제나 자기계발 담론을 생산하고 증식하는 중요한 매개적 공간이었다고 볼 수 있다.

한국 기업교육이 출현하고 변화한 과정은 또한 일터 안팎에서 일하는 주체의 주체성을 생산하는 사회적 실천이 어떻게 변화했는가와 대응하는 것이라고 할 수 있다. 1950년대를 전후해 주한미군과 일본을 통해 유입됐던 초기 기업교육은 모두 경영자나 관리자의 정체성을 형성하는 것이었다고 할 수 있다. 특히 1950년대 중반 이후 '한국생산성본부', '한국능률협회', '한국표준협회' 등의 기업교육기관이 등장해 활동을 시작했을 때, 이는 단순히 '생산성'과 '능률', '표준'에 관한 기술적인 지식을 전달하는 것이 아니었다.[5] 그것은 이미 그 용어들이 함축하듯이 경제적 활동이 가진 규범, 즉 일하는 주체가 자신이 행하는 활동을 어떻게 체험하고 인식하며 지배해야 하는가 등에 관한 지식과 테크닉, 이상을 생산했다. 어쨌거나 기업교육이란 장 안에서 자기계발 담론을 이해하려고 할 때, 그것은 기업교육을 통해 생산되고 교육됐던 지식의 내용이 아니라 일하는 주체를 형성하는 다양한 담론적 실천과의 관련 속에서 이뤄져야 한다. 한국능률협회가 1972년부터 '능력주의 시대의 자기계발은 통신교육'이란 이름으로 경영자와 직장인들을 대상으로 실시했던 경영통신교육은 이후 '창의력 개발 훈련', '감수성 훈련', '성취동기 제고' 프로그램 등을 확충하면서 문자 그대로 본격적이고 전문화된 자기계발 담론을 수행한 것이라 할 수 있다. 이는 성공학이나 처세술이란 이름으로 활동하는 기업교육 강사들이 제공하던 것과는 다른 것이었다. 특히 1980년대에 각 기업들이 고유의 인재 육성 시스템을 만들어내고 '청년중역회의', '캔미팅', '가족훈련제도', '기술대학원' 등을 속속 운영하기 시작하면서 일하는 주체를 교육하고 훈련하는 담론적 실천에는 언제나 자기계발의 담론들이 스며들어 있었다. 나아가 1980년대 후반에 접어들면 대기업들은 자기계발Self-Development, SD을 공식적인 제도로 만들고 학원수강비를 비롯한 다양한 지원을 하게 된다. 이로써 이른바 자기계발은 성공학 전문가들이 제공하는 지식이 아니라 개별적인 노동주체가 자기 성공을 위해 행하는 일상적인 활동으로 변화됐다고 할 수 있다.

그럼에도 불구하고 정해윤의 이야기는 여러 지점에서 흥미롭다. 특히 그는 한국 프로테스탄트란 이름으로 주로 부흥목사를 중심으로 한 성공학의 '계보'를 올바르게 강조한다. 또 네트워크 마케팅, 국내에서 흔히 다단계라고 불리기도 했던 판매·영업직 노동자들의 자기계발 담론의 관례적 소비를 역시 성공학의 중요한 배경으로 꼽는다. 현재 자기계발의 담론 안에서 교회와 네트워크 마케팅은 더 이상 결정적인 영향을 미치지는 않는다. 그럼에도 불구하고 '자기경영 이전'의 성공학의 중요한 두 가지 계보는 현재에도 깊은 영향을 미치고 있다고 볼 수 있다. 먼저 전자의 영향은 뒤에서도 보겠지만 거의 모든 자기계발 담론에서 표준적인 언표의 모습으로 현존한다. 예컨대 자기계발 담론 어디에나 등장하는 '사명선언문'과 같은 것은 모두 개신교의 성공학 담론에서 비롯한 것이다. 스티븐 코비의 『성공하는 사람들의 7가지 습관』류에서 전개되는 '자아'에 관한 세부적인 반성, 서술, 평가의 테크놀로지들은 모두 개신교의 일상적인 종교적인 관례들과 떼어놓을 수 없다.[6] 한편 네트워크 마케팅의 경우 더 이상 그것이 성공학의 최대 시장이라고 말하기 어렵다고 할 수 있다. 그럼에도 불구하고 네트워크 마케팅이 자기계발 담론을 조직적으로 소비하며 만들어낸 모습은 이제 자기계발담론 어디에나 자리를 잡고 있다 말할 수 있다. 자신의 삶을 적극적으로 경영하고, 자신의 인생을 사업으로 다루라는 네트워크 마케팅의 '경제적 주체화'의 방식은, '1인기업가', '자기경영' 등의 언표에서 완벽하게 재연되고 있기 때문이다.

지식, 테크놀로지, 텔로스

성공학과 이후의 자기계발 담론은 각각 들려주는 이야기의 내용에서 보자면 거의 다르지 않다. 그렇지만 이러한 유사성은 그다지 중요하지 않다. 담론적 효과를 발휘하고 또 이를 강화하고 보증하는 데 기여하는 것은 담론 자체의 내용이 아니기 때문이다. 이 장에서 살펴보려는 것도 그런 자기계발 담론의 구체적인 역사적 내용이 아니다. 자기계발 담론은 개인으로서의 자기를 주체화하는 것에 관련한 담론적 실천을 그 직접적 대상으로 삼는다. 그리고 다른 사회적 영역에서 생산되는 '자기의 주체화' 담론이 필요로 하는 다양한 어휘, 수사학, 도구, 평가 및 측정의 수단 등을 풍부하게 제공한다. 그렇지만 자기계발 담론은 직접적인 사회적 활동의 내용과 상관없이 모든 종류의 자아를 향해 말을 건넴으로써 매우 세속적이고 보편적인 대중문화 현상으로 자리 잡게 된다. 앞에서 간단히 살펴보았듯이 자기계발 문화구성체는 단순히 자기에 관한 의식이나 태도, 혹은 관념으로 축소시킬 수 없는 다양한 사회적 실천과 결합되어 있다. 무엇보다 그것은 '나는 무엇인가, 나의 성공과 행복이란 무엇인가, 이를 위해 내가 할 수 있는 것은 무엇인가'에 관한 다양한 지식을 생산하고 전달한다. 그런 점에서 자기계발 담론은 언제나 자아에 관한 지식을 생산하고 증식한다. 그러기 위해 자기계발 담론에서 자아란 분석하고 진단하며 해독해야 할 대상이다. 즉 자아는 자기계발 담론이 답변을 제공하기 위해 끊임없이 질문을 던지고 또 읽힐 수 있는 대상으로 번역되어야 한다. 다시 말해 자기계발 담론은 언제나 자기를 객체화하는, 즉 자신이 누구인지를 알기 위해 읽고 분석하며 진단해야 하는 대상으로 자신을 변형시키는 특정한 지식과 분리시킬 수 없다. 이를 우리는 앞서 언급했듯이 '자기의 문제화'라고 부를 수 있을 것이다.

다음으로 자기계발 담론은 세부적인 '자기의 테크놀로지'를 통해 존재한다. 자신이 계발하고 향상시키며 개조해야 하는 대상으로서의 자아란 하나의 실체가 아니다. 그것은 수없이 다양한 대상을 가지고 있다. 욕망이나 기질, 태도 같은 심리적인 대상일 수도 있으며, 신체라는 대상일 수도 있고, 좀더 구체적으로 습관이나 시간 사용 같은 행위방식일 수도 있다. 따라서 자기계발 담론은 언제나 자신을 변화시키고 계발해야 할 대상으로서 자아를 규정하고 고정시키는 실천과 더불어 그것에 작용해 변화를 꾀하고 성공과 성장, 향상을 결과로 끌어낼 수 있도록 하는 다양한 테크놀로지를 포함한다. 이런 '자기의 테크놀로지'는 그 자체 자기계발 담론의 한 장르로 간주될 수 있을 것이다.

마지막으로 자기계발 담론은 언제나 특정한 정치적인 목표와의 관련 속에서만 존재한다. "주체가 스스로의 실천으로 자신을 적극적으로 구성하는 방식에 대해 내가 관심을 갖고 있다 해도, 개인이 스스로 이런 실천을 만들어내는 것은 아닙니다. 그것은 그가 속한 문화 속에서 발견한 양식이며, 그의 문화, 그의 사회, 그가 속한 사회적 집단들이 그에게 제의하고 부과한 양식들입니다"라고 푸코가 말할 때, 그 주체화의 양식이 바로 그에 가깝다(푸코, 1994d: 113).[7] 경제적인 행위의 장에서 일하는 주체를 주체화하는 방식이든 정치적 공동체에서 안전, 교육, 보건 등의 다양한 문제와 관련해 시민을 주체화하는 방식이든, 그것은 언제나 그 행위의 장에 속한 개인을 주체화한다. 그러나 이런 주체화의 방식은 서로 분리된 자율적인 대상을 향하며 또 서로 독립적인 목표를 설정한다. 지금까지의 분석을 참조해 설명하자면 통치의 장에서의 자율과 책임을 발휘하는 자기주도적인 시민주체와 일터에서의 역량 있고 유연한 일하는 주체, 그리고 일상적인 삶의 장에 속한 '자기계발하는' 주체들은 서로 다른 목표를 제시하고 그에 따라 개인들이 자기 삶을 대하고 또 변용하도록 이끈다. 그리고 이는 자기계발하는 주체의 행위에서도 역시 발견할 수 있는 것이다.

따라서 자기계발 문화구성체라는 것은 크게 세 가지로 나누어 분석할 수 있을 것 같다. 먼저 그것은 자기를 변화시키고 개선해야 할 대상으로 규정하고 그것에 관한 앎을 생산한다는 점에서 '문제화'로 분석할 수 있다. 두번째로 자기를 '계발', '경영'한다는 것은 곧 자기 삶과 행위를 평가, 진단, 측정, 개선, 교정하는 등의 기술을 수반한다는 점에서 '테크놀로지'로 분석할 수 있다. 마지막으로 그것은 성공이든 행복이든 자기의 삶을 근접시켜야 할 특정한 목표에 연결시키는 것이란 점에서 특정한 '목적'의 담론을 포함한다. 이제부터는 이를 각각 하나씩 살펴보고자 한다.

그런데 분석 대상과 관련해 몇 가지 부연해야 할 것이 있다. 이 책에서 우리가 분석할 주요한 대상은 1990년대 이후 자기계발 담론을 대표하는 몇몇 대표적인 전문가의 텍스트이다. 특히 우리는 자기계발 분야를 대표하는 인물이라고 할 공병호와 구본형의 주요한 저작들에 관심을 기울일 것이다. 이들은 1990년대 중반부터 거의 매년 끊임없이 자기계발 담론을 주도했다고 해도 과언이 아닐 주요한 텍스트들을 쏟아냈고 각기 스스로를 "1인기업가"로 부르며 자신의 이름을 따 브랜드화한 자기계발 테크닉을 상품으로 판매한다. 그런 점에서 그들은 모든 자기계발 산업에 속한 이들의 존경과 부러움을 사고 있지만, 실제 그들의 주장은 현재 자기관리나 자기경영이란 이름으로 알려진 모든 텍스트를 되풀이하고 요약하는 것일 뿐이다.

그럼에도 두 명이 자기계발 분야의 한국판 '구루'로서 추앙받고 인기를 누리겐 된 것은 바로 그들의 스타일에 있다고 할 수 있다.[8] 즉 공병호식 혹은 구본형식의 자기계발 담론의 담론적 스타일이 있는 것이다. 구본형은 조잡하고 유치한 것이기는 하지만 숱한 문화예술가들의 말이나 저술을 인용, 참조하고 나열한다. 숫제 그는 자신의 책의 말미에 자신이 인용한 인물들의 사전을 수록하기도 한다. 자유, 욕망, 해방, 변화, 행복, 아름다움, 진실 등의 용어가 아마 그의 글에서 가장 자주 등장하는 용어일 것이다. 그렇지만 그런 용어들 가운데 상당 부분은 경영혁신이란 이름으로 소개됐던 경영 담론의 수사학을 본뜬 것이거나 되풀이하는 것이기도 하다. 구본형은 자신이 재직했던 기업에서 리엔지니어링을 책임졌던 관리자였고 그가 쓰는 용어들도 상당 부분 여기에서 따온 것으로 보인다.[9] 그러나 이런 다양한 수사학이 경제적인 이해관심을 은폐하려는 일종의 위장이라고 생각해서는 안 될 것이다. 뒤에서 다시 살펴보겠지만 자기계발 담론은 '자기의 실현'을 비롯한 일련의 자기와의 윤리적인 관계를 조정하는 것이기 때문이다. 따라서 구본형은 1990년대 이후 등장한 이른바 '자기경영'류의 자기계발 담론의 특성, 즉 치부의 기술로서의 성공학이 아니라 자유의 테크놀로지로서의 '자기경영'을 대표한다고 볼 수 있다.[10]

이런 점에서 구본형과 공병호는 서로 차이를 보인다. 공병호가 쓴 글 가운데 상당 부분이 그렇듯이, 그는 이른바 자유주의와 시장경제를 공공연하게 옹호하는 이념적인 지식인으로서 경제질서나 정부정책 같은 거시적인 대상들을 분석하면서 이를 자기계발 텍스트와 결합한다. 반신좌욕과 비타민 섭취를 이야기하면서 그는 동시에 구조조정과 다운사이징, 지식기반경제를 이야기한다. 그런 점에서 두 저자들은 서로 다른 취향, 다른 특성의 독자들을 겨냥한다. 그럼에도 불구하고 두 저자들의 자기계발 텍스트는 영업·판매직을 비롯한 서비스 분야에 종사하는 노동자들이나 아니면 자영업자들이 주로 소비하던 자기계발 담론을 '고급화'하는 데 결정적인 기여를 했다고 볼 수 있다.[11] 어쨌든 두 저자는 서로 다른 스타일로 1990년대 후반 이후 한국사회의 자기계발 담론을 대표했던 인물이라 할 수 있다. 자기계발에 관련한 수많은 동호회나 소모임 등에서 이들의 주장은 엄청난 권위를 누리고 또 숭배받는다. 물론 뒤에서 다시 살펴보겠지만 자기계발 담론에 속한 텍스트들은 거의 엇비슷한 내용을 반복하거나 유사한 주장을 전개한다. 이는 두 명의 저자들에게도 해당된다. 따라서 이들의 텍스트를 분석할 때 나는 그것들을 자기계발 담론을 대표하는 예시적인 텍스트로 다룰 뿐 각기 저자가 가진 고유한 스타일을 반영하는 텍스트로 다루지는 않을 것이다. 또 필요에 따라서는 다른 텍스트들 역시 참고하거나 인용할 것이다. 또 위에서도 언급했듯이 자기계발 문화구성체를 구성하는 다양한 대상, 테크놀로지, 제도, 관례 등을 분석해야 할 경우에는 그에 관련된 것들을 직접 참고하거나 끌어들여 설명할 것이다.

2. 나는 기업이다

자기경영: 자기의 문제화

1990년대 이후 자기계발 담론을 지칭하는 용어로 자기계발을 대신해 널리 쓰이게 된 것이 바로 '자기경영'이다. 이는 때로는 자기관리란 용어로 불리기도 한다. 자기경영이란 용어가 대두하게 된 것은 성공학이나 처세술 같은 용어보다 훨씬 그럴듯하게 들리고 품위 있어 보이기 때문만은 아닐 것이다. 기왕의 성공학이나 자기계발이 신장개업한 것이라고 자기경영을 폄하는 이들이 적지 않지만, 그것은 절반은 옳고 절반은 틀린 분석이다. 먼저 자신을 돌보고 변화시키는 데 도움을 주는 지식을 제공하고 이에 관련한 구체적인 테크놀로지를 알려준다는 점에서 둘은 다르지 않다. 넓게 잡아 성공학이든 처세이든 자기경영이든, 모두 '자조'라고 부를 수 있는 문화적 관행의 일부이기 때문이다. 그렇지만 자기경영 담론은 자기계발 담론의 변천 과정을 생각할 때 상당히 의미심장한 변화를 보인다. 자기계발 담론에서 자기경영이란 용어가 갖는 의의는 자기계발 전문가들이 직접 강조하고 또 표나게 해석하는 부분이기도 하다.

정보화사회에서 모든 생활자들은 경영자라고 할 수 있다. 대통령은 국가경영, 시장과 도지사는 도시경영, 총장과 교장은 학교경영, 병원장은 병원경영, 주부는 가정경영을 잘해야 한다. 이제는 통치, 행정, 가계운영과 같은 낡은 패러다임에서 벗어나 경영 마인드를 가지고 매력적인 경영을 해야 발전할 수 있다(윤은기, 1996: 저자 서문).

나에게는 '스스로를 경영한다'managing oneself는 것, 다시 말해 자기경영self-management은 20대의 젊은 날부터 하나의 생활이자 신앙과 같은 것이었다. 20대는 삶을 준비하고, 30대는 40대를 준비하고, 40대는 50대 이후를 준비하는 삶의 자세는 인생의 굽이굽이마다 다소의 굴곡이 있긴 했지만 그래도 나의 일관된 삶의 태도이자 원칙으로 자리를 잡아왔다. 그 덕분인지 나는 비교적 짧은 시간에 다양한 직종과 직위를 거치면서 이제는 이렇듯 개인 연구소를 운영하기에 이르렀다. [……] 경영을 단지 기업을 운영하는 사람들이 고민해야 하는 딱딱하고 어려운 것으로 이해하는 사람이 아직 많다. 그러나 그렇지 않다. 경영은 간단하게 이야기하면 '개인 또는 조직의 목적 달성을 위해 자원을 효율적으로 배분하고 결합하는 일체의 행동'을 말한다. 어떤 구체적인 목표를 달성하기 위해서 유형의 때로는 무형의 자원을 투입하는 곳이면 경영은 광범위하게 적용될 수 있다. 때문에 경영은 기업의 전유물만은 아니다. 〔……〕 동시에 **경영은 인간에 관한 것으로 인간의 가치관 및 성장과 발전에 관계된 것이다. 그런 의미에서 경영은 인문학이기도 하다**(공병호, 2001 : 28. 강조는 인용자).

기업을 경영하는 사람만이 경영자가 아니다. 경영은 어디에나 필요한 것이다. 정치인에게도 의사에게도 변호사에게도 경영은 필요하다. 나는 심지어 작가와 화가에게도 경영이 필요하다고 생각한다. 〔……〕 직장인에게 경영은 필요할까? 시키는 일만 하고 주어진 일을 관성적으로 처리하는 직장인에게는 경영이 필요 없다. 그들의 삶은 다른 사람에게 달려 있다. 그들은 정리해고되어 떠나거나 그렇게 떠난 동료의 일까지 해야 하므로 그 전보다 두 배의 일을 해야 한다. 그러나 일을 하는 즐거움은 절반으로 줄어든다. 〔……〕 직장인을 대신할 수 있는 새로운 개념은, 자신을 개인사업자로 생각하는 것이다. 〔……〕 이런 직장인들은 피고용자가 아니다. 이들은 관리의 대상이 아니다. 이들은 자신의 서비스에 책임을 지는 개인 기업을 경영하는 사업자들이며 기업의 파트너들이다. 이들은 더이상 회사조직에 의존하는 힘없는 직장인이 아니다. 이들은 자신의 사업을 경영하고 있는 것이다. 다른 사람에게 고용된 것이 아니라 스스로를 고용했다. 다른 사람을 믿는 대신 자신을 믿게 된 것이다(구본형, 2001 : 201~205).

이 인용문들은 자기계발 텍스트에서 무작위로 따온 것들이다. 이런 식의 이야기는 자기계발에 관한 텍스트라면 거의 어디에나 광범위하게 분포

한다. 위의 글에서 모든 이들은 자기를 '경영'의 대상으로 다루어야 한다고 역설한다. 경영이란 용어를 사용한다고 해서 이것이 경제적 용어를 통해 개인의 삶을 그려내는 경제지상주의적 이데올로기의 효과로 간단히 치부해서는 곤란할 것이다. 자기계발 전문가들에게 있어 자기를 경영한다는 것은 단순히 개인적 삶을 상품처럼 혹은 사물처럼 다루라는 것이 아니기 때문이다. 따라서『몸값을 최고로 올리는 자기경영의 기술』에서 중요한 것은 "몸값"이 아니라 "자기경영의 기술"에 있고,『연봉 10억 만들기』에서 중요한 것은 "10억 원"의 연봉이 아니라 "만들기"에 있다. 3장에서 이미 설명했듯이 연봉제는 단순히 임금형태의 변화가 아니라 일하는 주체가 자신의 경제적인 삶을 주체화하는 방식을 바꾼다는 것을 뜻한다. 따라서 월급과 연봉제가 다른 이유를 임금형태와 지급방식이 다르다는 점에서 찾아서는 안 된다. 그것은 일하는 주체가 자기가 겪는 경제적 삶을 그려내는 방식을 변화시키는 것일 뿐 아니라 이를 체험하고 다루는 방식 역시 변화시키는 것이기 때문이다. 반면 몸값이란 언제나 존재했던 것이고 자신의 경제적 행위를 측정하고 평가해 보상하는 일 역시 늘 있던 것이다.

따라서 위의 자기계발 담론이 연봉이나 몸값을 올리라고 말할 때 그들은 치부를 하도록 권유하거나 자기 인생을 도구적으로 대하라고 조언하는 것이 아니다. 외려 이 자기계발 담론이 전하는 것은 정반대라 할 수 있다. 그것은 이를테면 자신의 '자유'를 되찾으라는 것이다. 아마 똑같은 주장임에도 불구하고 자기경영을 낡은 시대를 향한 거부, 새로운 사회적 존재의 등장을 향한 행위로 극적으로 재현하는 것이, 다음의 톰 피터스의 글이라 할 수 있을 것이다. 그는 자기경영이 자신을 계발하는 기술적인 지식이나 테크닉에 머물지 않고 '자기'를 새롭게 문제화하는 것임을 뚜렷이 보여준다.

1954년 대학학위, 그리고 나서 GE, GM, AT&T 등에서 근무. 괜한 분란은 금물이다. 점잖게 행동하라. "어디 다니십니까?"라는 질문에는 "AT&T"라고 자신 있게 대답하라(회사이름=자신의 정체성). 세월은 흐르고…… 55세. 어느새, 65세. 착실한 기업시민으로 살다가 연금생활자로 퇴직. 그리고 세인트피트에 있는 공동소유 콘도에서 노년을. 이것이 제2차 세계대전 이후의 게임 방식이었다. 약 1975년까지. 그런데 갑자기 경쟁자가 나타났다. 처음에는 철강과 자동차. 드디어 컴퓨터는 외상 매출금을 자동 계산하는 것 이상으로 활약했다. 그리고 나서…… 모든 관행이 무너졌다? 1985년쯤? '외국과의 경쟁'은 세계적 규모로 치달았다. 〔……〕 지금은 전사적 자원관리ERP 시스템과 웹 등의 악마가 본격적으로 활약하기 위해 이를 갈고 있는 형국이다. 바야흐로 화이트칼라 혁명의 시대다. 현재의 화이트칼라 직종의 90% 이상이 확 바뀌거나 아예 사라질 것이다. 10년 내지 15년 안에. 하지만…… 당신은 무엇을 알고 있는가? **이것은 멋지고도 멋진 일이다. 정말 눈부신 해방 과정이다.**

나는 아버지처럼 41년 동안 월요일에서 금요일까지 똑같은 일터로 가기 싫어요. 아버지 세대가 사는 방식은 너무 고리타분해요(죄송해요. 아버지). 〔……〕 당신의 절규. 해방? 아니면 공포? 당신을 비롯한 우리 모두가 정상이라면 "둘 다"라고 답할 것이다. 무서울 만하다. 또 모두 해볼 만하다. 그렇지 않은가? 이제 유일한 답은 자세 전환이다. **독립계약자처럼 생각하고 행동하라. 비록 안정적인 미래를 위해 계속 직장에 다닐 작정이라도, 독립계약자는 자립적이다**(피터스, 2002a: 머리말. 강조는 인용자).

방금 본 톰 피터스의 글은 미국임을 가리키는 말만 몇 가지 바꾸고 시대를 알려주는 지표를 수정한다면 거의 한국사회에 그대로 적용될 수 있다. 실제 이와 같은 자기경영 이야기는 구본형을 비롯한 거의 모든 자기경영 담론에서 똑같이 복창되는 것이기도 하다. 이 인용문에서 주목할 점은 3장에서 이미 살펴보았듯이 기존의 일의 세계, 일하는 주체의 정체성을 재현하는 방식이다. 그것은 한마디로 "아버지처럼 살지 않겠다"는 선언으로 집약된다. 아버지의 삶의 방식이란 2차 세계대전 이후 1975년까지, 넉넉잡아 1980년대 중반까지 유지됐던 "게임 방식"이었다. 그 후 일본이란 경쟁자가 나타났고 전지구적인 자본주의에 접어들었으며 웹으로 대표되는 정보통신기술이 쇄도했고 기업들은 생존하기 위해 구조조정을 감행했다. 그리하여 화이트칼라 혁명이 시작됐다. 이제 게임 방식은 바뀌어야 하고 "우리"는 이것이 전에 겪은 적이 없던 삶의 세계이기 때문에 "공포"스러워한다. 그렇지만 그것은 또한 동시에 "해방"이기도 하다!

여기에서 톰 피터스가 자기경영하는 주체, 독립계약자의 삶을 이야기할 때 시대 구분이란 이야기 방식을 사용한다는 점은 흥미롭다. 그는 자기경영의 주체, 독립계약자로서의 삶을 미국 자본주의의 변화, 즉 전후 자본주의의 발전과 그것의 "게임 방식" 그리고 이른바 전지구적인 자본주의의 등장과 정보통신혁명 등의 도래와 관련시켜 설명한다. 즉 그가 말하는 독립계약자로서의 삶은 개인적인 선택이기도 하지만 또 자신이 어떤 방식을 삶을 살 것인가를 규정하던 "게임 방식"으로부터 해방되는 것이기도 하다. 그런 점에서 자기경영하는 삶을 산다는 것은 단지 개인적 선택에 머무는 것이 아니라 기존의 '주체성'(직장인, 아버지 세대의 삶)을 '비판'하는 행위이며 자신이 어떻게 살아야 할지를 규정하던 기존 지배방식을 부정하는 것이다. 한마디로 그것은 새로운 자유의 윤리적 주체가 되는 일이다. 그리고 이런 식의 이야기는 이미 말했듯이 한국의 현실에 빗대어 얼마든지 옮겨 쓸 수 있다. 구본형이 말하는 다음과 같은 이야기가 바로 그런 전형이다.

직장인은 죽었다. 전통적인 의미의 직장인은 더 이상 존재하지 않는다. 지금 남아 있는 것은 과거의 껍데기이며 유령이며 아직 사라지지 못한 잔영이다. 지금까지 우리는 조직이 '자신을 돌보아줄 것'이라 생각해왔다. 〔……〕 직장인의 정체성을 규정하던 과거의 규칙들은 어느 것 하나 성한 것이 없다. 새로운 규칙들이 이를 대체하고 있다. 한국의 경우 IMF 시기는 이런 변화를 가속시켰다. 〔……〕 이제 노동시장의 주도권은 인력을 구하는 기업에 있지 않다. 오히려 직업을 구하는 '나'에게 있다. 가치 있는 자원을 소유하고 있는 것은 고용주가 아니라 바로 '나'다. 〔……〕 미래의 부를 획득함에 있어 가장 중요한 출발점은, 자기 마음속에 자리 잡은 **피고용자로서의 직장인이라는 전통적인 인식을 파괴하는 것**이다. 나 없이는 살 수 없다. 〔……〕 나를 잃음으로써 나를 되찾는 것은 모든 지혜의 공통된 메시지이다. **개인의 혁명**은 자신의 껍데기를 죽임으로써 가장 자기다워질 것을 목표로 한다. 자기가 아닌 모든 것을 버림으로써 자기로 새로 태어나는 과정이 바로 변화의 핵심이다. 그러므로 변화는 변화하지 않는 핵심을 발견하려는 열정이며 그것을 향한 끊임없는 '움직임'Movement이다. 〔……〕 죽음은 파괴적인 창조이다. **산업화사회의 부품과 나사라는 생각이 골수까지 박혀 있는 조직인간**을 우리 마음의 내부에서 죽임으로써, 삶과 일에 대한 열정을 회복할 수 있다(구본형, 2004b: 14~30. 강조는 인용자).

구본형은 톰 피터스처럼 날렵하고 경쾌한 어투는 아니지만 그 나름대로 비장하게 "혁명", 다름 아닌 '자기혁명'이 필요함을 역설한다.[12] 그리고 "열정"의 회복을, "움직임"을 되살릴 것을 주장한다. 그가 파괴하고 변혁해야 할 대상으로 꼽는 것은 톰 피터스가 그렇게 살고 싶지 않은 아버지 세대의 게임 방식, 즉 피고용자로서의 직장인으로서의 삶이다. 그것은 "부품과 나사라는 생각이 골수까지 박혀 있는 조직인간"으로 산업사회의 인간이다. 그는 "근로자 의식"에서 벗어나지 못한 노예이다. "나는 곧 나의 지위이다"라고 믿는 "무능력자", "이건 내 일이 아니야"This Isn't My Job: TIM-J라는 "TIM-J 증후군"에 사로잡혀 직무와 자신을 동일시하는 조직사회의 불쌍한 인물일 뿐이다(브리지스, 1994: 82~85). 결국 자기계발 담론의 주요한 효과는 자신을 계발, 관리 혹은 경영한다는 담론적 실천을 통해 자아에 관한 새로운 정체성을 구축하려 한다는 데 있다. 그리고 그렇게 새로운 자아정체성을 구축하는 일은 언제나 새로운 시대를 향한 행위이기도 하다. 즉 자기를 경영한다는 것은 곧 자신과의 관계이기도 하지만 동시에 기존 '시대'가 자신과의 관계를 규정하던 방식("게임 방식" 혹은 "조직인간", "피고용자 의식" 등)을 변형하는 것이기도 하다. 이런 점에서 자기계발하는 주체는 피상적인 생각과 달리 사회는 아랑곳하지 않은 채 오직 자신에게만 골몰하는 '몰사회적'인 주체이거나 '반사회적인 주체'인 것이 아니라, 거꾸로 사회와 자신의 관계를 의식하고 또 끊임없이 주의 깊게 조정하는 주체이다. 곧 자기계발하는 주체는 자기 삶을 지배하는 현실을 무시한 채 나르시시즘적인 이해에 휘둘리는 주체가 아니다. 자기경영하는 주체는 바로 이런 점을 은연중에 강조한다. 그것은 공병호와 구본형 모두 빠짐없이 그리고 빈번하게 강조하는 대목이기도 하다. 따라서 중요한 것은 자기계발하는 주체가 자기와 맺는 관계를 만들어낼 때, 어떻게 사회적 삶을 자기 내부에 각인하느냐의 '문제'이다.

이를 우리는 '자기의 문제설정'이란 개념으로 부르고자 한다. 문제화 혹은 문제의 설정은 단순히 그것에 관한 새로운 표상을 만들어낸다는 것도, 새로운 관념을 제조해서 그것을 허구적인 실체로 구성한다는 것도 아니다. 앞에서도 언급했듯이 문제화란 문자 그대로 인식의 대상을 '문제'로 구성하는 것이기 때문이다. 따라서 문제로 설정한다는 것은 그것이 초래하는 어려움, 장애 등을 해결하기 위해 그를 위한 답변을 찾아내는 것을 말한다고 볼 수 있다. 이를테면 푸코는 문제설정에 관해 이렇게 말한다. "문제설정이란 상이한 해결책들이 응답하고자 하는 질문을 구성하는 요강을 정의합니다. 주어진 것을 질문으로 발전시키고, 일련의 장애와 어려움을 다양한 해결책들이 응답을 산출하게끔 문제로 변형시키는 것이 바로 문제설정의 요점이자 사유의 특수한 작업인 것입니다"(푸코, 1994a: 137). 따라서 문제설정은 주어진 대상을 어떻게 인식하는가(재현), 그에 대한 태도는 무엇인가(태도)를 묻는 것이 아니라, 그것을 앎의 대상으로 구성할 때 그와 동시에 형성되는 차원들을 함께 이해하려는 것이라 할 수 있다. 문제설정이란 그것을 인식의 대상으로 구성하는 것이기도 하지만 그것을 어떻게 다루어야 할 것인가란 실천 역시 반드시 포함한다. 아울러 가장 중요하게는 어떤 대상을 문제로 구성한다는 것은 동시에 그것을 다르게 사유하고 달리 다룰 수 있는 가능성을 항상 전제한다는 점에서 자유를 수반한다. 따라서 어떤 대상을 문제화한다는 것은, 굳이 요약하자면 세 가지 계기를 동시에 포함한다. 첫째 문제로서의 대상에 관한 지식 혹은 언어의 생산, 둘째 대상을 조작하거나 변형하는 다양한(양립 불가능할 수도 있고, 대립적일 수도 있는) 실천 및 테크놀로지의 구성, 셋째 그 대상과 행위의 주체 사이에 맺어지는 관계, 즉 자유와 권력. 그렇다면 자기경영 담론에서 자기의 문제설정이란 것도 이런 세 가지의 측면에서 함께 분석할 수 있을 것이다.

그렇다면 자기계발 담론에서 자기를 문제화한다고 할 때, 특히 앞의 자기의 문제설정에서 첫번째에 해당하는 앎의 대상으로서의 자아는 무엇일까. 그것은 무엇보다 자신을 하나의 '사업'enterprise으로 대한다는 점에 있을 것이다. 그런 점에서 자기를 경영한다는 것은 경영할 대상으로서의 자기를 그려내는 것과 결부되지 않을 수 없다. 자기계발 혹은 자기경영은 계발과 경영의 대상으로서의 '자아'에 관한 표상을 생산한다. 그것은 한마디로 요약하면 '기업'enterprise이라는 것이다. 이런 점에서 자기경영 담론을 가장 잘 집약하는 것은 바로 1인기업가라고 할 수 있을 것이다.

1인기업가

나는 인생 또한 경영이라고 생각한다. 경영 마인드를 갖고 인생을 살아가야 한다고 믿는다. 자신의 목표를 세우고, 전략을 마련해서 하나하나 계획에 따라 만들어가는 것이 인생이라고 생각한다. 〔……〕 한 번뿐인 삶에서 적어도 자기 자신이 주인공인 삶을 살아봐야 하지 않겠는가! 현재의 상황에 매몰되지 않은 채 자신이 진정으로 원하는 것을 성취하기 위한 삶의 모델로 탄생한 것이 1인기업가이다. 자기 자신을 1인기업가로 변모시켜나가는 일은 바로 자기 자신에게 달려 있다(공병호, 2003a: 340~341).

개인은 다른 사람과의 경쟁보다는 자신이 열정과 재능에 따라 스스로를 개발함으로써 경쟁력을 높여가지 않으면, 곧 하부 집단의 일원으로 전락하게 될 것이다. 명약관화한 일을 거부하는 것은 어리석은 일이다. 거시적으로는 정부와 기업의 역할이 중요하지만, 결국 미시적으로 자신의 가족을 구원할 사람은, 바로 자기 자신인 것이다. 그러므로 당신에게는 시간이 없다. 지금 당장 새로운 계획을 실천하지 않으면 안 된다. 아직 직장을 가지고 있다면, 좋은 일이다. 직장에서 일을 하면서도 자신이 하고 싶어하는 일에 대해 깊은 관심을 가지고 지켜보라. 관심을 가지면 그 일이 달라 보인다. 직장에서 주어진 일에 매이지 마라. 하는 일의 영향력의 범위를 넓혀가라. 직장 내에 존재하는 고객을 찾아, 그의 요구사항이 무엇인지 정리하라. 항상 기업과 1년 정도 유효한 계약을 맺은 경영인처럼

행동하라. 당신은 '사이버 1인기업'의 경영인임을 잊지 마라(구본형,
1998: 372~373).

이 인용문은 모두 자기경영이란 1인기업가가 되어 자기 삶을 하나의
기업처럼 다루는 것에 다름 아님을 가리킨다. 한국에서 1인기업가란 곧 자
영업자를 가리키는 또 다른 이름인 듯이 여겨져왔다. 특히 외환위기를 전
후해서 폭발적으로 증가한 창업이나 '투잡스' 등의 현상은 모두 1인기업가
를 가리킬 때마다 등장하는 용어이다. 신문이나 잡지의 기사 혹은 제목에
'1인기업가'라는 말이 들어간 자기경영 혹은 자기계발서들은 대개 창업을
위한 준비나 이직, 전직에 대비한 자기관리를 다루는 편이다. 그렇지만 이
런 표상은 단순히 기업조직으로부터 독립한 자영업자를 가리키는 것이 아
니라, 일을 비롯한 경제적 행위를 어떻게 대할 것인가 또는 일하는 주체 혹
은 경제적 삶의 주체로서 자기 삶을 어떻게 대할 것인가라는 문제 전반을
아우르는 것이다. 따라서 '1인기업가'란 새로운 '주체화의 윤리'를 가리키
는 개념으로 받아들여야 한다.

   "1인기업가가 된다는 것은 내가 창업한 평생직장의 사용자로 나 자신
을 종신고용하는 것"이라는 정의를 제시하며, 성인남성을 독자로 하는 어
느 시사 잡지는 1인기업가에 관해 다양한 정보를 제공한다. 그 기사에도
어김없이 1인기업가로서 성공한 사례이자 대표자로 공병호와 구본형이 등
장한다. 그들은 모두 자기 이름을 브랜드로 한 기업의 소유자이며 연봉이
수억 원대에 이르는 사업가이기 때문이다. 그 기사에서 언급하는 1인기업
가나 "나-브랜드" 또는 "당신-주식회사"류의 이야기는 이미 자기경영서
가 흔히 보여주는 서사적 양식이라 할 수 있다(공병호, 2003a; 이정숙,
2001; 박은일, 2004; 전미옥, 2003). 그렇지만 여기에서 중요한 것은 이들이
기존에 자신이 일과 맺었던 관계와 일 속에서 자기를 대하는 방식을 비판

함으로써 1인기업가를 독특한 주체성으로 구분한다는 점이다. 기사의 내용에서 관련된 부분을 옮겨보면 아래와 같다.

1인기업가인 구본형 구본형변화경영연구소 소장은 기업의 환경 변화보다 특정한 사람들의 기질에서 1인기업가의 뿌리를 찾는다. 그에게 1인기업이란 '드림 비즈니스'다. 그는 1인기업가란 꿈과 환상에 큰 비중을 두는 사람들이라고 규정한다.

하현주 책아책아! 대표는 "1인기업가의 매력은 하고 싶은 일을 하고 싶을 때까지 할 수 있는 것"이라고 말한다. "말 그대로 자기 능력만큼, 스스로 거둔 성과만큼 보상받는 공정하고도 정직한 게임이죠."

"남의 말을 듣는 게 싫었습니다. 직장생활도 체질에 안 맞았죠. 개선점을 내도 반영되기까지 너무 오래 걸렸고, 툭하면 '나이도 어린 게 뭘 아느냐'는 식이었죠." 김유식 디시인사이드 대표는 창업은 어려서부터의 꿈이었다고 말했다. (……) 김대표는 함께 일하는 50명의 직원 가운데 1인기업가로서의 적성을 보이는 사람은 한 명에 불과하다고 말했다. 자율성, 책임감, 활발한 의견 개진 (……) 그가 꼽는 직장 속 1인기업가의 자질이다. 기업가정신이야 두말할 나위가 없다(「익숙한 조직과의 결별」, 『월간중앙』, 2004년 9월호).

인용된 각 1인기업가들은 모두 1인기업가를 자영업이라는 경제활동의 형태나 개인기업 같은 기업조직 형태로 서술하지 않는다. 여기에서 1인기업가는 "기질", "체질", "적성", "정신" 등의 용어를 통해 그려진다. 다시말해 1인기업가란 모두 개인의 주관적 정체성에 대응한다. 구체적으로 말

표 4-1 나는 과연 1인기업가가 될 수 있을까—적성을 알아보는 체크리스트

당신은 아래 조건들에 해당하는가. 해당하는 조건이 많을수록 1인기업가가 적성에 맞는다고 할 수 있다. 나는 어떤 사람인가.

1 진정 내가 원하는 일이 뭔지 알고, 그 일을 잘할 수 있다.
2 나 자신을 단 몇 마디로 정의할 수 있다.
3 나는 지도자로서의 관리 능력은 떨어지지만 다방면의 실무를 꿰고 있다.
4 나는 늘 아이디어가 많고, 거의 모든 일에 나의 의견을 제시한다.
5 조직 속에서 일할 때 나의 가장 큰 장애물은 사람이다.
6 나는 혼자 일한다는 불안감을 견딜 수 있다.

해 1인기업가란 진취적이고 자신을 적극적으로 표현하고자 하며 위험을 감수하려는 태도 등을 보유한 사람이다. 그런 점에서 1인기업가란 많은 이들이 새로운 자본주의나 신자유주의의 주체성의 범형으로 꼽는 "기업가적 자아"the enterprising self, "기업이란 에토스"the ethos of enterprise를 대표한다고 볼 수 있다(Gordon, 1991; du Gay, 1991; 1996; 1998; 2000; 2002; Rose, 1998a; 1999; Miller & Rose, 1995). 이는 1인기업가로서의 적성을 알아보는, 즉 1인기업가라는 심리적 주체성을 진단하는 "체크리스트"를 보면 잘 드러난다.

표 4-1의 1인기업가로서의 "적성"은 흔히 주변에서 볼 수 있는 직업심리검사를 모방한 것이라 할 수 있다. 3장에서 살펴보았듯이 일하는 주체를 관리하고 종속시킨다는 것은 항상 일하는 주체의 심리적 정체성을 구성하고 그것을 특정한 목표와 연계시키는 것이라 할 수 있다. 그 과정에서 우리는 경영이란 일하는 주체에게 세심한 일의 규칙들에 따라 어떤 방식으로 얼마만큼의 일을 어떤 속도로 해야 할 것인가를 명령하는 것이며 동시에 일하는 주체의 주체성을 동원하는 다양한 심리적 테크놀로지를 사용하는 것이기도 하다고 말한 바 있다. 이런 일하는 주체의 주체성을 끌어내기 위

한 대표적인 정치적 테크닉이 직업심리검사라고 할 수 있을 것이다(Arthy, 1997). 그 가운데서도 적성 혹은 직업흥미도 등의 심리 측정 테크놀로지는, 지능의 담론과 더불어 가장 널리 성행했고 또 여전히 위력을 발휘하고 있다 할 수 있다. 물론 뒤에서 살펴보겠지만 적성이란 담론 역시 지능처럼 새롭게 등장한 수많은 심리적·지적 능력의 담론들로 대체되어왔다. 어쨌든 우리는 위의 1인기업가 역시 심리적 능력과 연계되어 있음을 볼 수 있다. 그렇지만 여기에서 흥미로운 점은 기존의 표준적인 직업심리검사에 등장하는 '기업형'과 위의 1인기업가적 적성 사이에 놓인 거리라 할 수 있다.

진로와 직업선택에 관련한 교육기관에서의 교과서나 지침서, 매뉴얼이든, 개인적으로나 직장에서 경력개발을 위해 사용하는 유사한 자료이든, 기업가적 성격 혹은 정신은 다양한 직업 심리나 흥미에서 하나의 종류로 취급됐다. 예를 들어 존 L. 홀랜드가 계발해, 국내에서도 가장 많은 기관이 사용하는 표준적인 직업인성검사인 홀랜드직업인성검사를 보자. 이 심리 측정 테크닉은, 현실형Realistic, R, 탐구형Investigative, I, 예술형Artistic, A, 사교형Social, S, 기업형Enterprise, E, 그리고 보수형Conventional, C 등으로 성격을 구분한다. 『진로와 직업』이라는 고등학교 교과서에서는 이 가운데서 기업형을 "자기 자신을 지배적·정열적·정력적이라고 여기며, 권력과 지위 및 부를 좋아하고 타인을 설득시키는 데 흥미를 가진다"고 서술한다(경기도 교육정보연구원, 2002: 46). 여기에서 기업형이 부와 관련이 있다는 점을 빼면, 왜 그것이 지배, 정열, 정력 등의 심리적 특성과 상관 있는지 짐작하기란 쉽지 않다. 그렇지만 비록 부분적인 번역과 수정의 과정을 거친다 하더라도 국내에서 사용되는 심리검사들이 대개 미국의 심리검사 산업이 제조·판매하는 표준화된 상품이란 점을 감안하면, 이는 미루어 짐작할 수 있을 것이다. 예컨대 여기에서 말하는 '기업'은 경제적 행위를 수행하는 영리적인 조직으로서의 기업을 가리키는 것이 아니라 심리적 특성을 가리키는 것이기 때문이다. 그리고 이는 미국에서 유별나게 강조됐던 이른바 기업가정신, 특히 미국 근대 자본주의 발전에 있어 가장 중요한 영향을 끼친 이데올로그인 프랭클린이나 에머슨 같은 인물들이 끼친 영향을 생각하면 쉬이 짐작할 수 있다.[13]

결국 요점은 간단하다. 심리 측정과 검사 담론은 외적인 심리적 현실이나 대상을 객관적으로 그려내고 서술하는 것과 상관이 없다는 것, 그리고 측정하는 것은 언제나 그 대상이 되는 심리적 현실을 빚어내는 일에 다름 아니며 이는 헤게모니적이라고 할 수 있는 특정한 심리적 주체성, 그리고 무엇보다도 특수한 경제적 주체성의 모델과의 관계 속에서 생산된다는 것이다. 따라서 홀랜드직업인성검사와 같은 심리 측정 테크놀로지가 쇠퇴한 것[14]은 당연하고 또 불가피한 것이라고밖에 할 수 없다. 그것은 기업가적 인성을 고작해야 여러 가지 심리적 주체성의 한 종種으로 격하시키고 있기 때문이다. 그렇지만 위의 1인기업가 적성에 관한 간단한 검사표가 암시하듯이, 이제 심리적 능력을 설정하고 평가하는 새로운 기준을 제정할 수 있다. 물론 오해를 피하고자 덧붙이면 이런 기업가적 주체성 모델이 득세한다고 해서 기존 심리학적 지식들이 용도 폐기되는 것은 아니다. 3장에서 '다중지능'과 '정서지능'의 옹호자인 하워드 가드너의 주장(그리고 그의 주장의 충직한 소개자이자 번역가인 전 교육부장관 문용린 등의 주장)을 언급하며 살펴보았듯이 새로운 심리적 측정과 훈련은 언제나 기존 심리학 담론을 내부로부터 비판하면서 출현한다. 따라서 하워드 가드너를 비롯해 자기경영 담론과 일체를 이루는 다양한 심리적 지식들은 지능을 비롯한 기존의 심리적 지식의 관료성, 획일성, 억압성 등을 비판하고 심리적 지식을 민주화한다고 자처한다.[15] 물론 그런 몸짓은 진공 속에서 이뤄지는 것이 아니다. 그것은 새로운 자본주의의 정체성과 결합된 주체화의 방식, 푸코의 말을 빌리자면 다양한 자율적인 행위의 장에서 개인적 주체들이 삶을 체험할 때 각각의 체험을 가로지르는 역사적인 선험a priori, 즉 "정치적 합리성"political rationality이란 지평 안에서 이뤄진다.

앞에 인용한 책에서 공병호는 자신이 평생 동안 자기경영이라는 에토스와 함께 살아왔으며, 자기경영에서의 경영이란 "인간에 관한 것으로 인간의 가치관 및 성장과 발전에 관계된 것이다. 그런 의미에서 경영은 인문학"이라고 말하고 있다. 그리고 지금까지 한 설명에 기대볼 때 이런 이야기를 그저 기존 성공학으로부터 공병호란 브랜드의 자기계발 상품을 차별화하기 위해 지어낸 과시적인 표현으로 간주하기 어렵다.[16] 그의 말대로 자기계발 담론은, 그리고 무엇보다 자기경영의 담론은 인문학이다. 즉 인간에 관한 지식이다. 그것은 주체성을 변화시키는 중요한 기획이며 그를 통해 모든 삶의 영역에서 자신의 삶을 어떻게 대할 것인가에 관한 윤리적 규범을 형성하려는 새로운 노력이다.

기업가는 흔히 진보적 지식인들이 좋아하는 방법, 즉 노동자와 자본가라는 이분법적 도식으로 이해하기 힘든 존재들이다. 기업가는 대단히 유동적이고, 동태적으로 변화해나가는 존재이고, 어제의 기업가가 오늘의 기업가로 남아 있는 경우가 많지 않기 때문이다. 계층으로 구분하는 것이 가능하기 위해서는 어떤 특징을 가진 집단은 어느 정도 영속성을 갖고 그 위치를 유지할 수 있어야 한다. 이때 기업가라는 특정 계층을 하나의 그룹으로 묶어서 다른 집단과 대비해 볼 수 있을 것이다. 그러나 기업가라는 존재는 이 같은 특징을 가지지 못한 사람이다. 농부도 기업가가 될 수 있고 노동자도 기업가가 될 수 있다면 어떻게 출신성분이나 직업에 따라서 기업가라는 하나의 계층을 분명히 정리할 수 있겠는가? 〔……〕 **기업가는 보통의 인간들이 그렇듯이 천의 얼굴을 가진 집합적인 존재이다.**

〔……〕 시대와 장소를 불문하고 상인이나 기업가가 맡아왔던 역할은 어떤 것이었을까? **기업가는 무수히 많은 익명의 사람들로 이루어진 시장경제 속에서 조정**coordination, **중재**arbitrage, **혁신**innovation, **그리고 불확실성의 방어**uncertainty-bearing**를 주로 담당하는 일군의 사람들이다.** 여기에다 추가적으로 몇 가지 기능을 더한다면 투기speculation, 소유권ownership, 의사결정decision-making을 맡는 사람들을 말한다(공병호, 1998: 314~316. 강조는 인용자).

본격적인 자기경영의 텍스트와는 달리 한국에서 기업가정신의 회복을 주장하고 (신)자유주의적 에토스를 옹호하기 위해 쓴 이 글에서, 공병호는 기업가를 "천의 얼굴을 가진 집합적인 존재"로 묘사한다. 그것은 기업가가 특정한 직업으로도, 특정한 경제적 지위나 조직 형태로도 환원될 수 없기 때문이다. 그가 말하는 기업가, 그리고 이후 한국사회에서 거의 모든 사회적 삶의 장에서 퍼져나간 "경영 마인드", "벤처정신", "자기주도성", "자율과 책임의 주체", "셀프-리더십" 등은 모두 같은 말이다. 그것은 각기 상대하는 대상이 다를 뿐 그것을 대하는 주체와 그 주체가 그 대상과 관계하는 방식은 동일하다. 그것을 한마디로 줄여 말하자면 '경영'일 것이다.

물론 여기에서 경영이란 용어가 지나치게 경제활동만을 연상시킨다면 다른 행위의 장을 살펴봐도 된다. 여기에서 장황하게 이야기하기 어렵겠지만 앞에서 몇 차례 말했듯이 이른바 1990년대 이후 성행했던 문화 변동에 관한 이야기들, 특히 서태지 세대 혹은 신세대로 대표되는 이야기들을 상기해도 좋을 것이다. 군사문화, 학교문화, 패거리문화, 훈육문화, 가부장제문화, 직장문화 등 기존의 문화적 정체성을 비판하고 성찰한다는 문화비평류의 담론들은, 경영이란 말만 쓰지 않았을 뿐 자기경영의 주체, 위에서 했던 말을 빌리자면, 기업가적 주체를 만들어내는 또 다른 갈래의 실천이었다고 볼 수 있다. 이런 문화비평류의 담론이 생산해낸 '개성과 자유의 세대'란 모습은 아마 서태지나 안철수 같은 대중음악 스타나 벤처사업가의 모습으로 의인화시켜볼 수 있을 것이다. 그들은 기존 사회에서는 불가능했던 삶을 살고자 했던 자유와 개성의 주체이지만, 동시에 1인기업가의 모습이자 벤처자본가의 모습, "브랜드-유", "나-주식회사"의 모습이기도 하다.[17] 물론 이런 문화적 변화, 즉 자기실현에 몰두하는 개성적인 주체가 대두하는 것을 둘러싸고 쏟아진 분석, 예컨대 신개인주의(Bauman, 2001; 벡, 1999; 벨라 외, 2001)라거나 나르시시즘적 주체의 등장(래시, 1989; 세넷, 2002; 2004)이라거나, 생존가치에서 표현적 가치를 중시하는 개인의 등장(Inglehart, 1977; 1997)이라는 진단과 옹호 혹은 비판은 모두 일면적인 것이라 할 수밖에 없다. 콜린 고든이 말하듯이 "일부 문화평론가들이 자기소비적auto-consuming 나르시시즘의 승리라고 불렀던 것은 아마 삶의 의미의 자본화를 수반하는 개인 정체성과 인간관계의 경영자화의 한 부분이라고 이해하는 것이 더 적절할 것"이기 때문이다(Gordon, 1991: 44).

기업가정신과 주체성의 지배

자기계발 담론에서 자기란 곧 기업이다. 푸코의 통치성이란 개념을 따르면서, 콜린 고든은 현재의 "통치의 사고양식"mentality of government 혹은 신자유주의의 정치적 이성은 "기업"이라고 정의한 바 있다. 그는 신자유주의가 횡행하면서 "경제학이 인간 행위의 총체를 설명하고, 통치 행위의 전체를 계획할 수 있도록 하는" 접근 방법이 됐다고 지적하고, 이런 접근에 따를 때 "개별적인 생산자-소비자는 새로운 의미에서 기업일 뿐 아니라 그 혹은 그녀 자신의 기업가"라고 설명한다. 그 역시 "기업"을 새로운 자아의 정체성으로 분석한다. 일터를 비롯한 모든 사회적 삶의 장에서 각각의 주체가 자신이 무엇인지를 그려내고자 할 때, 바로 그 자아의 새로운 이름은 기업이며 그의 자기정체성은 기업가인 것이다. 이런 분석은 자기계발 담론을 겨냥한 것은 아니지만 많은 이들이 다양한 사회적 장에서 등장하는 자기의 주체화를 설명할 때 동일하게 지적하는 대목이기도 하다.

기업이란 조직 형태—경쟁하는 개별적인 단위들—일 뿐 아니라 경영자이든 노동자이든 아니면 더 일반적으로 자신의 일상적인 현실 속에 있는 개인이든 병원이나 대학 같은 조직이든 그런 조직 안에 있는 개인이든 모두에게 똑같이 적용할 수 있는 특정한 **행위양식**의 상이라고 할 수 있다(Miller & Rose, 1995: 455. 강조는 인용자).

'기업'은 여전히 경제적 형태를 가리키지만, 그것은 또 경제적 삶에 개입하고 그를 교정하려는 특수한 방침들, 그리고 경제, 사회 및 문화적 삶의 제 측면을 문제화하고 계획해내려는 특정 방식들이 장려하는, **행위범주**를 가리키기도 한다(du Gay, 1996: 62. 강조는 인용자).

방금 본 두 사람의 인용문은 기업을 각기 '행위양식' 혹은 '행위범주'란 말로 정의하고 있다. 이를 굳이 공병호식으로 바꿔 말하자면 인간학이라 할 수 있지 않을까. 다시 말해 자기 인생을 기업으로 대상화시키고 그를 위해 자기를 기업가로 주체화하는 것, 그것이 자기경영이라고 말할 수 있다. 그러므로 최근의 1인기업가, 브랜드로서의 나, 주식회사로서의 나 등과 같은 자기계발 담론이 내놓는 이야기들은 그저 경제적인 은유를 빌려 쓴 수사학적인 표현에 불과한 것이 아니다. 그것은 경제적 행위가 펼쳐지는 영역은 물론 거의 모든 삶의 영역 안에서 개인이 자신을 인식하고 체험할 때 항상 요구받는 정체성이다. 자기를 계발하고 경영한다는 것은 문자 그대로 자기 삶을 기업으로 다루는 것이고, 또 자신을 사업가로서 정의하는 것이다. 그렇다면 기업가적인 자아가 자기 인생을 사업으로 다루는 것, 즉 '자기경영'을 한다고 할 때 자신을 기업으로 표상한다는 것은 무엇이고 기업가란 주체성은 무엇일까. 위에서 말했듯이 기업이란 단순히 경제조직의 한 형태를 가리키는 것이 아니라 오히려 직업심리검사에서 말하는 기업, 즉 주관적 정체성으로서의 기업에 가까운 것이다. 따라서 많은 이들이 기업가정신을 주장할 때 그것은 기업을 기업화한다는 것이기도 하다. 그렇다면 과거 기업은 기업이 아니었다는 뜻이며, 과거의 경제적 주체는 기업가적 주체가 아니었다는 뜻일까. 물론 그렇다. 기업가적 주체성을 역설하는 수많은 담론들, 특히 기업가정신을 강화하고 회복하자고 주장하며 쏟아져 나온 수많은 담론들은 모두 경영 마인드와 기업가정신을 이야기하면서 경영자이되 경영 마인드가 없는, 기업가이면서 기업가정신을 결여한 주체들을 힐난했기 때문이다. 따라서 '기업의 기업화enterprising' 그리고 '기업가의 기업가정신화entrepreneuring'란, 경제활동을 둘러싼 규칙을 다시 짜는 것임과 동시에 그와 관련된 주체의 정체성을 재구성하려는 기획이란 점을 다시 확인하지 않을 수 없다.

이는 지난 십여 년간, 한국사회에서 끊임없이 회자되어왔던 기업가정신, 경영 마인드, 벤처정신에 관한 이야기들을 들여다보면 쉬이 알 수 있다. 기업을 경영하지만 경영 마인드는 없고 그곳에는 조직인간의 유령만이 있었다는 것, 고성장의 단꿈에 취해 기업가정신을 잊음으로써 외환위기를 맞이했다는 것, 명함으로 대표되는 기업조직 안에서의 지위에 동화된 채 꿈과 열정을 망각해버린 이들에게 필요한 것은 벤처정신이라는 것, 이런 투의 이야기는 거시적인 경제정책의 변화를 둘러싼 정부정책과 전망에 관한 공간에서부터 청소년을 위한 교육 프로그램의 미래를 토로하는 공간에 이르기까지 거의 모든 곳을 흘러 다닌다.[18] 몇몇 예시적인 텍스트를 인용해보자.

한국 자본주의가 거센 환경 변화의 격랑에 직면하고 있다. 대외적으로는 사회주의의 붕괴 이후 자본주의국 간의 무한경쟁이 계속되고 있고, 대내적으로 1987년의 '민주화' 선언 이후 경제주체 간의 역학관계가 지각변동을 일으키면서, 그동안 비교적 순조로운 성장을 지속해왔던 한국 자본주의의 새로운 환경 변화에 어떻게 대응하느냐에 따라 향후 성장의 지속을 통해 선진국에 진입할 수 있을지, 아니면 성장의 정체를 통해 브라질이나 멕시코가 그랬던 것처럼 선진국의 문턱에서 좌절할 것인지의 갈림길에 서게 됐다. 이런 갈림길에서 한국 자본주의의 명암을 가르게 되는 것은 무엇일까? 이에 대해서는 다양한 관점에서 다양한 해답이 있을 수 있지만, 건전한 기업가정신의 왕성한 발현 여부가 그 중요한 요소가 될 것이라는 점에는 별다른 이의가 없을 것이다(삼성경제연구소, 1996: 1).

기업가정신 담론은 위기와 대안이라는 말 건네기 형식을 취하면서 끊임없이 출몰한다. 위에서 말한 대로라면 기업가정신은 자신을 '해결책'으로 내세우며 지금까지 있어왔던 세계를 문제로 구성한다. 따라서 기업가정신은 해결책이라는 말 건넴을 통해 자기가 말을 거는 행위의 장을 문제로 구성한다. 그리고 문제적인 세계란 기업가정신을 결여했기 때문에 난관에 봉착하고 한계에 이른 세계이다. 저자는 1987년 이후 한국 자본주의가 직면한 위기를 해결할 대안으로 기업가정신을 꼽는다. 그렇다면 기업가정신이 기존 세계를 어떻게 문제적인 대상으로 구성할까. 아마 이런 식의 이야기를 잘 보여주는 것이 다음의 예일 것이다.

미국의 번영은 국민들이 자율능력과 책임의식이 강해 정보화 시대의 변화와 경쟁에 잘 적응하기 때문이다. 자율능력과 책임의식이 바로 기업가정신이다. (······) 기업가정신이 새로운 기회를 추구하게 만든다. 기업가정신은 개성적이고 독립적인 사고를 하는 것을 말한다. 개성적이라는 것은 남을 모방하는 것이 아니라 자기가 하고 싶은 일을 하는 것이고, 독립적인 사고는 남의 보호를 받지 않겠다고 하는 것이다. (······) 지금 한국 경제의 가장 큰 문제점은 정부 주도 경제 운용의 결과 자율과 책임의 정신이 확립되어 있지 않아 자율과 경쟁이 부족해서 평가가 제대로 되지 않고 책임의식이 없어 낭비가 발생하고 있는 것이다. (······) 한국 경제의 문제는 부패, 무책임, 무능으로 집약될 수 있다. 정치와 행정이 달라져야 한국사회에 자율과 책임의 정신이 정착될 수 있다(노부호, 2003: 32~34).

위의 글은 1980년대에 한국 자본주의에 위기가 닥치면서 거의 끊임없이 반복됐던 '정치 개혁' 서사를 대표한다고 할 수 있다. "부패, 무책임, 무능"이라고 위의 저자가 꼽는 한국사회의 정치와 행정의 문제는 이제 기업가정신을 통해 해결할 수 있다. 그리고 이런 '개혁' 담론은 직접 기업가정신이라는 용어를 끌어들이지 않을 뿐 정치적 당파의 입장을 떠나 똑같이 반복해서 나타난다. 그렇다면 기업가정신이란 기획은 무엇을 가리키는 것일까. 무엇보다 눈에 띄는 점은 이들이 모두 특정한 경제적 행위주체, 특히 소규모 기업의 창업자들에게서 엿볼 수 있는 독특한 태도와 행위의 지향을 넘어서야 한다고 강조한다는 것이다. 그들은 기업가정신을 전체 경제적 행위의 장으로(삼성경제연구소), 나아가 행정을 비롯한 모든 사회적 삶의 장으로(노부호) 확장할 것을 역설한다. 이런 점에서 앞서 본 주장은 '의식' 개혁을 선동하는 듯 보이기도 한다. 그렇지만 앞의 글들은 그런 어림짐작을 간단히 물리친다. 이를테면 삼성경제연구소의 보고서는 기업가정신을 "일반적으로 새로이 기업을 설립하고 사업을 개시하려는 의욕, 능력이

라는 의미로 사용되는 경우가" 많지만, 기업가정신을 그렇게 판단해선 안
될 일이라고 강변한다. 그렇다면 그들이 생각하는 기업가정신이란 무엇일
까. 이에 대해 보고서는 다음과 같이 상세한 설명을 덧붙인다.

> 첫째, 새로이 만들어지는 작은 기업이 모두 기업가적인 것은 아니다. 예
> 를 들면 최근 유행하는 패스트푸드점을 새로이 시작하는 어느 부부의 경
> 우를 생각해보면, 그들은 분명 리스크를 부담하고 있지만 새로운 것을
> 전혀 창출하지 못하고 있다는 점에서 벤처기업이라 할 수는 있어도 기업
> 가적이라 말하기는 어렵다. 〔……〕 요컨대 기업가정신이란 새로운 기업
> 의 창조에 머무르지 않고 새로운 가치를 창조하는 혁신적 활동이 되어야
> 한다. 〔……〕 둘째, 새로이 만들어지는 기업은 소기업인 경우가 대부분인
> 데 이것만을 기업가정신의 구현이라고 간주한다면 경제의 중요한 일부
> 를 담당하는 대기업에 있어서의 기업가정신은 포착할 수 없다는 점이다.
> 〔……〕 최근 대기업에서 유행하는 '사내벤처'나 '네트워크 조직화'도 기
> 업가정신의 표현이라고 할 수 있는데 상술한 것과 같은 좁은 의미의 기업
> 가정신으로는 이런 측면들을 포괄할 수 없다. 〔……〕 셋째, 기업가정신의
> 발휘는 기업이라는 경제적 조직에 국한되는 것이 아니라는 점이다. 미국
> 에서의 대학의 창설과 발전 과정은 그 좋은 예이다(삼성경제연구소, 1996: 4
> ~5).

이 인용문이 기업가정신을 제시하는 방식은 단순히 의식과 정신을 언
급하는 것이 아니다. 그것은 "새로운 가치를 창출하는 혁신적 활동"이며,
기업조직의 규모와 관계 없이 경제적 행위가 펼쳐지는 곳이면 어느 곳에
서나 실현될 수 있는 구체적인 프로그램이다. 이는 "사내벤처와 네트워크
조직" 등으로 나타날 수도 있고, 나아가 경제적 행위의 장이라는 범위를

넘어 교육을 비롯한 모든 사회적 삶의 영역 속에서 실현될 수 있다는 것이다. 다시 말해 기업가정신은 모든 행위 속으로 스며들어야 하고 모든 경제적 행위주체를 이끌 수 있는 윤리여야 한다. 그렇다면 기업가적인 개인은 어떨까. 개인의 일상생활에서 기업가정신은 어떻게 발휘될 수 있으며, 그것은 어떤 물질적인 행위와 그 규칙으로 나타날 수 있을까. 물론 우리는 이에 관한 답이 무엇일지 쉽게 예상할 수 있다. 그것은 당연히 자기경영이자 자기계발이기 때문이다. 따라서 자기계발 담론에 짓눌린 나머지 영어 학원에 등록하거나 자격증을 취득하느라 동분서주하는 것이든 아니면 구본형이 말하듯이 "자기혁명"이란 기획을 통해 적극적으로 위험을 감수하고 자신을 솔선해 책임지는 삶을 빚어내는 것이든, 그 어느 것이라도 모두 기업가적인 자아로 자신을 변형하는 실천이다.

흔히들 이야기되는 것처럼 신사업 발굴이나 신시장 개척 등 특정 영역에 국한해서만 기업가정신이 요구되는 것은 아니다. **기업의 모든 활동에서 기존의 관행에 속박되지 않고 적극성을 가지고 스스로 혁신을 추진해나갈 수 있는 기업가정신이 필요하다.** [……] 지금 우리 기업에게 필요한 인재는 어느 정도 기반이 다져진 사업의 틀 내에서 큰 무리 없이 시스템 개선이나 비용관리를 통해 안정적으로 현 상태를 유지해나갈 수 있는 **관리형 인재**들이 아니다. 남들과 똑같은 방식으로 일을 하는 사람이 아니라, 창의적 사고, 발상의 전환을 통해 남들이 보지 못하는 새로운 기회에 과감히 도전하는 **기업가형 인재**들이 필요하다. 이에 구성원들의 사고와 행동, 일하는 방식 등에 중요한 영향을 미치는 HR활동은 기업가형 인재를 체계적으로 확보 및 육성하고 기업가정신이 적극 발휘될 수 있는 문화를 구축하는 방향으로 초점을 맞추어야 한다(정영철, 2005: 21~22. 강조는 인용자).

자기계발과 관련이 있는 어느 글에서나 우리는 방금 본 것과 같은 이야기를 거의 늘 접할 수 있다. 이 글이 말하듯 "기업가형 인재", 즉 기업가적 자아란 "관리형 인재", 즉 기존에 볼 수 있던 일하는 주체의 자아와 다르다. 그것은 "기업의 모든 활동"에 필요한 것이다. 그리고 이는 의식을 형성한다거나 주입하는 것과는 다르다. 그것은 인적자원관리와 같은 경영테크놀로지, 경영컨설턴트가 제공하는 경영혁신의 기법을 통해 구체적인 제도, 관행, 규칙, 기술로 실현된다. 따라서 3장에서 살펴보았듯이 기업가정신을 관념이나 사고로 간단히 환원시킬 수는 없다. 이는 일터 안에서 이뤄지는 경제활동을 조직하는 테크닉이고(전략경영, BPR, TQM, ERP, 비전 수립, BSC 등), 조직생활을 규제하는 규칙이자 관례이며(학습조직, 네트워크 조직, 실행공동체, 수평조직, 권한위임, 멘토링, 리더십 등), 일하는 주체의 활동을 평가, 측정, 보상하는 실천(성과배분제, MBO, 역량 중심 인적자원관리 등)을 망라한다 할 수 있다. 곧 3장에서의 결론을 다시 상기하자면 새로운 경영권력은 일하는 주체를 기업가적 자아로 주체화한다. 그렇지만 기업가적 자아로 자신을 주체화한다는 것이 비단 일터에서만 이뤄지는 일은 아닐 것이다. 이를테면 기업가적 자아는 또한 기업가적 시민이기도 하다. 자기 경력을 끊임없이 개발하는 것을 의무로 삼아야 하는 시민 혹은 자기의 경제적 삶을 돌보는 것은 자기 책임과 자유에 해당되므로 고용 가능성을 개발하기 위해 부단히 노력하는 시민은 또 다른 얼굴의 기업가적 자아이다.

자기혁명을 통해 우리가 얻으려고 하는 것은 돈과 명예와 권력이 아니다. 혁명을 통해 우리가 얻으려고 하는 것은 삶 자체이다. 삶은 일상이다. 좋은 삶은 일상 속에서 행복을 느끼는 것이다. 일상을 통해 자기 삶을 살면서 기꺼이 다른 사람들에게 도움이 될 수 있다면 우리는 하나의 빛이 되어가고 있는 것이다. '행복한 일상적 삶'이야말로 자기혁명이 추구하는 비전이다(구본형, 1999: 40).

자기계발, 자기경영이 짓누르는 압박에 시달려 새벽 영어 강좌를 수강하고 소문난 자격증을 따려고 이곳저곳을 전전하는 이들은 정작 자기계발이 뭔지 오해하고 있다는 자기계발 전문가들의 이야기는 일리 있는 것일지도 모른다. 그런 점에서 방금 본 구본형의 주장은 자기경영-자기계발을 가리키려 그가 사용하는 또 다른 용어인 "자기혁명"이란 것을 통해 "행복한 일상적 삶"을 꿈꾸는 행위, 즉 삶 자체가 자기경영임을 역설한다. 다시 말해 기업가적인 자아로서 살아가는 일상이 필요한 것이다.

그러나 자기경영 담론 역시 다른 담론들처럼 언제나 이견, 반대, 거부라는 말하기 형식을 통해 자신을 재생산한다. 예를 들어 직장인들 사이에서 뜬구름 잡는 자기계발이 아니라 현실적인 자기계발 전문가로 알려진 권영설이 제시하는 자기계발 이야기는 그런 특성을 일목요연하게 보여준다.

자기계발 방법론에 대한 최근의 주장들은 '자신의 강점에 집중하라'는 한마디로 요약할 수 있다. 피터 드러커, 톰 피터스 그리고 구본형까지 한목소리다. 자신이 가장 잘하고 좋아하는 것에 자신의 자원을 집중함으로써 스스로를 경쟁력 있는 하나의 상표(브랜드)나 기업으로 거듭나게 하자는 주장이다. 80/20성취이론도 성취의 80%를 이루어내는 20%의 핵심 활동에 시간과 노력을 더 투자할 것을 강조하고 있다. 이론의 여지가 없는 바람직한 방향임에 분명하다. [……] 그런데 이 작업이 말처럼 쉽고 효과적일까? [……] 그래서 필자는 이 작업에 '시장'의 개념을 추가하는 시각을 제안한다. 굳이 이름을 붙이면 시장지향적 자기계발Market Driven Self-Development이다. 내가 정말 의욕을 갖고 신명을 바쳐 잘하는 것을 찾아내도록 노력하되 반드시 '시장'과 '고객'이라는 필터 통과 시험을 해보자는 것이다(권영설, 2001 : 113~114).

권영설은 이른바 "세속적인" 자기계발을 주장한다(권영설, 2001 : 107). 이름하여 "'시장지향적' 자기계발"이다. 이는 앞서 구본형의 "자기혁명" 운운의 자기계발, "돈과 명예와 권력이" 아닌 자기계발, "삶 자체"를 얻으려는 자기혁명의 자기계발과 대조하면 상당히 다른 것이다. 그렇지만 그것은 표면적인 차이에 불과하다. 자기혁명 같은 이름을 단 고매한 자기계발과 세속적인 자기계발, 영적인spiritual 자기계발과 시장지향적 자기계발 사이에는 아무런 차이도 없다. 그것은 모두 기업가적 자아로 자아를 그려내려 한다는 점에서 같을 뿐 아니라 자기를 경영·계발하는 데 사용되는 테크놀로지 자체가 기업가적인 것이기 때문이다.

3. 자기의 테크놀로지

자아의 과학

기업가적 자아로 자기를 변형하고 관리(경영)하는 자기계발이란 구체적으로 어떻게 이뤄지는 것일까. 앞서 본 표현을 빌리자면 "우리는 기업가적 자아로 자기 삶을 바꿔내기 위해 나의 삶을 어떻게 문제로서, 즉 교정, 치료, 계발, 혁신해야 할 대상으로서 만들어내는가", 그리고 "그렇게 알아낸 자아에 관한 지식은 어떻게 자기를 계발하는 실천과 결합할 수 있는가", "나는 '자기'를 계발하기 위해 무엇을 필요로 하는가". 자기계발 담론은 바로 이런 물음을 조직하고 그에 답변을 제시함으로써 전개된다.

나는 인생에서 '자기 자신에 관한 지식'self-knowledge이 정말 중요하다고 생각한다. 그러나 그것은 실제로 비용을 지불하지 않고서는 얻기 어려운 것이다. 그럼에도 불구하고 사전에 충분한 노력을 기울인다면 시행착오를 줄일 수 있을 것이다(공병호, 2002c: 54).

이 책은 자신에게 타고난 재능이 있다는 사실을 믿지 못하는 지극히 평범한 조직인간으로서의 개인이, 자신의 재능을 발견하고 계발함으로써 스스로의 경제적 가치와 삶의 질을 끌어올릴 수 있는 자기혁명의 방안을 제시하려는 노력이다. 기본적으로 '변화의 기술'The Art of Changing을 다루게 될 것이다. 그러나 인간은 기술 이상의 존재이다. 우리는 이성적인 존재이며, 감정적인 존재이다. 그리고 이 둘은 분리될 수 없다. 따라서 우리는 감정과 이성을 모두 사용하게 될 것이다. 논리를 따르기도 하겠지만 감성의 도움도 받게 될 것이다. 머리를 신뢰하겠지만 또한 마음에 호소할 것이다(구본형, 2001: 31).

이 인용문에서 공병호와 구본형은 각기 자기 이름을 상표로 건 자기계발 테크놀로지를 열거하면서, 그런 것들이 자신에 관한 지식, 자신이 누구인지를 인식하고 또 그것을 앎의 대상으로 객체화하는 것임을 강조한다. 구본형의 표현을 빌리자면 그것은 "변화의 기술"을 터득하기 위한 자기 진단과 이해이다. 그런 점에서 자기계발의 핵심적인 테크놀로지는 바로 자기를 인식하는 것, 자기를 앎의 대상으로 구성하고 그것을 분석, 파악하며 평가하는 테크놀로지라고 할 수 있다. 따라서 자기계발 테크놀로지는 무엇보다 '자기점검'self-monitoring, '자기검사'self-examination라고 할 수 있다. 그렇지만 이런 테크놀로지는 자기계발 담론에만 있는 것은 아니다. 자기점검, 이를테면 자기가 가진 능력과 특성을 인식하고 검사, 측정, 평가하는 것은 3장에서 살펴본 경영 담론의 한 장르인 '역량'에서 볼 수 있듯이 기업조직을 비롯한 여러 행위의 장에서도 범람한다. 그런 자기점검 담론의 특성 때문에 역량 담론은 곧 자기계발 담론으로 전환될 수 있다. 예컨대 『역량』이라는 자기계발 텍스트는 새로운 일터가 요구하는 핵심적인 필수 역량은 리더십이며, 이는 각각 "꿈(비전), 깡(추진력), 꼴(자신감), 꾀(지혜), 꾼(장인), 꿀(감성), 끈(네트워킹), 끌(실력), 끗(기회포착력), 끼(열정 및 신명), 끝(결과), 깨(양념, 즉 그 외 기타 덕목들)"라는 12개의 쌍기역 역량으로 분류할 수 있다고 말한다(김남희, 2004: 17~36). 물론 여기에 등장하는 12개의 쌍기역 역량은 자기점검 테크놀로지와 결합하고 다시 구본형식 "변화의 기술"을 통해 바꾸고 변형할 수 있는 대상으로 구성된다.

또 이 텍스트는 "짚어보기"란 이름으로 분석과 측정을 위한 질문을 제시한다. 이를테면 "지시에 대해 완전히 타인에게 의존하는가?", "사람들에게 적절한 지시를 내릴 수 있는 기회를 제대로 인지하는가?", "당신이 상대방 또는 동료에게 어떻게 관심을 표하는지 그 방법에 대해서 생각해보았는가?" 같은 다양한 질문이 주어진다. 그리고 "열 가지 개발포인트"가 그런 진단 결과에 따른 문제를 해결할 수 있는 기술로 등장한다. 예를 들어 "① 제안을 할 때 다른 사람들에게 어떤 도움이 되는지를 생각한다. ② 바람직한 리더의 행동방식을 연구한다. ③ 텔레비전의 정치 광고 또는 정치와 연관된 영화를 보면서 어떤 사람이 당신에게 긍정적으로 보이는지, 왜 그렇게 보이는지 연구한다. ④ 당신이 회의하는 모습을 비디오로 찍어서 본다. 회의 도중 다른 사람의 말을 가로챘는지, 부정적인 언어 또는 신체언어를 썼는지 등을 연구한다. ⑤ 업무 및 비즈니스에 관련된 간행물을 구독하고 리더십에 관한 책을 읽는다. 예) 로리 베스 존스가 쓴 『예수 CEO』라는 소책자가 있다. 예수를 대기업의 최고경영자로 간주한다면 예수의 행적 및 말씀들을 이런 식으로 해석할 수 있을 것이라는 내용이다. 저자의 표

현에 의하면 예수는 인류 역사상 최고의 리더라는 것이다." 이런 식으로
역량 담론은 자기계발 담론으로 효과적으로 번안된다. 물론 이는 얼마든
지 정반대의 경우로 나타날 수 있다. 위에서도 강조했듯이 대부분의 자기
계발 담론은 기업과 학교, 정부기관 등에서 다양한 교육, 학습, 연수, 자기
계발의 프로그램으로 소비된다. 자기계발의 전문가는 이제 그들의 표현을
빌리자면 "HRD 전문가" 혹은 인재 육성 전문가이기도 하다.

그렇지만 자기계발 담론은 오랫동안 자신들만의 고유한 자기점검 테
크놀로지를 제조하고 또한 다듬어왔다. '주체성의 전문가'로 부를 만한 다
양한 전문가들은 자기들이 가진 전문지식을 동원하며 자아 분석과 점검의
테크놀로지들을 다양하게 만들어왔다. 그러나 이런 테크닉들은 큰 비용이
들 뿐만 아니라 접근하기도 쉽지 않다. 반면 자기계발 담론은 이런 전문지
식을 손쉽고 저렴하게 소비할 수 있는 것으로 만들어낸다.

> 어쩌면 당신은 아직도 당신 자신을 잘 모르고 있을지도 모른다. [……]
> 기업도 마찬가지다. 어디에 몸담고 있는 동안은 거기에 함몰되어 정작
> 자기 조직을 잘 모르게 된다. 그래서 요즘 많은 기업은 큰돈을 들여 경영
> 컨설팅을 받는다. 그러면 [……] 많은 문제를 안고 살아가는 우리 개개인
> 은 어떻게 해야 할까? 물론 심리학자나 정신과 의사가 상담에 응하고 조
> 언을 해주기도 하지만 아무래도 인생이란 것은 컨설팅으로 문제를 해결
> 하기에는 너무 방대하고 심오한 세계가 아닐 수 없다. 그러므로 우리 각
> 자가 스스로 환자가 되기도 하고, 스스로 의사가 되기도 하고, 때로는 컨
> 설턴트가 되는 수밖에 없다(공병호, 2002c: 40~41).

방금 본 공병호의 말처럼 우리는 자신의 "의사", 자아의 "컨설턴트"가
될 수 있다. 여기에서 의사나 컨설턴트 같은 은유는 문자 그대로 진단과 분

석이란 것이 자기를 문제로 다루는 것, 치료와 혁신이 필요한 대상으로 재현하는 것을 돕는다. 이와 같은 "치료문화"(Miller & Rose, 1995), "컨설팅 사회"(천선영, 2004)의 대두는 자조 담론이 활약하는 배경을 이해할 수 있도록 해준다. 그리고 잠시 뒤에 다시 살펴보겠지만 주체성의 전문가들은 일상생활 속에서 벌어지는 다양한 사태들을 의미 있는 인생의 사건으로 변환하고, 나아가 이를 치료하고 교정해야 할 문제로 정의하고 진단한다. 이를테면 혼인과 이혼, 가족생활, 채무를 비롯한 경제생활, 건강 등은 이제 전문가들이 적극 개입해 분석하고 관리할 일이 된다. 그래서 "인생 코치", "퍼스널 아이덴티티 컨설턴트", "커리어 코치", "웰스 매니저", "재테크 컨설턴트", "웨딩 플래너" 등은 모두 일상적인 삶과 자아정체성을 관련시킨다. 그들은 일상적인 삶을 채우고 있는 일들을 모두 자기의 주체성을 분석하는 일과 연계시키는 것이다.

공병호는 자기를 경영하려면 그 첫번째 단계로 자기진단이 필요하다고 말하면서, 자기를 경영하는 마인드가 얼마나 갖추어져 있는지를 진단하고 측정할 수 있는 간단한 도구를 제시한다. **표 4-2**가 바로 그것이다. 여기서 중요한 것은 자기점검의 테크놀로지, 그 자체에 있을 것이다. 그러므로 그가 꼽고 있는 문항들의 내용을 살펴보면서 그것이 유치하고 조잡해 보인다고 조소해서는 안 된다. 공병호의 "나의 경영 마인드 체크하기"가 딱딱하고 유치하다면 좀더 부드럽고 달콤한 자기점검의 도구를 사용할수도 있다. 예컨대 구본형은 다음과 같은 "테스트"를 권유한다.

간단한 테스트를 한 번 해보기로 하자. 작은 명함만한 백지카드를 하나 준비하라. 그리고 앞면의 좌층 상단에 당신의 이름을 적어보라. 한자로도 적어보고, 영문으로도 표기해보라. 그리고 그 외에 당신이 알고 있는 다른 외국어로도 적어보라. 이름을 적으면서 이 이름의 주인은 지구상에

표 4-2 나의 경영 마인드 체크하기[19]

이 질문은 당신이 자신을 어떻게 경영하고 있는지를 점검해보는 문항들로 이루어져 있다. 각각의 문항에 대해서 '그렇다'는 5점, '보통이다'는 2.5점, '그렇지 않다'는 0점을 부여한다.

	그렇다	보통이다	그렇지 않다
1 당신은 직업에 만족하는가?	□	□	□
2 당신은 직업에 헌신하고 몰입하고 있는가?	□	□	□
3 당신은 직업의 장래성이 있다고 믿는가?	□	□	□
4 당신은 직업에서 완벽함과 최고, 최상의 것을 추구하는가?	□	□	□
5 당신은 직업과 배움을 학습의 대상으로 생각하는가?	□	□	□
6 당신은 고객이 누구인가를 늘 생각하는가?	□	□	□
7 당신은 미래를 위한 투자를 행하는 곳이 직장이라 생각하는가?	□	□	□
8 당신은 매일매일 새롭다고 느끼는가?	□	□	□
9 당신은 사소한 일에도 정성을 기울이는가?	□	□	□
10 당신은 직업을 쌍방이 헤어질 수 있는 계약관계로 받아들이는가?	□	□	□
11 당신은 끊임없이 미래의 기회를 찾고 있는가?	□	□	□
12 당신은 스스로를 상품이라고 생각하는가?	□	□	□
13 당신은 자기계발에 필사적인가?	□	□	□
14 당신은 경력을 만들어가고 있는가?	□	□	□
15 당신은 고객의 수요를 파악하기 위해 노력하는가?	□	□	□
16 당신은 진취적이고 적극적인가?	□	□	□
17 당신은 기꺼이 합당한 리스크를 감당할 수 있는가?	□	□	□
18 당신의 대화는 주로 미래로 꾸며져 있는가?	□	□	□
19 당신은 자신만의 인적네트워크를 만들어가고 있는가?	□	□	□
20 당신은 스스로 인생의 최고경영자라 생각하는가?	□	□	□

* 총점이 91~100점이라면 당신은 최고의 기업가정신을 가지고 인생을 이끌어가고 있는 사람이다.
* 총점이 50~90점이라면 당신은 현재 직업에 대한 문제를 해결하기 위해, 미래를 위해서 어느 정도 준비하고 있는 사람이다. 그러나 좀더 분발할 필요가 있다.
* 총점이 0~49점이라면, 당신은 샐러리맨 의식에서 벗어나지 못하고 있다. 무엇인가 돌파구를 찾지 못한다면 위기의 경보음이 가까운 장래에 울릴 수 있다.

오직 당신 혼자뿐임을 상기시켜보라. 60억 인구 중에서 이 이름을 평생 쓰는 사람은 당신 혼자뿐이다. 그 이름에 의해 영광과 욕됨이 함께한다. 〔……〕 그 이름과 함께 개인의 역사는 시작된다. 이제 우측 하단으로 내려와 다른 사람이 당신을 만나고 싶어할 때 연락할 수 있는 방법을 써보라. 〔……〕 그곳에 가면 언제나 당신이 있다. 〔……〕 그 다음 이 카드의 뒷면이 나오도록 뒤집어보라. 그리고 두 눈을 감아라. 그리고 누군가 다른 사람이 앞의 연락처로 당신을 찾아올 때, 당신이 그들에게 해줄 수 있는 것이 무엇인지 생각해보라. 〔……〕 지금 우리는 회사의 명함 말고 자신을 사회적으로 그리고 경제적으로 표현할 수 있는 개인 명함을 만들어보는 중이다. 〔……〕 회사의 명함 말고 당신의 존재를 알릴 수 있는 개인 명함을 만들어보는 이유는 이제 회사가 당신의 울타리가 되지 못하기 때문이다. 당신이 영업부의 부장이든 인사부의 이사이든 관리부의 전무이든 그 직무와 직책과 직위가 당신을 사회적 경제적 위기로부터 지켜주지 못하기 때문이다(구본형, 2001: 189~190).

아니면 이보다 더욱 부드럽고 친근한 자기진단 방법을 생각해볼 수도 있다. 이를테면 권영설은 이런 방법을 권유한다.

앞으로 10년 후(20년 후 또는 30년 후) 당신은 어떤 회사, 어느 직책, 어느 자리에서 어떤 일을 하고 있을까? 당신의 그때를 비디오카메라에 담았다고 하자. 당신의 얼굴은 지금과 어떻게 달라졌나? 머리 스타일은 그대로인가? 양복이나 정장매무새는 어떤가? 걸음걸이는 더 씩씩한가? 〔……〕 당신 앞에 놓인 전화기까지 구체적으로 그려보라. 지금 그 전화기가 울린다. 당신이 받아든 그 전화기 너머로 가장 아끼는 후배의 목소리가 들린다. "선배님, 저도 선배님처럼 성공하고 싶은데 어떻게 해야 할지 한마디만 해주세요." 당신은 그에게 성공비결로 무슨 말을 할 것인가?(권영설, 2001: 158).

위와 같은 자기점검의 테크놀로지는 '고백의 테크놀로지'를 사용해 자신이 누구인지에 관한 언어를 끌어낸다. 그러나 자기가 누구인가에 관한 고백을 하는 주체, 자신의 내면의 목소리를 청취하는 주체가 자신에 관해 읽고 듣고자 한다면, 반드시 그것을 가능케 하는 조건이 전제되어 있기 마련이다. 그것은 진단의 도구이자 질문이라 할 수 있을 것이다. 그렇지만 고백하는 주체가 자기 행실과 도덕적인 코드를 연결하는 독특한 주체성 모델을 가지고 있다고 가정한다면 자기계발하는 주체 역시 그 모델을 따른다고 말할 수 있을까? 물론 그럴 수도 있겠지만 그것은 전과 같은 양식을 취하지는 않을 것이다.

이미 말했듯 수많은 주체성의 전문가들은 더 이상 종교적 담론을 통해 제공되는 도덕적인 코드 혹은 학교를 비롯한 훈육기관을 통해 주어지는 획일적 규범이 아닌, 자기를 읽는 새로운 독본을 제공하고 있다. 그러나 이를 두고 기존의 주체성의 모델이 사라지고 있으며, 자기정체성을 일종의 기획으로 바라보는 '성찰적인 자아'라는 새로운 주체성의 모델이 등장했다는 식으로 주장하는 일부 사회이론가들의 주장에 동조해서는 안 될 것이다. 일터는 물론 자기계발에 매진하는 일상 등 어디에서든 끊임없이 자신을 혁신하고 스스로를 책임지며 자신을 실현하고자 하는 자아, 즉 기업가적 자아는 성숙한 근대, 2차근대 혹은 후기근대라고 말하는 시대를 역설하는 이들이 주장하는 것과는 다른 모습을 가진다. 그것은 해방된 주체가 아니라 새로운 주체화의 권력에 예속된 주체이기 때문이다. 그렇다면 자기진단의 테크놀로지가 어떤 내용을 직접적으로 말하고 있는지 분별하는 것은 그다지 중요한 일이 아니라고 말할 수 있다. 어떤 방식으로 주체를 양식화하는가가 관건이라면 종교적 율법이 강요하는 고백이든 전문가적인 응시의 권위에 복종한 자기고백이든 아니면 마치 아무런 외적인 강요 없이 자발적으로 구매해 사용하는 자기진단이든, 그런 고백의 형태 사이에 어떤 각별한 차이가 있으리라고 생각하기는 어렵다. 맨 나중의 것은 전연 새로운 것이기는커녕 앞서 있었던 테크놀로지를 이용하면서 그것을 현재의 자아 담론과 접합하고 있을 뿐이기 때문이다.

아울러 덧붙여야 할 것은 이런 자기점검 테크놀로지가 더 이상 특정한 전문적 지식의 영역에 속하지 않게 됐다는 점이다. 주체성을 관리하려는 관심과 노력이 커지면 커질수록 이를 가능케 하는 심리적 지식 역시 끊임없이 증대하고 전문화됐다. '인간관계론' 등의 심리학적 지식과 테크놀로지는 이제 일상 언어가 됐으리만치 흔히 볼 수 있다. 행동주의 심리학을 비롯한 심리학적 지식은 "몰입, 열정, 리더십, 네트워크, 권한위임, 역량" 등의 이야기를 통해 끊임없이 증폭된다. 따라서 경영학 혹은 경영 담론 자체가 숫제 심리적 담론으로 보일 정도가 됐다. 물론 이는 다른 사회적 삶의 장이라고 해서 다른 것도 아니다. 따라서 니콜라스 로즈가 했던 표현을 빌리자면 사회적 삶을 지배하는 데 작용하는 거의 모든 지식/권력은 심리복합체의 형태로 수렴하거나 균질화되는 것처럼 보일 정도이다. 심리복합체란 용어가 가리키는 바는 더 이상 심리학이란 형태로 고립된 분과적인 지식이 있을 수도 없고 내면적인 주관, 심리적 실재를 다루는 특별한 전문가역시 존재하기 어렵다는 것이다. 일터에서 일하는 주체의 경제적 행위를 관리하는 데 사용되는 지식과 자신의 희망과 꿈을 실현하기 위해 자기를 경영하는 주체가 사용하는 지식이 다르지 않은 것이다. 그리고 이 모두는 심리적 지식을 동원한다.

이로부터 기업의 경영과 자기의 경영, 가족의 경영과 국가의 경영은 모두 똑같이 경영이라는 자기계발 전문가들의 이야기를 다시 새겨볼 수 있다. 자기진단과 관련한 분석적 지식을 훑어보면 우리는 이런 주장이 어떻게 현실화되는지 감지할 수 있다. 이를테면 나의 삶은 무엇인가란 질문을 두고, 그것은 마치 프로세스와 같다고 주장하며 BPR 기법과 동일한 방법을 사용하며 자기진단 방법을 제시하는 것(공병호, 2002c; 구본형, 1998)이나 전형적인 전략경영의 방법 가운데서도 SWOT 분석의 기법을 자기진단의 방법으로 제시하는 것(공병호, 2002c) 모두 동일하다. SWOT란 강점 Strength, 약점Weakness, 기회Opportunities, 위협Threats을 뜻하는 합성어로 각각의 요소들에 대한 진단을 통해 기업의 핵심역량을 규정하고 기업의 경제활동전략을 구성하는 것을 말한다.

> 기업만이 공정으로 이루어져 있는 것은 아니다. '당신 주식회사는 공정의 연결망이다'라고 가정해보자. 여러 가지 공정으로 당신이란 사람의 생활을 하나하나 분해해보는 것이다. [……] 하나하나 별도로 분리된 독립된 공정으로 파악하는 것이 바람직하다. 독립된 공정의 연결망을 '하루'라고 가정하는 순간 당신은 완전히 다른 시각에서 당신의 생활을 엿볼 수 있다(공병호, 2002c: 214~215).

물론 이들은 경제조직인 기업을 진단하는 방법을 자기진단 방법으로 '응용'한 것이 아니다. 그것은 실은 이미 같은 것이기 때문이다. 이를테면 구본형은 전략경영 담론과 기업문화론 같은 경영 담론으로부터 자기계발 담론을 복제한다.

> 당신 역시 개인으로서, 그리고 1인기업의 경영인으로서, 어떤 일을 하든 확고한 신념과 비전을 가져야 한다. 당신은 욕망에 따라 무슨 일이든지 할 수 있다. [……] 사람마다 다른 인생을 살고 있다. 그리고 같은 사람이

라도 날마다, 시간마다 인생의 의미는 달라진다고 믿었다. 마치 우리가 바둑을 둘 때, 객관적으로 가장 훌륭한 수란 없는 것과 같다. 상대방이 누구냐에 따라서, 그리고 어떤 상황에 어떻게 처해 있었느냐에 따라 가장 훌륭한 수가 생겨나기 때문이다. 사람이 살아가는 것도 이와 같다. 그러므로 우리는 인생의 추상적 의미를 알아내려고 애써서는 안 된다는 것이다. 그것은 구체적인 것이다. 그러므로 지금 이 순간, 당신에게 주어진 것이 바로 당신의 인생인 것이다. 지금 이 순간은 바로 도전이며, 풀어야 할 문제이다. 그러므로 당신은 인생이 무엇인지 물어보지 마라. 그 대신, 인생으로 하여금 당신에게 당신의 인생이 무엇인지 물어보도록 해야 한다. 임종의 자리에 누워, 당신은 인생에게 당신의 삶이 어떠했는지 이야기해주어야 한다. 〔……〕 이 구체성이 바로 당신의 인생이며, 광대무변한 우주 속에서 오직 당신만이 가지고 있는 유일무이함이다. 참으로 진지한 일이 아닐 수 없다. 〔……〕 비전은 바로, 아직 살아 있는 당신이 남은 미래를 위해 짜놓은 황홀한 각본이며, 이것은 진지한 깨달음으로부터 시작된다(구본형, 1998: 217~255).

여기서 구본형이 자기분석의 방법으로 제시하는 비전이란 언표는 통속적인 에세이에서 흔히 접할 수 있는 이야기처럼 들린다. 그렇지만 자기계발 담론 텍스트 안에서 그런 이야기는 다른 방식으로 구성된다. 사실 앞의 구본형의 이야기는 전략경영에 관한 담론분석에서 익히 볼 수 있는 이야기를 난삽하리만치 화려한 말솜씨로 재구성한 것이다. 그런데 여기에서 비전을 수립하는 사람은 조직, 즉 기업이 아니라 개인이다. 효율성이나 생산성 같은 일반적 규범이나 법칙에 따른 경제행위란 존재하지 않는다는 것, 기업의 경제적 활동은 불확실성 혹은 위험에 대응하는 선택과 결정의 행위라는 것, 일하는 주체와 경영권력은 전략적 행위주체로 자신을 주체

표 4-3 핵심자아와 전문능력의 관계[20]

몸값 = C × 전문능력 × (일반능력1 + 일반능력2 + ⋯⋯ + 일반능력10)
C = 핵심자아의 일치성 계수(핵심역량, 핵심가치, 핵심감정 간의 일치성을 의미하는 숫자)

화하해야 한다는 것 등, 전략경영 담론이 말하는 것들은 여기에서도 고스란히 반복된다. 물론 여기에서 '비전 수립'이라는 전략경영의 테크닉은 개인적인 행위전략과 위험감수로 번역된다. 이를테면 이미 주어진 경제적 행위 규칙이란 있을 수 없으며 기업의 경제활동은 전략적인 선택과 위험감수에 다르지 않다는 말은 "지금 이 순간은 바로 도전이며 풀어야 할 문제"라거나 인생이 무엇인지 묻지 말고 "인생이 자신에게 무엇인지 물어보도록 해야 한다"는 식으로 복제된다. 그리고 비전이라는 것이 기업에서는 이념과 비전으로 구체화되는 것이었다면 여기에서는 "당신이 남은 미래를 위해 짜놓은 황홀한 각본", 자신에 대한 "진지한 깨달음"이 될 뿐이다.

어느 독자가 말했듯이 구본형의 자기계발이 "기품 있는 자기계발"이라 할 만하다면, 공병호는 매우 분명하고 '세속적'인 방식으로 자기진단의 테크놀로지를 제시한다. 그는 앞서의 경영 마인드를 통한 자기진단 이후에 다음과 같은 자기진단을 요구한다. 앞의 경영 마인드 체크가 '나는 지금 어디로 가고 있는가'를 진단하는 것이었다면 이제 나는 '무엇을 자신 있게 할 수 있는가'에 관한 자기점검이 이어져야 한다는 것이다. 여기에서 그는 이른바 전략경영 담론에서 흔히 사용하는 SWOT 기법을 복제한다. 당연히 이는 자기계발 텍스트에서 흔히 볼 수 있는 자기점검의 테크놀로지이다. 공병호 역시 이를 사용한다. "① 당신의 강점은 무엇인가? ② 당신의 약점은 무엇인가?" 등(공병호, 2002c).

표 4-3은 직장인들 사이에서 실용적 자기계발 전문가로 큰 인기를 누

리고 있는 어느 필자가 전매특허처럼 내놓은 자기계발 테크닉의 한 부분이다. 이는 핵심자아 분석을 통해 몸값을 예상, 측정하는 산식算式을 보여준다. 그는 핵심가치와 핵심자아 사이의 관계란 것을 통해 자기계발 테크놀로지를 구성한다. 물론 3장에서 분석한 대로 이는 '역량' 담론을 자기계발 담론으로 그대로 복제한 것이다. 그렇지만 여기에서 흥미로운 점은 그가 핵심역량을(본디 역량 담론에서 핵심역량 개념이 그러했듯이) 도구적인 기술이나 자격 등을 다루는 개념이 아니라 자아의 문제로 구성한다는 것이다. 바로 그런 점을 여실히 보여주는 것이 핵심능력이란 용어를 각색해 제시하는 핵심자아란 개념이다. 그가 말하는 핵심자아란 핵심감정, 핵심가치 그리고 핵심능력이라는 세 가지로 구성된 것으로, 핵심감정이란 내가 누구인가에 대한 분석이며 자신의 욕망이 무엇인가에 대한 이해이다. 예를 들면 그는 이를 이해하기 위해 자신의 가족관계를 분석해 자기가 지닌 핵심적인 감정이 무엇인지, 그가 꼽는 대로라면 "분노, 슬픔, 공포, 혐오, 수치" 등의 감정 가운데 자신이 어떤 유형인지를 알아내야 한다고 제안한다. 이는 다른 분석에서도 비슷하게 진행된다. 이제 핵심감정을 분석했으면 핵심가치의 분석으로 그리고 핵심능력에 관한 분석으로 이동하며 자신의 핵심자아를 "발견"하면 된다. 그리고 맨 마지막으로 자신의 핵심자아 선언문을 작성하고 "만천하에 공표하는 것"이다. 이처럼 수많은 자기계발 담론은 자기점검 테크놀로지를 핵심적인 구성요소로 취한다. 그것은 계발과 경영의 대상으로서의 '자기'를 객체화하는 것이며 또한 동시에 자신의 삶을 자기의 삶으로 주체화하도록 하는 테크놀로지이다. 다시 말해 자기점검 테크놀로지는 경제적인 삶이든 가족에서의 삶이든 그 어떤 종류의 삶도 '자기'란 문제로, 즉 자신의 '사업'으로서 혹은 성찰적 근대화를 주장하는 사회학자들의 표현을 빌리자면 자기의 "기획"project으로 변환시킨다.

쓰기와 읽기—자기의 텍스트

자기계발을 한다는 것은 선언문을 쓰고 다이어리를 적는 등 끊임없는 글쓰기와 읽기를 하는 것에 다름 아니다. 그 가운데 하나가 '사명선언문' 혹은 '자기사명서'라는 글쓰기이다. 앞에서 잠깐 언급했듯 자기계발 담론은 성공학이나 처세술로 불렸던 자기계발 담론, 특히 개신교를 통해 발달한 자기계발의 테크놀로지를 상당 정도 받아들이고 활용하면서 발전해왔다. 그 가운데 가장 대표적인 것이 바로 '자기사명서 쓰기'라고 할 수 있을 것이다.

표 4-4는 자기계발 담론에 익숙한 이라면 누구나 한 번쯤 접해보았을 사명선언문의 일부이다. 사명선언문은 자기계발의 필수적인 의례라고 할 만큼 널리 사용되는 테크놀로지, 특히 자기에 관한 글쓰기의 테크놀로지이다.[21] 그런 탓인지 자기계발에 관련한 동호회나 클럽, 모임에서는 어디에나 자기사명서 혹은 사명선언문을 게시하고 발표하는 자리가 있다. 또 이에 관한 전문적인 매뉴얼이나 지침서 역시 많다. 여기서 사례로 인용한 자기사명서 역시 얼핏 보기와는 달리 섬세하게 규정된 규칙에 따라 작성된 것이다. 아마 자기계발 담론에 익숙한 사람이라면 이 사명서의 작성자가 자기계발 관련 텍스트와 세미나에 정통한 사람이란 점을 단박에 간파할 수 있을 것이다. 이는 단적으로 사명서에 나와 있는 '버전 표시'Ver에서 짐작할 수 있다. 사명서는 일상적으로 자기 삶을 관찰하고 평가하는 도구로서 활용되어야 한다. 그래서 그에 관련된 규칙 가운데 하나가 사명서를 지속적으로 개정改定하는 것이다. 결국 사명서 쓰기는 겉보기와 달리 복잡한 규칙을 가진 테크닉들의 집합이라 할 수 있다. 그리고 사명서 쓰기를 위한 기술을 알려주는 전문 워크숍이나 강의 프로그램은 자기계발 문화의 중요한 부분 가운데 하나이다. 따라서 이 사명서의 필자가 자신의 사명서

표 4-4 사명서 쓰기의 사례

○○○의 사명서

나는 내 인생의 주인공으로서 내 꿈과 의미 있고 목적 있는 삶을 살아가기 위해 존재하며, 나 자신에 대한 신뢰와 자신감이야말로 이것을 이루는 진정한 힘의 근원임을 믿는다.

항상 겸허한 마음으로 배우고 나 자신을 변화시켜 나의 변화가 나와 인연을 맺은 사람들의 삶을 변화시키고, 그들이 삶의 목적을 찾는 데 도움이 되도록 노력한다.

위기와 고통이 나를 성숙시키고 나의 결단이 내 인생을 변화시킬 수 있음을 믿으며, 항상 원칙에 근거한 균형 있는 사고와 행동으로 인생을 살아간다.

• 남편으로서
아내의 소중함을 인식하고 존경과 사랑으로 사소한 것에도 관심을 가지며, 함께 나누며 발전할 수 있도록 '항상 대화하는 친구'가 된다.

• 아빠로서
항상 솔선수범해 존경받는 가장이 되도록 노력하며, 이 세상에 남겨놓은 또하나의 젊음이며 사랑이고 새로운 세상인 아이들에게 힘껏 배워서 늘 푸르고 고운 사람이 되도록 이끌어주는 '눈높이 아빠'가 된다.

• 아들, 사위, 형제로서
언제나 화목한 집안이 되도록 관심과 사랑을 가지고 가족사에 함께하며, 가족의 즐거움과 어려움을 함께 나누는 '언제나 믿고 의지하는 가족원'이 된다.

● 친구로서

더불어 살아가는 진정한 가치를 인식하고, 남을 먼저 배려할 줄 아는 친구가 되어 훗날 인생의 마지막 길에서 '항상 베풀 줄 알고 친절했던 정말 멋진 친구'로 기억되는 사람이 된다.

● 조직구성원으로서

맡은 분야에서 항상 최고가 되기 위해 노력하고, 나의 업무 수행 결과가 나의 자신감과 조직의 성장에 영향을 끼친다는 것을 인식하고 '솔선수범하며 부단히 정진하는 조직원'이 된다.

이런 나의 사명과 소중한 것들을 이루기 위해

· 하루에 1시간 이상은 나 자신과 가족의 미래를 위해 투자하고
· 건강한 영혼과 원칙 중심의 삶을 견지하기 위해 하루 30분 이상, 매주 1권 이상의 책을 읽고
· 신체단련을 위해 1주일에 3회 이상 매회 30분 이상 꾸준한 운동을 하며
· 사회 자원봉사 프로그램에 참여하며, 수익 중 일정분을 사회에 기부한다.

언제나 훈훈한 마음으로 빙그레 웃는 얼굴
1999년 10월 9일(Ver1.0) 2000년 1월 1일(Ver1.1)
2002년 5월 1일(Ver2.0) 2005년 5월 1일(Ver2.1)

나의 묘비명을 생각하며
구조조정 중인 ○○○

가 '버전업'됐다고 표시한 것은 그가 이미 그 규칙들을 잘 알고 있음을 보여주며 그 역시 그 점을 은연중에 과시하는 듯하다. 또 맨 마지막 부분의 서명란에 "나의 묘비명을 생각하며"라는 문구를 삽입함으로써, 자기사명서와 함께 자기계발에서 매우 중요한 쓰기의 테크놀로지인 "묘비명"에 대해서도 잘 알고 있음을 상기시켜준다.

최근 베스트셀러 행진을 계속하고 있는 스티븐 코비의 『소중한 것을 먼저 하라』 그리고 마이클 해머와 제임스 챔피의 『리엔지니어링 기업혁명』은 개인과 기업에 있어서 사명선언문의 개발이 얼마나 중요한가를 논리적으로 해부해낸 대표적인 저작들이다. 이미 주지하고 있다시피 사명선언문이란, 개인이나 기업의 존재이유를 문서로 공식화한 것을 지칭한다. 그것은 이 사회를 살아가는 데 있어서 매우 실용적인 문서다. 인생의 항로를 발견하고, 항해를 개시하고, 그것을 평가하고 수정하고, 다시 항해를 개시하는 데 불변의 기본틀 역할을 한다(존스, 1998: 14~15).

인용한 글은 사명선언문 쓰기 매뉴얼인 『사명선언문, 새로운 인생으로 승부한다』란 책의 서문 중 한 부분이다. 이 글은 사명선언문이 자기계발, 자기경영 테크놀로지의 중요한 일부로 급부상하게 된 배경을 짐작할 수 있도록 도와준다. 저자는 스티븐 코비와 해머, 챔피를 인용하며 리엔지니어링이란 기업경영 담론과 사명선언문 같은 자기경영 담론이 마치 같은 종류의 것인 듯이 다룬다. 그렇지만 이는 누누이 강조했듯이 당연한 것이라할 수 있다. 경영권력이 제시하는 주체성의 이상, 즉 기업가적 자아의 이상을 공유한다는 점에서 같은 것이기 때문이다. 따라서 사명선언문은 개신교적인 배경에서 출발한 성공학 담론 테크놀로지에서 오래전부터 퍼져 있던 것이었음에도 불구하고 쉽게 자기경영 담론과 결합될 수 있었다. 그것은 비전 수립, 전략경영, 리엔지니어링 등 새로운 경영 담론이 제시하는 주체성의 형태와 쉽게 만날 수 있는 자기의 테크놀로지를 훌륭하게 구체화하고 있었기 때문이다.

그렇지만 장기적인 일생을 염두에 둔 자기사명서 같은 쓰기의 테크놀로지만 있는 건 아니다. 사명선언문 외에도 다양한 쓰기, 특히 매일 자신의 '성공일기'를 쓰는 것처럼 자기계발 담론에서 필수적인 자기의 테크놀로지로 꼽히는 다양한 쓰기의 실천이 존재한다. 공병호의 경우엔 자기계발을 위한 구체적인 실행계획으로서 가장 먼저 '일일목표 리스트'를 시작할 것을 권한다. 이는 그의 표현을 빌리자면 '일일목표경영'Daily Management By Objectives, DMBO이다. 이 역시 3장에서 분석했던 MBO를 고스란히 복제·응용한 것이다. 3장에서 우리는 MBO가 어떤 테크닉인가 간단히 살펴본 바 있다. 공병호는 이를 으뜸가는 자기경영의 테크놀로지로 삼는다. 이를 위해 그는 지나치다 싶으리만치, 그러나 진지하게 구체적으로 비법을 알려준다. 이를테면 그는 "한 장의 백지만 가지고도 당신은 지금 당장 자기경영을 위한 길에 들어설 수 있다. 의지의 문제이지 시간의 문제는 아니다"라고 웅변하며 그에 관한 구체적인 처방을 제시한다(공병호, 2002c: 76).

예컨대 "A4 사이즈의 백지"를 준비하고 이를 여덟 개의 면이 나오도록 접으면 일주일간의 일정과 평가란이 나온다는 것이다. 그리고 그곳에 "하루의 목표를 또박또박" 기록하면 된다. 그러면 "당신 자신이 스스로를 변화시켜나갈 수 있다는 확신을 얻는 데에는 일주일의 실천만으로도 충분할 것"이라는 것이 그의 조언이다. 물론 이는 다시 세부적인 테크놀로지를 통해 보충된다. 규칙적으로 매일 최소 5분에서 10분 정도를 투자해 일일목표 리스트를 관리할 것, "내일 해야 할 일 리스트"를 또박또박 기록할 것, "오늘 해야 할 일 리스트"를 총 점검할 것, 일일목표 리스트에서 우선순위를 조정할 것, 일과 중에 일의 시작이나 종결과 함께 완성도를 바로 체크할 것

등이다. 그리고 그는 이것이 얼마나 자기계발의 성패를 좌우하는가를 역설하며 무려 한 장章을 할애해 상세하게 그 노하우와 주의할 점을 알려준다. 심지어 그는 전문적인 일일목표 리스트 관리를 위해 어떻게 스스로 DIY 수첩을 제작할 수 있는지까지 상세히 알려준다. 그리고 흥미롭게도 자신은 일일목표 리스트 관리에 안성맞춤인 어느 수첩을 발견하고 "너무 마음에 든 나머지 품절될 것을 걱정해 한꺼번에 왕창 구매"했으며 지금도 "수첩이라면 남부럽지 않다"고 이야기한다. 그리고 그때부터 만들어놓은 "일일목표경영 인프라"를 통해 지금까지 자신의 인생을 이끌어나가고 있다고 술회한다. 그렇다면 이런 일지 쓰기란 행위가 어떤 자기계발 효과, 특히 자기의 주체화를 이뤄내는 데 어떤 효력을 발휘하는 것일까. 이는 공병호가 일일목표 리스트에 관해 그 가치를 서술하는 대목에서 여실하게 나타난다.

> **일일목표경영의 백미白眉는 개인의 내면에 숨겨진 진취적이고 도전적이며 자율적인 특성을 마음껏 발휘하는 데 있다.** 설령 당신이 어떤 조직에 속해 있다 하더라도 스스로 고용된 사람이라고 자신을 폄하할 필요는 없다. **만일 당신이 일일목표경영을 충실하게 해나간다면 당신이 당신 인생의 주인공이며 최고경영자임을 순간순간 확인할 수 있을 것이다.** 당신은 어느 조직에 고용된 사람이 아니라 스스로 약속한 목표 리스트를 달성하기 위해 자신의 두뇌 속에 끊임없이 업무 간 우선순위를 조정해나가는 최고경영자이다(공병호, 2002c: 97. 강조는 인용자).

DMBO이라는 "일지 쓰기의 테크놀로지"가 기업가적 자아로의 주체화에 어떤 효험을 갖는지 깨닫는 데, 위의 공병호 자신의 이야기보다 더 훌륭한 요약은 불가능할 것이다. 일지 쓰기란 "개인의 내면에 숨겨진 진취적이고 도전적이며 자율적인 특성을 마음껏 발휘하는" 것이며 "당신이 당신 인생의 주인공이며 최고경영자임을 순간순간 확인"하는 것이다. 따라서 일지 쓰기, 공병호 버전으로 말하자면 DMBO의 일환인 일지 쓰기는 결국 "내면"을 변형하고, "인생의 주인공"이 되는 것, 즉 자기 삶을 기업으로 대상화하고, 자신을 기업가로 주체화하는 일상적인 기술인 것이다. 여기에서 경영과 기업이 단순히 경제적 은유가 아니라 그 자체 윤리적인 것임은 이미 거듭 강조했던 대로이다. 일지 쓰기는 곧 기업가적 에토스로 자기를 주체화하는 일상적인 테크놀로지인 것이다. 한편 이런 일지 쓰기의 테크놀로지가 기존의 내성적 반성 행위를 위한 대표적인 테크닉이었던 일기 쓰기를 연장한 것이라면, 또 다른 형태의 '쓰기'의 테크놀로지 역시 자기계발 담론에서 널리 유행하고 있다. 그 가운데 하나로 거의 모든 자기계발 담론이 추천하고 소개하는 '묘비명 쓰기'를 꼽을 수 있다. 이를테면 다음의 구본형의 글을 보라.

> 모두 '나의 묘비명'이라고 적힌 종이에 옮겨 적어라. 그리고 각각에 대해 자신의 묘비명을 만들어보아라. 예를 들어 '홍길동, 1934년생, 장사를 해 돈을 많이 벌었다. 쓰고 싶은 대로 그 돈을 쓰고 잠들다'라고 쓴 묘비명이 참으로 만족스럽다면, 당신은 앞으로 모든 것을 바쳐 장사를 해 돈을 벌도록 해야 한다. 만일 '여기 한 친절한 사람이 있어, 주위에 있는 모든 사람이 그의 친절에 감동한 사람이 생을 마치고 누워 있다'라는 묘비명에 만족하는 사람이라면 봉사 생활이 무엇보다 우선하는 생을 살 각오를 해야 한다. [……] '묘비명'이라고 쓰여 있는 종이를 채울 수 있었는가? 만일 채울 수 없었다면, 당신은 아직 당신의 욕망의 모습을 보지 못한 것이다. 욕망이 정체를 드러낼 때까지 조용히 기다려라. [……] 이제 당신은 미완성일지 모르지만, 당신의 '묘비명'에 쓰여질 욕망을 선택했

다. 그리고 그대를 행복하게 해줄 즐거움의 목록도 가지게 됐다. 이것만으로도 당신은 어제보다 나아진 사람이 된 것이다. 그렇지 않은가? 이제 이것들을 소중히 보관하라(구본형, 1998: 358~360).

묘비명 쓰기와 더불어 편지 쓰기 같은 글쓰기 역시 가능하다. 역시 이에 관해서도 구본형의 글을 참조하자.

자, 이제 당신의 아이들에게 '당신이 선택한 마음에 드는 길'에 대해 편지를 써라. 아직 아이가 없다면, 앞으로 생겨날 아이에게 써라. 당신이 누구였는지, 무엇을 바라며 왜 살았는지를 써라. '묘비명'이 하나의 객관화된 삶의 요약이라면, 아이들에게 쓰는 이 편지는 개인적이고, 주관적인 진실이다. 아이들은 당신의 인생에 가장 중요한 부분이다. 그리고 미래에 속한 세계이다. 그들에게 당신의 삶과 미래에 대한 꿈을 적어 보내라. 그러나 쑥스러워할 필요는 없다. 당신의 편지는 그 아이들에게 배달되는 대신, 당신의 마음속에 남아 있을 것이다(구본형, 1998: 379~380).

자기계발은 결국 끊임없이 자기 삶을 관찰하고 기록하며 점검하는 것이라 할 수 있을 정도로 세부적인 글쓰기의 테크닉과 관련을 맺는다. 공병호의 말처럼 "듣는 태도, 메모하는 습관, 일일목표경영, 개인적인 역량은 뚜렷한 연관성"이 있다는 근거에서든(공병호, 2002c: 79) 아니면 구본형의 말처럼 자아의 "주관적인 진실"을 구성하려는 의도에서든, 그것이 기업가적 자아로 자신을 대상화·주체화하는 테크놀로지란 점은 다르지 않을 것이다.

한편 독서 행위 역시 자기계발의 테크놀로지의 중요한 일부를 이룬다. 이를테면 '패턴리딩'이나 '포토리딩' 같은 이름을 단 자기계발 프로그램이나 세미나는 주변에서 흔히 볼 수 있다. 이는 그 자체로는 그저 속독 능력을 계발하는 것에 불과하다. 그러나 그것은 이제 자기계발 담론과 결합하면서 지식기반사회에서 효과적으로 정보를 취득하고 조직하는 자기의 역량으로 둔갑한다. 이를 더욱 구체화하는 능력 개념인 '정보력'이라는 것도 있지만 그 역시 독서와 관련된 것에 다름 아니다.[22] 흔히 "자기경영은 독서경영"이라는 자기계발 전문가들의 말처럼 독서는 자기계발과 관련한 일상적인 테크놀로지에서 중요한 부분을 이룬다. 이를테면 공병호는 자기경영에 관련된 어느 지침서에서 자기경영을 크게 "시간경영, 지식경영〔독서경영〕, 건강경영, 행복경영, 인맥경영"으로 분류한다(공병호, 2001). 그런데 독서경영에서 말하는, 읽어야 할 책들이란 당연히 경영 분야의 텍스트이면서 동시에 자기계발 텍스트이다. 스티븐 코비의 리더십에 관련한 글들은 동시에 경영에 관한 글이고 피터 드러커의 『프로페셔널의 조건』 역시 경영자 정체성에 관련한 경영학 텍스트이면서 동시에 자기계발 텍스트이기도 하다. 이는 다른 분야의 글에도 역시 적용된다. 인맥 혹은 인간관계, 심리에 관련한 텍스트는 대부분 자기계발 텍스트이자 경영학 텍스트이며 동시에 심리학 텍스트이다. 이를테면 국내에서 자기계발 서적으로서 엄청난 양을 팔아치운 『칭찬은 고래도 춤추게 한다』(켄 블렌차드 외, 2002)나 『설득의 심리학』(로버트 치알디니, 1996) 등이 그런 서적이라 할 수 있다. 경영자들이 경영 텍스트를 읽은 후 독후감을 사내 담화나 사내외 방송, 사보 기고, 인터뷰 등을 통해 과시적으로 발표하거나, 숫제 독서경영이란 이름으로 자신이 직접 추천하는 책들을 사원들에게 나눠주며 그에 관한 소감을 발표하거나 제출케 하는 것은 이미 주요한 경영 관행이 되어왔다. 그리고 아예 국내 일간지들은 「지금, CEO의 책꽂이에는」 같은 고정 칼럼을 마련해 이런 움직임을 부추긴다. 흥미로운 점은 여기에서 소개되는 책들이 대부분 최근의 자기계발 혹은 경영 담론에 관련한 베스트셀러라는 것이다. 실제로 독서경영 운운하는 주장들이 풍부한 독서 경험을 은근히 과시함에도 불구하고 거기에 등장하는 책들은 대개 『누가 내 치즈를 옮겼을까』(스펜서 존슨, 2003)라든가 『좋은 기업을 넘어 위대한 기업으로』(짐 콜린스, 2002)류의 책들로, 조금만 눈여겨보면 대부분의 책들이 천편일률이란 것을 알 수 있다.

아무튼 이처럼 경영에 종사하는 이들이 경영 및 자기계발 담론을 보급하고 선전하는 주요한 매개자가 된 데에는 그만한 이유가 있다. 이는 무엇보다 3장에서도 살펴보았듯이 경제 행위란 무엇인가를 둘러싼 혼란이 심각해지면서, 무엇이 그것인지를 규정하고 통제하는 일이 곧 경제 행위가 됐을 만큼 경제활동의 자기반영성이 증대했다는 데서 찾아볼 수 있다. 그 가운데서도 경영자 혹은 관리자의 정체성은 큰 쟁점이 됐는데, 이들의 정체성을 더 이상 기업조직 안에서 주어진 역할이나 지위로부터 끌어낼 수 없게 됐기 때문이다. 그런 연유로 경영자들은 강박적으로 컨설팅 담론을 소비하게 되고, 나아가 경영자 정체성을 다루는 지식을 게걸스럽게 섭렵하는 사태가 나타나게 됐다. 아울러 이에 상관된 서비스 역시 발달해왔다. 그런 서비스 가운데 하나가 이른바 '지식력', '정보력' 등이란 이름으로 부르기도 하는, 책 읽기 그리고 정보를 취득하고 활용하는 테크닉이다. 그 가운데 이런 서적들을 간편하게 소비할 수 있는 형태로 제공하는 것이 '요약 서비스'이다. 그런데 그렇게 제공되는 서적 요약본들이 대개 해외 비즈니스 서적 가운데 베스트셀러가 됐던 서적들이거나 관련 출판사들이 내보내는 광고와 마케팅에 의존하기 때문에 베스트셀러가 곧 베스트셀러가 되는 되먹임 현상이 반복되기 십상이다. 현재 경영자나 직장인 혹은 자기계발에 진력하는 대학생이나 일반 소비자를 대상으로 한 요약본 서비스나 다이제스트 서비스가 성업하고 있고, 경제 및 경영연구소 역시 중요한 서비스 가운데 하나로 서평을 제공한다. 공공도서관이나 대학도서관에 접속해 읽을 수 있는 전자서적이라곤 대개 이런 자기계발 분야나 경영학 분야의 서적인 경우도 많다. 여기에 각 기업들이 이른바 사이버러닝이나 e-러닝이란 이름으로 제공하는 다양한 요약 서비스까지 합치면 경영 및 자기계발 서적이 책 읽기의 주요한 대상이 될 수밖에 없는 것도 이해할 만한 현상이다. 어쩌다 이런 책들 목록 가운데 인문사회과학 분야의 서적이 포함된다고 하더라도 그것은 그 책들이 이전에 다른 기관에서 '경영자들을 위한 서적'으로 선정되었기 때문인 경우가 많다.

공병호는 지식경영이라는 자기경영의 테크놀로지 역시 일반적인 경영과 같은 방식으로 작동한다며, "경영이란 모름지기 필요한 곳에 어느 정도의 자원을 투입할 것인지 그리고 투입 대비 최대의 효과를 어떻게 거둘 것인지가 관건"이라며, "지식이란 분야에서도 결코 예외가 될 수 없음"을 강조한다. 그러면서 그가 제시하는 지식경영의 테크놀로지는 먼저 이학耳學, 즉 테이프, CD 등을 이용한 학습과 수많은 자기계발 전문가들이 추천하는 조찬 모임 참석, 둘째 메모하는 습관, 셋째 반복학습, 넷째 오디오북을 이용한 학습으로, 특히 노년에 접어들었거나 자동차에서 많은 시간을 보내는 사람들은 이런 방법을 이용하라고 친절히 권유하기까지 한다. 그러나 그가 본격적으로 상세하게 가르쳐주는 지식경영의 테크닉은 단연 독서의 기술이라 할 수 있다. 그는 가능한 다독을 권유하며 특히 책의 가장 중요한 부분은 20%라는 20/80의 법칙을 이용한 테크닉을 사용하기를 요구한다.

책 내용 가운데 핵심에 해당하는 20%를 공략해야 한다. 다시 한 번 이야기하면 차례·주제를 중심으로 한 앞부분, 그리고 차례 중에서 당신이 구하고 있는 정보와 지식을 포함하는 몇 개의 작은 주제들, 그리고 책의 끝부분이 대개 핵심 20%에 근접하는 정보를 제공한다(공병호, 2002c: 148).

그리고 이에 더해 그는 매우 친절하게 밑줄 긋기, 동그라미 치기, 별표 그리기, 컬러 펜을 사용한 강조하기 등이나 다시 읽기를 위한 모서리 접기(중요도에 따라 하단모서리, 상단모서리, 접는 회수의 증가를 통한 차별화) 등의 비법을 알려준다. 그리고 다시 읽을 책은 가까이에 두어야 한다든가 하는 것까지 시시콜콜 알려준다. 어떻게 지식을 획득해 자기를 계발할 것인가라는 자못 심각하고 거창한 물음에 대한 대답치고는 이런 노하우는 어이없으리만치 유치하고 평범한 것일 수도 있을 것이다. 그렇지만 이런 독서 테크놀로지는 실제 일상적인 독서의 공간을 지배하고 있다는 점에서 유치하지도 초라하지도 않다. 나는 이런 글 읽기를 "카탈로그적 읽기"란 이름으로 부를 수 있다고 생각한다(서동진, 2003b). 그것은 카탈로그 서적을 읽듯이 선별적으로 책을 읽는 것을 가리킬 뿐 아니라 이미 텍스트를 읽기에 앞서 어떻게 읽어야 할지 읽기의 방법이 마련되어 있거나 처방되어 있는 글 읽기이기 때문이다. 대표적으로 공병호가 읽기 테크놀로지로 추천한 20% 공략법과 같은 요령이 카탈로그적 읽기라 할 수 있을 것이다.

그렇지만 이는 책을 읽는 방식에 적용되는 것이 아니다. 어떤 책을 읽을 때 그것은 항시 그것을 읽을 수 있도록 만드는 조건, 구체적으로 말해 어떤 특정한 담론적인 매개를 통해 이뤄지는 일에 다름 아니다. 그런데 자기계발 담론이 제안하는 독서 테크놀로지에서보다 이런 점이 두드러지게 나타나는 곳도 없을 것이다. 여기에서 책을 읽는 행위는 더 이상 저자의 내면이나 숨은 의도라는 상상적인 대상을 읽는 일도 아니고 그렇다고 유파, 사상, 조류 등의 한 종류나 표현으로서 텍스트를 읽는 것도 아니다. 이는 '읽기의 경제학'이라고 할 만한 독서의 관행으로서 '다이제스트', '한줄 서평'을 비롯해 잡다한 파생적이거나 응용적인 텍스트를 통해 책을 읽는 것을 가리킨다. 이는 『삼국지』 같은 고전 텍스트를 읽는 방식에서 잘 나타난다. 이제 『삼국지』를 읽는다는 것은 그것을 '읽을 수 있는' 나아가 '읽고 싶은' 텍스트로 만들어주는 보조적 텍스트를 통해서만 가능하다. 그리하여 이런 텍스트들이 『삼국지』 자체를 대신하고, 『삼국지』는 그런 텍스트에 딸린 텍스트로 취급당하고 마는 일이 벌어진다. 현재 우리 주변엔 『삼국지』를 둘러싼 엄청난 응용 텍스트들이 있다. 『성공하는 리더를 위한 삼국지』, 『21세기 삼국지』, 『삼국지 용병학』, 『리더십의 삼국지』, 『'삼국지' 십팔사략에서 배우는 실패의 교훈』, 『삼국지 전투에서 배우는 이기는 법』, 『삼국지 인간경영』, 『영웅 삼국지』 등의 서적들이 대표적으로 그런 텍스트들이다. 물론 이 외에도 『영어를 정복하는 삼국지』, 『만화를 보면서 배우는 일본어 삼국지』 등의 서적, 어린이와 청소년을 위한 다양한 『삼국지』 등이 있다. 그러나 『삼국지』를 둘러싼 독서의 공간을 축조하는 데 참여하는 것은 이런 서적뿐이 아니다. 그 외에도 우리는 『삼국지』를 둘러싼 다양한 대중 강연, 세미나, 기업의 워크숍 같은 것 역시 이에 포함시킬 수 있다.

무료공개강좌 ― 〈삼국지와 인간경영: "누구도 나를 버릴 수 없다"〉. 〔……〕 전 세계적으로 거친 변화가 지속되고 있고 한국 역시 새로운 정부의 출범, 한반도를 둘러싼 주변관계의 재해석, 불황, 세대 간/계층 간 갈등 때문에 기업과 개인 모두 방향과 정체성의 혼란과 침체를 겪고 있습니다. 인크루트 교육사업팀은 성공과 행복을 지향하고 노력하는 조직과 개인을 위해 우리 시대 최고의 고전을 통해 지혜를 찾아보는 강좌를 개최합니다.[23]

'리더십 향상과정' 〔……〕 기업조직의 변화에 따른 위상과 역할을 재인식하고 이를 바탕으로 신속하고 정확하게 대처해나갈 수 있는 역량 있는 리더를 양성한다. 〔……〕 3개월차 프로그램 〔……〕 『성공하는 리더를 위한 삼국지』, 『삼국지 인간경영』, 『사람의 마음을 움직여라』.[24]

이처럼 『삼국지』는 단순히 소설적 텍스트가 아니라 패키지화된 문화적 생산물을 통해 다양하게 소비된다. 문학 텍스트가 인접한 문화적 생산물(여행과 관광, 전시, 문화상품 등)과 결합된 문화적 복합체complex가 된 것은 새삼스러운 일이 아니다. 하지만 어쨌든 이러한 관행은 지금 읽기 테크닉을 규정하는 가장 핵심적인 특성 가운데 하나가 됐다. 그리고 이런 변화를 확산시키는 데 일조했던 것 가운데 하나가 위에서 언급한 독서경영, 지식경영 등을 비롯한 다양한 읽기의 테크닉이라 할 수 있다.

시時테크

자기계발 테크놀로지는 대개 몇 가지 표준적인 항목들로 구성되어 있다. 이를테면 2004년 공병호는 자기의 브랜드로 판매한 '인스턴트' 자기계발 프로그램으로 **표 4-5**를 제시했다.

기업을 대상으로 마련된 듯이 보이는 이 프로그램은 2005년에는 더 이상 운영되지 않고 개인과 청소년들을 대상으로 한 '자기경영 아카데미'로 대체됐다. 그렇지만 "미래 전망"을 제외하면 거의 모든 부분이 자기계발 프로그램에서 표준처럼 사용하는 것을 되풀이한다는 점에서 그다지 색다른 점을 찾아보기는 어렵다. 어쨌든 **표 4-5**에서 보듯이 자기경영에서 가장 중요한 지위를 차지하는 것은 시간경영이다. 1990년대 자기계발 전문가를 대표하는 대중적인 스타, 윤은기의 표현을 빌리자면 "시테크"가 바로 자기의 테크놀로지에서 가장 중요한 부분인 것이다(윤은기, 1992). 이런 시간관리 테크닉은 자기계발 테크놀로지의 한 항목이기에 앞서 자기계발 테크놀로지를 가능하게 하는 조건 자체라는 점에서 특별하다 할 수 있다. "우리 모두는 각자 자기 인생의 경영자다. 경영자란 늘 숫자로 이야기하는 사람들이다. 〔……〕 우리는 자기 자신이라는 주식회사의 최고경영자이다.

표 4-5 Gong's One Day Program—자기혁신을 위한 실천 프로그램

프로그램의 총 소요시간은 8시간(혹은 6시간)입니다. 자기혁신을 위한 구체적인 노하우와 매뉴얼 그리고 열정을 직접 워크숍을 진행하면서 제공할 수 있을 것입니다. 내용은 다음과 같이 구성됩니다.

1 미래 전망
2 환경인지 & 자기진단
3 자기경영 & 목표경영
4 시간경영
5 지식경영
6 건강경영
7 가정경영
8 인생경영

단 하루를 투자해서 전 조직원들을 Self-innovator의 길로 이끌어보시기 바랍니다. 현명한 투자가 될 것입니다. 적정 클래스 규모는 20~30명입니다. 왜, 제가 이 프로그램을 만들게 되었을까요? 그동안 2시간 특강을 주로 하면서 깨치게 된 점은 변화의 방법을 구체적으로 소개하는 데 2시간 정도로 충분하다고 느껴왔기 때문입니다. 외국산 프로그램을 단순히 번역한 수준이 아니라 우리 기업과 조직의 수요를 반영한 프로그램을 직접 제작하게 되었습니다. 그리고 훈련받은 facilitator가 담당하는 것이 아니라 제가 직접 클래스의 전 과정을 운용함으로서 효과를 크게 증가시킬 수 있을 것입니다.

그러므로 숫자(결과)에 책임을 져야 한다"고 공병호가 말할 때, 이런 점은 아주 효과적으로 표현된다(공병호, 2002c: 117). 시간관리 테크닉은 근면이나 시간의 척도를 통한 자기기율紀律을 겨냥하는 것처럼 보일 수도 있다. 그렇지만 자기계발 테크놀로지에서 그것은 그리 중요한 문제가 아니다. 앞서 본 공병호의 말처럼 숫자에 책임을 져야 하는 것이 경영이고, 그래서 숫자는 자신이 누구이고 무엇이며 어떤 상태에 있는가를 알려주는 매우 중요한 가시성의 지표이자 조건이다. 따라서 시간을 가리키는 숫자는 흔한 생각처럼 9시에 출근해 5시에 퇴근하는 관료적인 조직에서 사용

하는 시간의 숫자와 아무런 관계가 없다. 자기계발 담론에서 말하는 시간의 숫자는 오히려 자유의 숫자이며 자신이 누구인가를 스스로 결정하고 책임지는 자기경영의 주체의 숫자라 생각할 수 있다. 따라서 시간관리에서 말하는 시간은 기업가적 자아가 가지게 될 적극적인 책임과 선택을 박탈했던, 즉 시간을 기업화하는 자유를 박탈했던 관료적 시간표의 시간과 다르다. 이런 시간관리 테크닉의 측면은 구본형의 이야기를 통해 매우 잘 드러난다.

하루에 적어도 두 시간 이상은 자신의 욕망을 위해 사용하라. 남의 인생을 살지 말고 자신의 인생을 살 수 있어야 한다. 자신이 주인인 인생은 자신을 위해 시간을 쓸 수 있음을 의미한다(구본형, 1998: 38).

한 시간이어도 좋다. 매일 이 시간은 자신의 욕망을 위해 남겨두어야 하며, 이 약속은 반드시 지킬 수 있어야 한다. 자신을 위해 사용한 시간만이 다른 사람과 다른 삶을 살도록 한다. 그리하여 비로소 자신이 누구인지 말할 수 있도록 한다(구본형, 1998: 351).

시간을 자신에게 주어야 한다. 그렇지 않으면 자신이 누구인지 알 수 없다. 자신의 삶이 무엇인지 알 수 없다. 우리가 이 세상에 어떻게 존재하는가라는 존재 양태가 바로 각 개인의 삶이다. 자신이 만들어가는 인생은 좋아하고 잘하는 것을 하면서 사는 것이다. 그때 우리는 행복하다. 행복한 사람만이 오직 자신의 삶을 통해서 다른 사람의 행복에 기여할 수 있다. 우리에게 행복해질 권리가 있다는 것을 믿어라. 〔……〕 자신을 위해 시간을 쓸 수 없다면 당신은 살아 있는 사람이 아니다. 더 이상 쓸 시간이 없다는 것이 바로 죽었다는 뜻이다. 만들어주는 대로 살지 마라. 삶은 만들어가는 것이다(구본형, 2001 : 207~208).

하루의 개편 중에 가장 중요한 초점은 24시간 중 '자신 만의 시간' 두 시간을 뽑아내는 작업이다. 만일 이 두 시간이 없다면 자신을 차별화할 수 없다. 좋아하는 일을 아직 찾지 못한 사람이 스스로의 길을 찾아갈 수 있게 만드는 것도 바로 이 두 시간이다. 이미 그 일을 하고 있는 사람에게 두 시간은 하는 일과 관련해 새로운 지식을 넓히거나 단편적 경험을 체계화하는 시간으로 쓰인다. 이 시간은 자신과 꿈을 찾아가는 시간이며, 전문가가 되기 위한 시간이다. 기업으로 말하면 기술 도입과 창출 비용인 셈이다. 훌륭한 기업은 매출액의 10% 정도는 새로운 지식을 획득하는 기술 도입비나 스스로 지식을 창조하는 연구개발비로 쓴다. 하루에 두 시간은 8%를 조금 넘지 못한다. 특히 지식사회에서는 더욱 그렇다. 자신에게 투자하지 않는 개인도 성공할 수 없다. 시간은 우리가 누구나 공통적으로 가지고 있는 가장 소중한 자산이다(구본형, 2001 : 217~218).

여기에서 구본형이 말하는 시간관리는 앞서 DMBO를 이야기하던 공병호의 말과 제법 거리가 있는 것처럼 들린다. 그렇지만 물론 둘은 시간을 관리하고 그럼으로써 자기 삶을 경영하고 이를 통해 자신의 성공에 이르러야 함을 역설한다는 점에서 일맥상통한다. "성공이란 가고 싶은 길을 계속 가는 것입니다"라고 주장하는 구본형에게 살고 싶은 삶을 살 수 있는 자유는 자기 시간을 자기가 관리할 수 있다는 것과 같은 말이다(구본형, 2002: 156). 이는 기업가적 주체의 자기책임부여self-responsibilization를 강조하는 공병호식 시간관리의 "자유"와 전연 차이가 없다. 따라서 공병호가 "시간의 가계부"를 쓰도록 요구하며 그에 관한 세부적인 테크닉을 알려줄 때, 이는 곧 시간에 얽매여 사는 삶과 아무런 관계가 없다. "기업은 개개인의 미래에 대해서 어떠한 확답도 줄 수" 없는 세계, "일용할 양식 이외에 미래를 스스로 준비할 수 있는" 문제는 전적으로 "개인의 책임"이 된 시점에서, 우리는 "어떻게 미래를 위해 준비할 수 있는 시간을 마련할 수 있느냐"고 공병호는 묻는다(공병호, 2001 : 70). 그리고 그는 그것을 새벽이라고 말한다. 그와 구본형의 차이가 있다면 구본형은 그것이 그저 두 시간이라는 반면 그는 새벽이라고 말할 뿐이다. 공병호는 그 스스로 그에 관한 책을 번역했듯이 "아침형 인간"이고 구본형은 "두 시간형 인간"일 뿐이다. 둘 사이에서 차이는 시간을 선택하고 배정하는 방식에서의 차이일 뿐 시간을 관리하는 세부적인 테크닉은 중요한 차이가 아니다. 그들에게 있어 근본적인 것은 기업가적 자아로 자신을 어떻게 다루고 관리하냐는 문제이다.

이는 아침형 인간을 비판하는 자유주의자들의 주장에 관해 다시 생각하게 한다. 이를테면 『아침형 인간, 강요하지 마라』와 같은 『아침형 인간』의 대항 텍스트를 잠시 상기해보자. 이 책은 한국사회의 이른바 대표적인 자유주의자들이라고 할 다양한 만화가, 문화평론가, 소설가, 방송작가, 잡지편집자, 영화평론가가 함께 쓴 책이다.[25] 이 책에서 그들은 이구동성으로 모두 성공학류의 텍스트가 획일적인 시간의 굴레에 우리를 몰아넣으려 한다며 "아침형 인간"이라는 훈육의 "폭력"을 격렬하게 성토한다. 이 책은 "아침형 인간"이 제시하는 성공학의 에토스를 비판하겠다는 취지를 내세우고 있지만, 그것은 자신이 비판하는 텍스트의 선의(?)를 오해할 뿐 아니라 그것이 바로 자신들이 하려는 이야기를 하고 있다는 사실을 놓친다. '아침형 인간'이야말로 더 '위대하게' 24시간이라는 자연적인 제약, 통상적인 시간의 굴레를 극복하고 시간을 적극적으로 관리하고 변형하는 자유의 주체를 가리키기 때문이다. 따라서 아침형 인간을 성토하는 자유주의자들은 정작 자신들보다 더 정교하고 농밀한 자기계발 담론의 주장, '자유의 교육학'을 오해한다. 그들이 엘리트주의적인 편견으로 빚어낸 상상적인

'성공학', 그저 그 치부와 성공에 이르는 길을 알려주는 저급한 지식이라고 상상한 그 성공학을 자기계발 담론이라 오해하고 아무런 대상 없는 비판을 퍼부을 뿐이다.

자신에게 맞지 않는 시간은 자신에게 맞지 않는 공간만큼이나 폭력적이다. 공간을 제한하는 감금이 처벌이 될 수 있다면, 시간을 제한하는 것 역시 그만큼이나 폭력적인 처벌이다. 〔……〕 아침은 '감금'의 상징이고 우리를 꼭두각시처럼 조종하는 시스템의 부팅시간이다(듀나, 이우일 외, 2004: 28).

커다란 톱니바퀴에 물린 작은 톱니바퀴에게 느림이란 없다. 느림은 큰 톱니바퀴만이 즐길 수 있는 것이다. 산업화 시대의 효율성이란 덫에 걸린 사람들에게 느림이란 가당찮은 것이다. 오직 톱니바퀴에 풀려나 자신의 속도로 움직이는 것이 가능한 사람들에게만 느림은 창조적 에너지로 작용한다(구본형, 2002: 113).

첫번째 인용문은 아침형 인간이란 미명하에서 시간의 굴레를 강요한다며 성공학 전문가들을 비난하고, 두번째 인용문은 산업화 시대의 톱니바퀴와 같은 시간에서 벗어나 자신의 자유를 위한 호젓한 느림의 아침 시간을 되찾자고 주장한다. 물론 앞의 자유주의자는 자신과 동일한 내용의 이야기를 하는 후자의 주장을 꼼꼼히 듣지도 않은 채 비난한다. 물론 그는 이런 이야기를 들을 필요가 없었을지도 모른다. 그는 이미 시간을 관리하고 경영하는 것이 자신의 자유를 책임지는 것이라는 점을 깨닫고 있다는 점에서 아침형 인간 이상의 아침형 인간이기 때문이다. 『아침형 인간, 강요하지 마라』라는 텍스트에 참여하는 "내 멋대로" 사는 "자유의 주체"들은 역설적으로 자기계발 담론이 건네는 주체성의 정치학을 잘 체현하고 있다. 표면적으로도 이들은 아침형 인간과 같은 자리에 있다. 단지 이들은 "시간 소비의 다양한 라이프스타일"을 존중하길 원하고 있고, 그 점에서 아침형 인간과 달리 올빼미형 인간, 야밤형 인간 등의 스타일을 선택했을 뿐이다. 그러나 시간의 라이프스타일에서의 차이에도 불구하고 자신을 관리하고 경영하는 주체라는 점에서, 즉 시간의 기업가적 자아란 점에서 그들이 다른 점을 찾기란 어렵다.

그렇게 생각하자면 『아침형 인간, 강요하지 마라』역시, 구본형식의 자기계발 텍스트와 동질적인 그러나 좀더 신세대적 자유주의의 색채가 가미된 또 다른 종류의 자기계발 텍스트일지도 모른다. 이는 시간의 굴레에 얽매이지 않은 채 "이동사무실", "24시간 사회"의 자유를 만끽하면서 사는 새로운 일하는 주체를 예찬하는 수많은 경영 담론의 텍스트를 들여다보면 어렵지 않게 이해할 수 있다. 그런 텍스트들은 모두 표준화된 시간, 시간의 자유를 박탈한 시간적 기율을 격렬하게 비난한다. 따라서 텔레비전 광고에서도 흔히 볼 수 있는, 시간을 잊고 근무하는, 자신의 시간을 정복하고 관리하는, 열정적이고 창조적인 일하는 주체의 모습은 우리 시대의 대표적인 아침형 인간이라할 수 있다. 그들은 훈육사회, 테일러주의적 사회, 톱니바퀴의 사회, 산업사회 등 숱한 자기계발 담론이 규탄하는, 지나간 나쁜 시대의 시간 감옥에서 벗어난 유연한 기업가적 자아로 일하는 주체이다. 아마 과거의 훈육사회의 관점에서 볼 때 이들은 "야근을 하는 비정상적인 주체"로 비쳐졌을 것이다. 그러므로 위에서 인용한 『아침형 인간, 강요하지 마라』에 참여한 신세대 자유주의를 대표하는 듀나의 표현을 빌리자면 규칙적인 퇴근시간은 "'감금'의 상징이고 우리를 꼭두각시처럼 조종하는 시스템의 다운시간"인 셈이다.

그러므로 시간관리에 관련된 자기계발 담론에 관한 상투적인 오해를 바로 잡을 필요가 있을지도 모른다. 즉 규칙적인 삶, 정해진 시간 안의 과업 수행, 시간의 움직임과 동작의 광범한 연계 등으로 대표되는 시간을 통한 규율은 자기계발 담론이 가장 열렬히 비난하는 것이기 때문이다. 구본형 역시 여느 자기계발 전문가들처럼 1인기업가, 자기경영의 주체가 되기 위한 가장 중요한 자기의 테크놀로지로 시간관리를 꼽고 있다. 그래서 자기가 쓴 자기계발 매뉴얼에서 상당 부분을 시간관리에 할애한다. 이는 특히 그의 트레이드마크와 다를 바 없는 "나만의 시간", "나를 위한 두 시간" 등을 통해 나타난다. 그럼에도 불구하고 우리가 기존의 자기계발 담론에서의 시간관리와 새로운 자기계발 담론에서의 시간관리의 차이를 굳이 발견할 수 있다면, 그것은 아마 다음과 같을 것이다. 기존의 성공학 담론의 전설적인 영웅, 벤저민 프랭클린류의 시간관리가 대표하는 시간, 즉 규율 사회의 시간이 있을 수 있다. 그렇지만 여기에서의 시간은 오직 일의 시간, 일터에서의 시간일 뿐이다. 즉 일의 시간에 어떻게 자신의 기업가정신을 발휘할 것인가, 어떻게 자신의 자유와 창의의 실현의 시간으로 일의 시간을 관리하고 다룰 수 있는가에 집중했다. 그렇지만 이제 새로운 자기계발 담론은 그것을 모든 시간으로 확장한다. 스티븐 코비의 '프랭클린 플래너'가 보여주듯이 1년 365일의 모든 시간이 자기의 자유 시간이 되어야 한다. '산업사회'에서 일터의 시간이 종료를 알리면 그 다음의 시간은 기업의 시간이 아니었다. 그러나 이제 우리는 아침형 인간류의 텍스트가 알려주듯이 "만물의 기운이 생동하는 새벽 3시"를 전후한 시간에 일어나 "향을 사르며", 출근 시간 전까지의 긴 시간을 자신의 자유의 시간으로 통제할 수 있다. 그것은 자유의 시간이며 나의 시간이다. 그 시간에 나는 책을 읽고, 자신의 비전에 관한 깊은 사색에 빠질 수 있는 것이다. 결국 문제는 시간이라는 대상을 자신의 기업가적 자아로의 주체화를 위한 대상으로 구성하는 것, 즉 자기의 테크놀로지로서 시간 테크닉을 어떻게 활용할 것인가일 뿐이다.

한편 시간관리라는 자기의 테크놀로지는 곧 신체의 테크놀로지, 공병호의 표현을 빌리자면 "성공의 생물학"으로 확장될 수 있다. 공병호는 건강경영이라는 이름으로 신체관리의 테크놀로지를 자세하게 제공한다. 이를테면 "담배를 끊어야 한다", "비타민을 정기적으로 먹는다"(그는 매우 구체적으로 종합비타민, 비타민C 그리고 비타민E를 식후에 복용하도록 권유한다), "매일 정해진 시간에 달리기를 한다", "반좌욕을 하며 책을 읽는다", "손발마사지를 한다", "호흡고르기를 생활화한다" 등이 그에 해당한다. 그러나 이런 자기계발의 테크닉 역시 특별할 것이라곤 없는 뻔한 이야기로 치부해서는 곤란하다. 이는 질병과 건강에 관한 최근의 과학이나 의학 분야의 담론, 특히 간호와 치료 담론에서 '자아존중감', '자아효능감' 등 같은 개념이 폭발적으로 사용되고 있음을 눈여겨본다면 더욱 그렇다. 이를테면 우리는 이제 간호학에 관련된 학술잡지 같은 데서 "환자의 자아효능감이 미치는 영향에 관한 연구" 운운하는 제목의 논문을 손쉽게 볼 수 있다. 더 자세히 부연할 수 없지만, 의료·보건 영역에서 기업가정신의 담론은 단순히 공공의료 서비스를 시장화하는 논리에 잠식당하는 수준을 넘어서서 환자 및 질병에 관한 정체성을 변화시키는 역할을 한다. 따라서 의료 서비스를 개인적 책임으로 전가하는 형태로 나타나는 신자유주의적 의료 개혁은 단지 의료 서비스에 어떻게 접근할 수 있는가 하는 문제를 넘어 우리가 자기 몸과 관계를 맺을 것인가, 질병이란 무엇인가 등을 둘러싼 담론들까지 변화시키는 것이라 할 수 있다. 따라서 기업가적 자아로의 주체화는 비단 일터라는 경제적 행위의 장을 넘어 거의 모든 삶의 영역으로 확장되어왔다고 볼 수 있다.

그런 점을 감안할 때 공병호가 말하는 신체의 테크놀로지를 그저 그렇고 그런 건강에 관한 상식적 주장으로 격하시킬 수 없다. 이는 '자아의 배려'라는 윤리적 테크놀로지와 신체관리를 결합시킴으로써 신체와 개인 간의 관계를 새로운 방식으로 규정하는 것이라 봐야 옳다. 아마 이런 점은 구본형의 신체관리의 테크놀로지에서 더 잘 드러날 것이다. 그의 자못 기이한 '포도 단식' 성공담은 많은 독자들에게 호응을 불러일으켰고[26] 또 반발을 불러일으키기도 했다. 그는 자신의 자기계발 주저 가운데 하나에서 '1주일간의 포도 단식'이라는 신체관리의 테크놀로지를 추천하고 이를 상세히 알려준다. 그런데 여기에서 그가 알려주는 자세한 처방(이를테면 안식일 교회 같은 곳에서 운영하는 단식원을 가야 한다든가, 거봉이 좋다든가 하는 식의)은 중요한 것이 아니다. 문제는 그가 포도 단식이라는 신체관리 테크놀로지를 어떻게 자기의 테크놀로지로 구성하느냐에 있을 것이기 때문이다. 구본형은 "자기혁명은 자신을 공격해서 자신을 이루고 있는 여러 가지 습관들의 결탁을 와해시키는 것"이라면서 그런 자기혁명을 위한 "전면전"의 수단으로 포도 단식을 자리 매김한다(구본형, 1999: 209). 그가 꼽은 다섯 가지 자기혁명을 위한 방법 가운데 포도 단식은 네번째이고, 그는 이에 대해 다른 자기혁명의 방법으로 꼽은 시간관리나 비전 수립 같은 것과 비교할 수 없으리만치 자세하고 장황하게 설명한다. 그가 그토록 강조하고 중시하는 '나를 위한 시간'의 테크놀로지에 관한 부분에 고작 6쪽을 할애한 반면 '포도 단식'에 관한 부분은 무려 50쪽에 가깝다. 그러나 신체관리의 테크놀로지와 자기의 주체화와의 관계는 오히려 다른 대목에서 더욱 잘 나타난다. 그는 얼굴에 관한 이야기를 하면서 신체와 자기의 테크놀로지의 관계를 능란하게 자유의 문제와 결부시킨다.

거울 앞에서 얼굴을 마음대로 변형시켜본다는 것은 내게도 익숙치 않은 일처럼 보였다. 나도 날 무서워했고 밀실에서도 내 의식은 갇혀 있었다. 사회적 기준은 나의 몸을 짜부라뜨린 후 침투했고, 나에게 허용된 개인적 밀실은 끊임없이 감시받고 있었다. 나는 내 속에서조차 옷을 벗고 편하게 쉬기 어려웠다. 미셸 푸코의 말들이 생각났다. 인간은 권력에 오염되어 있다. 물질적 권력이 아니라 지식을 통한 훈육권력에 매여 있다. 건강한 개인과 부강한 국가라는 거부하기 어려운 모토를 앞세워 개인의 삶을 규격화하고 통제하려는 권력이 우리를 묶어두고 있다. 〔……〕 내 의식을 감옥에서 풀어주고 싶었다. 〔……〕 어느 날 나는 '내게 날마다 먹이를 주는 손'을 거부했다. 〔……〕 내 불꽃은 이렇게 말했다. '사람은 아주 적게 먹고도 살 수 있다. 요만큼만 있어도 먹고 살 수 있다.' 그리고 나서 집게손가락 한끝의 반을 보여줬다. 〔……〕 단식이라는 상징은 내게 참으로 절박한 출발점이었다. 그것은 나를 가볍게 해줬다. 모든 속박은 '먹고 사는 것'으로부터 왔다. 나는 그때 인형을 움직이는 끈을 보았다. 〔……〕 움직인다는 것은 자유의 한 표현인데 인형의 자유는 모두 묶어놓은 실에서 온다. 인형의 자유는 그러므로 아이러니하게도 속박으로부터 온다. 실을 끊으면 인형은 움직일 수 없다(구본형, 2004b: 98~101).

이 글은 '나-1인기업'을 운영하는 1인기업가인 저자가 10년마다 쓰는 "나-이야기"의 첫번째 권이자 그의 "자아경영 프로젝트"에 대한 결산이라고 부르는 책에서 인용한 것이다. 여기에서 저자인 구본형은 신체와 훈육 그리고 자유, 단식 등을 연결하면서 기존의 경제적 삶의 세계와 적극적으로 자신의 자유를 발휘하는 유연화된 경제의 세계를 대비한다. 그가 말하는 기존 산업사회는 "내게 날마다 먹이를 주는 손"이었고 자신을 인형으로 만드는 사회였으며 "밀실"의 세계였다. 그리고 그는 이제 거기에서 벗어나 변화경영 전문가가 되어 기업가적인 자아를 지닌 1인기업가의 삶, 적극적으로 자신을 관리하고 경영하는 삶을 선택했다고 술회한다. 그는 자유는 움직인다는 것이며, 그런 자유를 향한 움직임을 위해 단식은 중요한 것이지 않을 수 없다고 주장한다. 단식이란 바로 그 움직임을 위해 자신을 가볍게 하는 것이기 때문이다. '가벼움-단식-자유'는 물론 그에게 있어서는 기업가적 자아로서의 삶이며 동시에 신체를 관리하는 테크닉이다. 물론 그것은 그가 "인형-밀실-훈육-속박-먹이를 주는 손-감옥" 등의 진부한 수사를 통해 묘사하는 세계, 자기 삶을 자기 스스로 관리·경영할 수 있는 능동적 자아를 박탈했던 과거의 경제적 주체성과 극적으로 대비를 이룬다. 따라서 단식은 그에게 있어 기존에 '자아'를 주체화하던 방식을 향한 '절박한' 비판의 몸짓이 된다. 그는 신체관리 테크닉(단식)과 자유를 연결하면서 자기경영하는 자아의 주체성을 새로운 자아의 주체화의 모델로 도입하고, 이를 위한 '엽기적인'(?) 테크닉으로서 포도 단식을 추천하는 것이다. 그것이 엽기적인 것은 그에게 공감하던 많은 독자들의 "너무나 황당하다"는 비난에서도 나타난다. 그렇지만 공병호의 반신좌욕과 구본형의 포도 단식에서 정작 중요한 것은 그것이 가진 구체적인 효험과 가치가 아닐 것이다. 반신좌욕이든 아니면 포도 단식이든 그것은 공히 기업가적 자아로서 자신을 경영할 수 있도록 하는 신체관리 테크닉 가운데 한 가지일 뿐이고, 그 테크닉은 얼마든지 다른 것으로 교체될 수 있기 때문이다.

4. 자기계발하는 주체의 정치학

자기계발의 의지

지금까지 나는 자기계발 담론, 현재 성행하는 관례적 표현을 빌리자면 '자기경영'이라는 담론이 가진 몇 가지 주요한 측면을 살펴보았다. 1990년대 이후 폭발적으로 확산되어 누군가 말하듯이 "현대인의 필수"가 되어버린 "자기계발"은 그 규모를 어림하기 어렵다 할 만큼 거대한 문화산업이 됐고, 더불어 한국사회에서 흔히 볼 수 있는 일상생활의 관례가 됐다. 본격적인 자기계발 상품의 소비자가 되어 심리상담을 받고, 시간관리 워크숍에 참여하며, 신체관리의 테크닉을 통해 자신을 '리엔지니어링' 하지 않아도 이미 대부분은 자기계발 담론이란 그물에 갇혀 있다. 새로운 직장인의 풍속도란 이름으로 심심찮게 대중매체에 등장하던 '샐러던트'(샐러리맨 salary man과 학생student의 합성어)는 자기계발이란 말과 떼어놓은 채 이야기하기 어렵다. 채용설명회에 참여하든, 창업을 준비하든, 고용보험금을 지급받든 언제나 그 자리엔 자기를 관리하고 경력을 개발하며 적극적으로 자신을 책임지는 주체, 즉 자기계발하는 주체란 유령이 고개를 내민다. '부자 클럽'에 가입해 재테크에 관한 강의와 독서에 열중하는 사람들 역시 더 이상 직업소득이라는 안정적이고 예측 가능한 삶의 세계가 불가능하다고 믿으며 적극적으로 자기 부를 관리하고 경영하는 주체란 점에서 자기계발하는 주체의 본보기가 아닐 수 없다. '어린이 비즈니스 스쿨'에서 창의와 도전정신 그리고 자율과 책임의 주체가 되기 위한 다양한 놀이, 토론 프로그램에 참여하는 어린이부터 고령화 시대에 대비해 '인생 2모작', '인생 3모작'을 경영하기 위한 노하우를 알려주는 강연회에 참석하는 노인들에 이르기까지, 우리 모두는 자기계발하는 주체라는 울타리 속으로 들어왔다. 따라서 자기계발하는 주체의 모습은 끊임없이 펼쳐지고, 모든 '주민'을 아우르며, 모든 삶의 공간을 흡수한다.

3장에서 살펴보았던 경영 담론은 일하는 주체에 주로 국한된 것이었다. 고용에서부터 조직생활, 채용과 보상, 평가에 이르기까지 일터 안팎에서 일하는 주체는 이제 자신을 '역량 있는' 사람으로 주체화해야 하고 이는 언제나 자기계발하는 주체라는 이상을 좇으며 이뤄진다. '민주화' 이후 한국사회 통치 담론의 핵심적인 특성 가운데 하나는 바로 통치 대상으로서의 국민 혹은 주민의 정체성을 재구성하고 이들이 자기 삶을 대하고 관리하는 방식에 새로운 원리를 도입한 것이었다. 그것은 한마디로 말하자면 자신을 책임지는 자율적인 주체로서의 시민이라 할 수 있다. 경제개발계획에서 인적자원개발계획으로 국가가 국민(또는 주민)의 안녕을 관리하는 전체적인 기획을 수정할 때, 그것의 핵심은 또한 '개발연대'의 수동적인 국민에서 '지식기반경제'의 능동적인 시민이 되는 것이었다. 자율과 책임의 시민이라는 새로운 국민적 주체성의 이상은 모든 통치 담론에서, 특히 그 하나로 살펴보았던 교육정책의 변화에서 극적으로 나타난다. 훈육사회의 수동적인 피교육자에서 지식기반사회의 자기주도적인(평생)학습의 주체로의 변화는 곧 자기계발하는 국민의 모습을 아로새긴다. 따라서 자기계발하는 주체의 모습은 매일 밤 '성공일기'를 발표하고, 반신좌욕을 하며, 웰빙 명상 음악을 청취하고, 새벽 3시에 일어나 요가를 하는 강박적인 자기계발 상품의 소비자이기만 한 것은 아니다.

여기에서 나는 결론을 겸해 자기계발 담론의 정치학을 간단히 서술하고자 한다. 앞에서 나는 자기계발 담론은 세 가지 계기를 포함하는 담론임을 지적했다. 그 세 가지 계기란, 첫번째 자기계발 담론은 자기를 어떻게 문제화하는가, 두번째 자기계발 담론은 어떤 테크놀로지를 통해 자아를 주체화하는가, 그리고 세번째 자기계발 담론은 어떠한 목적·이상과 자기를 묶는가, 또 이를 통해 주체는 어떻게 자아라는 대상과 관계를 맺는가에 해당된다 할 수 있다. 그리고 지금까지 나는 자기의 문제화 그리고 자기의 테크놀로지에 해당하는 앞의 두 가지 계기를 다루는 데 주로 관심을 뒀다. 이제 그 가운데 마지막 세번째의 계기, 즉 자기의 주체화와 권력의 관계를 조금 더 자세히 다뤄보고자 한다. 물론 이미 자기의 문제설정 혹은 문제화에 관해 설명하며 이야기했듯이, 기업으로서의 삶, 기업가로서의 자아라는 재현은 이미 그것이 어떤 주체성의 정치학을 담지하고 있는지 암시하고 있다고 볼 수 있다. 기업 혹은 기업화라는 것이 단순히 특정한 이데올로 기적인 이념이 아니라 '행위양식의 이미지' 혹은 '행위의 범주'라는 설명을 고려하면, 이는 개인적 주체가 자기 삶을 어떤 방식으로 양식화하는가의 문제라고 볼 수 있다. 자기경영, 1인기업가, 기업가적 자아 등은 언제나 특정한 이상과 목적 특히 변화와 혁신, 자유, 책임 등과의 관계 속에서 개인들의 삶을 그려내는 것이다.

적어도 자유주의적인liberal 민주주의라는 것이 덩어리로서의 국민 혹은 주권적인 시민을 대상으로 한 지배가 아니라 자유liberty의 주체로서의 개인의 선택과 결정을 통해 권력을 행사하는 체제라고 한다면, 자아를 주체화한다는 것은 이미 지배를 주체화하는 것이기도 할 것이다. "자기의 테크놀로지는 자유민주주의 사회의 정치적 프로그램과 일치"한다는 주장은, 그런 점에서 일견 타당하다(Rimke, 2000: 73). 자유주의를 둘러싼 흔한 오해와 달리 개인은 사회의 대립항이 아니다. 자유주의는 '자기 삶을 어떻게 인식하고 대할 것인가, 자아를 어떻게 주체화해야 하는가'와 같은 행위양식을 통해, 언제나 개인의 삶 속에 사회를 내적으로 통합시켜왔다고 볼 수 있다. 자기계발 담론이 가진 핵심적인 특성 역시 개인이 자기 삶을 어떻게 주체화하는가에 관련된 행동양식을 수립하고 그를 통해 권력을 행사하는 권력 모델과 상관이 있다.

불확실성, 리스크, 자유

어느 샐러리맨의 기도

바라옵건데……
매일 아침 눈을 떴을 때 '오늘 회사 가기 싫다'는

유혹이 저를 미혹치 않게 해주소서.

오늘도 피로가 저의 영혼을 잠식하오나,

지각의 두려움이 이부자리에서 떨쳐나게 했나이다.

〔……〕

스스로는 사내 인트라넷 접속조차 두려워하면서 하급자들에게는

'액셀은 기본, 파워포인트, 프레젠테이션 정도는 마스터해야 한다'는

택도 없는 훈시를 내리는 중간관리자들의

조디를 무지 엄하게 쎄려주시옵소서.

또한 저의 이 미미한 힘으로는 도저히 피할 수 없는

상사의 어떠한 잔소리에도 무릎 꿇지 아니할 강건한

완전만생각의 은총을 허락해주시옵소서.

〔……〕

그러면서도 회사의 발전이 내 발전과 '무관'했던

지난날의 관성에서 벗어나,

회사는 내 비즈니스의 파트너임을 깨닫고

늘 자기계발에 용맹정진할 줄 알게 해주소서.

회사에 충성하는 동안에도 돈 되는 건 뭐든지 하겠나이다.

〔……〕

그래서 마침내 회사 그만두는 것에 두려움이 없게 해주시며,

마침내 생을 마감하는 날에 '내 청춘을 월급과 바꾸었구나!'

하고 한탄하지 않을 수 있도록 해주소서.

〔……〕

성부와 성자와 성신의 이름으로,

또한 부처님, 공자님, 모세님, 마호메드님, 조로아스터교님, 월급수호신

님 등……

그 모든 위대하신 님들의 이름으로 간절히 기도하옵나이다.

　　　　　　　　　　　　　　　　 — 암에푸 직장인을 위한 新기도문

위의 "기도문"은 외환위기의 여파가 극점에 달한 1999년 『딴지일보』에 실렸던 "특종"의 한 부분이다. 이 기도문을 긴급입수해 게재한다고 허풍을 떨면서(짐작컨대 이 기도문은 아마 『딴지일보』의 자작물인 듯이 보인다), 편집자는 1998~1999년 외환위기를 전후해 이 기도문을 외운 통에 여의도와 시청 일대의 직장인들이 무사히 위기를 넘겼다고 주장했다. 이 기사는 "세상 사람들이 빙점 이하로 얼어붙고 몰인정한 표정으로 그냥 '구조조정', '정리해고', '워크아웃', '중산층의 양극화', '연봉제', '계약직'이라고 조각조각 부르지만" 자신들은 "현 상황을 한마디로 '암에푸 디지탈 구농조정 혁명'이라" 명한다고 너스레를 떤다. 그리고 "가공할 대변화의 소용돌이에서 신음하는 샐러리맨들"에게 이 비서秘書를 열심히 암송해 생존에 성공하라고 권유한다. 이 희비극적인 짧은 기도문은 앞서 다룬 자기계발하는 주체의 정체성을, 아이러니한 방식으로, 그러나 일목요연하게 보여준다. 그것은 기도문이 제시하는 내용 때문이 아니라 기도문을 외는 직장인의 심적 긴장 그리고 이를 극복하려는 몸짓 때문이다. 이 기도문은 불안으로부터 벗어나고자 하는 직장인들이 냉소적이면서 풍자적인 조롱과 타협을 통해 자기 처지와 대면하는 모습을 보여준다. 여기에서 아마 관건은 바로 불안일 것이다. 그리고 불안이란 용어를 다시 사회 현실을 해석하는 용어로 바꾸자면 불확실성, 혹은 지난 수십 년간 유행했던 표현을 빌자면 '리스크' 혹은 '위험'이 될 것이다. 그리고 미리 결론부터 말하자면 자기계발하는 주체는 또한 리스크, 위험을 관리하는 주체라 할 수 있다. 따라서 구조조정의 태풍 앞에서 직장인들이 겪는 공포와 불안은 바로 자신이 예측할 수 없고 통제할 수 없는 세계에 직면했을 때의 감정이라고 할 수 있다. 그렇다면 그 불안을 어떻게 통제하고 관리할 수 있을까. 물론 대답은 물음 그 자체가 담고 있다. 그 위험을 적극적으로 관리하고 통제하는 것이다.

그렇지만 그것은 위험을 안정적인 규칙 혹은 일반적인 질서로 길들여서 교체함으로써 가능한 것이 아니다. 한때 유행했던 사회이론 가운데 하나인 '위험사회론'을 참고한다면, 위험을 관리하려는 시도는 거꾸로 누적적으로 그리고 재귀적으로 위험을 증대시키기 때문이다. 결국 어떤 탁월한 보험설계사도 어떤 첨단 컴퓨터도 개인의 일생이 어떻게 바뀔 것인지 예측하고 추정할 수 없다. 그렇다면 무엇을 할 것인가. 이에 대해 자기계발 담론이 내놓는 답변은 바로 기업가적 자아, 즉 자기계발하는 주체가 되라는 것이다. 그렇게 볼 때 위의 기도문에서 기도를 외는 불안한 직장인의 모습도 리스크를 관리하는 사람의 형상에 다름 아니라고 말할 수 있다. 자신의 사회적 삶을 규정하던 기존의 안정적인 규칙이 사라지게 됐을 때, 자신을 위협하는 일련의 정황을 리스크란 문제로 분절하고 나아가 이를 지배·통제하는 방편으로 '자기의 관리' 혹은 '자기의 테크놀로지'를 채택하기 때문이다. 그리고 그것이 기업가적 자아로서 자신의 삶을 기업화하는 일상적인 행위 즉 자기계발이란 것임은 두말할 나위 없다.

변화를 이해하기 위해서는 미래의 관점에서 현재를 보는 시각을 가지지 않으면 안 된다. 나는 미래를 이해하는 가장 확실한 방법은 미래를 창조하는 것이란 말에 찬성한다. 그런 의미에서 나는 미래를 매우 독특한 관점에서 조망한다. 적어도 나는 '시간은 미래로 흐른다'라는 상식에서 벗어나려고 애를 쓰고 있다. 이런 **인식의 전환은 때때로 미래를 아직 발생하지 않은 시간이나 사건으로 보는 불확실성의 횡포로부터 우리를 구해준다** (구본형, 1998: 178~179. 강조는 인용자).

어디서 무엇을 하든 그대는 1인기업을 운영하는 경영자라는 사실을 잊어서는 안 된다. 실질적인 자영업을 하든, 그렇지 않고 특정 기업을 위해 일하고 있든 1년을 단위로 재계약을 한다는 마음가짐이 중요하다. 최고의 서비스를 제공하면 좋은 조건으로 재계약을 할 수 있을 것이다. 〔……〕 이것은 많은 사람들이 자신의 근로 생활을 일자리로 규정하는 대신, 하나의 리스크 관리로 보기 시작했음을 의미한다. 이에 따라 리스크의 개념은 '상실할 가능성'chance of loss에서 '얻을 수 있는 기회'opportunity for gain로 전환하게 됐다. 진정한 실업은 지금 봉급을 받을 수 있는 일자리를 가지지 못한 것이 아니라, 미래의 부를 가져다줄 자신의 재능을 자본화하지 못하는 것이다(구본형, 2001: 27).

이 인용문은 매우 함축적이고 또 다양한 주장을 아우른다. 여기에서 구본형이 자기경영의 주체가 되어야할 이유를 끌어대는 사회 현실이란 '불확실한 세계, 급변하는 세상, 지식정보사회' 등 자기계발 텍스트에 넘쳐나는 수많은 상투어들을 대신하는 것에 불과하다. 그렇지만 그럼에도 불구하고 그는 기업가적 자아의 정체성을 리스크를 관리하는 주체로 분명히 서술함으로써, 기업가정신의 근본적인 특성, 즉 '위험을 감수하는 주체'로서의 정체성을 잘 보여준다. 알다시피 기업가적 주체란 구본형의 표현을 직접 빌리자면 "독특한 시간에 대한 개념", "미래를 아직 발생하지 않은 시간이나 사건으로 보는 불확실성의 횡포로부터 우리를 구해"주는 시간 개념을 택한다.

그런데 이는 좀더 엄밀하게 말하자면 리스크 담론이 이야기하는 시간과 다른 것이라 할 수 있다. 리스크는 계산 불가능한 것을 계산 가능한 것으로 전환시킴으로써 그것을 지배할 수 있는 대상으로 다루려는 대표적인 사회적 관리의 기획이라고 볼 수 있을 것이다. 따라서 리스크는 불확실성을 저주하고 그것을 통제할 수 있는 대상으로 변화시키기 위한 다양한 지적 행위를 투입하고(수량화, 통계의 기술, 주기적인 감시와 관찰 등), 이를 질병이든 환경이든 교육이든 고용이든 보험이든 각양각색의 사회적 삶을 관리하는 세부적인 정치적인 테크놀로지와 결합시키는 것이라 할 수 있었다. 그런 점에서 리스크란 쉽게 말하자면 사회적 삶을 계산 가능한 것으로 만들어내기 위한 일련의 시도라고 볼 수 있다. 그러므로 리스크라는 담론은 언제나 불확실성을 일종의 악惡, 사회에의 위협으로 간주하면서 과학적 지식을 비롯한 다양한 지적 도구와 기술을 통해 이를 지속적으로 길들이려 했던 시도라고 할 수 있다.

그렇다면 구본형은 자기경영 담론에서 리스크에 관한 기존의 정의를 어떻게 수정하고 있을까. 그는 이를테면 평생직장이라는 제도가 사라진 지금 우리는 이제 예측 가능하고 미리 셈할 수 있는 경제적 생존의 세계를 잃어버렸다고 생각할 수도 있다고 말한다. 그렇지만 그는 이를 리스크 관리로 받아들이도록 주문한다. 단 리스크의 개념은 "'상실할 가능성'에서 '얻을 수 있는 기회'로 전환"된다. 다시 말해 그는 불확실성을 악이 아니라 자유의 조건으로 본다. 그리고 그런 그의 주장은 실업을 위험이 아니라 바로 기회로, 좀더 엄격하게 말하자면 자유라곤 없는 엄격한 고용이란 규칙의 세계로부터 벗어나 자기가 처한 경제적 삶의 세계를 자기의 재능 혹은 '인적자본'을 자유롭게 처분할 수 있는, 바꿔 말해 자유를 실현할 수 있는 세계로 받아들일 것을 요구한다. 이는 구본형이 자기 본업이라고 자처하는 '변화경영'이라는 분야를 대표하며 나아가 자기경영 담론 분야에서도 역시 국제적 명사인 톰 피터스가 내놓는 주장과 비교하면 더욱 분명해진다. 톰 피터스는 『혼돈 위에서의 번영』[27]이란 그의 유명한 책에서 그의 트레이드마크인 혁명, 변화, 혁신을 선전하면서 다음과 같이 말한다.

『기업의 정신』에서 길더는 기업가에게 찬사를 보낸다. "기업가들이 세상을 지탱하고 있다. 그들의 경륜에는 최적화를 위한 계산이나 섬세한 시장 균형을 유지시키는 것 따위는 없다. 그들은 균형된 상태(안정)를 확립하기보다 **오히려 확립된 것을 전복하려 한다. 그들은 경제생활의 영웅들이다.**" 그는 기업가의 역할을 부정한 전통경제이론을 신랄하게 공격한다. "현재의 자본주의는 한 가지 결정적인 약점이 있는데 그것은 자본가에 대한 깊은 불신과 몰이해성이다. 구매력의 흐름, 시장경제의 보이지 않는 손, 상품과 화폐의 미묘한 상호작용 등등······ 현대 경제학의 모든 특징은 **실상 생기를 불어넣어주는 주역이 없이 이론의 정교한 무대 위에 펼쳐진 거대한 수학적 드라마와 같다.**" 〔······〕 기업의 내부에서건 외부에선 제품 및 사업의 챔피언은 특별하다. 그들은 몽상가이며 한편으로는 어려움을 잘 헤쳐가는 현실주의자이기도 하다. 챔피언들은 일에 대한 열정적인 애착을 갖고 있기 때문에 성공의 확률이 낮은 일들이 그들에겐 성공의 확률이 높은 일들로 받아들여진다. 〔······〕 이런 종류의 사람들은 대개가 자기중심적이고 참을성이 없으며 파괴적이다. 이런 특성으로 인해 기존 관리자들로부터 강한 반발을 살 확률은 높아진다(피터스, 1991 : 402~404. 강조는 인용자).

톰 피터스는 여기에서 리스크를 관리하려는 목적에서 등장한 대표적 전문지식인 경제학을 성토한다. 그는 조지 길더의 말을 빌려 리스크를 관리하려는 시도, 특히 경제적 현상의 리스크를 관리하려는 시도 자체였던 기존의 경제학이 "실상 생기를 불어넣어주는 주역이 없이 이론의 정교한 무대 위에 펼쳐진 거대한 수학적 드라마와 같다"고 비난한다. 생기를 불어넣어주는 주역이란 그의 표현을 빌리자면 "챔피언"이고 조지 길더의 표현을 빌리자면 "기업가"이다. 혹은 그가 쓴 다른 글에서의 표현을 빌리자면

"영웅"이다. 물론 그것에 관한 공식적인 역사적인 표현은 "기업가"이다. 기업가란 "몽상가이자 현실주의자"이고, 열정을 가지고 있는 탓에 규칙과 법칙을 따르는 사람들이 성공 확률이 낮다고 기피하는 것을 그들은 성공 확률이 높은 것으로 받아들인다. 따라서 그들은 기존의 자본주의 즉 산업 사회, 관료주의, 규율사회 등으로 비난을 받아 마땅한 기존 자본주의의 대표자인 관리자들로부터 반발을 살 수밖에 없었다. 그들은 개성과 열정, 창의, 혁신을 거부했던 이들이기 때문이다. 그들은 "거대한 수학적 드라마"만 쫓을 뿐이기 때문이다. 따라서 곧 이어 "비이성적인 챔피언만이 성공할 수 있다"는 피터스의 설명은 읽지 않아도 쉬이 짐작할 수 있다. 아무튼 톰 피터스의 챔피언과 구본형의 1인기업가, 자기경영의 주체는 똑같다. 그들은 모두 리스크를 관리하는 기존의 사고방식을 저주한다. 이 글에서 사용하는 용어로 바꾸자면, 그들은 리스크 관리자로서의 주체라는 "자아의 문제화"를 거부한다. 그리고 이들은 새롭게 자아를 문제화하고 그에 해당하는 새로운 자기의 테크놀로지를 도입할 필요를 역설한다. 그것은 기업가적 자아로서, 챔피언으로서, 영웅으로서 자아를 주체화하는 것이다.

결국 기업가적 자아로 자신을 주체화한다는 것은 곧 자신에게 닥친 위험을 관리함으로써 자신을 주체화하는 것이기도 하다. 그것은 실업, 질병, 안전, 죽음, 재난 등의 모든 문제를 종래의 의미에서의 리스크로 보지 않는다는 것이다. 다시 말해 그것을 불안에 떨게 하는 위협, 기존의 규칙으로부터 추방된 표류하는 삶으로 자신이 내동댕이쳐진 것으로 더 이상 받아들이지 않음을 뜻한다. 따라서 실업이라는 리스크는 더 이상 개인에게 닥친 불행이나 고통으로 받아들여져서는 안 된다. 이들은 고용안정이나 고용보장이라는 악명 높은(!) 리스크 관리의 기법을 통해 개인의 자유를 박탈했던 지난 시대의 음울한 감옥을 곳곳에서 비난한다(물론 이는 공병호를 비롯한 많은 자기계발 전문가들이 공통적으로 보여주는 몸짓이기도 하다). 그들이 보기에 경제 발전과 성장을 억압했던 것은, 앞의 이야기를 다시 빌리자면, "최적화를 위한 계산이나 섬세한 시장 균형을 유지시키는 것 따위"이다. 그들은 이에 저항해 "확립된 것을 전복"하는 "영웅"이 되길 원한다. 그것이 새로운 경제적 주체성의 모습이며 또한 자신의 성공을 자신의 자유와 결합시킬 줄 아는 자아의 모습이다. 그들은 기존 시대엔 '비이성적인 인물'로 낙인찍히고, 지나치게 튀고 파괴적이며 자기중심적이어서 미움을 받았을지 모르지만, 이제 우리는 '조직인간' 아니면 '평균적인 삶'의 굴레에서 벗어나야 한다. 결국 실업은 위험을 상궤常軌로부터 벗어나는 이탈로 간주하고 자기 삶에 들이닥친 재난으로 보는 '산업사회'의 인간들에게는 재앙이겠지만, 이제 우리에게 그것은 '자유'의 선택이다. 이를테면 다음 구본형의 주장을 보라.

> 실업은 일자리를 갖지 못한 상태가 아니다. 진정한 실업은 인생을 살면서, 하고 싶고 잘할 수 있는 일을 발견하지 못한 것이라는 점을 잊지 말아야 한다. 저항을 이기고 자기혁명에 성공하기 위한 첫번째 조건은 스스로에게 위기를 설득시키는 것이다. 그리고 변화를 생존의 문제로 규정함으로써 자신을 구성하고 있는 습관들과의 '전면적인 생존 전쟁'을 시작할 준비를 갖추는 것이다. 전면전은 확신을 필요로 한다. 분명하고 확고한 신념을 요구한다. 이곳에 그대로 있을 수 없는 분명한 이유를 찾아낼 수 없는 사람은 결코 떠날 수 없다(구본형, 1999: 197).

인간의 정신적인 작업은 욕망 없이는 이루어낼 수 없다. 스스로 원하는 것이 아니면 몰입할 수 없다. 노예는 창조적일 수 없다. 그들에게는 지시와 통제, 그리고 자유를 판 대가로 밥이 주어질 뿐이다. 창조적일 이유도 없다. 주인이 시키는 대로 하기만 하면 되기 때문이다. 노예에게는 언제나 주인이 있다. 그 주인의 이름은 '상황'이라고 불리기도 하고, '포도청'이라고 불리는 목구멍'이기도 하다. 혹은 '탐욕스러운 부패의 고리'라고 불리기도 하고, '제도와 관행'이라고 불리기도 한다. 무엇이라고 불리든 **그 주인은 언제나 자기의 밖에 존재하는 무엇**이다. 최고의 전문가는 자신의 내적인 욕망을 따르는 사람이다. 전문가의 길은 학벌과 경력에 관계없이 누구에게나 열려 있다. 그러나 아무나 될 수 있는 것은 아니다. 자신이 하고 싶어하는 일에 시간과 정열을 쏟아 붓는 사람만이 그 자리에 가 있을 수 있다. 오직 바라는 사람만이 얻을 수 있다. 그는 그 일을 통해서 세상을 보고 세상에 기여한다. 지금 필요한 것은 자기에게 되돌아오는 것이다. 그리고 스스로에게 상냥하게 물어보는 것이다. 하고 싶은 일이 무엇인가? 그것을 선택하는 것이다. 그것에 자신을 전부 내주어야 한다. 인생을 모두 걸어보는 것이다(구본형, 1999: 200~201. 강조는 인용자).

따라서 자유를 누리는 주체란 "고용된 주체"가 아니다. 진정한 자유의 주체란 "하고 싶고 잘할 수 있는 일을 발견하는" 주체이다. 그리고 상황을 탓하고 목구멍이 포도청이라고 탓하며 "언제나 자기의 밖에 존재하는 무엇"을 주인으로 여겼던 노예의 삶을 벗어던진 전문가이다. 이런 식으로 말하자면 적극적으로 위험을 감수하며 자신의 삶을 선택하는 주체이다. 그러므로 실업이란 표현은 신자유주의자에게는 있을 수 없는 현실이다. 그리고 이처럼 항상적으로 사업을 관장하는 주체로서 개인을 바라보는 시점이 1인기업가란 개념이다. 1인기업가란 관점에서 실업을 리스크 관리로 바라보자면 그것은 자신의 인적자본의 가치를 증대시키고 변화하려는 사업이 된다. 결국 구본형이 말하는 1인기업가로서의 삶, 자기계발하는 주체는 자기 삶을 리스크로 번역하고 이를 자유의 기획으로 적극적으로 이끄는 주체이다. 이렇게 능동적으로 위험을 감수하는 주체에게 시간 역시 다른 방식으로 재현될 수밖에 없다. 위험사회론에서 가정하는 미래란 과거의 반복이다. 즉 일정한 규칙성과 패턴의 반복을 통해 이미 예상할 수 있었던 과거 속의 미래이다. 그러나 구본형은 자기계발 텍스트의 중요한 이야기 형식 가운데 하나인 시간 서사를 통해 이른바 기업가적 자아가 수행하는 시간관리 테크닉을 인문학적으로 표현한다. 그 역시 소소한 일지 쓰기나 사명선언문 쓰기, 묘비명 쓰기 등의 시간관리 테크닉을 역설하지만 대개 그것은 이런 식의 우아한 시간 서사와 함께 한다.

유명한 역사가인 칼 베커는 '각 개인은 모두 자신의 역사가'라고 말했다. 역사가에게 가장 필요한 것은 역사적 상상력이다. [……] 상상력은 미래를 이해하는 데 더더욱 필요한 것이다. 상상력을 통해 우리가 기억해낸 미래라는 개념과 가장 흡사한 것은, 우리가 지금까지 비전이라고 불러온 개념이다. '이루어지리라고 믿는, 가슴 떨리는 아름다운 미래의 모습'이 지금까지의 비전이었다면, 이제부터는 '내가 곧 확인하게 될 미래에 대한 아름다운 기억'이 새로운 정의이다. 구원은 상상력 속에 있고, 생활 속에서 실현된다(구본형, 1998: 327).

방금 본 글에서 구본형은 자기계발하는 주체, 기업가적 자아가 누리는 시간에 관해 역설한다. 이는 앞서 본 이야기 즉, "인식의 전환은 때때로 미래를 아직 발생하지 않은 시간이나 사건을 보는 불확실성의 횡포로부터 우리를 구해준다"는 말과 크게 다르지 않다. 여기에서 그가 일컫는 시간이란 "생활 속에" 있는 것이다. 그것은 자기 삶을 더 이상 조직에 딸린 목숨으로 생각하지 않고 꼭두각시 인형처럼 살지 않으려는 적극적인 자유이며 그것은 단적으로 자신을 더 이상 피고용자가 아닌 인적자본을 소유한 '1인 기업가'로 주체화하는 것이다. 여기에서 말하는 주체화란 어떤 특정한 이상과 동일시하는 것이 아니라 자기 인생과 관계 맺는 방식 그리고 그것을 실행하는 활동을 가리킨다. 그런 점에서 리스크, 불확실성의 관리자로서의 주체, 즉 합리적인 규칙과 계산을 통해 위험과 불확실성을 통제하고 관리하는 것이 아니라 이를 자유로운 삶을 누리는 조건으로 적극 즐기면서 이를 통제하고자 하는 공적 권위의 개입이나 간섭에 대항하는 주체이다. 그런 점에서 앞서 본 성공학적인 자기계발 담론과 자기경영에서 말하는 자기계발 담론 사이에 어떤 차이가 있는지를 다시 생각해볼 수 있다. 기존의 성공학과 그를 가리키는 또 다른 경멸적인 표현인 처세술은 언제나 이미 마련되어 주어진 규칙이나 이상이란 테두리 안에서 자기 성공을 도모했다. 따라서 그 또한 자기를 적극 계발·향상시키는 행위를 요구하고 또 그에 관련된 테크닉을 사용하지만, 이를 자기경영이란 관점에서 보자면 그 역시 또 다른 모습을 한 순응과 복종에 불과한 것이다.

한편 앞서 시간관리 테크닉을 이야기하면서 지적했듯 자기경영 담론에서 말하는 시간관리 테크닉은 성공학의 시간관리 테크닉과 구분된다. 성공학이 내세우는 시간관리 테크닉은 규칙적인 일과의 엄수, 근면, 성실, 절조, 금욕 등의 이상을 시간관리라는 테크닉과 연계시키는 '훈육'의 시간관리 테크닉이었다고 할 수 있을지 모른다. 반면 자기경영의 시간관리 테크닉은 DMBO든 아니면 사명선언문, 시간가계부이든 그 세부적인 차이를 떠나 한 가지 점에서 수렴한다. 그것은 더 이상 정해진 일과를 살지 않는다는 것이다. 혹은 자기 삶 바깥에 놓인 세계, 예컨대 일터, 학교가 마련해놓은 시간의 규칙과 명령에 따른다고 하더라도 그것은 그들의 시간이 아니라 나의 시간으로 장악하고 자기가 경영해야 하는 것, 즉 자신의 자유를 발휘하는 지평으로 구성된다. 이는 앞서 인용한 공병호의 말처럼 "개인의 내면에 숨겨진 진취적이고 도전적이며 자율적인 특성을 마음껏 발휘"하는 것, "당신 인생의 주인공이며 최고경영자임을 순간순간 확인"하는 것이다.

즉 나는 자기 삶의 경영자이며 동시에 자유의 주체이다.

기업은 타인들이 자신을 관리하는governing 방식과 자신이 스스로를 관리하는 방식 사이에 연결고리를 만들어낸다. 여기에서 기업이란 자신의 일상적인 실존을 안내하는 일련의 규칙을 가리키게 된다. 힘, 주도성, 야망, 타산 및 개인적 책임. 기업가적 자아란 자기 인생을 기업으로 만들고자 하며, 자기 인적자본을 최대화하고자 애쓸 것이며, 자신을 미래로 투사하고, 바라는 바대로 되기 위해 자신을 바꿔내고자 노력할 것이다. 그리하여 기업가적 자아는 능동적인 자아임과 동시에 계산하는 자아, 즉 자신에 '관해' 계산을 하고, 자신을 향상시키기 위해 자신 '에게' 작용을 가하는 자아이다. 다시 말해 기업이란 행위를 지배하는 형식을 가리키는 것으로서 그것은 내적으로 '윤리적인 것'이다. 즉 좋은 통치government 란 사람들이 자신을 관리하는 그 방식에 근거해야 한다(Rose, 1998a).

결국 이 설명은 크게 세 가지의 측면을 겹쳐놓는다. 먼저 그것은 개인의 일상적인 삶을 둘러싼 혼란과 불안을 리스크라는 문제로 대상화한다. 그런 점에서 이는 사회적 삶을 지배한다는 것을 리스크 관리란 형태로 구성했던 자유주의적 정치적 테크놀로지가 점차 개인화되고 동시에 이것이 새로운 차원으로 전개되어감을 의미한다고 볼 수 있다. 두번째 리스크 관리의 문제는 이제 기업가정신, 혁신과 창의성, 개인의 자율과 책임의 문제와 결합하면서 자유라는 문제로 전환된다. 그리고 일군의 주장들은 기존의 리스크 관리가 권위주의적·관료적·억압적·획일적이라고 비난하며, 그것을 불확실성을 감수하는 개인적인 경제적·정치적·사회적 주체가 적극 자유를 실현하는 행위로 바꿔낸다. 물론 이를 가리키는 이름은 신자유주의이다. 세번째 이는 다시 개인이 자기 삶을 어떻게 관리하고 지배할 것인가 하는 문제와 결합한다. 그것은 바로 자기의 개인적인 삶을 더 이상 공적인 사회적 규제를 통해 보장·보호받는 것이 아니라 적극적으로 자기 자유를 실현하고 책임질 수 있는 기업가적 자아로 재구성하는 것이다. 물론 이세 가지의 측면은 모두 같은 것을 가리킨다. 리스크 관리는 정부를 비롯한 공적 제도와 기관, 기업을 비롯한 경제적 행위주체에서부터 병원, 학교, 교도소, 사회복지시설 등 그리고 나아가 개인에 이르기까지 모든 영역을 감싸면서, 각각의 주체가 자기 행동을 어떻게 관리하고 통솔할 것인가를 규정한다. 그리고 그런 리스크 관리를 위협과 무질서를 통제하는 일이 아니라 적극적인 위험에의 도전, 자기의 책임부여로 자리바꿈한다. 한마디로 말해 어떻게 자유로운 삶을 살 것인가의 문제로 다루어낸다. 결국 기업가적 자아란 이제 기업가적 정부, 기업 대학, 기업가형 인재, 기업가정신의 기업, 기업가적 시민 등으로 이어지는 일련의 연속체 가운데 하나이자 또 각각의 분신인 셈이다.

신자유주의와 자기의 지배

우리는 지금 다른 사람의 명령에 따라 움직이는 종속적 주체에서 자신의 욕망에 따라 움직일 수 있는 자유로운 사람으로 일상을 꾸려갈 수 있는 위대한 전기를 맞고 있다. 마음속 깊은 곳으로부터 견딜 수 있는 그리움으로 다가오는 욕망에 귀를 기울이라. 그리고 욕망이 흐르는 대로 일상을 바꿔가라. 하고 싶은 것을 함으로써 전문가가 되라. 욕망만큼 강력한 자기격려는 없다. 당신이 스스로 구원할 수 있는 것은 바로 전문가의 시각으로 일상을 재구성할 수 있는 능력에 있다. 이것을 가치라고 부르며 21세기의 자본주의는 이것이야말로 부를 재분배할 수 있는 최대의 생산요소라 부르고 있다(구본형, 1998: 38).

이 글은 자기계발하는 주체의 모습이 어떠한 정치적 주체성의 모습을 내부에 통합하고 있는지 잘 보여준다. 그는 명령에 따르는 종속적인 주체에서 자신의 욕망에 따라 움직이는 주체로 살아갈 수 있는 "위대한 전기"를 맞이하고 있다고 말한다. 그가 말하는 그 위대한 전기란 다름 아닌 지난 20년간 그리고 무엇보다 외환위기를 통해 전면화된 한국 자본주의의 변화라고 할 수 있다. 그는 이것을 "21세기의 자본주의"라고 부르며 다른 글에서 말하듯이 "희망이 있는 자본주의"라고 칭한다. 이런 저항하기 어려운 매력적인 자아의 윤리, 즉 종속된 주체로부터 욕망을 가진 주체로 나를 변신시킨다는 주장을, 그는 자본주의를 구성하는 사회적 삶의 형세 그리고 그것을 변형시키고자 하는 일련의 기획들(지금까지 이 글에서 살펴본 것들을 예로 들자면 교육개혁, 경영혁신, 국가혁신 등)과 연계시킨다. 이 모두는 공급자 중심주의, 관료주의, 집단주의 등으로 성토받는 기존 경제질서를 부정하고 쇄신하려는 기획이다. 그리고 그것을 가로지르는 일관된 하나의 정치적 이성을 추출한다면 그것은 '자기계발에의 의지'일지도 모른다. 여기에서 말하는 자기계발에의 의지란 이 장에서 살펴보았던 다양한 대중적인 자기계발 상품의 소비자, 일상적인 생활에서 자기계발 전문가가 처방하는 다양한 행위를 실천하는 개인들이 가진 꿈을 가리키는 것만이 아니다. 그것은 적어도 지난 20년간 한국 자본주의가 새로운 모습으로 변신하는 과정에 내밀하게 스며들어 있던, 다시 말해 교육개혁을 통해서는 학생의 주체성을, 구조조정이라는 일련의 '경영혁신'을 통해서는 노동자·관리자의 정체성을, 그리고 일상적인 현실에서는 개인 정체성을 변화시켜온 과정에 공히 흘러다니고 있던 주체화의 권력을 가리킨다고 말할 수 있다. 그리고 이는 '자기주도적 평생학습의 주체'에서 고용 가능성을 즐기는 '유연하고 역량 있는' 일하는 주체, 나아가 1인기업가로서 자신의 삶을 적극적으로 경영하는 자유와 해방을 꿈꾸는 개인이라는 각각의 '자기계발하는 주체'란 모습으로 변화무쌍하게 나타한다.

　웬디 라르너의 말처럼 "일터, 교육기관, 보건 및 복지 기관을 위시한 다양한 영역에서 찾아볼 수 있는 신자유주의적인 지배전략은 사람들로 하여금 자기 행복을 스스로 북돋워야 하는 개별화되고 능동적인 주체로 바라보도록 고무한다"(Larner, 2000: 13). 그리고 이런 '능동적 사회', '능동적 시민'이란 개념은 한국사회 안에서 개혁 정부의 민주주의 이념으로 오해받아왔던 수많은 정치적 슬로건, "자율, 책임, 자유, 참여"이라는 이상과 합성되어왔다. 그리고 자기 스스로 책임지고 실현하며 돌보아 하는 시민들의 세계 즉, "'능동적 사회'란 생각은 전통적으로 정치적인 것이라고 인식되어온 영역 밖에 있던 것, 심지어 '반문화운동'을 포함한 제 영역에서 발전되어온 자아의 정치학과 긴밀하게 연결되어 있다"(Larner, 2000).

　그러므로 '자기계발에의 의지'라는 새로운 정치적 합리성이 등장한 현상은 신자유주의라는 새로운 정치이념이 지배를 행사하는 것에 다름 아니다. 물론 이 책에서 나는 신자유주의가 몇몇 신자유주의 사상가가 주장하는 학설이나 교리가 아니며 따로 구분된 정책이나 제도, 프로그램, 테크놀로지에 한정시킬 수 있는 것이 아님을 강조해왔다. 신자유주의란 것이 분명 시장원리에 따른 사회의 규제, 공적인 가치와 규범의 몰락, 빈곤의 확산과 안전, 건강, 교육을 비롯한 다양한 현실에서 극단적인 양극화 등을 가리키는 것임에도 불구하고, 신자유주의를 그런 객관적 현상으로 한정시킬 수도 없음을 역시 지적했다. 그리고 신자유주의를 특정한 정치적 당파가 주창하는 정치적 비전이나 입장에 국한해서도 안 된다는 점을 이야기했다. 영국의 대처 정권과 메이저 정권의 신보수주의와 블레어 정권의 제3의 길, 그리고 레이건 정권과 부시 정권의 신보수주의와 클린턴 정권의 제3의 길 사이에 놓인 거리는 김영삼, 김대중, 노무현 정권 사이에 놓인 거리처럼 전연 먼 것이 아니다. 정치적인 당파의 성격과 소속을 떠나 지난 수십 년간 전지구적으로 진행되어왔던 변화는 거칠게 말하자면 새로운 정치적 합리성이 등장했다는 것이고, 그것은 다양한 만큼이나 동질적이고, 차별적인 만큼이나 유사하다. 자기주도적 학습주체와 평생학습체제를 위한 영국의 개혁과 한국의 개혁 사이에는 아무런 질적인 차이가 없다. 위대한 직장을 만들기 위해 리엔지니어링을 시도하고 기업문화를 도입하며 학습조직을 만들어내는 미국 기업과 경영혁신과 인재경영을 역설하며 신노사문화를 제창하고 "문국현 모델"의 확산을 위한 캠페인을 펼치는 한국 기업 사이에는 아무런 차이가 없다(서동진, 2004a). 스티븐 코비의 『성공하는 사람들의 7가지 습관』은 한국과 대만에서 더욱 많이 읽히며, 미국에서 유행했던 모든 자기계발의 테크닉과 프로그램은 모두 한국의 자기계발 전문가들이 이미 번창하는 사업으로 판매하고 있다.

> 정치에 관한 사유양식으로서 기업이란 개념 그리고 관행들이 대두하게 된 것은 그저 특정한 신자유주의적 정치철학 텍스트를 참조하는 것 이상을 의미한다. 그것은 정치적 스펙트럼을 가로지르면서 새로운 정치적 논쟁의 영역을 빚어내는 바, 이 안에서 자기를 실현하는 개인들은 정치적 전략을 형성하고 평가하는 데 있어서, 그리고 사회·경제적 삶을 변형하는 데 있어서, 그 토대이자 전제조건을 제공하게 된다. 다시 통치 이성은 인간의 주관적 정체성에 관한 특정한 인식 위에 근거하게 되고, 다시 개인적 정체성의 윤리가 일련의 특수한 장소들―무엇보다 생산의 세계가 중심적이라 할 수 있을 터인데―을 지지하고 또 그 장소에 끼어들게 된다(Miller & Rose, 1995: 455).

여기서 기업이란 개념, 즉 기업가정신, 기업가적 자아란 말 속에 들어 있는 그 기업은 자기계발에의 의지와 자기계발하는 주체에 다름 아니다.

저자들의 말을 빌리자면 신자유주의란 이런 "통치 이성"governmental ratio-nality일 것이다. 통치 이성 혹은 정치적 합리성이란 어떻게 지배할 것인가의 문제와 어떻게 자신을 대할 것인가의 문제를 결합하는 근대 정치권력의 특성을 가리키기 위해 푸코가 즐겨 사용한 개념이다. 그의 말을 빌리자면 근대 통치 이성은 지배의 테크놀로지와 자기의 테크놀로지를 결합해작용했다. 이 대목에서 우리는 푸코가 말했던 권력 개념을 다시 한 번 떠올려볼 수도 있을 것이다. 즉 "권력의 형식은 직접적인 일상생활에 적용되어개인을 범주화하고, 개인을 자신의 개별성에 따라 특징지으며, 개인을 자기의 고유한 정체성에 밀착시키고, 그가 인정해야 하고 타인들이 그에게서 인식해내야 하는 진리의 법칙을 그에게 부과한다. 개인을 주체로 만드는 것은 바로 권력의 형식인 것이다"(푸코, 1994d: 92). 결국 권력은 지배받는 주체에게 직접 작용하지 않는다. 그것은 주체성을 형성하고 그 주체가 자신의 삶에 작용하는 방식을 규정함으로써 주체를 '멀리에서'at dis-tance 지배한다. 신자유주의는 바로 그런 지배대상으로서의 주체를 빚어낸다. 그렇지만 그것은 동시에 자기 삶을 대하는 주체에게 새로운 행위 가능성, 즉 개인적 자유를 행사할 수 있는 기회를 부여하면서 작용한다. 따라서 자기계발하는 주체가 품고 있는 자유는 허위적인 기만도 아니고 한낱 허깨비에 불과한 것도 아니다. 언제나 권력은 자유를 통해 작동하기 때문이다.

자기계발에의 의지가 자발적 욕망을 실현하려는 나, 자기혁명을 꿈꾸는 나, 자신을 적극적으로 책임지고 경영하는 나를 만들어내는 것이라는 것은, 그러므로 요설饒舌도 아니고 궤변도 아닐 것이다. 자기계발하는 주체는 자유를 통해 자기 삶을 조명하고 해석하며 돌보는 주체이다. 그리고지난 20년간 벌어진 한국사회의 변화 역시 이런 자유에의 의지 혹은 자기계발에의 의지와의 만남을 통해 가능했다. 그것은 '반공훈육사회'를 비판하며 시민이 스스로 자기 꿈과 참여를 실현할 수 있는 세계를 꿈꾸었던 자유주의자들과의 행복한 만남을 통해, 신세대 혁명에 기대어 모두 똑같은 교실에 똑같은 생각을 주입하는 학교사회를 비판했던 자유주의자들과의 즐거운 조우를 통해, 튀는 인재를 기죽이고 진취적인 기업가정신을 질식시켰던 대기업병 중증 환자로 경제체제를 비판하던 신자유주의적인 경제전문가와 기업가, 경영자들의 축복을 통해 만들어진 것이다. 따라서 신자유주의체제는 국가의 기획이자 자본의 전략이었으면서 동시에 새로운 주체성을 만들어냈던, 즉 1980년대 이후 한국사회를 잠식했던 그리고 이제는 지배적인 자기의 윤리가 되어버린 자유의 꿈, 자기계발에의 의지가 만들어낸 산물이기도 했다.

그러므로 '지식기반경제'로 탈바꿈한다는 과정은 결국 새로운 주체성을 만들어내는 과정이었다고 할 수 있다. 그것을 이 책에서 나는 자기계발에의 의지, 자기계발하는 주체로 정의했다. 방금 말했듯이 자본주의는 주체에 '대해' 지배하는 것이 아니라 주체를 '통해' 지배한다. 되풀이해 말하자면 자본주의는 이미 주어진 '자본주의 이전'의 날것의 생생한 주체를 지배하는 것이 아니다. 그것은 자본에게 아무런 쓸모가 없는 죽은 대상에 불과하다. 자본주의는 자신의 지배대상, 자신의 생존을 위한 근본적인 조건으로 자신이 지배하게 될 주체를 생산해내야 한다. 따라서 자본은 노동을 착취하면서 동시에 생산한다. 마르크스의 표현을 빌리자면 자본은 사회적 관계 자체를 생산해야 하며, 푸코의 표현을 빌리자면 근대 권력은 주체성 자체를 생산해야 한다. 따라서 지식기반경제로 변화한다는 것은 또한 새로운 주체성의 체제로 변화한다는 말이기도 하다. 그 새로운 주체성의 체제가 무엇인가를 분석함으로써 우리는 지금의 자본주의가 어떻게 자신의 지배의 대상을 생산하는지, 그리고 어떻게 자신을 지배하는 권력으로 구성하는지 헤아려볼 수 있을 것이다. 나는 이 책에서 바로 그런 분석을 위한 작은 시도를 해보았다. 지식기반경제라는 경제적 가상이 뻗치는 헤게모니와 더불어 어떻게 일하는 주체의 주체성을 구성하려는 새로운 변화가 펼쳐졌는가, 그리고 또한 그 주체는 어떻게 자신을 주체화하는가. 이것이 지금까지 이 글에서 내가 분석하고자 했던 것을 요약할 수 있을 것이다. 그리고 그를 분석하면서 우리가 찾아낸 주체성의 모습은 '자기계발하는 주체'가 화려하게 자기 모습을 바꾸는 연속적인 '변신'metamorphoses이었다. 자기계발하는 주체가 지닌 불안하고 끈덕진 자유에의 욕망이야말로, 지식기반경제란 것에 숨겨진 윤리학, 즉 지식기반경제가 일하는 주체를 종속시키고 주체화하는 가장 탁월한 테크놀로지였다.

자유라는 위험

우리 시대의 정치적, 윤리적, 사회적, 철학적 문제는 국가나 국가기관들로부터 개인을 해방시키고자 하는 데에 있는 것이 아니라, 우리를 국가로부터 그리고 국가에 연결되어 있는 개별화 유형 둘 다로부터 해방시키는 데에 있다는 것이 결론이라 할 수 있다. 우리는 수 세기 동안 우리에게 부과되어온 이런 종류의 개별성을 거부함으로써 새로운 형태의 주체성을 추구해나가야 한다(푸코, 1994d: 98).

이 책은 매우 사소한 관심이자 의문에서 비롯됐다. 1990년대부터 폭발적으로 증가한 자기계발이라는 문화적 현상을 어떻게 이해해야 마땅할까. 일터나 학교, 지역사회 혹은 일상적인 공간에서 자신을 계발하고 향상시키며 좀더 유능해지려 전력하는 다양한 얼굴을 한 개인들을 가로지르는 특성은 무엇인가. 이런 물음으로부터 시작해 나는 새로운 주체성의 정체성과 그 형성 과정을 분석하고 이를 '자기계발하는 주체'란 개념에 담아보려 했다. 나는 한국 자본주의가 지난 20년간 시도했던 장기적 구조조정의 과정은 또한 주체성의 구조조정 과정이었으며, 한국 자본주의를 재편하는 과정은 또한 자본주의적 주체성을 재편하는 과정이었음을 보여주려 했다. 결국 지금까지 했던 이야기를 요약한다면 이는 아마 '자기계발하는 주체'의 계보학적 분석이라 할 수 있지 않을까 싶다.

취업과 창업, 전직을 위한 타산적인 이해에서 비롯된 것이든, 아니면 성공과 행복, 건강을 얻으려는 것이든, 자신을 제약하는 한계와 구속에서 벗어나려는 자유의 소망에서이든, 많은 이들이 이제 자기계발이란 문화산업이 제공하는 상품을 소비하고 있다. 유연하고 역량 있으며 가치 있는 일하는 주체가 되기 위해 우리는 자기 일과 삶을 적극적으로 관리하는 이들이 되려 애쓰고 있다. 자율과 참여, 혁신이란 이름으로 꾸준히 추진되어온 국가정책, 제도, 프로그램들이 있었고, 그것은 자율적이고 스스로 자기를 책임지는 성숙하고 능동적인 시민이란 새로운 정치적 삶의 형상을 빚어내는 데 분주했다. 여기에 등장하는 주체들의 모습은 여럿이지만 그들은 하나의 명령에 따라 앞으로 나아간다. 그것은 몸값을 올리고 명품 인재가 되기 위해 자신을 브랜드화하는 다양한 인성−상품을 소비하는 개인이기도 하고, 평생학습의 주체가 되어 급변하는 지식정보사회에서 자기 인적자본의 가치를 꾸준히 제고하는 자율적이고 성숙한 시민이기도 하며, 자신의 '암묵지'를 적극적으로 공유하고 자신의 '핵심자아'와 기업가치를 일치시키는 지식근로자이기도 하다.

이 책에서 나는 서로 다른, 그렇지만 서로 공명하고 교차하는 세 가지 주체성의 형태가 나름의 독자적인 궤도에서, 또 서로 다른 시간적 연대기를 거치며 생산되는 과정을 분석하고자 했다. 그것은 거칠게 나누자면 다음의 세 가지 계기, 국가가 추진한 새로운 '시민 형성' 프로그램, 자본에 의해 구조조정이란 이름으로 진행된 새로운 '일하는 주체 만들기' 기획, 그리고 자유로운 삶을 열망하는 개인들이 추구했던 자기주체화의 행위들이라 할 수 있다. 이런 각각의 계기 혹은 경로는 자율적인 것이었다. 시간적인 연대기란 측면에서 볼 때 1980년대부터 진행되어온 한국 자본주의의 재편 과정은 1980년대의 산업구조조정, 1990년대 초반의 신경제정책, 그리고 1990년대 후반 외환위기 이후 '구조조정'이라는 궤도를 거쳤다고 말할 수 있다. 1980년대 산업구조조정이 일하는 주체를 관리하던 기존 방식을 유지한 상태에서 경제정책을 변화시키는 데 머물렀다면, 1990년대 초반 신경영 담론을 흡수하면서 추진된 부분적인 유연화 과정은 강력한 노동조합운동과 대치로 인해 충분한 효과를 발휘하지 못한 채 전개됐다고 말할 수 있다. 그러나 1990년대 후반에 이르러 마침내 '유연화'를 둘러싼 모든 장애물은 제거되어버린다. 외환위기를 정점으로 '정리해고'를 비롯해 구조조정이란 이름하에서 일련의 전환이 이뤄지게 됐기 때문이다. 또 '지식기반경제'라는 헤게모니적 담론과 그것에 딸린 숱한 경영 담론들이 등장해, 일하는 주체의 정체성을 그려내고 또 그들이 일하고 살아가는 방식을 규정하고 제어하기에 이른다. 따라서 일터 안팎에서 새로운 경제적 주체성이 등장하는 과정은, 비록 외환위기라는 단절적 계기를 거치면서 본격화되고 완성됐지만 20년간이라는 장기적인 시간을 거치며 진행되어온 것이라 말할 수 있다.

반면 새로운 시민 형성을 위한 프로그램은 1990년대 초반부터 본격화됐다고 볼 수 있다. 이를 보이기 위해 이 글은 주민들의 삶을 국가통치와 연계시키는 대표적인 프로그램으로 국가인적자원개발기본계획에 주목했다. 이는 그 정책이 '경제개발계획'이라는 산업화 시대의 대표적인 통치 프로그램을 대체하고 그것과 단절한다는 측면에서 매우 시사적이기 때문이었다. 따라서 국가인적자원개발기본계획과 그 전신이라 할 '신교육체제'가 '신지식인 캠페인'을 거치며 정착하는 과정을 만만히 봐서는 안 될 것이다. 이는 그저 새로운 교육정책이나 평생학습체제를 통해 고용과 교육을 통합시키려 했던 정책 이상의 것이었기 때문이다. 이는 '국가를 통한 사회관리'(흔히 정치철학이나 사회학에서 국가 대 시민사회, 국가 대 시장 등의 이분법으로 구분하는)를 매개하는 핵심 고리였던 경제생활 관리를 개인들에 의한 자기관리로 이동시켰기 때문이다. 이 같은 새로운 시민 형성을 위한 통치 프로그램이 등장한 것은 1990년대 초반 문민정부가 들어서서 신교육체제를 실행하면서부터라고 말할 수 있다. '제7차 교육과정'을 통한 교육정책 개혁을 시발점으로, 자기를 책임지는 주체라는 새로운 주체성의 이상은 광범한 정부정책, 프로그램, 제도, 법률의 기초로 자리 잡게 된다. 그리고 이는 외환위기를 전후해 '국가인적자원개발기본계획'이란 이름으로 널리 확산됐다. '경제개발계획'이란 이름으로 수십 년간 진행되어왔던 국가 개입 방식이 '국가인적자원개발기본계획'이란 이름으로 변경됐을 때, 그것은 단순히 국가가 맡아서 하던 역할이나 지위가 달라진 것이라 잘라 말하기 어렵다. 국민 혹은 주민들의 삶을 사회적 현실과 매개하는 것이 국가라고 할 수 있다면 국가 성격이 변화한다는 것은 곧 시민 주체의 정체성 역시 바뀐다는 점을 뜻할 수밖에 없다. 따라서 국가가 통치를 행사하는 대상인 시민이란 과연 누구이며 그 정체성은 무엇인가에 따라 국가가 사회적 삶에 개입하고 관여하는 방식 역시 결정된다면 바로 이런 새로운 시민주체성이 자리 잡기 시작한 시점을 1990년대 초반이라 어림한다 해서 그리 틀린 이야기는 아닐 것이다. 공급자 중심 정부에서 수요자 중심 정부로, 관료적 정부에서 기업가적 정부로 등을 역설했던 그간의 개혁 과정은 또한 국가 의존적인 국민에서 자율과 책임의 능동적인 시민으로라는 형태로 시민의 정체성을 변화시키려는 기획과 병행하는 것이었다. 그리고 고용, 보건, 교육, 치안, 행정을 비롯한 광범한 영역에서 펼쳐진 '개혁'이 겨냥하던 것은 바로 시민 주체가 자기 삶을 어떻게 관리하고 경영할 것인가 하는 문제, 즉 시민의 자기통치 양식을 '개혁'하는 것이었다고 볼 수 있다. 따라서 빈민 보호와 부양에서 '워크아웃'과 '신용불량'으로, 고용 보호에서 '고용 가능성' 증대로, 공급자 중심의 교육에서 수요자 중심의 학습으로 등으로 이어지는 전반적인 '개혁' 과정은 시민 주체의 주체성을 '개혁'하는 과정이었다고 하지 않을 수 없다.

그리고 마지막으로 자기계발하는 개인의 형성을 들 수 있다. 1990년대 후반 이후 경력 개발이나 인재 육성이란 이름으로 이뤄진 자기관리이든 아니면 재테크와 부자되기, 성공창업을 통해 재산관리를 하는 자기 돌보기이든, 이 모든 자기계발하는 개인들의 모습은 1980년대부터 지속되어 온 흐름이라 할 수 있다. 그것은 좀더 넓게 볼 때 1987년 민주화 이후 1990년대 초반부터 만개했던 일련의 문화적 변동, 특히 '신세대 혁명'으로 상징되는 문화적 변동과 떼어놓을 수 없다. 그것은 관료적인 구속, 획일적이고 표준화된 삶의 규칙, 인습적인 권위, 억압적인 규율에 맞서 자유롭고 개성적인 삶을 추구하려는 욕망을 축복하고 예찬했다. 그리고 이는 가족 안에서의 삶이든 일터 혹은 학교에서의 삶이든, 자율적인 개인, 자기실현, 자기 표현하는 주체를 지배적인 주체성 모델로 정착시켜왔다. 그리고 이는 반항적인 젊은 문화예술가들에 국한된 것이 아니라 자기 삶을 적극적으로 관리하고 '경영'하고자 하는 대다수의 평범한 개인들이 살아가는 삶의 원리로 자리 잡게 됐다. 따라서 자유로운 삶을 향한 의지와 자기계발에의 의지를 평행적으로 추구하는 개인들이 등장하게 됐다.

따라서 유연한 노동주체를 형성하는 것과 자율과 책임의 시민을 빚어내는 것, 그리고 자기계발하는 자유로운 개인이 되는 것은 서로 다른 사회적인 공간에서 서로 다른 시간의 궤도를 따라 진행되었지만, 또한 양자는 상호교차하며 서로를 강화하는 흐름 속에서 움직이기도 했다. 새로운 주체성을 형성하는 과정은 자율적이면서도 수렴하고, 또 서로 다른 지식과 제도, 관행을 사용하면서도 서로 참조하는 관계를 통해 조율되면서 이뤄졌다. 예컨대 자신을 나사 부품으로 간주하는 조직인간에서 벗어나고자 하는 자유를 향한 욕망은 권한위임과 팀워크, 자기주도성을 갖춘 지식근로자를 착취하려는 권력의 욕망과 마주친다. 감옥과도 같은 획일적인 훈육의 공간을 박차고 나오려는 학생의 욕망은 자기주도적 학습주체를 형성하려는 권력의 욕망과 교차한다. 이미 주어진 삶의 궤적에서 벗어나 자신의 자유와 희망을 꿈꾸는 주체의 욕망은 자기계발, 자기경영하는 주체를 통해 그/그녀의 삶을 자기책임과 자기실현의 문제로 축소하려는 권력의 욕망과 손을 잡는다. 결국 지난 20년간 한국 자본주의의 변화 과정에서 형성된 권력의 주체화의 논리, 즉 '자기계발하는 주체'의 형성은 아이러니하게도 동시에 기존의 규율사회를 비판하고 자유를 꿈꾸는 주체의 자기형성의 논리와 겹쳐져 있다. 그렇다면 이런 자기계발에의 의지와 자유에의 의지의 공모는 불가피한 것일까. 자유에의 의지를 통해 우리의 삶을 예속시키는 권력에 맞서 싸우기 위해 우리는 자유에의 의지를 거부해야 할 것인가. 아니면 전연 새로운 자유의 이미지를 고안해야 할 것인가. 아마 이것이야말로 이 책을 쓰도록 이끌었던 물음이었을 것이다.

물론 자기계발하는 주체가 소망하는 자유가 협잡이나 기만이라 말해서는 안 될 것이다. 적어도 거의 모든 자유주의적 사회에서 자유란 자명하고 선험적인 이상이 아니다. 그것은 끊임없이 도구화되고 조작화됨으로써 사회적 삶을 관리하고 지배하는 데 사용된다. 그렇지만 반대로 우리는 자유를 통해 지배와 관리의 규칙과 의무, 규범을 의문시하고 현실에 관해 새로운 질문을 던질 수 있는 기회를 마련하게 된다. 그러므로 자유라는 허위로부터 벗어나는 것이 대안이라고 조급히 결론을 내려선 안 될 것이다. 근대성을 관류하는 급진적이고 비판적인 전통은 언제나 자유를 생각하기와 동일시했다. 자신의 행위를 생각할 대상으로 삼고 행위를 둘러싼 의미와 조건, 목적 같은 것을 의문시하는 것이 사유라고 한다면, 사유란 곧 자유라고 할 수 있다. 따라서 반성과 비판이란 것이 이뤄지기 위해 갖춰져야 할 근본적인 조건은 자유이다. 결국 자유로부터 물러나서는 안 된다. 그러므로 문제는 자유를 지지할 것인가 거부할 것인가의 문제가 아니라 자유에 관한 새로운 물음, 새로운 '자유의 정치학'을 통해 자유를 유지하는 것이어야 할 것이다. 자유를 동원함으로써 사회적 삶을 관리하고 조절하며, 나아가 개인이 자신의 삶을 어떻게 주체화해야 할 것인가를 강제하는 것이 자유의 정치학이라면, 그런 자유의 동원을 다시 문제화함으로써 자유가 지닌 위험을 알리고 비판하는 것도 역시 자유의 정치학이어야 한다.

따라서 신자유주의를 비판한다는 것이 자유를 거부하는 것은 아닐 것이다. 더 많은 자유를 위해 관료제와 공장, 학교와 가족의 규율과 통제에서 벗어나려고 했던 우리는 지금 그 자유를 더 이상 찾아볼 수 없는 기괴한 맹목적 필연성에 구속되어 있다는 불안을 떨치기 어렵다. 자유를 추구하면 추구할수록 더 많은 선택을 발휘하면 발휘할수록 더 많은 재량을 발휘하면 할수록, 자유와는 반대방향으로 치닫는다는 느낌이 우리를 휩싼다. 따라서 이제 자유를 향한 열망은 자유에의 환멸로 반전될 수도 있을 것이다. 그러나 그런 유혹에 굴복해서는 안 될 것이다. 외려 함께 지혜를 짜내어 자유와 경제, 자유와 통치를 새롭게 합성하면서 자신을 이끌어나가는 우리 시대의 자본주의를 분석해야 할 것이다. 그럼으로써 이 책의 앞머리에서 던졌던 물음, 즉 자기를 주체화하는 방식이 어떻게 바뀌어왔는지를 분석함으로써 우리는 어떻게 사회라는 현실 세계를 그려내고 있는가 하는 물음에 답할 길을 찾을 수 있을 것이다. 이 책이 기여하고자 한 것이 있다면 바로 그런 물음에 관한 답을 찾으려는 걸음에서 한 발짝 더 나아갈 수 있는 전제를 찾아내고, 또 그것을 정의해보려 했다는 점에 있을 것이다.

주

프롤로그

1 물론 엄밀하게 말하자면 '사회의 국가화'란 표현은 잘못된 것일지도 모른다. 푸코가 "우리의 근대성—즉 우리의 현재—에 있어 진정으로 중요한 것은 '사회의 국가화(étatization)'가 아니라 '국가의 통치화(governmentalization)'이다"라고 말할 때, 그가 말하는 것에 주목할 필요가 있을 것이다(Foucault, 2000: 220). 그는 정치철학이나 정치사회학에서 흔히 전제하고 있는 가정, 이를테면 시민사회/국가, 공적/사적, 시장/국가 등의 이분법으로부터 벗어나 근대사회에서 권력이 어떻게 작동하는가를 분석하려 시도한 바 있다. 그렇지만 그가 밝히듯이 "국가가 현재의 모습에 이르게 된 데에는 국가에 내적이면서 또한 동시에 외부적인 바로 이런 통치성 때문이라 가정할 수 있다. 왜냐면 국가의 능력 안에 있는 것과 그렇지 않은 것, 공적인 것과 사적인 것 등을 끊임없이 정의, 재정의하는 것을 가능케 하는 것은 바로 통치의 전술(tactics)이기 때문이다"(ibid.: 221). 따라서 사회의 국가화는 거짓 문제라고 물리치는 것은 별로 유용하지 않다. 외려 중요한 것은 국가의 통치화를 통해 그가 가리키려 했듯이 국가 대 사회란 대립항을 집요하게 동원하고 활용하면서 국가가 자신을 통치화한다는 점에 있을 것이다.

2 그 가운데 대표적인 작업을 몇 가지 꼽자면 다음과 같다(기든스, 2001; 래시·어리, 1998; 벡, 1997; 1998; 1999; Bauman, 1991; 1998; 2001; 세넷, 2000; 2002; 2004) 한편 자아 혹은 자기정체성의 사회이론에 관한 일반적인 개관으로는 다음의 글을 참조하라(Elliot, 2001; Adams, 2003; Callero, 2003).

3 이들은 각기 이를 성찰적 기획(기든스)이라거나 정체성의 브리콜라주(래시), 전기적인 인생 서사의 재구성(orderings of biographies)(벡)이라고 개념화한다.

4 결국 성찰적 자아정체성에 관한 사회이론은 그런 심리적인 개인의 "사회적 구성"에 관해 침묵하고 있다 말할 수밖에 없다. 이런 점에서 흔히 사회구성론의 주요한 이론적 원천으로 간주되는 미셸 푸코의 주체성의 계보학이란 관점을 이들의 입장과 구분할 필요가 있다. 뒤에서 다시 살펴보겠지만 주체성과 주체화에 관한 분석에서 푸코 역시 주체성을 사회적 실천의 효과로 인식한다는 점에서 이들의 주장과 유사하지만 사회적 규범, 행위의 관습 및 규칙과의 동일시란 점에서의 주체화, 나아가 개인이 자신을 대상화하고 이를 통해 자신을 지배하고 돌보는 주체화를 함께 분석할 수 있는 좀더 유효한 방법을 제공한다. 사회적 주체성의 형성(특히 그가 주목했던 정신병자, 죄수, 성적인 이상〔異常〕의 주체들에 대한 분석이나 후기에 통치성이란 개념을 통해 분석했던 것)과 개인적인 자기로서의 주체성의 형성(그가 생권력이라는 문제설정을 통해 분석했던 자기의 지배에 관한 분석)을 푸코는 분리시키지 않는다. 전자를 특권화시킬 경우 우리는 속류 마르크스주의에서처럼 주체성을 경제적 현실의 효과로 간주해버릴 수밖에 없고, 후자를 일면적으로 강조할 경우 주체성을 심리적인 개인이라는 근대 부르주아적 주체로 보편화시켜버릴 수밖에 없게 된다. 이 점에 관해서는 일터에서의 노동하는 주체의 주체성과 자기로의 주체화를 분석하는 4장에서, 각각 "자본의 변증법"과 "재현의 변증법"이란 관점으로 개념화하고, 다시 좀더 상세히 다룰 것이다.

5 물론 노동주체의 정체성과 자아정체성의 관계는 산업사회학이나 비판경영연구(critical management studies), 조직학, 문화연구 등에서 꾸준히 다뤄진 주제였다. 특히 미셸 푸코의 통치성이란 관점에서 근대 자본주의적 주체성의 형성을 분석한 학자들의 성과는 대표적이라고 할 수 있다. 그 가운데서도 니콜라스 로즈, 피터 밀러, 콜린 고든, 자크 동즐로를 비롯한 사회학자들과 폴 뒤 게이, 그래엄 샐러만, 크랙 프리처드 등 비판경영학자들의 연구 성과 역시 주목할 만하다(du Gay, 1991; 1993; 1996; du Gay & Salaman, 1992; Salaman, 1997). 또 캐시, 쿤다 등이 행한 포스트포드주의적인 작업장 문화와 일터에서

의 미시적 사회관계에 관한 문화연구 역시 상당히 중요한 것이라 할 수 있다(Casey, 1995; Kunda, 1992). 한국의 몇몇 비판적 경영학자들과 사회학자들 역시 '기업문화'에 관한 연구를 통해 기존의 계급 분석과 계급적 정체성에 관한 연구를 넘어서는 주체성 분석을 시도한 바 있었다.

6 브레이버만의 『노동과 독점자본』이 출간된 이후 일터에서의 노동주체에 관한 분석의 주종을 이뤘던 것은 노동과정론(labour process theory)이라 해도 과언이 아닐 것이다. 그렇지만 포스트포드주의로의 이행과 더불어 나타난 생산 방식의 변화는 단순히 노동의 기술적인 조직과 그에 따른 노동자의 지배와 착취라는 관점에서 분석될 수 없다는 점에서 기존의 노동과정론은 심각한 위기에 처하게 됐다고 볼 수 있다(Thompson & Ackroyd, 1995; Martinez & Stewart, 1997; O'Doherty & Willmott, 2001; Spencer, 2000; 신병현, 1995; 박상언, 2002). 특히 포스트포드주의로의 이행과 더불어 나타난 이른바 '노동의 유연화'는 주체성을 관리하고 통제하는 새로운 형식이 등장한 것이라 말할 수 있다. 1980년대 후반부터 본격화된 '기업문화'로 대표되는 경영 테크놀로지의 확산과 대중화, 그리고 그를 뒤이어 등장한 각양 각색의 노동을 조직하고 관리하는 방식들은 일련의 심리적, 문화적, 사회적 테크놀로지들을 동원해 일 터 안류에서의 삶을 지배하고자 했다. 그런 점에서 기존의 노동과정론이 "주체의 실종"(missing sub-ject)이란 결함을 가지고 있다고 비판하는 것은 당연한 일인지도 모른다. 그렇지만 이런 비판은 일면적 이라 할 수 있다. 브레이버만의 노동과정 분석이 독점자본주의 단계의 객관적인 노동과정에 관한 분석 이었으며 주체성의 계기를 무시했다는 주장은 테일러주의가 주체성의 과학이었다는 점을 간과한다. 테일러주의는 노동에 관한 객관적인 지식을 수립함으로써 일터 안에서 노동하는 주체의 삶을 관리하 고, 노동주체가 자신과 맺는 관계를 새롭게 규범화했다는 점을 감안한다면, 노동과정 분석이 그저 "객 관적 과정"에 대한 분석이었다고 환원하는 것은 억지스런 주장이라 말하지 않을 수 없다. 노동과정론 을 어떻게 비판적으로 복원하고 재전유할 것인지에 관한 문제를 둘러싼 논의에 관해서는 일단 다음의 글을 참조하라(Ezzy, 1997; Parker, 1999; Hassard, Hogan & Rowlinson, 2001; Tinker, 2002; Wray-Bliss, 2002; Rodriguez & Morates-Neto, 2003).

7 1990년대를 전후해 이런 새로운 경영 담론과 테크놀로지는 한국사회에서도 널리 확산되어왔다고 할 수 있다. 특히 외환위기의 과정을 거치며 이런 경영 담론은 거의 전면화됐다고 볼 수 있다. 1990년대 초 반의 '신경영전략'에서부터 2000년대 초반의 지식경영, 인재경영 등에 이르기까지 새로운 경영 담론과 테크놀로지(흔히 '경영혁신기법'이라 부르는)는 언제나 노동주체들이 어떻게 자기를 주체화할 것인가 에 관한 문제를 구성했다고 볼 수 있다. 신경영전략이 대두하고 그것이 전개되는 과정을 주체형성이란 관점에서 분석한 대표적인 연구로는 다음의 글을 참조하라(신병현, 1995; 2000; 김도근·윤영삼, 1995; 박해광, 2003).

8 정치(학)(the politics)과 정치적인 것(the political)을 구분하는 르포르의 견해나 사회의 근본적인 적대 와 그것의 담론적인 재현으로서의 정치(혹은 지배)를 구분하는 라클라우와 무페 등의 관점은 권력과 정치를 구분하는 것으로 볼 수 있을 것이다(Lefort, 1986; Laclau ed. 1994). 그렇지만 이 글에서는 푸코 의 후기 작업에서의 통치성 혹은 정치적 합리성이란 개념을 참조한다. 통치성이란 "행위의 가능한 장" 을 규정하고 그를 객관화하는 담론 혹은 사고양식을 가리키는 것으로, 이는 크게 세 가지의 축, 즉 권력 이 어떻게 지배대상을 객관화하는가, 그리고 그런 객관적인 앎의 체계로부터 어떻게 효율적이고 생산 적이며 적합한 기술을 동원하고 적용하는가, 그리고 그를 통해 지배받는 대상으로서의 주체는 자신을 어떻게 주체화하는가 등으로 이뤄진다. 이런 푸코의 분석틀은 지식, 기술, 윤리 등의 차원이 분리 불가 능한 것임을 보여준다. 자세한 것은 마지막 장을 참조하라.

01 지식기반경제라는 경제적 가상

1 이는 한국 자본주의의 변화를 설명하기 위해 벌어진 '담론 투쟁'을 생각하면 좀더 분명해진다. (정치) 경제학 내부에서 벌어진 경제의 효과적인 규율장치는 무엇인가를 둘러싼 국가 대 시장의 논쟁 그리고

'박정희체제'까지 소급되는 과거 한국 자본주의 역사에 대한 재해석 투쟁 등이 이에 해당될 것이다. 이런 담론 투쟁은 외환위기 이후에 한국 자본주의 변화의 전략을 둘러싸고 기하급수적으로 벌어진 논쟁들 대부분을 관류하는 것이었다 말할 수 있다. 그것은 한국 자본주의의 변화가 과연 무엇이었는지를 확인하는 시능을 취하며 '진실'을 둘러싼 과학적인 재현의 담론 형태로 진행됐다. 그렇지만 그 과정에서 우리가 확인할 수 있는 것은 자본주의를 재현하는 담론적 실천 자체가 변형되고 재편됐다는 것이다. 한편 여기에서 말하는 경제질서 및 그와 관련된 사회적 실천의 체계 역시 다양한 방식의 재현 형태를 취하며 제시됐다고 말할 수 있다. 지배적인 담론에서 사용되어왔던 '성장 모델' 같은 개념도 이와 유사한 것이라 할 수 있다. 혹은 포드주의의 위기, 더 구체적으로는 '주변부 포드주의' 혹은 '예속적 포드주의'로서 한국 자본주의의 위기를 설명하고자 하는 마르크스주의 정치경제학의 설명 역시 개념과 방법, 결론을 달리하지만 논리적 공정은 역시 비슷하게 전개됐다고 볼 수 있다(김형기, 1988a; 1988b; 1996; 이병천, 1996). 이는 단순히 경제적 범주로서의 자본이 아니라 노동력의 사회적 재생산, 그와 연계된 국가의 지배전략 등을 결합시켜 자본주의의 변화와 이행을 설명하려 했던 '조절이론'에 기댄 것이다.

2 이 책에서는 경제를 고립된 자율적인 실체로서 다루는 관점에 반해 그것의 담론적인 성격을 강조하고, 경제라고 지칭되는 대상과 그에 적합한 행위주체, 경제적 행위의 성격 등에 대한 지식, 규범, 기술, 제도 등이 매우 가변적이란 점을 강조하기 위해, 의도적으로 '경제적 삶'(the economic life)이란 표현을 사용한다. 그러나 이는 경제란 단지 담론적 현실에 불과하다는 관념론적인 억견을 좇는 것이 아니라 경제적 행위의 물질성은 언제나 경제라는 대상의 가시성을 통해서만 작용할 수 있다는 점을 강조하기 위한 것이다. 이에 관해 더 자세한 것은 다음 장을 참조하라. 한편 경제와 담론적 실천, 주체성 등의 관계를 설명하는 글로 다음의 글들을 참조할 만하다(Miller & Rose, 1990; 1995; Rose, 1999a; du Gay, 1996; Thrift, 2005).

3 가령 인적자산, 비재무적 자산에 관한 새로운 회계 개념의 출현.

4 가령 인적자원(human resources) 개념의 등장이나 역량(competency) 같은 새로운 능력 개념의 부상과 확산.

5 '체험가치', '심미적 가치' 등의 새로운 경제적 가치의 개념이 등장하고 이를 평가·측정·보상하기 위한 수많은 언어와 제도·도구가 출현하는 경향을 상기할 수 있다. 한편 지식근로자, 상품에 체화된 지적·미적 가치·인적·지적·정서적 자본 등의 개념을 통해 변화된 경제적 현실을 표상하려는 지배적인 경제학적 담론과 비물질적 노동(immaterial labor), 정서적 노동(affective labor), 기호의 경제 등의 개념을 통해 새로운 자본주의를 표상하려는 급진적인 주장 사이에는 상당한 유사성이 존재한다는 점 역시 지적할 필요가 있다.

6 명령(command)이란 용어는 변화된 자본주의에서 자본의 지배 방식의 변화를 설명하기 위해 네그리와 하트가 사용한 개념이다. 이 용어의 의미를 요약하자면 다음과 같다. 그들은 포드주의 단계에서 케인스주의적 복지국가라는 형태를 통해 자본과 노동의 관계가 '매개'(mediation)되어야 했다고 주장한다. 그것이 유효수요의 관리라는 형태를 통한 것이든 아니면 임금 및 복지의 사회적 조절을 통해 생산과 소비를 연관시키는 것이든, 포드주의적 자본주의에서 자본은 항상 국가의 매개를 통해 자신의 지배를 구체화할 수 있었다는 것이다. 그렇지만 포스트포드주의, 그들의 표현을 빌리자면 '제국'의 시대에 접어들면서 자본은 더 이상 매개를 통해 지배하지 않는다. 네트워크화된 생산, 벽 없는 공장 등의 형태로든 아니면 금융과 무역의 세계화를 통해서든, 자본은 더 이상 국민국가의 경계에 구속되지 않은 채 축적을 할 수 있게 됐기 때문이다. 따라서 새로운 자본주의 단계에서 자본이 국가와 맺는 관계 역시 질적으로 변화를 겪게 된다. 나아가 자본은 IMF나 WTO, G7, 세계은행 혹은 NAFTA, APEC 같은 초국적 기구를 통해 직접적으로 노동을 지배하게 된다. 이런 새로운 자본의 지배 방식을 표현하기 위해 그들이 사용한 개념이 '명령'이다. 자세한 것은 네그리와 하트의 글(2001)을 참조하라.

7 한국 자본주의의 축적체제의 변화, 특히 구조조정의 과정을 둘러싼 변화에 대한 설명으로는 다음의 글들을 참조할 수 있다(김형기, 1988a; 1992; 1996; 1997a; 김형기 외, 2002; 이병천, 1996; 1999a; 1999b; 이병천 엮음, 2003; 장상환, 1998). 물론 1997년을 전후한 한국 자본주의의 변화 과정에 대한 설명들은

서로 큰 차이를 보인다. 그러나 종속적 국가독점자본주의론이란 입장에서 한국 자본주의를 분석하는 측에서든 아니면 주변부 포드주의 혹은 종속적 포드주의란 입장에서 한국 자본주의를 분석하는 측에서든, 1997년의 구조조정이 한국 자본주의의 축적체제를 근본적으로 변화시켰다는 데 대해서는 의견을 같이한다.

8 바르트, 1997; Fairclough, 2001.

9 근대 자본주의의 등장과 더불어 자율적인 담론적 대상으로서의 경제의 고안을 분석하는 것으로 다음의 글들을 일단 참고할 수 있다. '부의 담론의 고고학'을 분석함으로써 근대적인 경제적 담론의 형성을 분석하고자 한 미셸 푸코(1987), 시장이 어떻게 경제학적 담론으로 구성되는가를 분석함으로써 경제학의 담론적 역사성을 논파했던 경제인류학적인 작업(폴라니, 1998a; 1998b; 최기춘, 2001), 그리고 근대 경제학이 이해관심(the interest)이라는 경제적 행위의 본성을 정립함으로써 경제적 주체성이 구성되는 과정을 분석하는 허쉬먼(1994) 등의 저작을 상기해보자.

10 1990년대 한국에서의 기업문화운동에 관련한 분석으로는 다음의 글들을 참조하라(김도근, 1995: 김도근·신병현, 1993; 이영희, 1998; 서울노동정책연구소(준비모임), 1995; 이순철, 1996).

11 이 용어의 의의에 대해서는 프롤로그를 참조하라.

12 대한상공회의소, 2005: 2.

13 이는 뒤에서 핵심역량(core competency), 인재 등 경제적 주체성의 새로운 재현을 다룰 때 자세하게 검토될 것이다.

14 초우량기업, 우수성, 수월성이란 개념은 모두 영어권의 경영, 경제, 교육, 인적자원, 정치 등의 분야에서 신경제 혹은 지식기반경제를 표상하는 개념으로 사용하고 있는 'excellence'를 번역한 것이다. 인적자원론이나 교육학 등의 분야에서는 이를 대개 수월성으로 번역하는 편이며, 경제학이나 경영학, 그리고 경제지를 비롯한 언론매체나 TV 등의 매체에서는 이를 우수성, 우량 등으로 번역한다. 이 개념에 관해서는 뒤에서 다시 살펴보게 될 것이다.

15 이는 다양한 모습으로 제시될 수 있다. 이를테면 국가 주도의 개발경제 자본주의에서 시장 중심의 유연한 지식기반경제 자본주의로, 포드주의적 자본주의에서 포스트포드주의적 자본주의로, 조직자본주의에서 탈조직자본주의로, 위계적 자본주의에서 네트워크적 자본주의로 등의 주장을 꼽을 수 있을 것이다(카스텔, 2003a; 드러커, 1993; 하비, 1994).

16 여기에서 말하는 진실이란 푸코가 말하는 그것, 즉 "진실은 하나의 언표가 만들어지고 분배되고 통용되고 작용하도록 만드는 질서지어진 절차의 체계라고 이해해야 한다는 것입니다. 진실은 권력관계와 순환적으로 연결되어 있어 권력이 진실을 생산하고 떠받쳐주고 있으며, 역으로 진실은 권력의 효과를 유도하고 확산시키는 것이죠"라고 말할 때 언급했던 것에 가깝다(푸코, 1991: 167).

17 이는 "대서양 포디즘(the Atlantic Fordism)의 위기에 대한 잠정적, 부분적, 불안정적인 기호학적-물질적 해결로서 지식기반경제"라는 경제적 가상이 출현했다는 제숍의 논의와 크게 다르지 않을 것이다 (Jessop, 2004: 160).

18 한국 자본주의의 경제적 현실에 관한 '대항적인 재현의 담론'은 민족경제론이나 민중경제론 혹은 비자본주의적 발전의 길을 주장했던 다양한 담론을 통해 전개되어왔다. 적어도 1990년대 중반까지 (마르크스주의와 사회주의에 크게 영향을 받았던) 진보적 사회운동이 주장하던 반종속·반독점의 민중경제론이나 사회주의적 경제학의 입장에서 제시된 다양한 민중민주경제론 등은 한국 자본주의의 대항적 재현의 담론으로서 무시하기 어려운 영향력을 발휘했다고 볼 수 있다. 비록 세부적인 정치경제학적 지식을 가지고 있지는 않더라도 많은 사람들은 자신이 살아가는 사회적 세계를 재현하는 언어 안에 착취, 계급, 반민중, 외세, 종속, 개발지상주의 등의 용어를 인용하거나 순환시켰다. 따라서 그것이 지배적인 경제적 가상은 아니었다고 하더라도 그것은 지배계급이 사용하던 경제적 가상을 위협하고 혼란시키는 유력한 대항적인 담론을 만들어내는 데 성공했다고 볼 수 있다. 그리고 이는 경제적 현실을 재현하는 "(정치)경제학" 담론으로서의 울타리를 넘어 대항적인 문화 실천들이 현실을 전유하는 방식을 해석하고 규정하는 담론으로 연장되기도 했다. 따라서 그것이 국가보안법과 같은 다양한 법률

적 제도에 의해 억압되거나 검열되고 '좌경'이나 '용공'이란 처분을 통해 경제적 실재에 관한 '진실의 담론'이라기보다는 '이데올로기'적인 주장으로 간주됐다고 해도, 그런 담론적 실천들이 경제적 현실을 재현하는 담론으로서 발휘하던 힘을 억제할 수 없었다. 결국 이는 '민중문학'이니 '민중미술'이니 하는 문화예술적인 실천으로까지 확장됐고, 다시 이는 1990년대 이후에는 공식적인 문학예술제도로 편입되기에 이르렀다. 따라서 중등교육기관의 교과서나 정부의 공식 문화예술기관에서 개최하는 다양하는 문화적 이벤트에서 '민중문학', '민중미술' 같은 개념은 더 이상 낯설지 않은 것이 됐다.

그렇지만 사회주의권의 붕괴와 1980년대 중반 이후 본격화된 중산층의 보수화 이후에 이런 담론들은 거의 소멸하거나 고립됐다고 볼 수 있다. 그 대신 '경제정의실천연합'이나 '참여연대'와 같은 시민단체들이 주도적인 사회운동 세력으로 부상하며 한국 자본주의에 대한 대항적인 재현은 새로운 형태로 등장했다. 이들 사회운동단체는 신자유주의적인 시장만능, 족벌 중심의 기업지배구조를 비판한다는 명분을 내걸며 소액주주 권리 보장, 분식회계 방지, 독점적 소유구조 해체 등의 운동을 펼쳐왔다. 그렇지만 이들이 지난 20년간 벌어진 한국 자본주의의 급격한 변화를 근본적으로 재구성하거나 그것의 진행 방향을 수정할 대안적이거나 대립적인 자본주의의 재현을 생산한 것은 아니었다. 그들은 암묵적으로 지식기반경제와 같은 담론을 지지했고 단지 이것이 소수 대기업에 의해 주도되고 지배되는 것을 경계했을 뿐이다. 이들 단체 출신의 많은 경제학자들과 경영학자, 법률가들이 각기 정권의 관료나 위원회의 테크노크라트로 참여하거나 개입하고, 지식기반경제에 바탕한 성장과 민주주의의 모델을 마련하는 데 일조한 것 역시 간과할 수 없다.

19 더 정확히 말하자면 이는 OECD가 매년 발표하는 과학기술전망이란 이름의 보고서 "1996 Science, Technology and Industry Outlook"의 일부를 발췌한 것이다. 하지만 그 부분이 별도의 문서로 간주되고 광범위하게 인용되어 말 그대로 패러다임적 텍스트가 되면서 현재에는 독립적인 텍스트로 받아들여지고 있다. 자세한 것은 다음의 글을 참조하라(OECD, 1996a).

20 예를 들어 신성장이론, 진화적 성장론, 수확체증경제론, 인적자본론 등의 다양한 경제학적 지식의 분야 혹은 경향이 이미 지식기반경제의 특성을 선취하고 있었다는 식의 주장이 그런 것이다. 이런 새로운 경제학의 등장은 경제학 내부에서의 진리를 향한 점진적인 접근, 과학적인 지식을 향한 개선의 시도로 설명된다. 다시 말해 변화된 경제적 실재를 더 과학적으로 인식하기 위해 경제학이란 과학적 담론이 끊임없이 자신을 수정하고 개정한 과정의 결과로서 제시된다. 따라서 지식기반경제를 설명하는 경제학적 지식은 연대기적으로 가장 최신의 과학적 담론일 뿐 아니라 또한 가장 진실한(truthful) 담론으로 표상된다. 지식기반경제의 담론적 진실을 보증하는 과학적 담론으로서 다양한 경제학적 담론을 사용하는 것으로는 일단 이선 외(1999)의 글을 참조하라.

21 마이클 폴라니의 인식론을 인용하면서 암묵지와 형식지를 구분하고, 노하우, 체화된 지식 등의 새로운 경제적 가치를 발견하고 가치화하는 지식기반경제론의 전형적인 경제학적 담론이 그것이다(마이클 폴라니, 2001). 이는 다시 지식경영이란 담론과 연결되고 다시 베스트 프랙티스(Best Practice)라는 경영 담론이나 테크놀로지로 확장된다.

22 물론 그때의 슘페터란 하나의 모습을 한 슘페터인 것이 아니라 다양한 텍스트의 저자로서의 슘페터일 것이다. 따라서 슘페터의 여러 텍스트들의 가치가 재배열되고 특정한 개념들이 다시 강조되며 다른 개념들과의 관계를 조정하게 된다. 예를 들어 지식기반경제의 담론 가운데 가장 중요한 개념인 '혁신'(innovation)이나 '기업가정신'은 슘페터의 권위를 빌려 진지한 경제학적 개념으로 재정의된다.

23 단적인 예를 들자면 '시너지'(synergy) 같은 용어나 '원윈'(win-win) 같은 용어를 생각해볼 수 있다. 신경제 혹은 지식기반경제라는 헤게모니적인 경제적 가상의 용어법에 속하는 이런 어휘들은 거의 순식간에 일상적인 용어로 정착된다. 나아가 '원윈'이란 용어가 '상생'이라는 정치윤리적인 의미작용을 하면서 정치적 행위를 재현하는 용어로 사용되는 예에서 보듯이, 다른 담론적인 장 안으로 이식되어 다른 담론적인 가상과 호환되는 역할을 하기도 한다.

24 예를 들어 김영삼 정부의 신경제정책이 자유방임적인 시장자유주의였다기보다는 "신자유주의적 금융세계화와 그것에 편승한 한국의 무모한 금융자유화의 악조합"에 따른 결과였다고 보는 이병천의

해석이 그런 것이다. 자세한 것은 다음의 글을 참조하라(이병천, 1999a).

25 그렇지만 그것이 자의적으로 선택된 것이라고 보기는 어려울 것이다. 훗날 많은 이들이 다투어 지적했듯이 김영삼 정권의 경제정책을 미국 유학파 경제학자들이 독점하고 있었고, 이들이 1980년대부터 본격적으로 진행되고 있던 미국의 '신경제' 담론이 제시하던 새로운 경제학적인 표상들을 의식하고 확산시켰다고 가정해도 무방할 것이다.

26 반면 미국이나 영국의 경우 지식기반경제보다 신경제란 용어가 훨씬 더 널리 사용되고 신경제가 지식기반경제를 가리키는 다른 이름으로 받아들여진다. 이를테면 미국의 자본주의를 신경제란 이름에서 비판적으로 분석하고 있는 다음의 글들을 보라(헨우드 외, 2001; 헨우드, 2004). 한편 신경제로서 미국과 영국의 자본주의를 재현하는 담론을 생산하는 데 주요한 영향력을 발휘했던 것으로는 다음의 텍스트들을 참조하라(라이시, 1994; 2001; 2003; 리드비터, 2002).

27 제숍은 새로운 경제적 가상이 두 가지의 요구 조건을 충족시켜야 한다고 주장한다. 즉 광범한 경제적 행위의 장을 효과적으로 분절하고, 그에 관련한 경제적 전략을 형성하여 개인적·제도적·공적 서사들을 마련해주면서 국가의 기획과 헤게모니적인 전망을 제시할 수 있어야 한다는 것이다. 그러면서 그는 "새로운 경제적 가상이 더 많은 영역을 설명하면 할수록, 그것은 더 큰 반향과 설득력을 가지게" 되고, 이로부터 지식기반경제가 "더 구체적인 기술적·경제적 형태의 개혁에 관해서는 물론 다양한 층위에서의 정치적·지적·도덕적 리더십을 둘러싼 투쟁을 틀지을 수 있는 더 지배적이고 헤게모니적인 담론으로서의 힘을 얻어가게 된다"고 설명한다(Jessop, 2004: 168).

28 참여한 연구기관은 총괄 연구기관으로 한국개발연구원, 참여 연구기관으로 과학기술정책연구원, 국토연구원, 매일경제연구소, 정보통신정책연구원, 한국교육개발원, 한국노동연구원, 한국문화정책개발원, 한국전산원, 한국조세연구원, 현대경제연구원, LG경영개발연구원이 있다. 이 보고서는 '지식기반경제 발전 종합계획'의 일부로 제작된 것인데, 다양한 국가 연구기관들이 이에 관련된 연구 기획을 진행하고 각기 보고서를 작성했다. 따라서 이 보고서는 지식기반경제로의 이행을 준비한다는 명목으로 수행된 숱한 연구 및 기획을 대표한다 간주해도 크게 무리가 없을 것이다.

29 매일경제신문사는 1997년 이후 매년 국제 경영컨설팅 기업(부즈앨런해밀턴, 맥킨지, 모니터컴퍼니, 아더앤더슨 코리아, 베인&컴퍼니, 보스턴컨설팅 그룹 프로젝트팀), 대학연구소(서울대, 이화여대 이화정보화전략센터 등) 등과 제휴함은 물론 자체 프로젝트 팀을 조직해, 각종 보고서를 발간하고 이를 국민보고대회란 이름으로 발표하는 이벤트를 조직해왔다. 이들이 발표한 중요 보고서는 다음과 같다. 「한국보고서」(1997), 「한국재창조 보고서」(1998), 「두뇌강국 보고서」(1998), 「신지식인 보고서」(1998), 「지식경영전략 보고서」(2000), 「학습혁명 보고서」(2000), 「우먼코리아 보고서」(2001), 「비전 2010 한국경제 보고서」(20001), 「지식수출강국 보고서」(2001), 「세계 초일류 대학의 조건 보고서」(2001), 「정치재창조 보고서」(2002), 「기업하기 좋은 나라 보고서(2003), 「글로벌 Top 10 키우자 보고서」(2003), 「우리 경제, 체질을 바꿉시다 보고서」(2004). 이상의 보고서는 정부의 각종 기획과 정책, 제도 설립에 적잖은 영향을 끼친 것으로 보인다.

30 이런 사고는 알튀세르의 「이데올로기와 이데올로기적 국가장치」에서 빌려온 생각이다. 그는 이데올로기를 허위의식이나 주입된 사고와 같은 의식성의 모델로부터 떼어내어 그것의 객관적 물질성을 분석하고자 했다. 있다. 파스칼의 신학론과 라캉의 '구조주의적' 정신분석학을 참조하며, 그는 마르크스주의적인 이데올로기론의 핵심적인 주장 가운데 하나로 바로 의식의 물질성을 들었다. 이는 지젝 같은 라캉주의적 마르크스주의자에 의해 "믿음의 객관성"이란 명제로 풀이되기도 한다. 그의 표현을 빌리자면 이데올로기를 허위적인 주관적 의식으로 간주하거나 혹은 의식을 가능케 하는 선험적인 도식 혹은 코드란 점에서 분석해서는 안 되며, 이데올로기란 나의 믿음이나 의식과 무관한 객관적 현실 그 자체의 '의식'이다. 예컨대 지식기반경제란 분명히 이데올로기적인 담론이지만 그것은 우리의 왜곡된 표상이거나 허위의식에 따른 오인(misrecognition)의 결과가 아니라 그 자체 전적으로 객관적인 재현이다. 왜냐면 그것은 이데올로기적 지식 혹은 믿음의 객관성을 표현하는 전형적인 언표, "봐라! 사물(혹은 현실)이 그렇게 말하지 않느냐"란 언표의 형태로 수행되기 때문이다. 따라서 지식기반경제

에 관련된 담론적 실천 역시 경제적 실재를 표상하는 우리의 의식의 지향이 바뀌는 것이 아니라 객관적 실재에 대한 "눈뜸", 정신분석학의 표현을 빌리자면 이데올로기적인 예속의 절차로서의 '전이' (transference)에 따른 결과로 간주할 수 있을 것이다. 결국 지식기반경제의 담론적 수행(performance) 은 전형적인 이데올로기적인 언표를 수행하는 것이라 볼 수 있다. 그리고 그것의 일차적인 언표 수행 의 방식은 바로 경제적 실재의 객관적 법칙 그 자체의 발견과 분석이라 할 수 있다. 따라서 지식기반 경제론이 숨기고 있는 의도를 비판하는 명목에서 이뤄진 시장중심주의, 경제지상주의, 쾌락적 소비주 의 비판이 무력할 수밖에 없는 이유도 여기에 있다.

31 예컨대 OECD의 다음의 문헌을 보라(OECD, 2000b).

32 앞의 글: 37.

33 이에 관해서는 다음의 글을 참조하라(O'Malley, 1996; 1999; Rose, 1996; Lemke, 2002).

34 OECD, 2000b: 41.

35 "숫자를 통한 지배"(governing by numbers)란 주제에 관해서는 다음의 글을 참조하라(Rose, 1991; Miller, 1998). 또 이를 근대적인 정치적 지배 합리성의 등장이란 측면에서 분석하며 사회적인 삶(life) 을 지배 가능한 대상(the governable)으로 만들어내는 과정에서, 어떻게 국가의 과학으로서 통계학이 등장했는지를 분석하는 것으로 다음의 글을 참조하라(푸코, 1994b; Ewald, 1990; Link, 2004c). 인적자 본에 관한 (마르크스주의적) 임노동론에 근거한 비판은 김형기(1982)를 참조하라.

36 앞의 지표들에 근거해 OECD 가입국가들과 세계은행의 개발국가들의 발전전략을 다양하게 보여주는 글들로는 다음을 참조하라(World Bank, 1999 : OECD 1999b; 2000a; 2000b; 2000c; 2001a; 2004b; APEC, 2000).

02 자기계발하는 시민

1 제2건국추진위원회의 성격과 한계, 특히 당시 시민사회운동 세력의 인식과 태도에 대해서는 다음의 글 을 참고하라(고상두, 1998: 108~109).

2 이 개념 역시 지식기반경제를 설명하는 많은 용어들처럼 피터 드러커가 명명한 개념이다. 그는 지식기 반경제라는 담론의 기원적 저작 가운데 하나인 『단절의 시대』 1부 「지식사회」에서 육체노동(manual work)과 지식노동(knowledge work)을 구분하며 이를 각기 육체근로자, 지식근로자에 대응시킨다. 자 세한 것은 피터 드러커(2003)를 참조하라.

3 여기에서의 "훈육적, 규율적"이란 말은 한국사회에서 1990년대 비판사회과학을 주도한 일군의 학자들 이 주도한 이론적 작업과 그 프로그램을 가리킨다. 그 개념들은 얼핏 보기엔 푸코가 『감시와 처벌』에서 사용한 개념을 빌려 쓴 것 같지만, 내용에서는 상당히 거리가 있다고 볼 수 있다. 차라리 중앙집중화된 관료적·권위적 국가기구에 의한 관리란 개념에 훨씬 가까운 일종의 정치사회학적인 개념이라 할 수 있을지 않을까 싶다. 이 글에서 '반공규율 사회'란 개념을 사용할 때 이는 바로 이들 학자들의 작업이 전제하는 일련의 유사한 관점과 전제들을 암시한다. 이들은 '반공규율 사회로부터의 탈피'란 전망을 통해 1980년대 이후 한국사회의 민주화 기획을 설명하고자 시도했다. 이 글 전체에서 주장하는 바이지 만 이는 한국 자본주의의 유연화란 전망으로부터 제기된 새로운 자유주의적 기획과 같은 것이었다고 볼 수 있다. 이를 대표하는 학자들의 작업으로는 일단 다음의 글을 보라(조희연, 1998; 2004; 김동춘, 1997; 2000).

4 이는 매일경제신문사의 『지식혁명보고서』가 내건 "당신도 지식인입니다/지식경영으로 승부한다/지 식정부로 거듭난다"는 캐치프레이즈에서 잘 드러난다. 여기에서 국가란 지식인화된 개인, 지식화된 사 회조직을 지원하는 정부 형태로 정의된다. 이는 다른 중요한 보고서에서도 역시 동일하게 나타난다. 예를 들어 산업연구원이 내놓은 『창조적 지식국가론』이라는 보고서 역시 "21세기 국가 장기비전"으로 "창조적 지식국가"를 내세우며 그것이 "창조적 지식근로자", "혁신적 지식기업", "효율적 지식정부"라

는 세 가지 항이 유기적으로 상호작용하는 효과를 통해 만들어질 수 있다고 역설한다(매일경제신문사, 1998d; 이선 외, 1999).

5 뒤에서 그것의 직접적인 전사(前史)로서 김영삼 정권의 '신교육체제'와 '제7차 교육과정'에 관해 간단히 살펴볼 것이다.

6 이는 국민의 정부 시기에는 '개혁'으로, 참여정부 시기에는 다시 '혁신'으로 각각 표현됐다. 개혁과 혁신이란 용어가 각 정권이 수행한 정책의 특성에 반영된 정치적 이념을 요약하는 것으로 받아들일 수 있다면, 이 두 가지는 매우 유사할뿐더러 이전의 문민정부를 계승한다고 볼 수 있을 것이다.

7 NHRD 웹사이트 참조. http://www.nhrd.net

8 신교육체제, 특히 제7차 교육과정이 성립하고 변화한 경과에 대해서는 다음의 글을 참조하라(함수곤, 2002, 79~100).

9 천보선·김학한(1998)의 64쪽 내용을 요약한 것. 신교육체제와 제7차 교육과정의 주요 내용에 관해서는 교육인적자원부·한국교육과정평가원(2001), 함수곤(2002) 등을 참조하라.

10 이런 입장들의 차이에 대한 간단한 소개로는 다음의 기사를 참조하라(「교육부는 신자유주의 돌격대?」, 『한겨레21』, 331호, 2000).

11 이는 지난 수년간 끝없는 갈등을 벌이다 마침내 2008년부터 실행하기로 결정이 난 '교원평가제'의 골간이 되는 것이라 할 수 있다. 이는 거의 모든 정부기관과 군대 등의 조직에서 이미 실행되고 있는 '다면평가제'를 교사들에게도 적용하는 것이다.

12 한국 교육체제의 재편을 신자유주의의 측면에서 비판적으로 분석하고자 시도하는 국내 논의를 집약하고 있는 것으로는 다음의 글을 참조하라(한국교육연구소, 1998).

13 교육인적자원부는 『21세기 학교 교육의 청사진─제7차 교육과정과 학교 교육의 발전 전망』이라는 공식자료집의 '제7차 교육과정은 신자유주의적 이념의 소산인가'라는 제목의 절을 통해 자신의 입장을 비교적 상세하게 밝힌다. 이는 그 자체로 매우 흥미롭다. 주요 내용을 요약하면 ① 제7차 교육과정은 신자유주의란 용어가 사용되기 전에 개발됐으며, ② 사후적으로 보더라도 그런 것과 그렇지 않은 것이 혼재되어 있으며, ③ "자유, 책임, 효율" 같은 신자유주의적 요소들은 보다 인간다운 삶의 형성에 주요한 요소이고, ④ 신자유주의란 현 세계의 주류 사상으로 선별적으로 수용되어야 하는 사상이지 무조건 전체적으로 거부되어야 하는 사상은 아니라는 것이다(교육인적자원부·한국교육과정평가원, 2001: 36~38).

14 맥윌리엄은 (한국의 교육체제 재편과 전연 다르지 않은) 세계 각국의 교육체제 재편과 그 안에서 벌어지는 교육 노동의 정체성의 변화를 "학교와 교사의 기업(가)화"(corporatizing)라는 논리로 요약하고 이를 분석한다. 새로운 교육체제에서 학교와 교사, 교육 등의 정체성 변화 가운데 하나로 꼽는 것이 교사 노동의 사업화(enterprising)이다. 이는 다른 일터에서의 노동주체, 즉 지식근로자에게 부과되는 주체화의 담론 및 테크놀로지들─성과(performance), MBO, TQM, 베스트 프랙티스 등─과 다르지 않다. 물론 이는 교사에게만 해당되는 것이 아니라 학습하는 주체에게도 동등하게 적용된다. "파울로 프레이리는 물러나고 빌 게이츠가 등장한다"(McWilliam, 2000: 76). 이 재치 있는 표현에서 그가 말하려는 것은 무엇일까. 『페다고지』의 저자 파울로 프레이리와 '마이크로소프트'의 빌게이츠를 대비시키면서 그가 말하려는 것도 다름 아닌 전문가로서 자신을 끊임없이 계발하고 향상시켜야 하는 새로운 교사라는 노동주체의 주체성이다. 이런 측면에서 교육과 노동, 새로운 자본주의의 정체성 사이에 존재하는 관련을 분석하는 글로는 다음의 글들을 참조하라(Edwards, 2002; 2004; McWilliam, 2000; 2002; Meadmore 2001b; Peters, 2001).

15 교육 노동을 전문적 계발의 담론과 결합시키며 새롭게 교육 노동의 주체성을 형성하는 것에 관해서는 다음의 글을 참조하라(McWilliam, 2002).

16 피교육자가 아닌 학습자, 졸업장이 아닌 수월성, 표준적인 학력이 아닌 개성과 다양성, 획일적인 교육과정이 아닌 수준별·선택 중심 교육과정 등의 언표와 그것에 연관된 물질적인 관행, 제도, 규칙, 법률 등.

17 재량권, 임파워먼트(권한위임), 책무성, 학습권, 선택과 자율 등의 언표와 그것과 연관된 다양한 물질적 테크놀로지들.

18 책무성, MBO, TQM 등과 같이 교사 및 교수의 교육 노동과 학교 운영과 관리에 관련된 사회적 실천을 표상하고 규제하는 언표들과 물질적인 테크놀로지들. 품질관리와 수월성이란 측면에서 교육 (노동)을 분석하는 글로는 다음의 글을 참조하라(이형행, 1991).

19 신교육체제를 둘러싼 논쟁 과정에서 천세영은 절충적인 입장을 취하면서, 그 스스로 신자유주의적 교육정책이 지닌 한계와 기존 교육정책에 내포된 한계를 동시에 극복할 수 있다는 "타협의 길"이란 대안을 내놓은 바 있었다. 그가 내세운 주장의 핵심적 요지는 "개인에게 교육 선택의 기회를 제공"하되, "기본교육권을 구매할 수 있는 비용은 국가 공통적으로 보장하자"는 것이었다. 자세한 것은 다음의 글을 참조하라(천세영, 1998).

20 하나의 담론형성에서 다른 담론형성으로의 이행은 '인식론적 단절'이나 '에피스테메의 단절'이란 주장들이 강조하듯이 단절적인 계기를 통해 이뤄진다. 그렇지만 그것이 어떤 입장에서 다른 입장으로의 교체처럼, 시간적 순서에 따라 마치 불연속적인 어떤 입장이 계기적으로 등장하는 것으로 받아들여져서는 안 될 것이다. 푸코의 '계보학'이란 개념을 해석하며 들뢰즈가 이야기하듯이, 그것은 이질적이고 다양한 언표들을 미분하고 적분하는 과정을 통해 이뤄진다고 볼 수 있다. 다시 말해 교육의 언표와 경제의 언표, 국가의 언표들이 적분되고, 그를 통해 만들어진 언표들의 집합과 규칙이 다시 개별적인 언표의 공간으로 미분되는 과정을 통해 역사적인 담론적 규칙성을 만들어내는 것이다. 그가 강조하듯이 담론구성 사이의 단절 못지않게 중요한 것은 그런 과정이 진행되면서 이뤄지는 '미분'과 '적분'이라 할 수 있다. 앞서의 설명을 굳이 이에 대입한다면 새로운 자본주의적 주체성을 재현하는 담론은 인적자원, 인적자본, 지식역량 등과 같은 수다한 언표로 미분되지만 다시 자기주도적인 학습자나 실행공동체니 하는 미시적인 행위 및 행위자들로부터 크게는 인적자원이라는 담론으로 적분되는 것이다(들뢰즈, 1995).

21 TQM, 식스시그마, 베스트 프랙티스, 학습조직, 고성과작업장 등 직접적인 노동과정을 관리하고 조직하는 테크놀로지의 차원에서부터 (전략적) 인적자원관리, 기업문화운동, 리더십 등과 같이 조직생활을 통제하고 지배하는 테크놀로지 차원에 이르기까지, 이는 수없이 다양한 모습을 취하며 펼쳐졌다. 물론 이는 노동주체의 정체성을 표상하는 새로운 언표를 생산하는 과정이기도 하지만, 동시에 이는 노동주체가 자신을 주체화하는 방식을 변형시키는 과정이기도 했다. 자세한 것은 다음 장에서 다루기로 한다.

22 생산하는 삶과 다른 사회적 삶의 관련을 통한 주체성의 지배와 관리에 관해서는 다음의 글을 참조하라(Miller & Rose, 1990; Rose, 1990; 1999a).

23 담론형성(체)와 담론의 장르에 관해서는 3장을 참조하라.

24 '경제개발계획'은 이미 그 전신이 있었다. 한국전쟁 직후 유엔과 미국에 의해 각각 추진된 부흥, 재건 및 국민경제발전계획(유엔 한국부흥위원단의 「네이션 보고서」[the Nathan Report]와 미국 국가안보회의 타스카를 중심으로 작성된 「한국경제의 강화를 위한 대통령 보고서」[Strengthening the Korean Economy, Report to the President], 그리고 1958년 당시 부흥부[復興部]에 의해 작성된 「경제개발3개년계획」 등)이 그것이다. 그리고 이는 2차 대전 이후 냉전체제가 만들어지면서, '개발'이란 담론에 따라 비서구사회를 자본주의적 질서 안으로 편입시키기 위한 필수적인 기획의 일부분이었다. 아무튼 이는 정치적 정세(4·19혁명, 5·16군사쿠데타 등) 때문에 실행되지는 못했다(경제개발계획의 전사와 그 이후의 변천에 대해서는 일단 다음의 글을 참조하라. 김신복, 1982; 유한성, 2000). 따라서 본격적인 경제개발계획은 박정희 정권의 수립과 더불어 추진됐다고 볼 수 있다. 어쨌든 경제개발계획은 한국의 근대화, 산업화를 이끌어갔던 핵심적인 통치 기획이라 할 수 있다. 주지하듯 '경제개발계획'은 제5공화국, 즉 전두환 정권이 등장하면서 그 명칭이 '사회경제발전계획'으로 바뀌어 1990년대 후반까지 지속됐다. 이 글에서 다룰 수 있는 것이 아니기에 더 논의할 수 없지만 경제개발계획은 고용, 교육, 복지, 안전 등의 사회적 생존을 경제적 삶의 관리와 연계시킨 대표적인 국가 통치 프로그램이었다고 할 수

있다. 경제개발계획(사회경제발전계획)은 국가의 경제정책과 그것을 구성하는 다양한 정치적 수단과 실천을 가리키는 것에 그치지 않는다. 그것은 빈곤, 성장, 번영, 발전 등의 목적과 완결된 전체로서의 사회(the social)를 결합시킴으로써, 국가의 삶을 경제적 삶(economic life)으로 재현한다(Miller & Rose, 1990). 또 국가라는 영토적 경계 내에 존재하는 성원들을 주민(population) 혹은 국민이란 범주로 재현하면서 이를 국가의 경제적 삶과 결합한다. 그리고 이를 통해 국가의 부·능력·경쟁력과 개인·기업 등 개별적인 삶을 결합할 수 있는 인식 가능성을 만들어낸다. 따라서 국가를 경제적 사회로 설정하고 이를 해석하고 표상하기 위한 광범한 지식을 만들어낸다는 점에서나 정부가 경제적 삶을 통치할 때 동원하는 제도, 관행, 지식, 기술(예컨대 계획과 평가, 조정의 테크놀로지인 국민소득계정〔national income accounts〕이나 산업 부문 연관에 관한 국가적 통계조사와 예산에 관련한 광범한 회계의 도입 등)을 창출한다는 점에서, 경제개발계획은 국가의 경제적 삶을 표상하는 새로운 담론형성이라 할 수 있다. 또 그것은 국민의 안전, 건강, 교육, 복지 등과 관련한 사회적 실천과 이를 규제하는 담론들을 '경제'적 행위와 결합시킴으로써 통치의 행위를 곧 경제적 삶의 관리로 등치시킨다. 따라서 사회를 관리한다는 것은 비록 그것이 비경제적인 대상이라 할지라도 언제나 경제적 삶의 관리를 통해 이뤄지게 된다.

요약하자면 경제개발계획은 단순히 경제정책이 아니라 사회 성원을 주민 혹은 국민이라는 전체로서 대상화하고, 사회를 경제라는 통일적인 유기체로 표상함으로써, 사회의 관리(통치)를 경제의 관리로 변화시키는 데 획기적인 가능성을 부여한다. 박정희 체제가 경제를 우선시한 체제라는 환상은 나름 근거가 있는 셈이다. 한편 경제개발계획이 훈육사회에서 국민적 주체성을 생산하는 주체성의 체제를 가리킨다면, 인적자원개발계획은 새로운 자본주의(산업사회가 아닌 지식기반사회라는 새로운 경제적 가상과 결합된)에 부응하는 국민주체를 생산하는 담론이자 관행으로 정의할 수 있을 것이다. 이에 한 가지를 더 덧붙이자면 국가와 경제, 국민적 주체성의 형성과 관련한 새로운 논의가 필요하며 이를 통해 한국 자본주의 변화를 둘러싼 분석을 재구성할 필요가 있다는 것이다. 한 걸음 더 나아가 주제넘게 이야기한다면 박정희 체제 역시 이런 관점에서 다시 분석해볼 필요가 있다는 것이다.

25 대한민국정부, 2001: 7.

26 한국교육개발원, 1999: 319.

27 국가인적자원개발과 생애능력의 관계는 다음에서 간단히 요약된다. "국가는 생애를 통한 능력개발이 가능하도록 인적자원의 질적 표준을 설정하고 그에 따른 학습목표(learning target)를 재설정하며, 학습목표를 달성하기 위해 다양한 학습체제들에 대한 질 관리 시스템을 마련해야만 한다. 이는 국가 인적자원개발체제의 운용 혁신을 수반하는 것이다"(강순희·신범석, 2002).

28 사회의 관리를 경제의 관리로 구성하고 이를 체현하는 사회적 삶의 주체를 인구란 개념으로 대상화하는 것은 근대 자본주의 사회의 핵심적인 특성, 푸코의 표현을 빌리자면 통치성의 핵심적인 전략이자 도구라고 할 수 있다. 푸코는 통치성에 관한 유명한 글에서 다음과 같이 말한다. "경제(the economy)라는 개념이 오늘날 우리가 '경제적인'(economic) 것으로 규정하는 새로운 현실의 층위로 재중심화된 것은 통치과학의 발전을 통해서였습니다. 또 인구와 특정하게 관련된 문제를 파악할 수 있게 된 것도 역시 이런 통치과학을 통해서였습니다. 그러나 역으로 인구에 특정한 문제를 지각한 덕분에 또한 우리가 경제라고 부르는 현실의 영역이 분리됨으로 인해서, 통치 문제가 군주권에 관한 법률적인 틀 밖에서 사고되고, 반성되며, 계산될 수 있다고 말할 수 있습니다. 〔……〕 인구라는 특정한 현상에 부여된 실재성은 가족 모델을 최종적으로 제거하고 경제 개념을 다시 중심에 두고 사고할 수 있게 했습니다"(푸코, 1994b: 42).

29 국가의 과학으로서 통계(학)의 등장과 통계라는 사회적 계산의 장치를 통해 국민주체의 삶을 통치하는 근대 국가의 권력 작용을 분석하는 것으로는 일단 다음의 글을 참조하라(푸코, 1990a; 1994b; 1998). 한편 이런 분석을 더 구체적으로 근대 국민국가의 통치에 관한 분석으로 확장시키고 있는 것으로는 다음의 분석들을 참조하라(Burchell, Gordon & Miller, 1991). 또 표준, 평균, 확률 등의 변화 과정을 거치며 국가가 국민주체를 어떻게 객관화시키는지 분석하는 것으로는 다음의 글들이 매우 유용하

다(Ewald, 1990; Poovey, 1998; O'Malley, 2000; Lemke, 2001; 2002; Link, 2004a; 2004b; 2004c)

30 로즈와 밀러는 근대 자유주의 통치의 핵심적인 특성을 다음과 같이 요약한다. "노동자, 경영자 그리고 가족성원으로서 개인들은 경제적 성장, 성공적인 사업, 최적의 개인적인 행복을 이뤄내기 위해 정치적 목표들과 결합되도록 동원될 수 있다. 통치 프로그램은 복잡한 테크놀로지들의 망을 활용하고 그에 의존할 수 있다. 현대의 정치권력은 주체성의 지배란 형태를 취하지 않는다. 외려 정치권력은 자기통치(관리)(self-government)를 만들어내고 이를 지속시키는 테크놀로지들의 망에 의존하게 된다"(Miller & Rose, 1990: 102).

31 "주체는 실체가 아닙니다. 그것은 하나의 형식이며, 이 형식이 항상 주체 자신과 동일한 것은 아닙니다. 당신이 투표소에 가거나 어떤 회합에서 연설하는 정치적 주체로서 행동할 때, 또는 성관계에서 당신의 욕망을 충족시키려 할 때, 자기 자신과 같은 종류의 관계 속에 있지는 않을 것입니다. 〔……〕 내가 관심을 갖는 것은 바로 역사적으로 형성된 상이한 주체 형식들과 진리놀이들의 관계입니다"(푸코, 1994d: 112).

32 유현숙 외, 2002. 한편 같은 기관에서 행한 또 다른 연구인 「생애능력 측정도구 개발 연구: 의사소통 능력, 문제해결 능력, 자기주도적 학습 능력을 중심으로」에서는 위의 핵심능력이 더 구체화된다. 예컨대 의사소통 능력은 해석 능력, 역할 수행 능력, 자기제시 능력, 목표 설정 능력, 메시지 전환 능력으로, 문제해결 능력은 문제명료화, 원인분석, 대안개발, 계획/실행, 수행평가로, 그리고 세번째로 자기주도적 학습능력은 학습계획, 학습실행, 학습평가로 나뉜다.

33 이런 점에서 오랫동안 마르크스주의 노동사회학 혹은 산업사회학을 지배해왔던 도식, 즉 '숙련장인 지배의 초기 자본주의 — 탈숙련화에 따른 구상과 실행의 분리로서의 포드주의 — 재숙련화로서의 포스트포드주의'라는 구분을 재고할 필요가 있을지도 모른다.

34 하워드 가드너라는 교육공학자가 만들어낸 개념이다. 이 개념의 구체적인 내용에 대해서는 다음의 글을 참조하라(가드너, 1998) 한편 이런 비범성의 개념에 근거해 일터에서 노동주체의 능력이란 개념을 재구성하려는 작업으로는 다음의 글을 참조하라(가드너·칙센트미하이·데이먼, 2003). 또 이런 비범성의 언표를 통해 국내에서 새로운 학습 과정을 설계하고 교육의 테크놀로지로 구체화하려는 작업에 대해서는 다음의 글을 참조하라(문용린, 2004). 특히 이 글에서 전혜린과 김구, 정문술 등의 정치가, 사업가, 예술가 등이 자신의 삶을 어떻게 다뤘는가를 중심으로 생애경로와 능력의 범주를 결합시키고 있는 다음의 글 역시 참조하라(문용린·곽윤정, 2000). 정문술이란 사업가의 "성공"과 이를 위해 그가 자기계발을 통해 축적하고 실현한 "다중지능"에 관해서는 다음의 글을 참조하라(문용린·이광형·안태진, 2004).

35 주권적 주체로서의 국민주체의 주체성은 이 글의 문제의식을 넘어서는 별개의 문제라고 할 수 있다. 탈근대 자본주의에서 주권성의 변용과 그것이 기존의 생권력의 체제를 어떻게 변형시키는가의 문제에 관한 주목할 만한 분석으로는 다음의 글을 참조할 수 있다(Agamben, 1998; 2000; Rose, 1999a).

36 이에 관해서는 일단 다음의 글을 참조하라(Barry, Osborne & Rose eds., 1996; Cruikshank, 1999; Lemke, 2002).

37 생애능력이란 언표는 경력개발이나 경력설계 등의 일의 정체성을 규정하는 새로운 일의 지식(혹은 과학)으로서 혹은 성공설계, 석세스 플랜, 인생의 로드맵과 같이 다양한 자기계발 문화상품 속에 등장하는 언표들을 통해 확대될 수 있을 것이다.

38 후기산업사회론에서 나타나는 노동주체의 정체성 담론을 비판하는 것으로는 다음을 참조하라(Dyer-Witheford, 1999). 한편 이런 식의 생각은 후기산업사회론에 국한되지 않는다는 점에 주목해야 할 것이다. 앞 장에서도 언급했듯이 '노동사회'라는 이름으로 포드주의적 자본주의를 정의하고, 그것이 만들어낸 특수한 노동자 정체성과 결별할 것을 주장하며, 그런 인식에 스며들어 있던 노동 개념의 보편성에 더 이상 얽매이지 않은 새로운 사회적 상을 만들어낼 것을 요구하는 여러 가지 비판적인 주장 역시 이에 해당된다고 볼 수 있다. 이런 식의 주장으로 대표적인 것은 다음을 참조하라(리프킨, 2005; Gorz, 1999; 벡, 1999).

1 네그리의 다음의 말은 이런 점을 일목요연하게 압축한다. "노동 분석은 정치(학)에 대한 분석이며 혹은 더욱 정확히는 구성(composition)에 대한, 특정 사회에 대한 분석이다"(네그리, 1996: 128).

2 예컨대 자본주의의 위기를 재현함에 있어 교조적인 마르크스주의가 경제주의적인 편향에 빠진 채 공황을 특권화했던 것이 이에 해당된다고 할 수 있다. 이와 달리 일부 마르크스주의자들은 자본의 (재)생산을 경제적 가치의 생산의 문제가 아니라 사회 (형성)(social formation)의 생산의 문제라는 점을 강조해왔다. 이런 분석을 통해 중요한 전환을 가져왔던 이론적인 작업으로는 다음을 참조하라(알튀세, 1991, 발리바르, 1989: 네그리, 1996). 한편 노동의 존재론에 근거한 사회의 변형으로서의 정치(전통적인 사회주의 정치)와 노동이란 범주로 압축되는 근대사회의 실정적인(positivie) 내용으로부터 자율적일 수밖에 없는 본연의 정치를 각각 타율성의 정치, 자율성의 정치라 개념화하고, 이를 통해 경제주의적 마르크스주의를 비판하고자 하는 최근의 발리바르의 작업 역시 주목할 가치가 있다(발리바르, 2007).

3 '시초적 축적'(primitive accumulation)이나 '노동일'(working day)에 관한 분석에서 마르크스가 스스로 역력히 보여주었듯이 자본은 (정치경제학에서 가정하는 것처럼) 자율적인 경제적 실체가 아니라 사회적 관계를 구성하는 권력이라고 할 수 있다. 시초적 축적에 관한 분석에서 마르크스는 자본의 '계보학적 분석'이라 불러 마땅할 분석을 시도하면서 자본이 무(無)로부터 출현한 것이 아니라, 정치적인 폭력을 비롯한 다양한 권력의 행사를 통해 자신의 출현 조건을 마련했음을 보여주었다. 또 노동일에 관한 분석에서도 역시 노동력의 가치란 정치경제학적인 분석의 물신성을 폭로하고 노동일에 관한 투쟁이 노동과 자본의 경제적 관계이기에 앞서 자본의 운동을 가능하게 하는 조건 자체를 마련하려는 정치적인 권력투쟁이었음을 강조하였다. 이런 자본의 경제주의적 혹은 정치경제학적인 독해에 반한 새로운 독해는 최근 탈근대 자본주의의 분석과 더불어 새롭게 부상하고 있다고 볼 수 있다.

4 그것은 경제적·정치적인 삶에서부터 개인적인 삶에 이르는 자율적이고 이질적인 삶의 영역들을 포함한다.

5 리처드 세넷은 자신의 역저를 통해 새로운 일의 세계가 등장하면서 서로 세대가 다른 노동자들이 어떻게 자신의 자아정체성을 수정하고 변화시키는지 섬세하게 분석한 바 있다(세넷, 2002).

6 이탈리아의 자율주의적 마르크스주의의 역사를 분석하는 개괄적인 글로는 다음을 참조하라(Wright, 2002; Dyer-Witheford, 1999).

7 이런 점에서 가변적이고 임의적인 코드이자 노동을 지배하는 기호로서 가치법칙은 곧 정치적 결정에 다름 아니다. 네그리가 다음과 같이 말할 때 이런 점을 집약적으로 표현한다고 할 수 있을 것이다. "사회적 노동의 조직화를 과잉결정하고 그것의 재생산을 불평등 및 위계제의 선(line)에 따라 부과하는 것은 바로 정치적 구성이다. 착취는 사회적 생산을 과잉결정하는 정치적 선들을 생산하는 것이다"(네그리, 1996: 132).

8 거칠게 말해 포스트포드주의는 자본의 실질적 포섭의 완성, 혹은 자본이 이제 경제적인 삶의 생산을 넘어 사회적 삶 자체를 생산하기에 이른 자본주의의 역사적 단계라고 부를 수 있을 것이다. 이는 『자본』에서의 형식적 포섭과 실질적 포섭을 변주한 주장이라 할 수 있다. 물론 자율주의적 마르크스주의자들은 프랑스의 조절이론의 그림자가 드리워진 포스트포드주의란 개념을 사용하지 않고 이를 '제국'이란 개념으로 대치한다. 포스트포드주의가 경제적 구성이라는 영역에 머물러 있다면 제국은 새로운 정치적 주권의 구성, 주체성의 구성 등 사회 전체의 구성을 보여주는 개념이라는 점을 강조하고 있기 때문에, 이들이 그와 같은 개념을 사용하는 데에는 일리가 있다. 자세한 것은 『제국』을 참조하라(네그리와 하트, 2001).

9 계급구성이라고 말할 때의 계급은 노동자계급, 자본가계급과 같은 경제적 지위에 따라 분류되는 사회집단을 가리키는 것이 아님에 유의해야 할 것이다. 이들의 표현을 빌리자면 계급은 차라리 사회적 존재론을 가리키는 개념으로 받아들이는 것이 옳을 것이다. 자본주의에서 자본이란 존재론적인 지위를 차지하고 이것이 스스로 존재론적으로 분절(ontological articualtion)할 때, 즉 자신의 사회적 현실을 구성

할 때 그 결과를 계급이라 부를 수 있을 것이다. 따라서 계급은 특수한 인격적인 집단이나 사회적인 분류이기도 하지만 그것은 언제나 특정한 사회적 구성의 결과가 표현되는 것이란 점에서 기존의 계급 개념과 구분된다. 더 집약해 말하자면 계급(구성)이란 사회적 구성의 인간학적인 배치라고 할 수 있을 것이다.

10 이후에 이는 '생정치적 생산'이라고 재명명되고, 다른 이들에 의해서는 비물질적 노동, 정서적 노동이란 측면에서 분석된다.

11 이 점에 관해서는 다음의 글을 참조하라(Zukin, 1982; Slater, 1997; 페더스톤, 1999).

12 다른 자율주의적 마르크스주의자들은 이를 "확산된 노동자"(diffused labor)로 정의하기도 한다.

13 인재란 용어는 종업원, 근로자, 노동자, 직원, 직장인, 인력 등의 용어와 맞바꿔 쓸 수 있는 용어라고 할 수 있다. 인재란 용어가 언제 어떻게 사용됐는지를 추적할 수 있는 자료는 찾아보기 어렵다. 짐작컨대 1970년대에 국내에서 본격적으로 수용되기 시작했던 다양한 일본의 경영 담론들이 일상적으로 인재란 용어를 사용했던 것에서 영향을 받았으리라고 추정된다. 특히 1970년대 후반에 접어들면서 자본가들의 연합기관인 한국경영자총협회(경총)에서 부족한 인력을 충원하기 위해 '인재은행'을 설립하는 등 거시적인 노동력 관리에 신경을 기울이고, 임금이나 노무 관리 같은 '최저'의 관리에 머물지 않고 '품질관리조'를 비롯한 경영기법을 학습하면서, '인재'란 용어의 사용은 더욱 늘어났던 것으로 보인다. 그렇지만 1980년대 후반부터 국내에서 폭발적으로 사용되기 시작했던 인재란 언표는 비록 같은 용어임에도 불구하고 전연 다른 담론을 배경으로 한다. '기업문화'라는 경영 담론에서 시작해 '전략경영', '전사적 인적자원관리', '리스트럭처링', '리엔지니어링' 등에 이르는 일련의 경영 담론을 전유하는 과정에서 노동주체에 관한 모든 표상은 인재란 용어로 '번역'됐기 때문이다. 따라서 인재란 용어가 증폭하고 범람한 것은 또한 비약적인 경영 담론의 소비와 평행한다고 볼 수 있다.

14 Maier, 1970; Rose, 1978; Chandler, 1977; 브레이버맨, 1987; 부라보이, 1999.

15 이는 기업의 경영 담론에 한정되어 있는 것이 아니다. 인재란 언표의 또 다른 표현인 역량이란 담론은 국가역량, 국민역량 등의 개념으로 번역되어 국가의 통치 행위를 구성하는 다양한 담론과 테크놀로지의 장 속에서 통합된다. 또 개인의 자기계발에 관련한 다양한 행위 역시 능력이나 역량을 발견하고 개발하는 다양한 담론과 분리시킬 수 없다.

16 취업 담론 안에서 나타나는 인성의 언어 사용과 이를 통한 인성의 상품화를 살피는 논의로는 다음의 글을 참조하라(Cremin, 2003).

17 생산·관리직이나 영업·판매직과 같은 분야에서도 이와 같은 현상이 나타난다고 보기는 어렵다. 이런 분야에서의 구인광고들은 여전히 "XX졸 이상, 군필, 해외여행에 결격사유가 없을 것" 등으로 간략히 구성되어 있을 뿐이다. 그렇지만 인재란 언표는 기업에 의해 공식적인 언표로 사용되느냐의 여부와 상관없이 노동주체들이 일과 자기정체성을 해석하고 반성하는 행위에 크게 영향을 미친다. 따라서 문제는 인재란 언표를 직접적으로 채택하고 사용하느냐의 여부가 아니라 인재란 새로운 주체성의 담론이 포함하고 있는 '인재의 에토스', 즉 노동주체가 자신을 주체화하는 방식과 윤리적 지향에 있다고 할 수 있을 것이다.

18 유영만, 1999: 144~145.

19 정서적 노동, 비물질적 노동 등 새로운 자본주의에서 일의 성격의 변화와 그에 따른 노동주체성의 변화를 다루는 글로는 다음을 참조하라(랏짜라또, 1997; Lazzarato, 2002; 2004; Hardt, 1999; Hochschild, 1979; 1983; 래시·어리, 1998).

20 1980년대의 급격한 변화 즉 구조조정으로 상징되는 축적체제의 변화, 노동조합운동이 고조됨에 따른 노동 규율과 노동과정 재편에 따라, 노동의 '의미'와 노동자의 노동윤리, 직업관에 관한 관심이 부쩍 고조됐다. 특히 노동주체의 심리적 주체성이라 할 수 있는 이런 영역에 대한 전문적인 연구 역시 1980년대 후반부터 본격적으로 쏟아져 나왔다. 한국노동연구원, 한국직업능력개발원을 비롯한 일련의 정부 내 연구기관은 물론 삼성경제연구소를 비롯한 기업 경제 및 경영 연구소, 맥킨지 같은 경영컨설팅 기업, 리쿠르트나 인쿠르트 같은 취업 및 인적자원관리에 관련한 기업, 대한상공회의소 같은 기업가

조직, 언론사 그리고 산업조직심리학을 비롯한 전문 학술지식 등은 끊임없이 일과 직업에 대한 태도와 가치를 조사하고 평가하는 텍스트들을 생산해왔다. 이런 점에서 노동주체의 심리적 정체성에 관한 새로운 지식(곧 경영 지식에 의해 대체될)의 등장은 징후적이라 볼 수 있다. 자세한 것은 다음을 참조하라(최정호·김형국, 1989; 김태길, 1994; 선한승, 1993; 1994; 조용수, 1996; 김병숙 외, 1998).

21 「일과 삶의 균형은 새 인사 트렌드」, 「재무통·이공계·해외파 임원 대거 발탁 …… 기업 연말 정기인사 트렌드 변화」, 「HR 트렌드」 운운의 기사 제목들에서 보듯이 언론은 인사·고용 트렌드란 용어를 일상적으로 사용한다. 가령 『신인사트렌드 35』(한국경영자총협회, 1996), 「미래 인사트렌드 6」(장영철, 2004), 「격동기, 사람이 경쟁력이다 ─ 글로벌 인사 7대 트렌드」(삼성경제연구소, 2004) 같은 경제연구소나 기업가 단체의 보고서들 역시 인사나 고용을 트렌드란 용어를 통해 표현하는 데 익숙해 있다.

22 새롭게 포장되어 나타난 인적자본론과 같은 형태의 경제학적 지식, 인적자원관리, 인적자원개발 같은 경영학적인 지식, '학습조직' 등과 상관된 '상황학습' 같은 교육학적 지식, 정서지능 등의 심리학적 지식 등.

23 '세계 주요국 직장인 애착도'에 관한 국제적인 조사와 그의 발표 및 시상, 『포춘』을 비롯한 국내외 주요 경제·경영 관련 매체의 '일하고 싶은 직장'에 관한 조사와 보도, 그리고 국내 취업 관련 기관들이나 기업들의 대학생들이 취업을 선호하는 좋은 직장에 관한 조사, 발표 등이 이에 해당한다.

24 '훌륭한 일터' 선정·시상은 한국경제신문사라는 언론사와 엘테크신뢰경영연구소라는 경영컨설팅 기업이 공동으로 기획·진행하고 있다. 이에 관한 조사, 평가 업무를 주도하는 해당 연구소 측은 다음과 같이 설명한다. " '한경─레버링 훌륭한 일터'는 '포춘 100대 기업'(미), '유럽연합 100대 기업'(EU)과 같은 글로벌 스탠더드의 방식에 따라 한국의 일하기에 좋은 기업을 가려냄으로써, 사회적으로 노사 화합의 직장문화를 조성하는 데 기여할 것입니다. 아울러 서로 신뢰하는 기업문화의 정착을 통해 일하는 사람들의 삶의 질을 향상시키는 데도 큰 도움이 될 것입니다." 자세한 것은 엘테크신뢰경영연구소의 홈페이지를 참조하라(http://www.eltechtrust.com/). 또 『포춘』의 '훌륭한 일터'에 관해서는 다음의 공식 홈페이지를 참조하라(http://www.greatplacetowork.com/).

25 새로운 경영 담론의 주된 특징 가운데 하나는 바로 경제적 실재에 관한 표상을 재구성하면서 동시에 경영 행위가 가진 가치를 각별하게 특권화한다는 점이다. 이들은 경제적 가치의 원천이 비재무적인 가치(혁신, 창의성, 기업가정신, 커뮤니케이션, 지식 노동 등)에서 창출됨에 따라 일터에서의 광범한 사회적 행위를 관리하는 경영 역시 중요하다는 점을 부단히 강조하고 있다. 이는 기업조직의 수평화, 유연화, 탈위계화 등을 통해 광범한 중간관리자 집단을 제거하는 것이기도 했다. 아무튼 경영 행위를 중요한 노동으로 재평가하며 경영 역시 품질이란 언표를 통해 관리·평가·보상되어야 한다는 주장은 새로운 경영 담론의 중요한 특성임이 분명하다. 경영 행위를 품질 담론과 연계시키며 이를 설명하는 것의 한 사례로 다음의 글을 참조하라(김유영, 2005).

26 1990년대의 '신세대 담론'을 가장 열정적으로 소비한 영역 가운데 하나가 바로 경영 담론이란 점은 거의 주목을 받지 않은 듯하다. '신세대문화'를 경제질서의 변화에 따른 새로운 문화적 정체성의 반영으로 풀이하는 일련의 주장은 그런 점에서 소박한 것이라 할 수 있다. 기존의 가족 및 학교 제도나 관료적인 사회조직 등이 강요한 통제·규율의 강제로부터 벗어나려는 반항적이고 진보적인 움직임을 신세대문화로 해석하는 것은 지나친 단견이다. '신세대문화'라는 담론이 커다란 성공을 거둘 수 있었던 것이 단지 새로운 자본주의의 합리성과 일치했기 때문이라고 재단하는 것 역시 섣부른 일반화일 수 있다. 그렇지만 신세대 담론의 등장을 전후한 한국 자본주의의 변화가 새로운 주체성의 모델을 요구하고 있었고, 그런 주체성의 모델이 요구하는 행위의 장을 서사화하는 데 신세대 담론이 중요한 문화적 레퍼토리를 제공했다는 점을 부정할 수는 없다. 이런 측면은 다른 나라의 사례에서도 쉽게 찾아볼 수 있다. 신경제로의 이행 과정에서 이른바 새로운 반항적 세대문화가 어떻게 새로운 자본주의 정신(spirit)을 형성하는 데 기여했는지 분석하는 많은 글이 있다. 그 가운데 대표적인 것으로는 일단 다음의 글을 참조하라(Boltanski & Chiapello, 2005; Frank, 2000; 클라인, 2002).

27 이를테면 국내 경제일간지들이 선정하는 지식경영 우수 기업의 시상·발표라든가, 한국능률협회 같은

민간기업에서 행하는 '한국인재개발대회'와 '한국인재경영대상' 선정과 시상 같은 것이 이에 해당된다. 이런 이벤트들은 다양한 기준과 척도, 지표 등을 통해 기업에서의 노동과 노동주체의 관리를 "과학적인 지식", 즉 '진리의 언표'로 생산하는 데 기여한다. 이를테면 한국능률협회는 7개 부문(HR 부문에 대한 조직의 리더십, 인재개발전략, 내·외부고객의 HR 요구에 대한 이해도, HR에 있어서의 정보기술 활용, HRD 담당 인력의 중시, 교육 훈련 및 지원 프로세스, 인재개발 성과), 18개 항목에 대한 평가를 통해 인재경영이라는 경영 실천을 객관적이고 측정 가능한 지식으로 다듬어낸다. 한편 이렇게 형성된 일과 노동주체의 언표는 이를 재생산하고 증폭시킴으로써 말 그대로 그것을 '트렌드'로 형성하는 데 큰 영향을 미친다. 자세한 것은 해당 기관의 웹사이트를 참조하라(한국능률협회, http://www.kma. or.kr/).

28 물론 여기에서 빠트릴 수 없는 것 가운데 하나가 이른바 '글로벌 스탠더드'라는 언표라고 할 수 있다. 이미 대기업은 물론 중소기업 역시 1990년대 이후 생산의 해외 이전, 판매 및 마케팅, 연구개발의 지구화 등을 통해 전지구적인 경제활동을 해왔다. 또 시장개방 이후 국내에 진출한 많은 해외 자본들 역시 증가해왔다. 이 과정에서 다양한 경영 담론들 역시 끊임없이 이동하고 순환했다 볼 수 있다. 따라서 글로벌 스탠더드 역시 니겔 트리프트가 "자본의 문화적 회로"(cultural circuit of capital)라고 말하는 것을 대표할지도 모른다. 결국 자본의 전지구화는 화폐와 상품의 순환의 전지구화에 머물지 않고, 자본의 사회적 실천을 규제하는 지식과 관리 기술의 전지구화이기도 하다. 물론 이 가운데 가장 중요한 것은 경영 담론이다(Thrift, 1997; 2000).

29 GE, 도요타, P&G, 마이크로소프트, 나이키 같은 기업들은 사례나 예화의 형태로 거의 모든 경영 서적에 빠짐없이 등장한다.

30 GE의 잭 웰치, 휴렛팩커드의 칼리 피오리나, 마이크로소프트의 빌 게이츠, 삼성의 이건희, 스타벅스의 하워드 슐츠, 나이키의 필립 나이츠 등은 물론 자신의 이름을 브랜드화해 성공한 〈오프라윈프리쇼〉의 오프라 윈프리, 가사와 관련된 쇼 프로그램의 진행을 바탕으로 미국 최대 가사용품 기업을 경영하게 된 마사 스튜어트 등이 이에 해당될 것이다. 그러나 이런 최고경영자에 관한 신화적 서사의 소비만 있는 것은 아니다. 뒤에서 다시 살펴보겠지만 기업가적 자아로 노동주체의 정체성을 표상하는 새로운 담론은 자영업자, 창업자, 투잡스족 등의 새로운 노동주체를 대표적인 인물로 내세운다. 따라서 1990년대 후반의 외환위기를 전후해 TV 프로그램은 물론 다양한 대중매체를 통해 확산된 창업 관련 이벤트나 문화적 연행은 많은 스타를 만들어냈다. 예컨대 '석봉네 토스트'나 '총각네 야채가게' 등이 이에 해당한다고 볼 수 있다. 이에 대해서는 4장에서 더 자세히 다룰 것이다.

31 인재경영의 신화란 이름으로 삼성의 글로벌 초우량기업으로의 성공을 서사화하는 다양한 텍스트들로는 다음을 참조하라(김성홍·우인호, 2002; 홍하상, 2003; 김영안, 2004).

32 한국 기업의 경영컨설팅 소비 현황에 관해서는 다음의 보고서를 참조할 수 있다(전국경제인연합회, 2001b).

33 예를 들어 다음의 글들을 보라(신유근, 1997; 한정민, 2001).

34 경영의 담론적인 성격을 분석하는 글로는 일단 다음의 글들을 참조하라(Willmott, 1997; du Gay, Salaman & Rees, 1996: Watson, 1997; Hales 1999).

35 어느 경영컨설턴트는 한국 기업의 경영이 변천해온 과정을 모방 경영의 역사로 서사화하면서 다음과 같이 말한다. "1900년대 초 설립된 삼수사(삼양사의 전신)에서부터 지금에 이르기까지 한국 기업들의 주된 경영 방침 중의 하나는 모방 경영이었다. 산업의 후발 주자로서 지식과 경험이 전무했던 한국 기업들은 선진국들, 특히 일본의 성공 기업들을 모방했다. OEM 생산방식에서부터 무슨 제품을 육성하고 수출해야 하는가를 결정하는 전략기업집단의 사업구조, 종신고용 등의 인사원칙 등 거의 대부분의 경영 전략과 기법을 모방했다. 1990년대 이후에는 미국을 중심으로 한 서구 선진기업의 경영 전략과 기법을 집중적으로 학습했다. 글로벌 경영을 외치며 세계로 진출했고, 다양한 혁신기법들을 앞다투어 받아들였다"(유호현, 2004: 3). 이 이야기에서 저자는 한국 자본주의가 변화해온 과정을 그 과정에서 소비된 경영 담론의 역사 자체를 통해 설명한다. 그러나 이런 이야기가 설득력 있게 들리게 된 것은

물론 지난 10년간 벌어진 변화, 즉 경영이라는 사회적 실천이 곧 경영 담론을 통해 자신을 표현할 수 있게 됐기 때문이다. 그런 점에서 이런 이야기도 곧 경영 담론이 지니게 된 새로운 정체성과 떼어놓을 수 없는 것이다.

36 효율, 능률, 성과, 역량, 기업가치, 경쟁 우위 등의 새로운 경영 담론이 생산해낸 목적(telos)의 언표들을 지적할 수 있을 것이다.

37 경영학적 개념으로서 벤치마킹 개념이 등장하고 확산된 배경 그리고 이에 대한 비판적 논의를 보려면 일단 닉 올리버가 제시하는 표준적인 설명을 참조하라(Oliver, 1998: 16.5~16.42). 벤치마크라 불리는 담론은 단순히 기업의 경영 실천을 비교하고, 그를 통해 우수한 사례를 도출해 모방하거나 적용하는 단순한 기술적인 행위 또는 그에 관련된 전문적인 지식을 가리키는 것만은 아니다. 벤치마크란 담론을 확산시키는 데 결정적인 역할을 했던 것은 저 유명한『생산방식의 혁명』(The Machines That Changed the World)이라 할 수 있을 것이다. 이 작업은 세계 자동차산업에 관한 비교연구를 통해 미국의 실패라는 충격적인 주장을 제기하고 훗날 유연화된 생산체제를 선구했던 '린생산'이란 개념을 확산시켰다. 경영 담론의 역사에서 가장 주목할 만한 사건 가운데 하나이자 실제 상당한 파란을 불러일으킨 이 저작은 MIT 대학의 국제자동차산업연구프로그램(IMVP)이 세계 자동차산업을 비교연구한 결과를 집약한 보고서이다. 이 보고서는 일본식 경영을 통해 미국 경제의 체질을 바꾸자는 식의 새로운 경영 담론을 선도한 대표적인 사례라 할 수 있다. 한편 이와 짝을 이루는 경영 담론 역시 크게 성행했던 점도 주목할 필요가 있다. 일본식 경영 담론에 대한 대중적 반감에 편승하면서 미국적 애국주의에 호소해 일본보다 더 일본적일 수 있는 우수한 경영 방식이 이미 미국에 잠재해 있다고 역설하는 식의 경영 담론은 곧 베스트셀러가 됨은 물론 훗날 지식기반경제의 경영 담론의 표준으로 자리잡게 됐다. 자세한 것은 다음의 대표적인 글들을 참조하라(피터스, 1991; 1994; 1995; 1999; 피터스·워터만, 1984; 캔터, 1998; 드러커, 1986; 1993; 페퍼, 1995). 한편 미국 자본주의의 일본식 경영 담론을 수용하는 과정에 대한 비판적인 담론분석으로는 다음의 글을 참조하라(du Gay, 1991; 1996; Salaman, 1997)

38 한국에서 재벌 총수들이나 최고경영자들을 둘러싼 경영자 정체성의 재현과 이후에 등장한 경영자들의 재현 사이에는 중요한 차이가 있다. 모두 '기업가정신'이란 언표를 통해 제시되고 있기는 하지만 둘을 구분할 필요가 있다. 창업주 혹은 기업가(entrpreneur)는 지그문트 바우만이 개척자와 쇼군(將軍)의 시대라고 부른 바 있는 초기 자본주의 시대, 특히 그것도 미국에서 나타난 자본가계급과 관련이 있는 독특한 역사적 표상이라고 할 수 있다(바우만, 2002). 개척자정신, 경제활동을 통한 자기주장(self-assertion) 그리고 이와 결합된 '성공의 철학'이라는 이데올로기는 이런 기업가정신 담론의 핵심이라 할 수 있다. 그러나 이런 '자수성가인'(自手成家人, self-made man)이라고 불리기도 하는 자본가계급을 그려내는 역사적인 담론은 자본주의 체제가 역사적으로 변화하면서 그 시효를 마감하게 된다. 새로운 자본주의 체제에서 기업가정신과 경영자 혹은 노동주체 정체성 사이에 전과 같은 관계가 더 이상 유지될 수 없었기 때문이다. 다시 바우만의 말을 빌리자면 냉혹한 경쟁과 자유를 대표하던 "기업가적 자본주의의 자기창조적인 영웅"을 대신해 "제도적으로 설정된 목적과 규칙과 행위 유형에 잘 맞추어 사는" 새로운 인간형이 등장했기 때문이다(바우만, 2002: 104). 그렇지만 초기 자본주의의 기업가정신이 간단히 사라진 것은 아니다. 그것은 자영업이나 아니면 주로 판매업에 종사하는 노동자들을 향해 20세기 내내 설파되어왔고, 뒤에서 다시 살펴보겠지만 한국에서도 '성공학'이란 담론을 통해 꾸준히 영향력을 발휘했다. 지금까지 말한 것을 두고 볼 때, 현재의 지식정보경제 담론 안에서 볼 수 있는 의기양양한 '기업가정신의 귀환'은, 담론적인 연속성을 갖는 것은 사실이지만 이는 완전히 담론형성 안에서 구성된 것이라고 봐야 맞을 것이다. 언표 내용이란 측면에서 보자면 전 시대의 기업가정신과 지금의 기업가정신은 모두 동일한 것(혁신과 진취성, 위험감수, 창의성 등의 정신적 태도와 지향)을 말한다. 그렇지만 초기 자본주의의 기업가정신과 '지식정보경제'의 기업가정신은 전연 다른 효과를 발휘한다. 따라서 기업가정신은 그것을 객관화하는 주체(기업가적 자본가에서 노동주체 일반으로), 그것을 사회적으로 실천하는 테크놀로지(이념과 그를 실행하는 '감정 교육'에서부터 시작해 더 세부적이고 구체적인 경영의 테크놀로지에 이르는) 등의 측면에서 상이한 담론구성체를 이루면서 독

특한 자신의 정체성을 전개한다.

39 경영 업무나 경영 실천 혹은 그것의 역사에 관한 대표적인 담론 분석으로는 다음의 글을 참조하라(Willmott, 1987; 1993; 1997; Watson, 1997; Fondas, 1997; Wajcman & Martin, 2004; Townley, 2004).

40 du Gay, Salaman & Rees, 1996: 264. 인격체 혹은 개성의 조형이란 개념에 대해서는 다음의 글을 참조하라(Hacking, 1986).

41 "과거 유행했던 생산중심체제하에서는 생산 효율, 즉 최저가격으로 대량생산하는 것이 기업경영의 규범이었다. 그러나 소비자의 욕구가 다양해지고 급변함에 따라 시장 중심의 전략적 대응이 필요하게 됐다. 이런 상황이 전개되고 있음에도 불구하고 과거 성공에 젖은 경영자들은 종래의 체제를 고집하고, 시장 개념에 입각한 새로운 경영 모델로의 이행을 거부했다. 시장중심체제로의 이행은 생산 부분에서 마케팅 부분으로의 권력 이동을 수반하기 때문이다. 즉 권력구조의 비연속성이 수반됨으로 인해 저항이 표출되는 것이다. 혁신은 일반적으로 문화적 질서뿐만 아니라, 조직의 정치적 질서에 대해 공격을 가하게 된다. 또 혁신이 지향하는 권력관계는 기존의 경영 틀하에 기업의 성공에 공헌해온, 그럼으로써 세력을 구축해온 구성원들로부터 새로운 역량을 가진 구성원들에게 권력을 이전시킨다는 의미를 담고 있는 것이다"(송계전, 1998: 52). 방금 본 바와 같은 경영컨설턴트의 전형적인 주장이야말로 경영 담론의 변화를 또한 경영권력의 이동과 재분배, 그리고 조직 구성의 변화와 결합시키는 이야기의 본보기로 볼 수 있을 것이다.

42 TDR이란 "허물고 다시 짜라"란 뜻의 "tear down & redesign"의 영문 첫글자를 따서 만든 LG전자의 새로운 노동조직의 한 형태로, 해당 기업에서는 이를 일종의 '테스크포스팀'으로 여겼다고 한다. 이는 경영 '혁신'을 상시화하기 위해 회사의 운영 업무 전체와 관련해 일시적으로 조직되는 프로젝트 기반의 팀조직이라 할 수 있다. 자세한 것은 다음의 기사를 참조하라(「백색가전 다듬어 '일등 진주' 만든다」, 『이코노미스트』 618호, 2002년 1월 1일).

43 이는 최근의 경영 담론이 자신을 제시하는 주된 서사 형태가 '일화'라는 점을 상기한다면 어쩌면 당연한 일이라고 할 수도 있을 것이다. 일화적인 서사는 언제나 특정한 서사적인 주인공 혹은 인물을 통해 기업의 경제적인 실천을 재현하고, 나아가 특정한 경영 담론이 채택, 실현되는 과정을 묘사하면서 기업 내부의 사회적 실천을 경영자 혹은 경영 담론을 인격화하고 있는 기업이란 것의 행위로 환원한다. 따라서 거의 모든 경영 담론에서 빠짐없이 등장하는 GE, P&G, 3M, 월마트, 맥도널드, 도요타, 삼성 같은 기업이 곧 특정한 경영 담론으로 축소될 때, 그 안에서 더 이상 기업 내부의 경제적인 삶, 특히 자본과 노동자의 사회적, 정치적 관계는 보이지 않게 되고 경영 담론이 말하는 것을 인격적으로 구체화하는 중립화된 행위자만이 보일 뿐이다. 다시 말해 기업 내부에서 행해지는 종속과 착취의 관계는 모두 홀연히 사라지고 단지 특정한 경영 담론을 실행하는 동질적인 인격적 대리인들만이 경영 담론이 상연하는 무대에서 허깨비처럼 등장하는 것이다.

44 공식적으로는 '비즈니스 서비스업'이라 부르기도 한다. 이 용어는 지식기반경제에서의 성장동력 산업 등으로 분류되면서 널리 사용되어왔다.

45 특히 해외의 대표적인 경영컨설팅 기업들인 앤더슨(현 액센추어), 맥킨지, 보스턴, PWc(현 IBM BCS) 등이 다투어 국내에 진출해 대기업들을 대상으로 한 컨설팅 시장을 석권하며 국내 시장의 50% 이상을 점유하게 됐다는 점 역시 주목할 필요가 있다(박진수, 2004: 7).

46 「국내 100대기업 경영혁신기법 도입 현황 분석」, 『매일경제신문』, 1997년 3월 4일, 14면.

47 한국에서 경영혁신기법의 추이를 분석하고 이를 미국의 현상과 대비하면서 어떤 이는 다음과 같이 말한다. "첫째, 미국 기업과 한국 기업 모두 도입한 경영혁신기법의 종류가 다양했고, 최신 유행 기법의 도입 시기는 대체로 비슷했던 것으로 나타났다. 둘째, 그러나 개별 기법의 활용도나 유행지속성 측면에서는 미국 기업과 우리 기업 간에 현저한 차이를 보였다"(한정민, 2001: 21).

48 한정민, 2001: 23에서 재인용.

49 전략경영 담론에 관한 담론분석적인 논의로는 다음의 글을 참조하라(Levy, Alvesson & Willmott, 2003; Ezzamel & Willmott, 2004; Clegg, Carter & Kornberger, 2004; McKiernan & Carter, 2004).

50 여기에서 전략경영 담론을 정초한 중요한 경영학자로 알려진 알프레드 챈들러를 상기하지 않을 수 없다. 챈들러의 전설적인 주장 가운데 하나는 알다시피 경영이라는 '보이는 손'이라 할 수 있다. 그것은 시장의 보이지 않는 손에서 경영의 보이는 손으로의 전환을 일컫는 것인데, 이는 전문경영자가 차지하게 된 막강한 권력을 나타내는 징후라고 말할 수 있다. 자세한 것은 다음을 참조하라(Chandler, 1977; 크레이너, 2000).

51 군사전략과 경영전략의 상호담론적인 관계와 그것의 역사에 관해서는 다음의 분석을 참조하라(Hoskin, Macve & Stone, 1997; Zan, 2004).

52 전략경영 담론은 경영학 담론의 역사에서도 가장 중요한 부분을 차지한다. 이는 최근 잇달아 등장한 이른바 경영학 담론의 역사에 관한 텍스트를 통해 쉬이 확인할 수 있다. 전략경영이라는 과학적 경영 '지식'의 발전 과정을 특별하게 취급하는 글로 다음을 참조하라(크레이너, 2000; 보이트·보에트, 1999; 야하치로, 2001).

53 Knights & Morgan, 1991: 260.

54 한편 이런 전략경영 담론이 다른 경영 담론들을 지배하고 구성하는 과정을 분석하며 전략경영 담론이 지배적인 경영 담론으로 변형되는 것을 분석하는 것으로는 다음의 글을 참조하라(Grandy & Mills, 2004; Alvesson & Wilmott, 1995).

55 허진, 2001: 38에서 재인용.

56 국내의 경영학자들은 이런 발상에 근거해 "핵심역량에 따른 산업 분류"라는 것을 주장하기도 한다. 이들은 최종 생산물, 재화 등을 기준으로 한 산업 분류를 대신해 핵심역량에 따른 산업 분류를 도입할 것을 역설한다. 즉 종래 경제활동을 표상하는 중요한 담론이었던 산업(분류)의 담론(예컨대 농·수산업, 제조업, 건설업 등)을 '역량'의 담론으로 교체하자는 것이다. 이들이 이런 주장을 제시하는 주요한 근거가 되는 것이 바로 전략경영 담론이다. 이들은 전세계적인 경쟁력을 확보하고 산업에서 선두를 달리는 선도기업들은 "자신이 보유하고 있는 핵심역량을 적극 활용해 새로운 기업비전을 제시하고 이를 바탕으로 사업 영역을 확대하고" 있다면서, 다음과 같은 예를 든다. 즉 소니는 오디오·비디오 기기 제작사이지만 이제는 "종합오락그룹"으로, 아지노모토는 종합식품 회사이지만 "소프트한 종합생활기업"으로, 그리고 혼다는 자동차제조사이지만 "기업시민" 등으로 각각 "비전"을 바꾸었다는 것이다. 이는 방금 살펴본 국내의 C사는 물론 다른 기업들이 제시하는 비전이나 경영전략에 대응하는 것이라 할 수 있을 것이다(조동성·이동현·서동현, 1994: 86~88). 이런 주장은 매우 시사적이다. 산업 분류의 담론은 단적으로 말해 자본의 경제적인 실천을 '국가의 경제적 삶'이라는 대상과 연계시켰던 담론이었기 때문이다. 한편 1980년대 일본이 전략경영기법을 도입하면서 나타난 광범한 경영 실천의 변화를 조감할 수 있는 것으로 다음의 글을 참조하라(전략경영협회, 1995).

57 H사의 교육훈련체제에 관한 분석으로는 조형제의 분석(2004)을 참조하라.

58 국내에서 이는 균형잡힌 성과표, 균형전략실행체계, 균형성과표 등 다양한 이름으로 불린다. 이 글에서는 가장 널리 사용되고 있는 '균형성과표'란 표현을 사용하기로 한다.

59 『한국경제신문』은 2005년부터 '대한민국 BSC 대상'을 제정해 운영하고 있다. 2005년 1회에 수상한 기업들은 KOTRA, KT, 남양알로에, 한국동서발전, 한국조폐공사, 한국토지공사 등이었다(한국경제신문, 2005년 4월 26일).

60 BSC를 고안하고 자신들의 경영컨설팅 기업 "BSCol"을 설립해 전세계적으로 판매하고 있는 로버트 캐플런과 데이비드 노턴은 'BSC 명예의 전당'이란 시상제도를 운영하고 있기도 하다. 국내에서는 KT가 아시아에서는 최초로 이 상을 수상하고 이랜드가 '최우수 BSC 기업상'을 수상해 대서특필된 바 있다. 한편 2007년에는 행정자치부가 두 개의 부문에 수상을 하기도 했다. 자세한 것은 BSCol의 국내 제휴사인 웨슬리퀘스트의 홈페이지를 참조하라(http://www.wesleyquest.com/).

61 예를 들어 이런 식의 이야기를 예로 들어볼 수 있다. "사실 BSC를 성공적으로 활용하고 있는 기업은 50%에 불과하다. 나머지 50%는 실패했다는 얘기가 된다. 실패의 원인은 여러 가지이다. 먼저 BSC 프로젝트 팀원들이 하급자 중심으로 짜여질 때 실패할 확률이 높다. 다시 말해 경영층의 참여가 필수적

인데 그렇지 못한 것이다. 둘째는 변화관리에 소홀히 할 경우 또한 실패할 확률이 높다. 셋째는 BSC를 전략 프로젝트로 인식하지 않는 경우이다. BSC를 단순하게(재무, 고객, 프로세스, 성장/학습 관점에서) KPI나 잡고 솔루션만 도입하면 모든 것이 해결되는 것으로 인식하면 곤란하다. 이럴 경우 BSC 프로젝트는 반드시 실패한다"(김범열, 2003c).

62 택배사 I사의 핵심성과지표. 박명섭·권기환·권재현, 2004: 19에서 재인용.

63 그런 점에서 BSC는 폴 뒤 게이의 말을 빌리자면 "전략적인 응시(strategic gaze)에 내포된 계산과 수량화의 논리"를 그대로 객관화한다고 말할 수 있을지도 모른다(du Gay, 1996).

64 "BSC의 '균형'이라는 의미에는 여러 가지가 포함된다. 위에서 말한 것처럼 재무성과와 비재무성과를 동시에 고려하기 때문에 균형이고, 단기적 성과와 장기적 성과를 동시에 고려하기 때문에 균형이며, 내부지표와 외부지표를 동시에 고려하기 때문에 균형 잡힌 성과지표라는 것이다"(정창성, 2005). BSC의 비재무지표의 측면에 대한 강조를 하는 것으로는 다음의 글을 참조하라(Govindarajan & Gupta, 1985: Ittner & Larcker, 1998; Ittner, Larcker & Rajan, 1997; Kaplan & Norton, 1992; 1996; Nanni, Dixon & Vollmann, 1990; Simons, 1987; 1990; 문보경, 2000; 홍미경·이내풍 2000; 이종천·홍미경 2001; 김경태, 2002; 손명호·김재구·유태우·임호순·이희석, 2003; 김범열, 2003c; 박기석·이갑두, 2004). 그렇다고 해서 이것이 재무적 지표 혹은 "유형자산"에 대해 무관심한 것이 아니라, 이를 끊임없이 갱신하고 강화하는 새로운 경제적 계산 담론과 연결시킨다는 점을 놓쳐서는 안 될 것이다. 따라서 BSC에 관한 논의를 보다 보면 어떤 이는 재무적 성과를 재차 강조하기도 한다. 예를 들어 민재형은 "오늘날 많은 기업에서 여러 가지 변화 프로그램을 시도"하고 있지만 "재무성과와 연결되지" 않아 기업들이 "회의를 느끼고" BSC 같은 경영혁신기법을 "한때 유행하는 경영기법으로 간주하게" 된다고 강조한다. 그러면서 그는 "BSC의 모든 성과지표들의 인과관계는 궁극적으로는 미래의 재무목표와 연결이 되어야 한다"고 단호하게 못 박는다(민재형, 2000: 79~80). 한편 이와 반대되는 현상 역시 주목해야 한다. 알다시피 1990년대부터 공기업은 물론 정부기관, 교육기관, 나아가 공공사회단체나 종교시설 등의 활동을 책무성이란 규준과 결합하며 이들의 활동성과를 평가하고 측정하기 위해 회계적인 활동 즉 감사가 끊임없이 폭증해왔다. 마이클 파워가 지적하듯이 이런 감사사회(the auditing society)의 등장은 모든 종류의 사회적 행위를 경제적 계산의 행위에 통합하는 것에 다름 아니다(Power, 1994; 2000; 2003). 따라서 '무형자산', '인적자산', '비재무적인 자산'에 쏠린 관심은 그와 반대의 경향, 즉 '유형자산', '재무적 자산'에 대한 관심과 병존하며 또한 양자를 서로 강화시키는 것임에 유의해야 한다. 나아가 재무적 지표 역시 이른바 지식기반경제 안에서 끊임없이 담론적으로 재구성되고 기존의 유형자산에 관한 평가와 측정을 강화한다는 점 역시 주지해야 할 것이다. 예를 들어 경영컨설턴트들이 널리 유포시켜 이제는 기업자산평가를 하는 데 있어 거의 금과옥조처럼 받아들여지고 있는 주주가치(shareholder value) 같은 개념을 생각해보라.

65 인적자원회계나 지적자본회계와 관련해 BSC를 논하고 있는 것으로 다음 글을 참조하라(어수봉 외, 1998: 장영철, 2001b; 강금만, 1998).

66 흥미로운 점은 이 기업은 국내 최초로 지식자산의 측정을 도입해, 1999년 말 자신의 지식자산이 5,234억 원으로 재무제표 상의 유형자산인 1,762억에 비해 약 3배 정도 많다고 주장한 것이다.

67 이남주·김재석·김강, 2001: 240.

68 규범(the normative), 표준(standard), 규격(norm), 정상(the normal) 등의 범주는 모두 서로 다른 뜻을 가지고 있지만 매우 유사한 기능을 한다. 광범한 자료를 처리하고 그를 통해 사회적 사실을 수량화함으로써 사회적 성원의 삶을 조절하는 특수한 권력과 그 합리성을 규율권력의 특징이라 정의할 수 있다면, 규율권력은 또한 경제적 행위에서의 표준화, 일상생활에서의 규범화, 보건, 교육, 안전 등에서의 정상화 등에 관련된 자율적인 장치, 기술, 도구, 지식 등을 포괄한다. 푸코의 규율(훈육) 권력을 이런 점에서 재독해하려는 시도로는 링크의 글을 참조하라(Link, 2004a; 2004b; 2004c).

69 장상수, 2003: 126.

70 MBO에 관한 위의 과장된 수사는 MBO가 지식정보경제 경영 담론의 구루 중의 구루인 피터 드러커의

이름과 관련이 있기 때문인 것으로 보인다. 피터 드러커에 관한 수많은 텍스트들은 물론 MBO에 관한 학술논문이나 실용적인 매뉴얼에 이르기까지 모두 MBO에 관한 드러커 자신이 내린 정의, 즉 MBO는 "경영의 철학"이란 말을 거의 빠짐없이 인용한다. 이를테면 다음의 국내 저자들의 글을 보라(노부호, 1998; 조윤성, 1998).

71 MBO에 관한 전반적인 소개와 국내 기업에서의 활용 사례에 관해서는 다음의 글을 참조하라(장상수, 2003; 노부호, 1998; 한국능률협회, 1999; 신철우, 1999; 조윤성, 1998; 윤태범, 2000; 김창의, 2002).

72 MBO의 도입 시점을 1990년대로 잡기는 어렵다. 문헌들이 전하는 바에 따르면 이미 1970년대에 몇몇 국내 제조업체들이 공장새마을운동과 품질관리분임조 등의 한 부분으로 MBO를 사용했던 것으로 보인다(윤용운, 1979). 그렇지만 MBO가 대중적인 효력을 발휘할 수 있는 조건을 감안한다면 이때의 MBO를 현재의 MBO와 같은 것으로 보기엔 어려울 것이다. 어떤 담론적 계기가 효험을 발휘하기 위해서는 그것을 지지하고 보증하면서, 그와 짝을 혹은 시리즈를 이루면서 다른 담론적 계기들과 연관을 맺을 수 있도록 해주는 전체적인 담론구성체가 구성되어야 하는 사실을 생각한다면, 어떤 경영 도구가 있었다는 것만으로 그것이 효과를 발휘했다고 가정하는 것은 무리일 것이다.

73 자세한 것은 다음의 글을 참조하라(박우성·노용진, 2001).

74 박상언은 "기업 내 노동력관리의 신축성을 도모하고 능력주의와 경쟁 위주의 원칙을 강화시키는 일련의 인사제도와 기법들"을 신인사제도라고 정의한다. 그는 경영 담론의 정체성 자체를 문제삼는 것이 아니라 그것의 부정적인 폐해를 언급하는 데 머물고 있다(박상언, 1997: 127~128). 이는 1990년대 이후 현재까지 경영 담론에 관련된 비판적인 논의들이 공통적으로 보이는 한계이기도 하다.

75 1996년부터 현재까지 매년 발표된 노동부의 「연봉제·성과배분제 실태 조사 보고서」의 내용을 취합해 작성한 것이다.

76 물론 책임 있는 주체란 책임의 대상과 정도를 측정, 평가함으로써 관리할 수 있는 주체이다. 따라서 'accountable'이란 어휘는 책임과 회계처리란 이중적인 의미를 포함하고 있다고 볼 수 있을 것이다.

77 이른바 한국형 연봉제라고 불리는 이런 연봉제 도입의 경과에 관한 분석으로는 다음의 글을 참조하라(나승우, 1998; 김성수·이종구, 2002; 이경희, 2002). 한편 성과배분제와 연봉제 등의 새로운 임금형태가 노동자들의 삶에 미치는 효과에 대한 비판적인 분석으로는 다음의 글을 참조하라(정혁기, 1992; 박준식, 1996; 박상언, 1997; 채창균, 1998).

78 장상수, 2003: 126.

79 경영 노동의 성격과 경영자 정체성을 변화시키면서 동시에 이를 새로운 자율적 주체의 발양으로 재현하는 신종 리더십 담론이 바로 카리스마 리더십 비판이라 할 수 있다. 대표적인 경영 구루들이 함께 집필한 다음의 예시적인 글을 참조하라(코비 외, 1997).

80 "목표관리의 절차와 형식이 중요한 것이 아니라 목표관리를 통해 경영 프로세스를 제대로 정돈해 성과 창출을 극대화할 수 있는 메커니즘이 중요한 것이다"(장성근, 1999a).

81 이를 서사화하는 전형적인 이야기 가운데 하나를 보자. "지식기반경제하에서는 인간에 체화된 지식역량이 국가의 경쟁력, 기업의 생산성, 개인의 노동시장 지위를 결정짓는 강력한 요인으로 대두되고 있다. 지식기반경제로의 이행은 불확실성의 증대와 함께 지식이 경쟁우위, 취업 능력, 고용안정의 핵심적 토대가 되고 있다. 이런 변화에 국가·기업·개인이 어떻게 대응하느냐에 따라 경제의 새로운 도약을 이룩할 것인가, 아니면 실업·고용불안·소득격차가 확대할 것인가가 좌우될 것이다. [……] 창의적인 인적자원의 양성과 개발은 지식기반경제로의 이행을 위한 지식흡수능력(absorptive capacity)의 배양과 함께 자립적인 경제활동의 기회를 제공하는 적극적 복지의 의의를 함께 가진다"(강순희·이병희·최강식, 1999: 51). 여기에서 볼 수 있듯이 국민역량이란 담론은 시민주체의 참여를 경제적 주체성의 형태로 재현하고, 국민의 능력이 기업과 국가, 개인의 협력 혹은 파트너십의 관계를 통해 형성되는 것으로 전제함으로써(이는 신자유주의적 통치를 포괄하는 원칙인 협치〔協治〕 혹은 거버넌스〔governance〕의 핵심이다) 이른바 경제사회에 시민 형성의 역할을 위임하며 나아가 개인의 자기책임에 따른 능력의 제고를 곧 '적극적' 복지란 이름으로 부른다. 결국 여기에서 '역량'의 담론은 경제적

주체성의 모델을 통해 국민형성과 개인의 자기형성을 매개함으로써 지식기반경제라는 경제적 가상의 지배를 효과적으로 구체화한다.

82 사람입국신경쟁력특별위원회란 "한국이 처한 구조적 전환기의 고통이 이미 과거의 발전 모델의 한계 도달을 지적하며 새로운 국가 발전 모델로서 사람중심사회, 즉 사람과 지식이 원천이 되는 사회를 만들고자 하는 국가정책을 준비, 자문"하는 특별위원회이다. 이 위원회는 평생학습체제 구축과 베스트 프랙티스의 발굴과 보급을 통해 "건강사회, 지식사회, 문화사회"를 구현하고자 한다고 한다.

83 관심을 기울였던 이들은 금방 알겠지만 이 모두에 상관된 핵심 인사는 유한양행의 경영자였던 문국현이다. 그는 자신의 기업경영 성과를 유행하는 경영 담론과 결합하면서 이를 한국사회를 이끌어갈 수 있는 비전, 정책 등의 서사로 구체화했고 그 때문에 신자유주의적 개혁이 본받아야 할 모범 인물이 됐다(물론 반대의 위치에서 그와 짝을 이루는 것이 시민사회 편에서 신자유주의적 협치 모델을 대표하는 박원순 변호사란 것도 역시 주목할 만하다). 그리고 그런 기반에 힘입어 그는 2007년 대통령선거에서 후보로 출마하기에 이르렀다. 자유주의적 세력들이, 몰락한 노무현 정권의 유산인 대통합민주신당의 후보 대신 암묵적으로 혹은 공개적으로 문국현을 지지했을 때, 이는 그리 놀랄 일이 아니었다. 충분히 자유주의적이지 못한, 나아가 권위, 개발, 강한 지도자 등을 연상시키는 이명박 후보에 대해 자유주의자들이 보이는 저항감은 그런 점에서 더욱 도드라져 보일 수밖에 없다.

84 한편 DeSeCo가 야기한 교육·복지정책의 변화에 대한 비판적 언급과 논쟁을 보려면 다음의 글을 참조하라(McWilliam, Hatcher & Meadmore, 1999; Fenwick, 2003; Devos, 2003).

85 "PISA는 의무교육의 종료 시점에 있는 만 15세 학생들의 읽기, 수학, 과학 영역의 성취 수준을 평가해 각국 교육의 성과를 비교, 점검"하는 것을 목적으로 한다고 한다. 이는 "앞으로 이 세계를 이끌어갈 젊은 세대의 학업성취에 관한 국제적인 프로파일을 파악하고 이들의 학업성취에 영향을 주는 배경적인 요인들을 밝혀내고", 이런 "학업성취의 프로파일과 배경요인들이 국가별, 혹은 문화권별로 어떤 차이가 있는가를 밝혀줌으로써 정책결정자들에게 교육정책 수립의 기초자료를 제공하고자 한다"고 주장한다. PISA는 기존 학업성취도와 구별되는 주요한 특징을 가지고 있다. 실생활에 기초한 평가, 교과서적 지식 그 자체보다 지식을 활용할 수 있는 기초적인 소양에 대한 강조, 학교 교육과정과의 독립성, 자기주도적 학습능력의 강조, 의무교육기간의 교육 성과에 대한 누적적 점검이다. 첫번째 실생활에 기초한 평가의 경우 PISA의 평가문항에 반영된다. 지식기반사회가 요구하는 인적자원의 질은 바로 학교에서 배운 지식을 다양한 상황에 적용하고 해결할 수 있는 유연성과 창의적 사고력이라고 보기 때문에 학교에서 배운 지식을 다양한 실생활에 적용할 수 있는가를 알아봄으로써 학생들이 사회적, 경제적, 정치적 참여를 할 준비가 됐는지를 파악하고자 한다. 통합교과 및 범교과적 접근의 경우 크게 네 가지 영역에 초점을 맞춘다. 읽기, 수학, 과학 그리고 자기주도적 학습능력. 2004년 이의 첫번째 평가 결과가 발표되어 한국은 핀란드에 이어 2위를 차지했다. 이 결과가 '교육평준화'의 효과라는 점과 이에 반론을 제기하는 측 사이에서 벌어진 이른바 교육과정 및 교육정책 변화와 관련한 논쟁에 대해서는 다음의 글을 참조하라(「성적표 잘 받고 애써 흠집내나」, 『한겨레21』, 2004. 12. 24).

86 강순희·신범석, 2002: xxxiv.

87 역량 담론은 '역량 운동'(the competency movement)이라 불릴 정도로 미국을 비롯해 영국, 호주, 스칸디나비아 국가들, 싱가포르, 이스라엘 등 전세계적으로 유행·확산됐던 것으로 보인다. 특히 정부의 인적자원의 개발정책들이 역량 담론을 채용하면서 — 예컨대 미국의 국가직업능력표준(the National Skills Standards Board, NSSB)이나 영국의 국가직업자격위원회(the National Council for Vocational Qualifications, NCVQ) — 이는 더욱 촉진됐다. 이런 변화에 대한 일반적인 개관으로는 일단 다음의 글을 참조하라(Garavan & McGuire, 2001; 류장수, 2002). 한국에서의 역량 담론에 근거한 직업능력, 생애능력 등의 인적자원개발정책에 관해서는 앞의 분석을 보라. NSSB와 NCVQ를 참조한 국내의 정책과 제도에 관해서는 다음의 글을 참조하라(전병유 외, 2001; 이병희 외, 2003).

88 부르스 바움은 푸코를 참조하면서 자유민주주의적 자본주의 국가는 "다양한 사회과학적 지식의 형태에 기반해 지배받는 대상으로서 인구 혹은 주민의 삶들 사이에서의 불평등을 구축하고, 물상화하며,

398

관리하는, 통치의 실천"을 수행해왔다고 역설한다. 특히 그런 통치의 실천을 조직했던 대표적인 지식으로 과학적 관리(즉 테일러주의), 과학적 인종주의 등과 더불어 지능검사를 꼽는다(Baum, 2003: 406). 이런 통치받을 수 있는 대상으로서의 인구 혹은 주민, 나아가 그를 다시 미시적으로 복제하는 직원, 노동자, 학생, 가구 등을 능력과 재능의 담론과 연계시키는 것은 훈육사회가 창출한 대표적인 주체성의 지식/권력이라 할 수 있을 것이다(푸코, 1994b; Gordon, 1991; Rose, 1990; 1998a; 1999a). 시험 및 검사의 담론과 지배 가능한 주체의 구성이라는 문제에 관한 다양한 분석들 역시 이런 문제를 파악하는 데 도움이 될 것이다. 그 분석들은 직업심리(Arthy, 1997), 학교에서의 시험과 평가(Meadmore, 2001a; 2001b) 등 여러 영역을 망라하는데, 이들은 검사와 시험, 평가 등의 사회적 실천은 언제나 능력 담론의 둘레를 순회한다는 점을 강조한다.

89 이는 지능검사 비판을 주도하면서 다양한 심리적·지적 능력을 측정하고 평가하는 관점과 도구, 테크놀로지를 생산하는 지식인과 전문가 집단이 주장하는 핵심적인 주장들 가운데 하나이다. 다중지능이나 감성지능(EQ) 등 국내에도 큰 영향을 끼친 새로운 지능의 주창자들(하워드 가드너나 대니얼 골먼 등)은 한결같이 'IQ의 시대'를 비판한다. 이들은 IQ가 관료적인 규율과 조직의 시대를 대표하는 것으로 환원하고 이를 비난하는 것을 관례처럼 반복한다. 물론 정서지능과 다중지능 등의 개념은 조직인간과 관료제, 평생직장을 규탄하는 모든 경영 구루와 비즈니스스쿨의 경영 담론들, 즉 '기업문화' 이후 현재까지 이어지는 거의 모든 경영 담론의 필수적인 일부가 되어 있다. 자세한 것은 다음의 글들을 참조하라(가드너, 1998; 2001; 2004; 골먼, 1996; 2003; 문용린, 2004; 문용린·곽윤정, 2000).

90 이에 대한 자세한 분석은 4장을 참조하라.

91 예컨대 역량 담론을 소개하는 어느 경영컨설턴트의 이야기는 그런 주장이 어떻게 나타나는지를 극명하게 보여준다. "정보기술의 발달과 지식경제의 도래 등 최근의 경영 환경 변화 추세를 언급할 때, 빠짐없이 등장하는 말이 있다. 이제 '사람이 경쟁력의 근원'이라는 것이다. 이처럼 우수한 인력의 확보/유지 중요성을 반영해 최근에는 '인재 전쟁'이라는 말이 일반화되고 있을 정도이다. 이와 같은 경영 환경하에서는 조직구성원들이 가지고 있는 아이디어, 창의성 등과 같은 소프트한 자산이 기업의 성패를 결정한다. 따라서 기업 입장에서는 우수한 인력을 어떻게 확보/유지할 것인가가 매우 중요한 이슈가 될 수밖에 없다. 특히 우수한 인재를 어떻게 하면 확보할 수 있을 것인지, 새로 확보한 인재를 어떻게 동기부여해 이들이 해당 기업을 떠나지 않고 지속적으로 성과를 내도록 유도할 것인지는 기업이 생존하기 위해서 해결해야 할 필수 과제가 되고 있다. 각 기업들이 우수한 인재를 확보/유지하기 위한 노력을 전개함에 따라 컴피턴시 모델(Competency model)이 더욱 주목을 받고 있다"(이주인, 2000: 33).

92 물론 앞에서도 간략히 언급했듯이 역량 담론은 일터에서 노동하는 경제적 주체뿐 아니라 학교의 학습자, 국가인적자원개발의 프로그램 속에서 고용 가능성의 스킬을 익혀야 하는 평생학습주체로서의 시민 등 다양한 주체성의 표상에서 반복적으로 그리고 동일하게 출현한다. 따라서 역량 담론은 기업의 인적자원관리라는 경영 담론뿐 아니라 거의 모든 사회적 삶의 장을 순환하는 (경제적·사회적) 주체성의 담론 장르라고 할 수 있다.

93 역량 담론의 과학적인 지식으로서의 기원과 전개에 관한 소개로는 다음의 글을 참조하라(박내회, 1995; 박우성, 2002; 김진모, 2001b; 이원행, 2002; 윤언철, 2002; 이홍민·김종인, 2003; 강민숙, 2004).

94 이원행, 2002: 109. 이홍민·김종인, 2003: 27에서 인용한 부분을 재구성한 것.

95 이홍민·김종인의 매뉴얼이 대표적으로 이런 방식으로 역량모델링에 관한 일반적인 공정을 가르치고 있다(이홍민·김종인, 2003: 3장).

96 아래의 설명은 P사의 내부자료와 이홍민·김종인의 P사 직무역량체계 구축 및 운영 사례를 참고한 것이다. 특별한 주가 없는 한 위의 자료들을 인용한 것이다.

97 안춘식(1987)에 따르면 한국전력공사에서 1962년 3월 미국의 군사특기제도를 응용한 주특기제도를 도입했지만 실효를 거두지 못하자, 미국의 용역 회사인 EBASCO에 의뢰해 직무분석을 실행했다고 한다. 놀라운 점은 직무분석을 도입한 이유가 그것이 당시 군산화력발전소 건설을 위한 AID 차관의 공

여 조건이었기 때문이라는 점이다. 이에 따라 한국전력공사는 1963년부터 직무분석을 해 1964년 직무기술서의 초안을 작성했고 이후 이를 채용·배치·이동 및 승진, 임금 책정의 기초로 활용했다고 한다. 이는 원조, 차관을 통한 종속적인 자본주의 발전이 어떻게 노동주체를 관리하는 사회적·정치적 담론의 이식 및 순환과 상관됐는가를 시사한다는 점에서 매우 의미심장하다.

98 1980년대 중반 어느 경영자는 다음과 같이 술회한 바 있었다. 이는 경영권력이 어떻게 일의 통제를 위한 과학적 지식의 필요를 절감하고 있는지를 적나라하게 보여준다. "분류는 우리의 일상생활에서, 주변에서 흔히 볼 수 있다. 도서관, 약국, 곤충학, 조류학에서 심지어 구멍가게에서 우리는 분류를 본다. 그리고 그것이 관리에 없어서는 안 되는 것도 안다. 그런데 우리는 인적자원을 관리한다면서 왜 아직 직무분류는 안 하는가? 아니 직무분류를 안 하고 인적자원관리를 어떻게 지금까지 해왔는가? 편하게 생각하면 어이없는 일이지만, 심각하게 생각해보면 아찔한 일이다"(차영호, 1987: 36~37).

99 신인사제도 가운데 아마 가장 논란을 불러일으킨 것은 무엇보다 직능자격제도라 할 수 있다. 당시 경영 담론은 직능자격제도를 두고 이렇게 묘사했다. "직능자격제도란 동양적 사고에 바탕을 둔 연공주의 인사제도의 장점과 서구적 사고에 바탕을 둔 능력주의 인사제도의 장점을 결합한 제도로서, 이 제도는 고성장에서 저성장으로 이행되는 과정에서 필연적으로 발생하는 직위(post) 부족으로 능력 있는 사원이 능력발휘를 할 수 없는 한계를 극복함으로써 인재 육성을 지속적으로 해나갈 수 있도록 하는 제도"란 것이다(안희탁, 1994b: 8). 직능자격제도는 세련된 노동통제 기법일 뿐이라고 폄하되거나 의혹의 눈길을 받았지만, 이는 후일 작업장학습과 학습조직, 역량평가와 경력개발 등, 일의 분석과 통제를 통해 노동(주체)를 관리하려는 경영 담론이 본격적으로 활용되는 출발점이었다고 볼 수 있다. 직능자격제도의 도입을 비롯해 당시 생산직 노동자들을 대상으로 한 신인사제도의 도입과 그 효과를 분석하는 글로는 다음을 참조하라(최성애, 1993; 박준식, 1996d).

100 푸코는 규율권력의 객체화/예속화 테크놀로지의 하나로서 시험(examination)을 분석하는 자리에서 시험의 핵심적인 특성이 개인을 "사례"로 만든다는 것에 있다고 주장한다. "[시험이라는] 새로운 권력형태에서 개개인은 자신의 개별성을 하나의 지위로 받아들이고, 자신을 특징짓고, 어떤 식으로건 자신을 하나의 '사례'로 만드는 특징이나 척도, 차이와 '평가'의 규약에 따라 묶여 있게 된다"(푸코, 1994a: 285).

101 과감하게 말하자면 일하는 주체의 훈육적 관리로서 직무분석 담론과 그 이후의 역량 담론 사이의 차이는 전자가 각각의 개인의 차이를 정도(degree)의 차이로 놓는다면 후자는 간극(gap)의 차이로 놓는다는 점에 있을 것이다. 역량 담론을 포함한, 일하는 주체를 관리하는 다양한 경영 담론에서 "갭"이란 용어의 범람은 이를 잘 보여준다. 역량 담론에서 '갭'의 언표가 어떤 식으로 작용하는지 보려면 일단 다음을 참조하라(이홍민·김종인, 2003: 113~127, 「역량 Gap 분석에 따른 인재육성전략」)

102 물론 보상(compensation)은 개별 기업가가 지불하는 임금이나 기타 복리후생으로 환원할 수 없다. 산업재해를 비롯해 일터에서 노동으로부터 비롯되는 다양한 위험(risk)에 관한 관리의 형태 역시 보상에 포함시킬 수 있다. 이에 관해서는 보상의 대상을 사회적으로 구성하고 관리하는 제도, 정책의 등장을 분석하는 다음의 글을 참조할 수 있다(Amoore, 2004).

103 김홍국, 2000.

104 Arthur, 1994; Arthur & Rousseau, 1996; Pringle & Mallon, 2003.

105 Hall, 1996.

106 이진규·최종인, 1998; 이진규·김강중·최종인, 2000.

107 Arthur & Rousseau, 1996.

108 아래의 내용은 S사의 인적자원관리부서인 Dynamic HR Lab에서 작성한 사내자료인 「My Proway」(S사 Professional 성장체계)에 바탕한 것이다. 특별한 언급이 없는 한 아래에서 언급하는 내용은 이 자료에 바탕한 것이다.

109 S사 공인전문가 자격제도인 SCP가 그것이다.

110 K사의 경력개발에 관한 것은 K사의 인재개발원에서 작성한 「K사 평생학습체계」란 자료를 주로 참

조하고 이 회사 웹사이트의 인재 육성에 관한 정보들 역시 반영했다.

111 H사의 경력개발제도에 관한 서술은 이에 관한 상세한 자료를 제시한 김홍국(2000)의 글을 주로 참조했다.

112 산업민주주의, 즉 근로 생활의 질이란 담론에 기반을 두어 1970년대부터 서구의 노동조합운동이 내걸었던 노동자학습이 어떻게 평생학습 담론을 통해 수용되고 변질됐는가를 분석하는 것으로는 캐서린 캐시의 글을 참조하라. 그는 자본에 의한 노동의 관리에 반해 노동자 측에서 일의 정체성을 변화시키려 했던 사회정치적 기획을 "노동의 사회문화적 규제"라고 정의하며 현재 그것이 어떻게 노동조합운동의 위기로 이어지고 또 새로운 경영 담론에 종속되어버렸는지 비판한다(Casey, 2003). 한편 H사의 경력개발제도 도입의 이전 단계의 직무순환/재구조화에 관한 비판적 분석으로는 다음의 글을 참조하라(정승국, 1995; 박명준, 1997; 정명기, 1997).

113 "오늘날 기업들이 사람에게 투자를 한다는 말을 어디서나 듣는다. 사람들이 자신의 회사에 투자를 한다고 생각하는 것은 그리 흔치 않다. 그렇지만 이런 투자는 결정적이다. 우리는 각자 자신의 시간, 에너지, 기술, 관계를 일과 자신이 일하는 회사에 투자한다. 재무적인 투자자처럼, 우리 역시 우리가 투자하는 것에서 더 많은 것을 얻어내기를 기대하면서 그렇게 한다. 우리는 모두 자본가들이다"(Inkson & Arthur, 2001).

114 이는 푸코가 통치성의 역사에 관한 강의에서 사용했던 개념이라고 한다. 이에 관해서는 푸코의 글(1994b)을 참조하라.

115 2장에서 간단히 살펴보았던 국가인적자원개발기본계획 역시 이런 측면에서 분석할 수 있을 것이다. 국가인적개발계획은 지식기반사회로 이행하면서 한국사회가 취해야 할 비전을 '능력'의 언표를 통해 교직한다. 국가인적자원개발기본계획을 구성하는 다양한 정책과 법률, 제도의 장은 이런 점에서 능력 있는 국민을 형성하기 위한 다양한 언표와 테크놀로지들을 생산하고 편성한다. 예를 들어 평생학습사회나 평생직업능력개발체제의 구축과 관련한 다양한 국가적 실천, 그리고 이에 부속된 여러 가지 하위적인 테크놀로지, '인적자원 지수 및 지표' 개발과 제정, '직무능력표준'의 개발과 보급 등은 새롭게 국민의 신체와 능력을 가시화하고 지배하기 위한 실천을 이룬다고 볼 수 있다. 이는 개인적 삶과 일터에서의 삶, 국민으로서의 삶을 결합하는 새로운 담론적인 장을 구성하는 실천들 가운데 일부로서, 이를 관통하는 언표 행위의 규칙은 역량이라고 할 수 있다. 물론 이는 앞서 보았듯이 인재상, 신지식인, 경쟁력 있는 국민 등 다양한 표상을 통해 교체되고 변주될 수 있다.

04 자기계발의 의지

1 경영학과 자기계발 분야의 출판으로 유명한 한 출판사에서 간행된 이 책에 참여한 필자들은 모두 내로라하는 유명한 젊은 만화가, 소설가, 잡지기자, 대중음악인이었다(이우일 외, 2004).

2 정해윤은 1990년대 이후 등장한 많은 다른 자기계발 분야 전문가들처럼 상당한 자격증을 보유하고 있다. 그는 나폴레온 힐 성공과학 연구그룹의 마스터마인드 회원이고 또한 NLP의 마스터 프랙티셔너(master practitioner)라고 한다.

3 그는 "대공황 이후 나폴레온 힐과 데일 카네기라는 걸출한 성공학의 대가들이 출현한 것은 한편으론 시대적 요청에 부응한 결과" 였듯이, 한국도 역시 성공학이 이런 "경제적 시련 이후"에 확산됐다는 점에서 공통적이라고 주장한다(정해윤, 2004: 93~94).

4 이를테면 국내 기업교육 담당 강사들의 최대 풀이라고 자처하는 '(주)한국인력개발본부' 같은 기업은 'HRDCC'(Human Resource Development Consultant Certificate) 같은 자격인증제도를 도입해 다양한 자기계발 담론을 전문적이고 표준화된 지식과 자격으로 만들어내는 데 관여한다.

5 한국 기업교육의 역사에 관한 간단한 소개로는 일단 다음의 글을 참조하라(이명근, 2002). 한편 한국 기업교육을 거의 도맡아왔다고 해도 과언이 아닐 한국생산성본부와 한국능률협회의 역사 역시 한국

기업교육의 역사를 일별하는 중요한 1차 자료라 볼 수 있다(한국생산성본부, 1986; 한국능률협회, 1992).

6 스티븐 코비는 모르몬교도이고, 수많은 자기계발 분야의 구루들은 아직도 개신교와 직접적인 연관을 맺고 있다. 코비와 모르몬교 나아가 자기계발 담론과 새로운 복음주의 기독교의 관계에 대한 분석으로는 다음의 글들을 참조하라(Wolfe, 1998; Lawlor, 1996; Jackson, 1999).

7 물론 이런 푸코의 말을 단순히 일반적인 의식이나 도덕이 부과되고 우리는 그것을 따를 뿐이라는 식으로 받아들여서는 곤란할 것이다. 이런 발상은 우리를 다시 소박한 "개인과 사회의 대립"이라는 것으로 되돌려 보낸다. 이런 도식에 따를 때 우리는 자기계발 담론을 새로운 형태의 개인주의 혹은 좀더 전면화된 나르시시즘으로 바라보게 될 뿐이다. 푸코가 말하는 주체화의 양식이란 어떻게 사회는 개인을 통합하는가의 문제도 개인이 어떻게 사회에 순응하는가의 문제도 아닐 것이다.

8 이는 한국에 소개된 많은 자기계발 혹은 유사 자기계발 담론의 장르의 특성이기도 하다. 피터 드러커의 『프로페셔널의 조건』이나 『21세기 지식경영』과 같은 텍스트는 전문적인 경영 담론처럼 보이지만 전형적인 자기경영에 관한 매뉴얼이다. 물론 그것은 현재 미국 자본주의의 경제적 현실에 관한 분석과 뒤섞여 있다는 점에서 다른 통속적인 자기계발 텍스트에 견주어 고급한 모습을 보인다. 한편 찰스 핸디의 『코끼리와 벼룩』 같은 텍스트는 격조 있는 시대비평서와 같은 방식으로 서술되어 있고 수사학 역시 그러하다. 그렇지만 이 책은 포트폴리오 인생으로서 일하는 주체가 어떻게 자신의 삶을 관리할 것인가에 관한 지침서이다. 굳이 나눠보자면 공병호는 피터 드러커에, 구본형은 찰스 핸디에 가깝다.

9 마이클 해머와 제임스 챔피의 『리엔지니어링 기업혁명』이라는 리엔지니어링에 관한 전문 경영 서적이든 아니면 기업문화론부터 시작해 거의 1980년대 이후 경영 담론의 주요한 영역을 휩쓸고 다닌 톰 피터스와 같은 경영 구루의 수많은 경영 관련 텍스트들이든, 많은 경영 담론은 유사한 말 건넴의 형식을 취한다. 수많은 일화나 예화를 인용한다거나, 고전에 속한 문화예술 텍스트를 인용하는 것 등은 이들 경영 텍스트가 보여주는 공통적인 특성이라 할 수 있다.

10 이는 그의 독자들이 보여주는 반응에서도 유사하게 나타난다. 대부분의 독자들은 자신들이 읽은 구본형의 텍스트가 '자기계발'에 관한 실용 서적이란 것을 알고 있다. 그렇지만 그들은 이 책을 통해 "보다 성숙"해졌고 그것이 "나는 어떻게 살 것인가, 어떤 인간으로 살 것인가 다시 한 번 생각해볼 수 있는 계기"이자, "내 책상에 꽂혀 있다가 언젠가 문득 내 삶이 표류한다 싶을 때, 나도 모르게 같은 일상에 갇혀 있는 내 모습을 발견하게 될 때, 아마 다시금 펼쳐 들게 될" 책이라고 생각한다.

11 물론 1990년대 내내 바로 이전 세대에 속한 윤은기, 이영권을 비롯한 자기계발 분야의 스타들이 대중 매체에 잇달아 등장하고 자신들의 프로그램을 진행하면서 인기를 누렸다. 그들은 '시테크'니 '신바람'이니 '엔돌핀 문화'니, '신경영 마인드'니 하는 나름의 신조어들을 만들어내면서 경영 담론과 자기계발 담론을 혼합하는, 즉 성공학이나 처세술과는 사뭇 다른 '자기경영'에 가까운 자기계발 담론을 만들어 확산시켰다고 볼 수 있다. 따라서 그들은 이전 세대의 성공학이나 처세술 담론, 즉 미국의 개신교를 배경으로 한 성공학 담론이나 아니면 뉴에이지주의나 신과학 담론 등에 영향을 받은 성공학 담론과 스스로를 분리한다. 이들 세대에 의해 확산된 성공학에서 자기경영으로의 과도적인 이행기에 속한 자기계발 담론은, 본격적으로 1980년대 이후의 미국 경영학 담론에 직접적으로 준거하면서 기존의 자기계발 담론이 가지고 있던 추상적이고 신비주의적인 유사종교적 성격을 벗어던지며, 다양한 일상적인 삶의 현실들에 개입할 수 있는 모습을 취하게 된다.

12 톰 피터스는 해방, 혼돈, 투쟁, 자유, 혁명 등의 용어를 경영 담론의 표준적인 용어로 정착시킨 인물이라 할 수 있을 것이다. 이는 한국사회에서도 역시 다운사이징이니 아웃소싱이니 정리해고니 하는 것의 대명사로 악명 높은 리엔지니어링이니 구조조정이니 하는 경영혁신이 자신의 혁신, 전환, 혁명 등으로 표현하는 것과 일맥상통한다. 물론 이는 변화의 크기와 정도가 매우 다르기 때문에 사용하는 수사적 표현이 아니라 실제 그들의 표현대로 행동양식의 혁명, 가치의 변화 등 주체성의 변화를 수반하는 것이었기 때문이다. 물론 그것은 그들의 표현을 빌리자면 자유와 해방이다.

13 톰 피터스는 이렇게 말한다. "나는 브랜드 유, 나 주식회사가 벤저민 프랭클린, 스티브 잡스 같은 개척자들과 우리를 직접적으로 묶어준다고 생각한다. 칸막이 노예로 남겨진 조직인간의 계보에 들어가는

것보다 이것이 훨씬 낫다!"고 웅변한다. 즉 벤저민 프랭클린과 스티브 잡스라는 '기업형' 성격은 칸막이 노예, 조직인간의 성격과 다를뿐더러 우월하고 또한 새로운 경제와 시대의 이상인 것이다(피터스, 2002a: 36). 그러나 이를 전적으로 미국 자본주의의 정신, 즉 일하는 주체의 성격화를 위한 미국적 훈육의 테크놀로지라고 말하는 것은 적절치 않을 것이다. 지난 몇 년간 국내의 기업가 단체와 경제·경영연구소, 경영컨설팅 기업들이 다투어 개최한 컨퍼런스와 학술 행사, 이벤트 그리고 정부 관련 연구소에서 발표한 보고서와 백서는 한국사회의 주눅 든 기업가정신을 어떻게 복원할 것인가에 관해 말하면서 기업가정신의 '전통'을 구성하고 또한 발굴하기 때문이다. 이에 관해서는 다음의 자료들을 보라(김종관, 1994; 김주수, 1990; 삼성경제연구소, 1996; 2004; 공병호, 1999; 정영철, 2005).

14 그러나 이를 지배적인 현상이라고 부르기는 어렵다. 한국에서 일하는 주체와 심리적 주체성을 관계짓는 것은 불과 지난 10년 전부터 본격적으로 등장한 현상이기 때문이다. 따라서 일과 노동하는 주체의 관계를 심리적 정체성과 관련시키는 추세가 확산되면서 경력개발이나 취업상담이나 직업 카운슬링과 관련한 산업이 급성장하게 됐다. 이에 따라 역설적으로 '일하는 주체의 심리학'이라고 할 만한 심리적 지식을 소비하는 현상 역시 폭증하게 됐고, 이 과정에서 기존에는 심리학 교과서에 머물러 있던 과거의 심리학적 지식 역시 덩달아 소비가 늘어났다. 그리고 물론 이를 대체하려 제시됐던 다양한 심리학적 지식 역시 함께 소개되고 병존하는 기이한 현상이 벌어지고 있다. 따라서 기업가적 주체성을 심리적 이상으로 설정하는 심리 측정의 테크놀로지가 전(前)자본주의 단계의 직업심리학 테크놀로지와 뒤죽박죽되어 혼재하는 것이다. 그렇지만 시장에서 개별화된 서비스로 소비자들이 구매하는 것은 점차 에니어그램이나 MBTI 같은 기업가적 주체성의 심리학이라 할 수 있다.

15 이것이 동기부여, 리더십, 학습조직, 권한위임, 몰입 등 다양한 경영 담론을 보충하는 중요한 담론임은 3장에서 이미 강조한 바 있다.

16 알다시피 그는 한국사회에서 진보나 민주주의란 이름으로 시장경제와 자유를 질식시키는 사회주의자들에 맞서 '자유주의'를 옹호하겠다고 자처했던 '논객'이었다. 아니 더욱 정확히 말하자면 그는 하이에크를 비롯한 신자유주의자들의 철학과 이념을 한국사회에 소개하고자 했던 이데올로기적인 지식인이었다고 볼 수 있다. 구본형은 다른 면에서 민주화 이후의 자유주의적 지식인들(물론 이들 가운데 다수는 한국사회에서 진보적 지식인으로 알려져 있기도 하다)의 모습과 상당 부분 교차하는 특성을 보인다. 구본형은 "한국은 과거 독재정권 아래서 개인이 얼마나 무력하고 하찮은 것이었는가를 체험"했으며 "그때 개인은 또 '우리'가 되어 정치적으로 좀더 자유로운 사회를 만들 수 있었다"고 주장한다(구본형, 1999: 95). 그는 스스로를 386세대로 정의하며 자신이 기존의 시대와 결별해야 하며 자유를 향해 떠나야 한다는 점을 거의 모든 글에서 반복한다. 이는 그것이 획일적이고 억압적이며 관료적인 규율과 훈육으로 개인의 "꿈과 희망", "자유"와 "선택", "주도성"과 "책임"을 질식시켰기 때문이다. 그런 점에서 그는 한국사회에서 흔히 386세대라고 부르는 1987년 민주화항쟁 이후 등장한 세대와 자신을 적극적으로 동일시한다. 이런 점에서 그가 386세대를 대표하는 (흔히 진보적 좌파로 알려진) 다양한 사회운동가, 문화평론가, 정치학자들(예컨대 김동춘, 신현준, 조희연, 진중권, 김호기, 오연호 등)과 함께 에세이집을 출간했다는 점은 흥미롭지만 또한 자연스러운 일이라 할 수도 있을 것이다(강수돌 외, 1999).

17 안철수가 경영하는 해당 기업 사이트에서 알려주듯이 그는 젊은 시절부터 성공학 텍스트의 열렬한 독자였다고 한다.

18 그러나 이는 한국사회에 국한된 것이 아니라 지난 20년간 진행된 전지구적인 변화의 일부, 3장에서 사용한 표현을 빌리자면 새로운 헤게모니적인 경제적 가상이 만들어지고 순환하는 과정에서 나타나는 현상이라 봐야 옳다. 단적으로 지식기반경제로 이행하는 데 있어 관건은 바로 기업가정신에 달려 있다고 OECD가 반복해서 웅변할 때, 그것이 바로 그런 측면을 집약적으로 보여준다. EU 및 그에 관련한 국제기구가 내놓은 문헌들 역시 시장경제가 활력을 찾고 역동적으로 움직이기 위한 비결은 기업가정신을 진작시키느냐의 여부에 달려 있음을 역설했다. 이런 전지구적인 담론의 순환회로 속에서 한국사회의 기업가정신 담론 역시 작용한다(OECD, 1998; Reynolds et al. 1999). 한편 기업가적 정부라는

담론을 확산시키는 데 결정적인 기여를 한 선구적인 저작으로 엄청난 영향을 끼친 다음의 글 역시 참고하라(오스본·게블러, 1994). 그리고 신공공관리란 미명하에서 횡행하는 국내의 기업가적 정부로의 '개혁'에 관한 논의를 비판적으로 분석하는 글로는 다음을 참조하라(이명석, 2001; 이영철, 2003).

19 공병호, 2002c: 33~34.

20 정연식, 2004: 135.

21 공병호 역시 자신의 자기계발 지침서에서 사명서 쓰기를 극력 추천하며, 다음과 같이 몸소 자신의 사명서를 공개한다. "나 공병호는 한국인들에게 꿈과 희망, 열정과 용기를 전파하고 그들이 올바른 전략과 전술을 갖출 수 있도록 도울 수 있는 최고의 지혜와 영향력을 갖춘 사람으로 성장해갈 것이다"(공병호, 2002c: 129).

22 이를테면 약 10년 전쯤 자기계발 관련 지침서에서 빠짐없이 등장하던 인터넷이나 멀티미디어 활용에 관한 내용은 최근 거의 찾아보기 어렵다. 그것은 이미 상용화된 데다 자기계발 전문가들이 실제로 '감히' 조언하기 어려우리만치 세부적으로 분화되어 있고 또한 급속하게 발전되어왔기 때문이다. 이를테면 일정관리와 관련한 자기계발 테크닉으로 공병호가 추천하는 아웃룩익스프레스를 이용한 독서관리는 아마 조롱을 면치 못할 것이다. 이미 그런 정보 수집과 관리에 관련한 소프트웨어는 범람하고 있고, 특히 PDA를 비롯한 다양한 휴대용 컴퓨터를 이용하는 사용자들은 대다수가 시간관리, 정보관리를 비롯한 다양한 소프트웨어를 자작(自作)하거나 공유하면서 자기계발에 관련한 노하우를 광범위하게 공유하고 있다. 물론 여기에서 중요한 것은 더 이상 자기계발 전문가들의 담론적인 개입과 안내 없이도 이들은 충분히 그에 통달해 있다는 점이다. 이를테면 관련된 동호회에서 시간관리는 곧 프랭클린 플래너로 통하고 대부분 그것에 사용되는 용어법, 세부적인 사용 방식 등을 직접 참고하고 또 그에 관련된 기술적인 팁을 공유한다.

23 2004년 9월에 개최된 채용정보업체 '리크루트'의 공개강좌 프로그램 안내문의 일부.

24 기업교육 회사인 (주)시스캠퍼스의 자기계발 프로그램 중의 일부.

25 아이러니한 일이지만 성공학을 성토하는 이 책은 자기계발에 관련한 책을 주로 발간하는 유명한 출판사에서 출간되었다.

26 어느 인터넷서점의 독자서평에서 한 독자는 구본형의 자기계발 텍스트에 관해 이렇게 말한다. "그의 제안과 체험은 실질적인 동기부여의 힘이 있다. 그가 예로 든 작품들을 실제로 읽고 싶어지거나, 그가 한 루트대로 여행을 해보고 싶고, 그가 추천하는 대로 단식을 해봐야겠다는 생각이 드는 것이다. 실제로 나는 그가 소개한 책을 사서 읽어봤고, 그가 추천하는 장세척 방법도 해봤다. 아마 이런 현상(?)을 겪은 사람은 나뿐이 아닐 것이다. '바로 이런 현상을 유발시키는' 것이 저자의 고급 테크닉이자 이 책의 매력이다. (……) 내용이 훌륭하고 훌륭하지 않고를 떠나서 이런 '자기계발'류의 책들은 언제 읽느냐에 달려 있는 것 같다. 잘 살다가도 문득 무력감과 권태, 불안함을 느낄 때가 누구나 있으니, 그럴 때 이 책을 읽으면 별 다섯을 줄 것이요, 탄탄대로일 때 이 책을 읽으면 별 셋도 주기 싫다. 그래도 굳이 한마디로 평하라고 한다면, 구본형의 책은 한 번 읽어볼 만하다고 말하겠다."

27 이 책은 한국에서는 『경영혁명』이란 이름으로 번역됐다.

참고문헌

1 자료

• 국내 자료

경기도 교육정보연구원(2002). 『진로와 직업: 고등학교 교과서』, 중앙교육진흥연구소.

교육부(1995). 『신교육체제 수립을 위한 교육개혁 방안』, 교육부.

교육인적자원부(2002). 『국가인적자원개발기본계획에 따른 분야별 시행계획』(2002년도), 교육인적자원부.

_____(2003). 『국가인적자원개발기본계획에 따른 분야별 시행계획』(2003~2004년도), 교육인적자원부.

_____(2005). 『국가인적자원개발기본계획에 따른 분야별 시행계획』(2005년도), 교육인적자원부.

교육인적자원부 · 한국교육과정평가원(2001). 『21세기 학교 교육의 청사진: 제7차 교육과정과 학교 교육의 발전 전망』, 교육인적자원부 · 한국교육과정평가원.

노동부 · 교육인적자원부 · 산업자원부 · 중소기업청(2002). 『국가인적자원개발기본계획에 따른 민간기업의 인적자원 개발 · 활용 선진화 시행계획』, 노동부 · 교육인적자원부 · 산업자원부 · 중소기업청.

노무현(2004). 『정부혁신: 열정과 학습』, 국정홍보처.

대안연대회의(2003). 『신자유의 세계화, 사회의 실종 그리고 공공성의 위기』, 대안연대회의.

대외경제정책연구원(1999). 『IMD의 국가경쟁력 평가에 관한 연구』, 대외경제정책연구원.

_____(2003). 『한국의 2만불시대 달성을 위한 전략 — 해외 사례로부터의 시사점』, 대외경제정책연구원.

대한민국정부(2001). 『국가인적자원개발기본계획 — 사람, 지식 그리고 도약』, 대한민국정부.

대한상공회의소(2005). 『한국 기업가정신의 현황과 시사점』, 대한상공회의소.

매일경제신문사(1997). 『한국보고서』, 매일경제신문사.

_____(1998a). 『한국재창조 보고서』, 매일경제신문사.

_____(1998b). 『두뇌강국 보고서』, 매일경제신문사.

_____(1998c). 『신지식인 보고서』, 매일경제신문사.

_____(1998d). 『지식혁명 보고서』, 매일경제신문사.

문화연대 · 민주노총 · 민중의료연합 · 범국민교육연대 · 사회진보연대(2003). 『세계화, 시장화를 넘어 사회공공성 투쟁으로』, 2003년 11월 21일 전국민중연대 토론회 자료집.

미래경영개발연구원(2004). 『신지식인 제도에 대한 평가와 향후 발전에 대한 연구』, 미래경영개발연구원.

민주노총(1997). 『고용안정 · 사회개혁 15대 과제』, 민주노총.

산업자원부(2004). 『비즈니스 서비스산업 발전방안』, 산업자원부.

삼성경제연구소(1996). 『학습조직의 이론과 실제』, 삼성경제연구소.

_____(1999). 『지식경영과 한국의 미래』, 대외경제정책연구원.

_____(2000). 「디지털시대의 인사혁명」, 『CEO Information』(제234호), 삼성경제연구소.

_____(2001a). 「2001년 트렌드 10 (국내편)」, 『CEO Information』(제278호), 삼성경제연구소.

_____(2001b). 「인적자원개발을 위한 긴급과제」, 『CEO Information』(제300호), 삼성경제연구소.

_____(2002a). 「고용관계변화와 기업의 대응」, 『CEO Information』(제346호), 삼성경제연구소.

_____(2002b). 「6시그마경영의 이해와 실천」, 『CEO Information』(제349호), 삼성경제연구소.

_____(2002c). 「핵심 인재 확보 · 양성 전략」, 『CEO Information』(제353호), 삼성경제연구소.

_____(2002d). 「성과주의 인사의 明暗과 제언」, 『CEO Information』(제357호), 삼성경제연구소.

_____(2002e). 「학습국가를 향한 실천과제」, 『CEO Information』(제397호), 삼성경제연구소.
_____(2003a). 「한국사회의 가치관 급변과 혼돈」, 『CEO Information』(제397호), 삼성경제연구소.
_____(2003b). 「인력구조조정의 부작용과 극복방안」, 『CEO Information』(제423호), 삼성경제연구소.
_____(2004). 「격동기, 사람이 경쟁력이다―글로벌 인사 7대 트렌드」, 『CEO Information』(제460호), 삼성경제연구소.
_____(2005). 「인력다양성확대와 기업의 대응」, 『CEO Information』(제492호), 삼성경제연구소.
재정경제부·한국개발연구원(1999). 『새천년의 패러다임: 지식기반경제 발전전략, 한국개발연구원』, 재정경제부·한국개발연구원.
전국경제인연합회(2001a). 『한국기업의 지식경영 현환 조사결과』, 전국경제인연합회.
_____(2001b). 『한국기업의 컨설팅 현황 조사보고』, 전국경제인연합회.
한국개발연구원(1998). 『지식기반경제활성화를 위한 정책협의회』, 한국개발연구원.
_____(2001). 『비전과 과제: 열린 세상, 유연한 경제』, 한국개발연구원.
한국교육개발원(1998). 『교육개혁의 성공적 실천 방안: 정부수립 50주년 기념 제2차 교육개혁 대토론회 자료집』, 한국교육개발원.
_____(1999). 『지식기반경제사회가 요구하는 인재양성 방안』, 한국교육개발원.
_____(2000). 『국가 인적자원개발 정책의 방향과 과제』, 한국교육개발원.
한국노동연구원(1999). 『한국의 노사관계(1)―87년 이후 사회적 합의를 중심으로』, 한국노동연구원.
_____(2001). 『경제위기 이후 인적자원관리 및 노사관계변화』, 한국노동연구원.
_____(2002). 『한국형 인적자원관리의 모색, 기업내부노동시장의 변화』, 한국노동연구원.
_____(2003). 『국가 인적자원개발체계의 발전방향』, 한국노동연구원.
한국능률협회(1992). 『능률운동 삼십년: KMA그룹 30년사』, 한국능률협회.
_____(1999). 『연봉제, 목표관리제도 사례집, 한국능률협회』, 한국능률협회.
한국생산성본부(1986). 『한국의 경제 발전과 생산성 향상운동』, 한국생산성본부.
한국직업능력개발원(2000). 『국가 인적자원개발 비전과 과제』, 한국직업능력개발원.

• 해외 자료

APEC(2000). "Towards Knowledge-based Economies in APEC", *Asia-Pacific Economic Cooperation Report*, Singapore: APEC Secretariat. 〔http://www.apecsec.org.sg〕
OECD(1996a). *The Knowledge-based Economy*, Paris: OECD.
_____(1996b). *Lifelong Learning for All. Paris: Centre for Educational Innovation*, Paris: OECD.
_____(1997). *Literacy Skills for the Knowledge Society*, Paris: OECD.
_____(1998). *Fostering Entrepreneurship*, Paris: OECD.
_____(1999a). *Science, Technology and Industry Scoreboard 1999: Benchmarking Knowledge-based Economies*, Paris: OECD.
_____(1999b). *The Knowledge-based Economy: A Set of Facts and Figures*, Paris: OECD.
_____(1999c). *Measuring Student Knowledge and Skills: A New Framework for Assessment*, Paris: OECD.
_____(2000a). *Is There a New Economy? First Report on the OECD Growth Project*, Paris: OECD.
_____(2000b). *The Well-being of Nations: The Role of Human and Social Capital: Human and Social Capital and Sustained Growth and Development*, Paris: OECD.
_____(2000c). *A New Economy? The Changing Role of Innovation and Information Technology in Growth*, Paris: OECD.
_____(2000d). *Literary in the Information Age: Final Report of the International Adult Literacy Survey*,

Paris: OECD.

_____(2000e). *Measuring Student Knowledge & Skills: The PI SA 2000 Assessment of Reading, Mathematical, and Scientific Literacy*, Paris: OECD.

_____(2000f). *Thematic Review on Adult Learning*, DEELSA/ELSA/ED(2000)1, 2000.

_____(2001a). *The New Economy: Beyond the Hype: Final Report on the OECD Growth Project, Executive Summary*, Paris: OECD.

_____(2001b). *Science, Technology and Industry Scoreboard: Towards a Knowledge-based Economy*, Paris: OECD.

_____(2001c). *OECD Science, Technology and Industry Scoreboard*, Paris: OECD.

_____(2002). *OECD Science, Technology and Industry Scoreboard*, Paris: OECD.

_____(2003). *OECD Science, Technology and Industry Scoreboard*, Paris: OECD.

_____(2004a). *OECD Science, Technology and Industry Scoreboard*, Paris: OECD.

_____(2004b). *Learning for Tomorrow's World First Results from PISA 2003*, Paris: OECD.

World Bank(1999). *The World Development Report: Knowledge for Development*, Washington, D.C.: World Bank.

2 단행본

• 국내 문헌

가드너, 하워드(1998). 『다중지능의 이론과 실제』, 김명희, 이경희 옮김, 양서원.

_____(2001). 『다중지능: 인간 지능의 새로운 이해, 문용린 옮김, 김영사.

_____(2004). 『열정과 기질: 거장들의 삶에서 밝혀낸 창조성의 조건』, 임재서 옮김, 문용린 감역, 북스넛.

가드너, 하워드·미하이 칙센트미하이·윌리엄 데이먼(2003). 『Good Work』, 문용린 옮김, 생각의나무.

강금만(1998). 「지식경영은 지적자본 평가부터」, 『주간경제』(493호), LG경제연구원.

강민숙(2004). 「핵심역량모델 개발방법론」, 『SDS 컨설팅리뷰』, 삼성SDS.

강수돌 외(1999). 『2000년, 이 땅에 사는 누구인가』, 푸른숲.

강순희·이병희 외(2000). 『지식경제와 인력수요 전망』, 한국노동연구원.

강순희·신범석(2002). 『지식경제와 핵심역량』, 한국노동연구원.

강순희·이병희·최강식(1999). 『지식경제와 직업훈련』, 한국노동연구원.

강순희 외(2002). 『노동시장 및 직무요건의 변화에 따른 핵심역량의 변화』, 한국교육개발원.

강철규 외(1995). 「II. 한국 자본주의 분야 설문과 답변」, 『동향과 전망』(여름/통권27호), 한국사회과학연구소.

고상두(1998). 「제2건국위원회 연구: 시민운동의 정치참여 가능성에 관하여」, 『21세기 정치학회보』(10집/2호), 21세기정치학회.

골먼, 다니엘(1996). 『감성지능』, 황태호 옮김, 비전코리아.

_____(2003). 『감성의 리더십』, 장석훈 옮김, 청림출판.

공병호(1998). 『기업가』, 자유기업센터.

_____(1999). 『기업가와 시대정신 이야기』, 자유기업센터.

_____(2001). 『자기경영노트: 오늘부터 당신의 삶과 비즈니스가 달라진다』, 21세기북스.

_____(2002a). 『황금의 씨앗을 뿌려라: 10대를 위한 공병호의 자기경영노트』, 21세기북스.

_____(2002b). 『공병호의 독서노트: 미래편』, 21세기북스.

_____(2002c). 『Self-management: How to-book』, 21세기북스.

_____(2003a). 『1인 기업가로 홀로서기: 공병호의 독립선언』, 21세기북스.

_____(2003b). 『3040, 희망에 베팅하라: 공병호의 30~40대 위기탈출 프로젝트』, 창해.

_____(2004a). 『10년 후, 한국: 긴급진단! 공병호가 바라본 한국 경제의 위기와 전망』, 해냄.

_____(2004b). 『(공병호의 성공제안) 기록하는 리더가 되라!』, 이한출판사.

_____(2004c). 『나를 혁명하는 13가지 황금률』, 아름다운사회.

공유식 외(1994), 『신경제사회학의 이해』, 역사비평사.

구본형(1998). 『익숙한 것과의 결별: 대량 실업시대의 자기 혁명』, 생각의나무.

_____(1999). 『낯선 곳에서의 아침: 나를 바꾸는 7일간의 여행』, 생각의나무.

_____(2001). 『그대, 스스로를 고용하라』, 김영사.

_____(2002). 『오늘 눈부신 하루를 위하여』, 휴머니스트.

_____(2003). 『내가 직업이다: 아무도 나에게 직업을 주지 않는다』, 북스넛.

_____(2004a). 『일상의 황홀』, 을유문화사.

_____(2004b). 『나, 구본형의 변화 이야기: 10년마다 자신의 삶을 결산하는 자아경영 프로젝트』, 휴머니
스트.

권영설(2001). 『직장인을 위한 변명』, 거름.

_____(2004). 『직장인의 경영연습』, 거름.

권인호 외 (1997). 『인적자원관리: 사례를 중심으로』, 명경사.

기든스, 앤서니(1997). 『현대성과 자아정체성: 후기 현대의 자아와 사회』, 권기돈 옮김, 새물결.

_____(2001). 『현대 사회의 성 사랑 에로티시즘: 친밀성의 구조변동』, 배은경·황정미 옮김, 새물결.

기로멘, 하인츠(2000). 「핵심능력의 정의와 선정: 이론 및 개념적 근거(DeSeCo)」, 『OECD 국제학업성취
도 세미나』, 한국교육과정평가원.

김경태(2002). 「BSC 적용의 6가지 체크 포인트」, 『주간경제』(제661호), LG경제연구원.

김교연(2001). 「(주) 이랜드 BSC 구축사례」, 한국관리회계학회 2001년도 정기학술 발표회 발표논문집.

김기수(1998). 「신자유주의적 교육개혁을 어떻게 대할까」, 『월간 중등 우리교육』(8월), 우리교육.

김남희(2004). 『역량: 회사 안팎에서 제값 받는 핵심경쟁력』, 팜파스.

김도근·신병현(1993). 「이데올로기와 주체형성: 조직문화론 비판을 위하여」, 『문화과학』(봄/통권3호), 문
화과학사.

김도근·윤영삼(1995). 「노사관계전략의 영역으로서 기업문화」, 『산업노동연구』(1권/1호), 한국산업노동
학회.

김동배(2003). 「인적자원관리」, 이원덕 편, 『한국의 노동: 1987~2002』, 한국노동연구원.

김동배 외(2004). 『고용유연화와 인적자원관리 과제』, 한국노동연구원.

김동춘(1997). 『분단과 한국 사회』, 역사비평사.

_____(2000). 『근대의 그늘: 한국의 근대성과 민족주의』, 당대.

김명숙 외(1998). 『국가수준 교육성취도 평가 방안 연구』, 한국교육과정평가원.

김문조(2000). 「지식기반사회: 진단 및 대응」, 『한국행정연구』(9권/1호), 한국행정연구원.

김미숙·이동원(2002). 「인적자원개발 인증제 연구: 체제구축을 중심으로」, 『직업교육연구』(제21권/1호),
한국직업교육학회.

김범열(2002a). 「HR Scorecard 설계와 실행」, 『주간경제』(제659호), LG경제연구원.

_____(2002b). 「전략 실행과 BSC」, 『주간경제(제662/3호), LG경제연구원.

_____(2002c). 「BSC, 지표 간 인과관계 파악이 중요하다」, 『주간경제』(제685호), LG경제연구원.

_____(2002d). 「혁신의 성공적 실행을 위한 5가지 원칙」, 『주간경제』(제673호), LG경제연구원.

_____(2002e). 「성과주의 보상 제도의 정착 요건」, 『주간경제』(제703호), LG경제연구원.

_____(2002f). 「도전적 목표(Stretch Goal) 이렇게 관리하라」, 『주간경제』(제705호), LG경제연구원.

_____(2003a). 「연봉제의 현재와 미래」, 『주간경제』(제726호), LG경제연구원.

_____(2003b). 「조직 재설계의 성공 포인트」, 『주간경제』(제740호), LG경제연구원.

_____(2003c). 「균형잡힌 성과기록표(BSC)의 성공적인 활용방안」, 『주간경제』(제750호), LG경제연구원.

김병숙 외(1998). 『한국인의 직업의식 조사』, 한국직업능력개발원.

김성국·신수영(2004). 「국가직업능력표준 개발 사례 연구: 작업분석 및 역량분석을 중심으로」, 『경영논 총』(제22집/1호), 이화여자대학교경영대학경영연구소.

김성수·이종구(2002). 「한국형 연봉제의 유형분류 및 유형별 특성에 관한 연구」, 『인사관리연구』(제26집 /1권), 한국인사관리학회.

김성홍·우인호(2002). 『이건희 개혁 10년: 삼성 초고속 성장의 원동력』, 김영사.

김승용(2001a). 「균형성과측정표(BSC)에 의한 디지털시대의 전략적 관리시스템(上)」, 『손해보험』(6월 호), 대한손해보험협회.

_____(2001b). 「균형성과측정표(BSC)에 의한 디지털시대의 전략적 관리시스템(下)」, 『손해보험』(7월 호), 대한손해보험협회.

김식현(1995). 「기업경영의 세계화와 인적자원전략」, 『노동경제논집』(제18권/1호), 한국노동경제학회.

김신복(1982). 「우리나라 경제개발계획의 비교 고찰: 성립과정과 주체, 목표와 수단 등을 중심으로」, 『행 정논총』(제20권/2호), 서울대학교행정대학원한국행정연구소.

김안나 외(2003). 『국가수준의 생애능력 표준 설정 및 학습체제 질 관리 방안 연구(II)』, 한국교육개발원.

김영안(2004). 『삼성신화의 원동력 특급 인재경영』, 이지북.

김영환(2001). 「연봉제 설계의 신사고」, 『월간 경영계』(12월호), 한국경영자총협회.

김유영(2005). 「경영품질 성과지표 체계구축을 통한 혁신성과 극대화」, 대한민국경영혁신 2005 컨퍼런스 발표 자료.

김종관(1994). 「기업가정신의 개념과 연구접근방법」, 『동남경영』(제9권), 한국동남경영학회.

김주수(1990). 「경영자의 기업가정신과 생산성의식 — 기업의 창조성 혁신의 제고방안」, 『생산성논집』(4 권), 한국생산성학회.

김중순(2001). 『문화를 알면 경영전략이 선다: 문화맨 CEO, 컴맹보다 무섭다』, 일조각.

김진모(2001a). 「인적자원개발을 위한 직무역량규명: 학습지 기업을 대상으로」, 『한국농촌지도학회지』 (제8권/제2호), 한국농촌지도학회.

_____(2001b). 「21세기 인적자원개발의 목적, 개념, 역할 및 역량에 관한 연구」, 『한국농촌지도학회지』 (제8권/제2호), 한국농촌지도학회.

_____(2001c). 「기업의 인적자원개발을 위한 역량 중심의 교육과정 개발」, 『직업교육연구』(제20권/2호), 한국직업교육학회.

김창의(2002). 「목표관리제도에 의한 업적평가 연구」, 『한국전통상학연구』(제16집/제2호), 대불대학교.

김태길(1994). 『한국의 현실과 새 시대의 직업윤리』, 삼성정신문화연구소.

김현기(2005). 「종업원 가치 제안(EVP), 포인트를 분명히 하라」, 『주간경제』(제814호), LG경제연구원.

김형기(1982). 「인적자본이론의 논리에 관한 비판적 고찰: 노동소득결정문제를 중심으로」, 『노동경제논 집』(2집), 한국노동경제학회.

_____(1988a). 『한국의 독점자본과 임노동: 예속독점 자본주의하 임노동의 이론과 현상분석』, 까치.

_____(1988b). 「한국 독점자본의 운동과 노동과정의 변형」, 『사회경제평론』(제1호), 한울.

_____(1992). 「진보적 노자관계와 진보적 노동조합주의를 위하여: 한국 노자관계의 개혁과 새로운 노동 운동의 모색」, 『경제와 사회』(가을/통권15호), 한울.

_____(1996). 「1980년대 한국 자본주의: 구조전환의 10년」, 『동향과 전망』(봄/통권29호), 한국사회과학 연구소.

_____(1997a). 『한국 노사관계의 정치경제학』, 한울.

_____(1997b). 「임노동론의 방법에 의한 사회구성 분석 시론」, 『사회경제평론』(제10호), 한울.

_____(1997c). 『신세대를 모르면 사표를 써라』, 시아.

_____(1998). 「한국경제의 위기와 대안적 발전 모델」, 『사회경제평론』(제12호), 한울.

김형기 외(2002). 『21세기 한국의 대안적 발전 모델』, 한울.

김효근(1999). 『新 지식인』, 매일경제신문사.

김홍국(2000). 『경력개발제도의 이론과 실제』, 다산출판사.

김희경·성은숙(2001). 『BSC 실천매뉴얼』, (주)시그마인사이트컴.

나라정책연구회(1995). 『소비자 주권의 교육대개혁론: 21세기 한국 교육의 방향을 제시한다』, 길벗.

나승우(1998). 『한국형 연봉제』, 미래와경영.

네그리, 안토니오(1996). 『지배와 사보타지』, 윤수종 옮김, 새길.

네그리, 안토니오·마이클 하트(2001). 『제국』, 윤수종 옮김, 이학사.

노국향 외(1999). 『OECD 학업성취도 국제비교연구: 읽기, 수학, 과학 영역을 중심으로』, 한국교육과정평
가원.

＿＿＿＿(2000a). 『2000년 OECD 학업성취도 국제비교 연구: 읽기, 수학, 과학 영역을 중심으로』, 한국교
육과정평가원.

＿＿＿＿(2000b). 『OECD 학업성취도 국제비교연구와 연계한 국내 학생성취도 지표 개발 연구』, 한국교
육과정평가원.

노부호(1998). 「한국기업 목표관리제도의 현황과 개선방안」, 『임금연구』(가을호), 한국경영자총협회.

＿＿＿(2003). 『재벌개혁에 대한 평가와 과제』, 나라발전연구회.

노용진(2004). 「성과배분제와 주인의식 제고」, 『주간경제』(제807호), LG경제연구원.

드러커, 피터(1986). 『이노베이션과 기업가정신』, 이래수·노환상 옮김, 협동연구원.

＿＿＿＿＿(1993). 『자본주의 이후의 사회』, 이재규 옮김, 한국경제신문사.

＿＿＿＿＿(1999). 『21세기 지식경영』, 이재규 옮김, 한국경제신문사.

＿＿＿＿＿(2003). 『단절의 시대』, 이재규 옮김, 한국경제신문사.

들뢰즈, 질(1995). 『들뢰즈의 푸코』, 권영숙·조형근 옮김, 새길.

딜, 테렌스 E.·앨런 A. 케네디(1987). 『강한 기업, 강한 문화』, 삼성출판사편집국 옮김, 삼성출판사.

라이시, 로버트(1994), 『국가의 일』, 남경우 옮김, 까치.

＿＿＿＿＿＿(2001), 『부유한 노예』, 오성호 옮김, 김영사.

＿＿＿＿＿＿(2003), 『미래를 위한 약속』, 김병두 옮김, 김영사.

랏짜라또, 마우릿찌오(1997). 「비물질적 노동」, 『이탈리아 자율주의 정치철학 1』, 이원영 옮김, 갈무리.

래시, 스코트·존 어리(1998). 『기호와 공간의 경제』, 박형준 옮김, 현대미학사.

래시, 크리스토퍼(1989). 『나르시시즘의 문화』, 최경도 옮김, 문학과지성사.

레버링, 로버트(2002). 『훌륭한 일터』, 이관웅 외 옮김, 엘테크.

류장수(2002). 「지식기반경제의 인력개발정책에 관한 연구: 영국, 미국, 호주를 중심으로」, 『국제지역연
구』(제6권/1호), 국제지역학회.

리드비터, 찰스(2002). 『무게 없는 사회』, 송철복 옮김, 세종연구원.

리프킨, 제레미(2005). 『노동의 종말』, 이영호 옮김, 민음사.

마르크스, 카를(1989a). 『자본론』(제1권), 김수행 옮김, 비봉출판사.

＿＿＿＿＿＿(1989b). 『자본론』(제2권), 김수행 옮김, 비봉출판사.

＿＿＿＿＿＿(1990). 『자본론』(제3권), 김수행 옮김, 비봉출판사.

＿＿＿＿＿＿(2000). 『정치경제학 비판 요강』(1-3), 김호균 옮김, 백의.

문보경(2000). 「전략경영도구로서의 균형성과관리(Balanced Socreboard)」, 『우정정보』(봄/40호), 정보통
신정책연구원.

문성학(2000). 「우리 사회의 관제 국민 가요, 신지식인」, 『비평』(하반기), 생각의나무.

문용린(2004). 『지력혁명』, 비즈니스북스.

문용린·곽윤정(2000). 『EQ를 높이려면 이렇게 하자』, 대교.

문용린·이광형·안태진(2004). 『그러나 그의 삶은 따뜻했다: 정문술의 다중지능 분석보고서』, 산해.

민재형(2000). 「균형성과측정과 전략적 학습」, 『서강경영논총』(제11-2집), 서강대학교경영학연구원.

바르트, 롤랑(1997). 『현대의 신화』, 이화여자대학교 기호학연구소 옮김, 동문선.

바우만, 지그문트(2002). 『자유』, 문성원 옮김, 이후.

박기석·이갑두(2004). 「팀수준의 관점별 성과측정치와 구성원만족도, 조직성과간의 관련성」, 『산업경제
연구』(제17권/4호), 한국산업경제학회.

박내회(1995). 「관리자 개발을 통한 리더쉽 역량 향상 방안」, 『서강경영논총』(제6집), 서강대학교경영학

연구원.

박명섭·권기환·권재현(2004). 「택배 기업의 핵심성과지표(KPI) 결정 요인: "H사"와 "I사"에 대한 비교사
　　례연구를 중심으로」, 『우정정보』, 정보통신정책연구원.

박명준(1997). 「경영과 생산의 합리화에 대한 노동조합의 대응: 현대자동차의 사례」, 『노동사회연구』(제
　　11호), 한국노동사회연구소.

박상언(1997). 「기업 내 신인사제도 도입 효과에 따른 경험적 연구: 조직구성원들의 직무관련태도와 심리
　　적 조직성과에 미치는 영향을 중심으로」, 『산업관계연구』(제7권), 한국노사관계학회.

_____(2002). 「브레이버만 이후 최근까지 노동과정이론의 전개과정에 대한 비판적 고찰」, 『산업노동연
　　구』(제8권/1호), 산업노동연구소.

박상언·신택현(1995). 『직무분석(Job Analysis)의 현황과 과제』, 대한산업공학회 1995년도 추계학술대회
　　자료집.

박우성(2002). 『역량중심의 인적자원관리』, 한국노동연구원.

박우성·노용진(2001). 『경제위기 이후 인적자원관리 및 노사관계 변화』, 한국노동연구원.

박재림·한광모(2003). 『일하기 좋은 기업』, 거름.

박재호(2003). 「벤처기업 리더의 핵심역량에 관한 연구: Core Competency와 Executive Coaching을 중심
　　으로」, 『영남지역발전연구』(제32집), 영남대학교지역발전연구소.

박준성(1983). 「인사고과의 논리와 접근방법」, 『인사관리연구』(제7집), 한국인사관리학회.

_____(1999). 「성과주의보상체계」, 한국노동연구원 편, 『21세기형 인적자원관리』, 명경사.

박준식(1996). 『생산의 정치와 작업장 민주주의』, 한울.

_____(1996a). 「대기업의 관리전략과 노동자상태 변화」, 『생산의 정치와 작업장 민주주의』, 한울.

_____(1996b). 「대기업의 신경영전략과 작업장체제의 변화」, 『생산의 정치와 작업장 민주주의』, 한울.

_____(1996c). 「경영합리화와 작업장체제의 변화」, 『생산의 정치와 작업장 민주주의』, 한울.

_____(1996d). 「경영전략으로서의 능력주의적 인사관리의 문제: 직능자격제도를 중심으로」, 『생산의 정
　　치와 작업장 민주주의』, 한울.

박지원(2003a). 「보통의 인재(B-Player)를 관리하라」, 『주간경제』(제747호), LG경제연구원.

_____(2003b). 「되짚어 보는 성과주의」, 『주간경제』(제757호), LG경제연구원.

_____(2005). 「고용브랜드 구축을 위한 커뮤니케이션 전략」, 『주간경제』(제814호), LG경제연구원.

박진수(2004). 「비즈니스 서비스산업의 현황과 과제」, 『월간 KIET 산업경제』(7월), 산업연구원.

_____(2005). 「글로벌 및 국내 컨설팅 기업의 경쟁구도 변화」, 『월간 KIET 산업경제』(2월), 산업연구원.

박해광(2003). 『계급, 문화, 언어: 기업공간에서의 의미의 정치』, 한울.

발리바르, 에티엔(2007). 『대중들의 공포』, 최원 옮김, 도서출판b.

백풍렬(2001). 「HR전략 없는 비즈니스전략은 없다」, 『주간경제』(제626호), LG경제연구원.

벡, 울리히(1997). 『위험사회: 새로운 근대(성)을 향하여』, 홍성태 옮김, 새물결.

_____(1998). 『정치의 재발견』, 문순홍 옮김, 거름.

_____(1999). 『아름답고 새로운 노동세계: 세계시민사회를 위한 비전』, 홍윤기 옮김, 생각의나무.

_____(2000a). 『적이 사라진 민주주의』, 정일준 옮김, 새물결.

_____(2000b). 『지구화의 길』, 조만영 옮김, 거름.

벨라, 로버트, 외(2001). 『미국인의 사고와 관습: 개인주의와 책임감』, 김명숙 외 옮김, 나남.

보이트, 조셉·지미 보예트(1999). 『경영의 위대한 구루들』, 황선대 외 옮김, 모색.

부라보이, 마이클(1999). 『생산의 정치: 자본주의와 사회주의의 공장 체제』, 정범진 옮김, 박종철출판사.

부르디외, 피에르(2004). 『맞불』, 현택수 옮김, 동문선.

브레이버맨, 해리(1987). 『노동과 독점자본: 20세기에서의 노동의 쇠퇴』, 이한주, 강남훈 옮김, 까치.

브리지스, 윌리엄(1994). 『직장혁명 시대의 자기 경영』, 이종인 옮김, 세종서적.

블랜차드, 켄, 외(2003). 『칭찬은 고래도 춤추게 한다』, 조천제 옮김, 북21.

삼일회계법인·Hewitt Assciates Korea(2001). 『정부역량모델 구축과 시범 적용』, 중앙인사위원회.

서동진(2003a). 「백수, 탈근대 자본주의의 무능력자들: 속도의 삶으로서의 능력」, 『당대비평』(가을/통권

23호), 생각의나무.

_____(2003b). 「〈삼국지〉 읽는 남자: 〈삼국지〉의 독서공간과 탈근대 자본주의의 자기계발 담론」, 『파라21』(가을/통권2호), 이수.

_____(2004a). 「기업가적 정신 혹은 탈근대자본주의의 이데올로기적 주체」, 『당대비평』(여름/통권26호), 생각의나무.

_____(2004b). 「불안의 시대와 주변의 공포: 우리 시대의 노동하는 주체」, 『문학과사회』(겨울/통권68호), 문학과지성사.

서울노동정책연구소(준비모임)(1995). 『일본적 생산방식과 작업장체제』, 새길.

선한승(1993). 『노동문화연구(I)』, 한국노동연구원.

_____(1994). 『노동문화연구(II)』, 한국노동연구원.

세넷, 리처드(2000). 「거리와 사무실: 유동적인 사람과 자아정체성」, 『기로에 선 자본주의』, 박찬욱 외 옮김, 생각의나무.

_____(2002). 『신자유주의와 인간성의 파괴』, 조용 옮김, 문예출판사.

_____(2004). 『불평등 사회의 인간 존중』, 유강은 옮김, 문예출판사.

소문상(1993). 「'신경제 5개년 계획'의 의미와 문제점」, 『정세연구』(8월/통권48호), 민족민주운동연구소.

손명호·김재구·유태우·임호순·이희석(2003). 「기업전략에 따른 균형성과표 성과지표 비교분석」, 『경영정보학연구』(제13권/1호), 한국경영정보학회.

송광선(1999). 「한국기업의 연봉제 도입현황과 특성 및 이의 평가」, 『인적자원개발연구』(제1권/2호), 한국인적자원개발학회.

송계전(1998). 「경영혁신의 성공을 위한 저항관리학」, 『주간경제』(제463호), LG경제연구원.

_____(1999). 「전략경영에서 지식경영까지」, 『주간경제』(제571호), LG경제연구원.

송영수(2002). 「기업의 인재육성 추세와 방향 — HRD(Human Resource Development)의 트렌드를 중심으로」, 『임금연구』(겨울호), 경총임금연구센터.

스펜서, 라일 M.·시뉴 M. 스펜서(1998). 『핵심역량모델의 개발과 활용』, PSI컨설팅.

신병현(1995). 『문화 조직 그리고 관리』, 한울.

_____(2000). 『작업장 문화와 노동조합운동』, 현장에서미래를.

신유근(1997). 「기업경쟁력 제고를 위한 경영혁신과 기업문화의 연계」, 『한국인사조직학회 발표논문집: 한국기업의 변화와 혁신』, 한국인사조직학회.

구리모토 신이치로(2000). 『경제인류학』, 양승필 편역, 예전사.

신철우(1999). 『목표에 의한 관리』, 새로운제안.

안춘식(1981a). 「한국노무관리의 기본성격」, 『인사관리연구』, 한국인사관리학회.

_____(1981b). 「한국의 노무관리 현황(상·하): 종신고용제의 형성기반을 중심으로」, 『노동경제리뷰』, 한국경영자협회.

_____(1983). 「기업내 교육훈련의 이론과 기법」, 『월간 경영계』, 한국경영자총협회.

_____(1987). 「한국 인사노무관리 기반의 생성, 발전에 관한 연구」, 『경제연구』(제8권/1집), 한양대학교 경제연구소.

_____(1992). 「한국기업임금관리의 전개에 관한 연구」, 『경제연구』(제13권/제2호), 한양대학교 경제연구소.

_____(1995). 「우리기업의 직급제도, 그 효율적 운용방안은 무엇인가」, 『임금연구』(겨울호), 경총임금연구센터.

_____(1998). 「한국기업의 승진관리의 특성에 관한 연구」, 『한일경상논집』(제15권), 한일경상학회.

안춘식 외(1995). 「우리기업의 직급제도, 그 효율적 운용방안은 무엇인가」, 『임금연구』(겨울호), 경총임금연구센터.

안희정·최은석(2003). 「역량모델의 개념과 구축방법론에 대한 개관」, 『사회과학연구』(제42집), 강원대학교 사회과학연구소.

안희탁(1994a). 『능력주의시대의 인사고과』, 한국경영자총협회부설 노동경제연구원.

_____(1994b). 「한국기업의 신인사제도 도입현황과 과제」, 『임금연구』(겨울호), 한국경영자총협회.

_____(1999a). 「다면평가의 실태와 효율적 운영방안」, 『임금연구』(여름호), 한국경영자총협회.

_____(1999b). 「직무중심의 인사관리 성공조건」, 『월간 경영계』(4월호), 한국경영자총협회.

알튀세르, 루이(1991a). 『자본론을 읽는다』, 김진엽 옮김, 두레.

_____(1991b). 『레닌과 철학』, 이진수 옮김, 백의.

_____(1991c). 『아미엥에서의 주장』, 김동수 옮김, 솔.

미야타 야하치로(2001). 『경영학 100년의 사상』, 김영철 옮김, 일빛.

양병무(1994a). 「연봉제 도입실태와 문제점 및 개선방안」, 『임금연구』(여름호), 한국경영자총협회.

_____(1994b). 『직무조사의 이론과 사례: 직능자격제도 도입의 모색』, 한국경영자총협회.

어수봉 외(1998). 『인적자원회계(HRA)제도의 도입방안에 관한 연구』, 한국노동연구원.

오스본, 데이빗 · 테드 게블러(1994). 『정부 혁신의 길: 기업가정신이 정부를 변화시킨다』, 삼성경제연구소 옮김, 삼성경제연구소.

위맥, 제임스 P. · 다니엘 T. 존스 · 다니엘 루스(1991). 『생산방식의 혁명』, 현영석 옮김, 기아경제연구소.

유영만(1999). 「창조적 인재육성과 지식경영」, 『21세기형 인적자원관리』, 한국노동연구원.

유한성(2000). 「경제개발계획 초기 경제구조와 재정구조에 관한 고찰」, 『재정정책논집』(제2호), 한국재정정책학회.

유현숙 외(2002). 『국가수준의 생애능력 표준설정 및 학습체제 질 관리 방안 연구 I 』. 한국교육개발원.

유호현(2004). 「한국 기업, 모방 경영을 버려라」, 『주간경제』(제809호), LG경제연구원.

윤언철(2002). 「범용 인재는 더 이상 필요 없다」, 『주간경제』(제765호), LG경제연구원.

윤용운(1979). 「목표관리제도의 도입과 실제적운용에 관한 사례연구」, 『품질경영학회지』(제7권/2호), 한국품질경영학회.

윤은기(1992). 『時테크: 시간창조의 기술』, 유나이티드컨설팅그룹.

_____(1996). 『1999년 12월 31일에 만납시다』, 무한.

윤태범(2000). 「지방자치단체에서의 목표관리제(MBO)의 전략적 추진과 활용: 결과에서 과정으로」, 『한국사회와 행정연구』(제11권/1호), 서울행정학회.

이경희(2002). 「우리나라의 성과배분제도에 관한 연구」, 『인적자원관리연구』(제5집), 한국인적자원관리학회.

_____(2002). 「이랜드의 균형성과표 구축 및 실행 사례」, 『서강경영논총』(제13-2집), 서강대학교경영학연구원.

이남주 · 김재석 · 김강(2001). 「우리나라 기업의 BSC 시스템 구축에 관한 연구 — H사 사례를 중심으로」, 『서강경영논총』(제12권/2호), 서강대학교 경영학연구원.

이동찬(1983). 「기업이 바라는 인재」, 『노동경제리뷰』(제69호), 한국경영자총협회.

이동현(2003). 『깨달음이 있는 경영 — 경영의 본질에 관한 5가지 통찰』, 바다출판사.

이면우(1992). 『W이론을 만들자: 한국형 기술 한국형 산업문화 발전전략』, 지식산업사.

_____(1998). 『(이면우 교수의) 21세기 신사고 학습법』, 국일미디어.

이명근(2002). 「한국 기업교육의 역사적 조망」, 『기업교육연구』(제3권/2호), 한국기업교육학회.

이명석(2001). 「신공공관리론, 신거버넌스론, 그리고 김대중 정부의 행정개혁」, 『정부개혁과 행정학 연구』, 2001년도 춘계학술대회 발표논문집.

이명환(1997). 『신바람 기업문화』, 21세기북스.

이병주(2004). 「한국적 경영혁신의 특징과 한계」, 『주간경제』(제807호), LG경제연구원.

이병천(1996). 「냉전분단체제와 권위주의적 자본주의 산업화」, 『사회경제평론』(9호), 한국사회경제학회.

_____(1999a). 「역사적 관점에서 본 한국경제의 위기 해석」, 『경제학연구』(제47권/4호), 한국경제학회.

_____(1999b). 「한국의 경제위기와 IMF 체제: 종속적 신자유주의의 모험」, 『사회경제평론』(제13호), 풀빛.

_____(1999c). 「위기와 대전환: 신자유주의 보수 혁명과 한국 민주주의의 전망」, 『당대비평』(여름/통권7호), 삼인.

_____(2003). 「개발독재의 정치경제학과 한국의 경험」, 『개발독재와 박정희시대: 우리 시대의 정치경제

　　적 기원』, 창작과비평사.

이병천 엮음(2003). 『개발독재와 박정희시대: 우리 시대의 정치경제적 기원』, 창작과비평사.

이병천·김균 엮음(1998). 『위기, 그리고 대전환: 새로운 한국경제 패러다임을 찾아서』, 당대.

이병천·조원희 엮음(2001). 『한국경제, 재생의 길은 있는가: 구조조정 실험의 평가와 전망』, 당대

이병희 외(2003). 『자격과 노동시장 연구』, 한국노동연구원.

이선 외(1999). 『창조적 지식국가론』, 산업연구원.

이순철(1996). 『신경영기법』, 매일경제신문사.

_____(2002). 「'소비자 주권론'과 학교 민주화의 위기」, 『교육비평』(겨울/제10호), 교육비평사.

이어령(1984). 『푸는 문화 신바람의 문화』, 갑인출판사.

_____(1990). 『정보사회의 기업문화』, 한국전기통신공사출판부.

_____(1992). 『그래도 바람개비는 돈다』, 동화서적.

이영철(2003). 「신공공관리론의 이론적 비판: 원자화된 개인, 강력한 시장, 축소지향형 정부」, 『정부학연구』(제9권/1호), 고려대학교정부학연구소.

이영희(1998). 「한국의 생산체제는 변화하고 있는가」, 『경제와 사회』(겨울/통권40호), 한울.

이우일 외(2004). 『아침형 인간, 강요하지 마라』, 청림출판.

이원창·서의호·최우승(2001). 「효율성 기반의 기업성과관리시스템 구현」, 한국경영과학회/대한산업공학회 춘계 공동학술대회 자료집.

이원행(2002). 「역량중심의 인적자원관리」, 『임금연구』(겨울호), 한국경영자총협회.

이재규 외(1996). 『최신 인적자원관리론』, 문영사.

이정표 외(2004). 『기업의 직업기초능력 교육훈련 실태와 과제』, 한국직업능력개발원.

이종천·홍미경(2001). 「BSC(균형성과시스템)가 기업성과에 미치는 영향에 관한 연구」, 한국관리회계학회 2001년도 정기학술 발표회 발표논문집.

이주인(2000). 「컴피턴시 인사 모델」, 『주간경제』(제598호), LG경제연구원.

_____(2002). 「핵심 인재육성을 위한 실무 가이드」, 『주간경제』(제669호), LG경제연구원.

이진규·권상순(1997). 「제도과괴형 인적자원관리」, 『한국기업의 변화와 혁신』, 한국인사조직학회.

이진규·최종인(1998). 「미래조직의 경력관리: 다중경력 패러다임」, 『인사·조직연구』(제5권/3호), 한국인사조직학회.

이진규·김강중·최종인(2000). 「다중경력 보유자의 조직몰입 및 직무몰입의 차이에 관한 연구」, 한국인사조직학회 2000년도 추계학술연구발표회 발표논문집.

이차영(2000). 「소비자 주권의 교육: 우리의 대안인가?」, 『교육비평』(1호), 교육비평사.

이형행(1991). 「고등교육의 질관리와 수월성 추구를 위한 과제와 방안」, 『고등교육연구』(제3권/1호), 한국고등교육연구회.

이홍민·김종인(2003). 『핵심역량 핵심 인재』, 한국능률협회.

임의영(2001). 「김대중 정부의 지식정보화 담론 비판」, 『한국행정논집』(제13권/4호), 한국행정학회.

임헌영(2001). 「지식과 대학」, 『연세대학교 대학원신문』(2001년 10월 8일자).

장상수(1997). 「성과중시의 인사와 평가제도」, 『삼성경제』(제66호), 삼성경제연구소.

_____(2003). 「목표관리제도(MBO)의 개념과 의의」, 『지방행정』(vol.52/no.598), 대한지방행정공제회.

장상환(1998). 「1990년대 한국 자본주의의 구조변화」, 『사회경제평론』(제11호), 풀빛.

_____(2001). 「한국사회 진보의 거시적 대안/민주적 사회주의론」, 『동향과 전망』(여름/통권49호), 한국사회과학연구소.

장성근(1999a). 「목표관리제도의 정착없이 연봉제 없다」, 『주간경제』(제520호), LG경제연구원.

_____(1999b). 「지식근로자 채용의 Best Practice 7」, 『주간경제』(제531호), LG경제연구원.

장영철(2001a). 「인적자원개발의 현황과 과제」, 『임금연구』(가을호), 한국경영자총협회.

_____(2001b). 「지식기반경제에서 인적자원개발 프레임워, 인적자원회계 및 인력개발인증제」, 『임금연구』(여름호), 한국경영자총협회.

전략경영협회 엮음(1995). 『경영이념·비전 핸드북』, 21세기북스.

전병유 외(2001). 『디지털 경제와 인적자원』, 한국노동연구원.

정명기(1997). 「신생산방식의 도입과 인적자원관리의 변화: 현대자동차 아산공장의 사례연구를 중심으로」, 『산업노동연구』(제3권/1호), 한국산업노동학회.

정병익(2000). 「HRD 차원에서의 Career Development 정책」, 『직업과 인력개발』(제3권/2호), 한국직업능력개발원.

_____(1995). 「유연적 생산과 작업재조직의 정치: 현대자동차 사례연구」, 『경제와 사회』(겨울/통권28호), 한울.

정승국(1995). 「유연적 생산과 작업재조직의 정치 - 현대자동차 사례연구」, 『경제와 사회』(제28호), 한국산업사회학회.

정연식(2004). 『직장인, 프로 VS 포로』, 더난출판.

정연앙(2000). 『능력주의 인사제도 정착을 위한 평가제도 개선방안』, 한국노동연구원.

정영철(2005). 「기업가형 인재를 육성하라」, 『주간경제』(제830호), LG경제연구원.

정재걸(1997). 「6월항쟁 10년 교육개혁의 현주소」, 『동향과전망』(통권 제34호).

정창성(2005). 『BSC(Balanced Scorecard). 혁신의 창: 세상이 본 혁신, 혁신이 본 세상』, 행정자치부.

정철상(2002). 『한 권으로 끝내는 취업 · 경력관리 노하우』, 무한.

정혜윤(2004). 『성공학의 역사』, 살림.

정혁기(1992). 「총액임금제와 성과배분제도」, 『정세연구』(5월/통권33호), 민족민주운동연구소.

조남규(2001). 「제7차 교육과정 및 교육시장화에 대한 전교조 입장」, 『제7차 교육과정 철폐를 위한 교육 선전 전국 일꾼 연수 자료』, 전국교직원노동조합.

조동성·이동현·서동현(1994). 「핵심경쟁우위(Core competence)에 의한 산업분류」, 한국경영학회 1994년 춘계학술연구발표논문집.

조용수(1996). 『한국의 신세대 혁명: 신세대를 알면 21세기가 보인다』, LG경제연구원.

조윤성(1998). 「연봉제 하에서 목표관리의 과제」, 『임금연구』(겨울호), 한국경영자총협회.

조은상(2000). 「기업의 인적자원개발 전략: 효율성, 효과성, 문화적 정체성 및 형평성을 기준으로」, 『인력개발연구』(제2권/1호), 한국인력개발학회.

조정윤 외(2003). 『국가직무능력표준 개발사업: 국가직무능력표준 관련 인프라 구축 및 시안개발』, 한국직업능력개발원.

조형제(1993). 『한국자동차산업의 전략적 선택: '생산방식의 혁명'에 대한 한국의 대응』, 백산서당.

_____(2000). 「신경제와 벤처 현상」, 『경제와 사회』(가을/통권47호), 한울.

_____(2004). 「유연자동화와 숙련형성 - 현대자동차의 교육훈련제도 변화를 중심으로」, 『경제와 사회』(제8권/2호), 한국산업사회학회.

조희연(1998). 『한국의 국가 민주주의 정치변동: 보수 자유 진보의 개방적 경쟁구도를 위하여』, 당대.

_____(2004). 『비정상성에 대한 저항에서 정상성에 대한 저항으로』, 아르케.

존스, 로리 베스(1998). 『사명선언문, 새로운 인생으로 승부한다』, 송경근 옮김, 한국언론자료간행회.

존슨, 스펜서(2000). 『누가 내 치즈를 옮겼을까?』, 이영진 옮김, 진명출판사.

지광수(2001). 「연봉제 도입실태 및 도입방안 연구」, 『산업경제연구』(제14권/3호), 한국산업경제학회.

차동옥(1997). 「우량기업을 향한 인적자원개발전략」, 『월간 경영계』(9월호), 한국경영자총협회.

차영호(1987). 「직무분석과 기업의 인적자원관리」, 『월간 경영계』(8월호), 한국경영자총협회.

_____(1998). 「신자유주의와 교육의 공공성 문제」『월간 중등 우리교육』(8월호), 우리교육.

채창균(1998). 「신자유주의와 교육의 공공성 문제」, 『월간 중등 우리교육』(8월호), 우리교육.

천보선·김학한(1998). 『신자유주의와 한국교육의 진로』, 한울.

천선영(2004). 「컨설팅 사회」, 『담론201』(제7권, 제1호), 한국사회역사학회.

천세영(1998). 「신자유주의와 교육의 공공성 문제」, 『월간 초등 우리교육』(8월호), 우리교육.

_____(2002a). 「인간자원개발과 교육에 관한 음미」, 『평생교육학연구』(제8권/1호), 한국평생교육학회.

_____(2002b). 「교육인적자원의 의미와 교육제도의 미래」, 『교육 재정·경제연구』(제11권/1호), 한국교육 재정경제학회.

최기춘(2001). 「경제제도와 행동동기에 대한 경제인류학적 제안: 칼 폴라니와 모스그룹의 경우를 중심으로」, 『사회경제평론』(제16호), 풀빛.

최병권(2001). 「역량중심 보상의 성공 포인트」, 『주간경제』(제637호), LG경제연구원.

최봉현 외(2000). 『비즈니스 서비스산업의 발전전략』, 을유문화사.

최성애(1993). 「신경영 합리화전략과 노동통제」, 『경제와 사회』(여름/통권18호), 한울.

최우열(1997). 「경영컨설팅 성공 10계명」, 『주간경제』(제444호), LG경제연구원.

최정호·김형국(1989). 『일의 미래, 미래의 일: 정보사회의 일』, 나남.

치알디니, 로버트(1996). 『설득의 심리학: 사람을 움직이는 여섯 가지 원칙』, 이현우 옮김, 21세기북스.

카스텔, 마뉴엘(2003a). 『네트워크 사회의 도래』, 김묵한·박행웅·오은주 옮김, 한울.

_____(2003b). 『밀레니엄의 종언』, 박행웅·이종삼 옮김, 한울.

캐플란, 로버트 S.·데이비드 P. 노튼(1998). 『가치실현을 위한 통합경영지표 BSC』, 송경근·성시중 옮김, 한국언론자료간행위원회.

_____(2004). 『BSC의 구축과 실행을 위한 전략체계도: Strategy Maps』, 갈렙 ABC 역, 21세기북스.

캔터, 로자베스 모스(1998). 『월드 클래스: 세계 일류만이 살아남는다』, 박상철, 윤동진 옮김, 한국언론자료간행회.

코비, 스티븐, 외(1997). 『카리스마는 죽었다: 리더십과 미래 예측의 결정판』, 김경섭 옮김, 책누리.

콜린스, 짐(2002). 『좋은 기업을 넘어 위대한 기업으로』, 이무열 옮김, 김영사.

크레이너, 스튜어트(2000). 『경영의 세기』, 박희라 옮김, 더난출판.

클라인, 나오미(2002). 『No Logo: 브랜드 파워의 진실』, 정현경·김효명 옮김, 중앙M&B.

테일러, 프레드릭(2004). 『과학적 관리의 원칙』, 박영사.

페더스톤, 마이크(1999). 『포스트모더니즘과 소비문화』, 정숙경 옮김, 현대미학사.

페퍼, 제프리(1995). 『사람이 경쟁력이다』, 포스코경영연구소 옮김, 21세기북스.

폴라니, 마이클(2001). 『개인적 지식』, 표재명 외 옮김, 아카넷.

폴라니, 칼(1991). 『거대한 변환: 우리 시대의 정치적 경제적 기원』, 박현수 옮김, 민음사.

_____(1998a). 『사람의 살림살이 1: 시장사회의 허구성』, 박현수 옮김, 풀빛.

_____(1998b). 『사람의 살림살이 2: 교역 화폐 및 시장의 출현』, 박현수 옮김, 풀빛.

푸코, 미셸(1987). 『말과 사물: 인문과학의 고고학』, 이광래 옮김, 민음사.

_____(1990a). 『성의 역사 1: 앎의 의지』, 이규현 옮김, 나남.

_____(1990b). 『성의 역사 2: 쾌락의 활용』, 문경자·신은영 옮김, 나남.

_____(1991). 『지식과 권력』, 홍성민 옮김, 나남.

_____(1992). 『지식의 고고학』, 이정우 옮김, 민음사.

_____(1993). 『담론의 질서』, 이정우 옮김, 새길.

_____(1994a). 『감시와 처벌』, 오생근 옮김, 나남.

_____(1994b). 「통치성」, 『미셸 푸코의 권력이론』, 정일준 옮김, 새물결.

_____(1994c). 「정치와 이성」, 『미셸 푸코의 권력이론』, 정일준 옮김, 새물결.

_____(1994d). 「주체와 권력」, 『미셸 푸코의 권력이론』, 정일준 옮김, 새물결.

_____(1994e). 「자유의 실천으로서 자아에의 배려」, 『미셸 푸코의 권력이론』, 정일준 옮김, 새물결.

_____(1994f). 「논쟁, 정치, 문제제기/미셸 푸코와의 대담」, 『미셸 푸코의 권력이론』, 정일준 옮김, 새물결.

_____(1997a). 「자기의 테크놀로지」, 『자기의 테크놀로지』, 이희원 옮김, 동문선.

_____(1997b). 「개인에 관한 정치의 테크놀로지」, 『자기의 테크놀로지』, 이희원 옮김, 동문선.

_____(1997c). 「진리·권력·자기: 미셸 푸코와의 대담」, 『자기의 테크놀로지』, 이희원 옮김, 동문선.

_____(1998). 「"사회를 보호해야 한다": 콜레주 드 프랑스에서의 강의, 1976』, 박정자 옮김, 동문선.

_____(1999a). 「정치와 윤리」, 『자유를 향한 참을 수 없는 열망: 푸코-하버마스 논쟁 재론』, 정일준 편역, 새물결.

_____(1999b). 「도덕의 회귀」, 『자유를 향한 참을 수 없는 열망: 푸코-하버마스 논쟁 재론』, 정일준 편역, 새물결.

_____(1999c). 「비판이란 무엇인가」, 『자유를 향한 참을 수 없는 열망: 푸코-하버마스 논쟁 재론』, 정일준 편역, 새물결.

_____(1999d). 「혁명이란 무엇인가」, 『자유를 향한 참을 수 없는 열망: 푸코-하버마스 논쟁 재론』, 정일준 편역, 새물결.

_____(1999e). 「계몽이란 무엇인가」, 『자유를 향한 참을 수 없는 열망: 푸코-하버마스 논쟁 재론』, 정일준 편역, 새물결.

_____(2001). 『비정상인들: 콜레주 드 프랑스에서의 강의, 1974~1975』, 박정자 옮김, 동문선.

_____(2004). 『푸코의 마르크스』, 이승철 옮김, 갈무리.

피터스, 톰(1991). 『톰 피터스의 경영혁명』, 노부호 옮김, 한국경제신문사.

_____(1994). 『해방경영』, 노부호 외 옮김, 한국경제신문사.

_____(1995). 『경영파괴』, 안춘호 옮김, 한국경제신문사.

_____(1999). 『혁신경영: 변화를 지배하는 자가 성공한다』, 이진 옮김, 한국경제신문사.

_____(2002a). 『Wow 프로젝트 1: 내 이름은 브랜드다』, 김연성·서진영 옮김, 21세기북스.

_____(2002b). 『Wow 프로젝트 2: 나의 일은 프로젝트다』, 임민수·금혜진 옮김, 21세기북스.

_____(2002c). 『Wow 프로젝트 3: 우리는 프로페셔널 팀이다』, 양국명 옮김, 21세기북스.

피터스, 톰·로버트 워터만(1984). 『초우량기업의 조건』, 이길진 옮김, 삼중당.

하비, 데이비드(1994). 『포스트모더니티의 조건』, 구동회·박영민 옮김, 한울.

한국교육연구소(1998). 『신자유주의 정책과 교육』, 한국교육연구소.

한인수(1994). 「신인적자원 평가시스템(신인사고과제도)의 도입방향」, 『인사관리연구』(제18집), 한국인사관리학회.

한정민(2001). 「한국기업, 10년을 돌아본다(I): 경영혁신운동의 과거와 미래」, 『주간경제』(제654호), LG경제연구원.

함수곤(2002). 「제7차 교육과정의 도입과 시행」, 『2002 한국교육평론』, 한국교육개발원.

허쉬먼, 앨버트(1994). 『열정과 이해관계: 고전적 자본주의 옹호론』, 김승현 옮김, 나남출판.

허진(2001). 「인적자원 관리의 차별화 전략」, 『주간경제』(제618호), LG경제연구원.

____(2003a). 「직무 분석 이렇게 하라」, 『주간경제』(제719호), LG경제연구원.

____(2003b). 「저성장기 Win-Win의 지혜 경력개발」, 『주간경제』(제730호), LG경제연구원.

헨우드, 더그(2004). 『신경제 이후』, 이강국 옮김, 필맥.

헨우드, 더그, 외(2001). 『신경제의 신화와 현실』, 국제연대정책정보센터 옮김, 이후.

현선해·차동옥(1999). 『지식경영을 위한 인사·조직 시스템 설계』, 삼성경제연구소.

홍미경·이내풍(2000). 「BSC 도입기업에 대한 사례연구」, 『세무회계연구』(제7권), 한국세무회계학회.

홍성원(1996). 「21세기 현대그룹의 인적자원 개발 전략」, 『월간 경영계』(8월호), 한국경영자총협회.

홍성태(1999). 「자본주의 '지식사회'와 '신지식인'론 비판」, 『문화과학』(가을/통권19호), 문화과학사.

홍성학(1991). 「전사적 창조성 개발을 통한 전략경영의 전개」, 『공업경영학회지』(제14권/24집), 한국공업경영학회.

홍하상(2003). 『이건희: 그의 시선은 10년후를 향하고 있다』, 한국경제신문.

황인경(2003). 「성과배분제 이렇게 운영하라」, 『주간경제』(제733호), LG경제연구원.

사이쇼 히로시(2003). 『(인생을 두 배로 사는) 아침형 인간』, 최현숙 옮김, 한스미디어.

• 외국 문헌

Abrahamson, Eric(1996). "Management Fashion", *Academy of Management Review*, vol. 21, no. 1.

Abrahamson, Eric & Gregory Fairchild(1999). "Management Fashion: Lifecycles, Triggers, and Collective

Processes", *Administrative Science Quarterly*, vol.44.

Adams, Matthew(2003). "The Reflexive Self and Culture: A Critique", *The British Journal of Sociology*, vol.54, no.2.

Adamson, Stephen J., Noeleen Doherty & Claire Viney(1998). "The Meanings of Career Revisited: Implications for Theory and Practice", *British Journal of Management*, vol.9, no.4.

Agamben, Giorgio(1998). *Homo Sacer: Sovereign Power and Bare Life*, trans. Daniel Heller-Roazen, California: Stanford University Press.

_____(2000). *Means without End: Notes on Politics*, trans. Vincenzo Binetti and Cesare Casarino, Minneapolis: University of Minnesota Press.〔『호모 사케르: 주권 권력과 벌거벗은 생명』(2008), 박진우 옮김, 새물결.〕

Alvesson, Mats. & Hugh Willmott(1995). "Strategic Management as Domination and Emancipation: From Planning and Process to Communication and Praxis", *Advances in Strategic Management*, vol.11.

_____(1996). *Making Sense of Management: A Critical Introduction*, London: Sage.

_____(2002). "Identity Regulation as Organizational Control: Producing the Appropriate Individual", *Journal of Management Studies*, vol.39.

Amoore, Louise(2004). "Risk, Reward and Discipline at Work", *Economy and Society*, vol.33, no.2.

Arthur, M. B. & D. M. Rousseau, eds.(1996). *The Boundaryless Career: A New Employment Principle for a New Organizational Era*, New York: Oxford University Press.

Arthy, Denis(1997). "Governance of the Vocational Personality in the Origins of Vocational Guidance", *Journal of Career Development*, vol.24, no.2.

Barker, Chris & Dariusz Galasinski(2001). *Cultural Studies and Discourse Analysis: A Dialogue on Language and Identity*, London, Thousand Oaks, New Dehli: Sage.〔『문화연구와 담론분석: 언어와 정체성에 대한 담화』(2009), 백선기 옮김, 커뮤니케이션북스.〕

Barry, Andrew, Thomas Osborne & Nikolas Rose, eds.(1996). *Foucault and Political Reason: Liberalism, Neo-Liberalism, and Rationalities of Government*, Chicago: The University of Chicago Press.

Baum, Bruce(2003). "Millian Radical Democracy: Education for Freedom and Dilemmas of Liberal Equality", *Political Studies*, vol.51, no.2.

Bauman, Zygmunt(1991). *Modernity and Ambivalence*, Cambridge, UK: Polity Press.

_____(1998). *Work, Consumerism and the New Poor*, Buckingham: Open University Press.

_____(2001). *The Individualized Society*, Cambridge, UK: Polity Press.

Berdayes, Vicente(2002). "Traditional Management Theory as Panoptic Discourse: Language and the Constitution of Somatic Flows", *Culture and Organization*, vol.8, no.1.

Biggart, Nicole Woolsey & Thomas D. Beamish(2003). "The Economic Sociology of Conventions: Habit, Custom, Practice, and Routine in Market Order", *Annual Review of Sociology*, vol.29.

Boltanski, Luc(2002). "The Left after May 1968 and the Longing for Total Revolution", *Thesis Eleven*, vol.69, no.1.

Boltanski, Luc & Eve Chiapello(2005). *The New Spirit of Capitalism*, trans. Gregory Elliott, London and New York: Verso.

Boyatzis, Richard E.(1982). *The Competent Manager: A Model for Effective Performance*, New York: John Wiley & Sons.

Boyett, J. H. & H. P. Conn(1992). *Workplace 2000: The Revolution Reshaping American Business*, New York: Plume Books.

Burchell, Graham, Colin Gordon & Peter Miller(1991). *The Foucault Effect*, Brighton; Harvester.

Butler, Judith(1997). *The Psychic Life of Power: Theories in Subjection*, Stanford, California: Stanford University Press.

Callero, Peter L.(2003). "The Sociology of the Self", *Annual Review of Sociology*, vol.29.

Callon, Michel, ed.(1998). *The Laws of the Markets*, Oxford: Malden, MA: Blackwell Publishers.

Casey, Catherine(1995). *Work, Self and Society: After Industrialism*, London and New York: Routledge.

_____(2003). "The Learning Worker, Organizations and Democracy", *International Journal of Lifelong Education*, vol.22, no.6.

Chandler, Alfred(1977). *The Visible Hand: The Managerial Revolution in American Business*, Cambridge, Mass.: Belknap Press.

Clegg, Stewart, Chris Carter & Martin Kornberger(2004). "Get Up, I Feel Like Being a Strategy Machine", *European Management Review*, vol.1, no.1.

Cremin, C. S.(2003). "Self-starters, Can-doers and Mobile Phoneys: Situations Vacant Columns and the Personality Culture in Employment", *The Sociological Review*, vol.51, no.1.

Cruikshank, Barbara(1999). *The Will to Empower. Democratic Citizens and Other Subjects*, Ithaca and London: Cornell University Press.

de Morates-Neto, B. R.(2003). "Marx and (End of the) Labor Process at the End of the Twentieth Century", *Rethinking Marxism*, vol.15, no.2.

Devos, Anita(2003). "Academic Standards, Internationalisation, and the Discursive Construction of 'The International Student'", *Higher Education Research and Development*, vol.22, no.2.

du Gay, Paul(1991). "Enterprise Culture and the Ideology of Excellence", *New Formations*, vol.13.

_____(1993), "Enterprising Management in the Public Sector", *Work, Employment and Society*, vol.7.

_____(1996), *Consumption and Identity at Work*, London: Sage.

_____(1997). "Organizing Identity: Making Up People at Work", *Production of Culture/Cultures of Production*, London: Sage.

_____(2000). "Enterprise and Its Futures: A Response to Fournier and Grey", *Organization*, vol.7, no.1.

du Gay, Paul & Graeme Salaman(1992). "The Cult(ure) of the Customer", *Journal of Management Studies*, vol.29, no.5.

du Gay, Paul, Graeme Salaman & B. Rees(1996). "The Conduct of Management and the Management of Contemporary Managerial Discourse and the Constitution of the 'Competent' Manager", *Journal of Management Studies*, vol.33, no.3.

Dyer, S. & M. Humphries(2002). "Normalising Workplace Change through Contemporary Career Discourse", *Australian e-Journal for the Advancement of Mental Health*, vol.1, no.3.

Dyer-Witheford, Nick(1999). *Cyber-Marx: Cycles and Circuits of Struggle in High-technology Capitalism*, Urbana: University of Illinois Press. 〔『사이버-맑스』(2003), 신승철 옮김, 이후.〕

Edwards, Richard(2002). "Mobilizing lifelong learning: governmentality in educational practices", *Journal of Education Policy*, vol.17, no.3.

_____(2004). "Intellectual Technologies in the Fashioning of Learning Societies", *Educational Philosophy and Theory*, vol.36, no.1.

Elliot, Anthony(2001). *Concepts of the Self*, Cambridge: Polity Press. 〔『자아란 무엇인가』(2007), 김정훈 옮김, 삼인.〕

Ewald, Francois(1990). "Norms, Discipline, and the Law", *Representations*, no.30.

Ezzamel, M. & H. Willmott(2004). "Rethinking Strategy: Contemporary Perspectives and Debates", *European Management Review*, vol.1, no.1.

Ezzy, Douglas(1997). "Subjectivity and the Labour Process: Conceptualising 'Good Work'", *Sociology*, vol.31, no.3.

Fairclough, Norman(1989). *Language and Power*, London: Longman.

_____(1992). *Discourse and Social Change*, Cambridge: Polity Press.

_____(2001). "The dialectics of discourse", *Textus*, vol.XIV, no.2.

Fenwick, Tara J.(2003). "Emancipatory Potential of Action Learning: A Critical Analysis", *Journal of Organizational Change Management*, vol.16, no.6.

Fincham, R. & M. Evans(1999). "The Consultants' Offensive: Reengineering from Fad to Technique", *New Technology, Work and Employment*, vol.14, no.11.

Fondas, Nanette(1997). "Feminization Unveiled: Management Qualities in Contemporary Writings", *The Academy of Management Review*, vol 22, no.1.

Foucault, Michel(2000). *Power: Essential Works of Foucault, 1954~1984*, vol.III, New York: New Press.

Frank, Thomas(1997). *The Conquest of Cool: Business Culture, Counterculture, and the Rise of Hip Consumerism*, Chicago, IL: University of Chicago Press.

_____(2000). *One Market Under God: Extreme Capitalism, Market Populism, and the End of Economic Democracy*, New York: Doubleday.

Garavan, T. N. & D. McGuire(2001). "Competencies and Workplace Learning: Some Reflections on the Rhetoric and the Reality", *Journal of Workplace Learning*, vol.13, no.4.

Garelli, Stéphane(2003). "Competitiveness of Nations: The Fundamentals", *International Institute for Management Development World Competitiveness Yearbook*, International Institute for Management. (http://www.imd.ch/wcy/fundamentals/)

Gordon, Colin(1991). "Governmental Rationality: An Introduction", *The Foucault Effect*, Brighton: Harvester.

Gorz, André(1999). *Reclaiming Work: Beyond the Wage-based Society*, trans. Chris Turner, Cambridge, UK: Polity Press.

Govindarajan, V. & A. K. Gupta(1985). "Linking Control Systems to Business Unit Strategy: Impact on Performance", *Accounting, Organizations and Society*, vol.10, no.1.

Graham, P.(1999). "Critical Systems Theory: A Political Economy of Language, Thought, and Technology", *Communication Research*, vol.26, no.4.

Grandy, G. & A. J. Mills(2004). "Strategy as Simulacra—A Radical Reflexive Look at the Discipline and Practice of Strategy", *Journal of Management Studies*, vol.41, no.7.

Granovetter, Mark & Richard Swedberg, eds.(1992). *The Sociology of Economic Life*, Boulder: Westview Press, 1992.

Hacking, Ian(1986). "Making Up People", *Reconstructing Individualism: Autonomy, Individuality, and the Self in Western Thought*, eds. T. C. Heller, M. Sosna, and D. E. Wellbery, Stanford, California: Stanford University Press.

Hales, Colin(1999). "Why Do Managers Do What They Do?: Reconciling Evidence and Theory in Accounts of Managerial Work", *British Journal of Management*, vol.10, no.4.

Hall, D. T.(1996). "Protean Careers of the 21st Century", *Academy of Management Executive*, vol.10, no.4.

Hamel, G. & C. K. Prahalad.(1990). "The Core Competence of the Corporation", *Harvard Business Review*, May/Jun, vol.68, no.3.

Hardt, Michael(1999). "Affective Labor", *Boundary* 2, vol.26, no.2.

Hassard, J., J. Hogan & M. Rowlinson(2001). "From Labor Process Theory to Critical Management Studies", *Administrative Theory and Praxis*, vol.23, no.3.

Hochschild, A.(1979). "Emotion Work, Feeling Rules, and Social Structure", *American Journal of Sociology*, vol.85, no.3.

_____(1983). *The Managed Heart: Commercialization of Human Feeling*. Berkeley: University of California Press.

Hoskin, K. R. Macve & J. Stone(1997). "Accounting and Strategy: Towards Understanding the Historical Genesis of Modern Business and Military Strategy", *Contemporary Issues in Management Account-*

ing, Bhimani, Alnoor ed., Oxford & New York: Oxford University Press.

Huczynski, Andrzej J.(1993). *Management Gurus: What Makes Them and How to Become One*, London and New York: Routledge.

Inglehart, Ronald(1977), *The Silent Revolution: Changing Values and Political Styles among Western Publics*, Princeton, N.J.: Princeton University Press.

_____(1997), *Modernization and Postmodernization: Cultural, Economic, and Political Change in 43 Societies*, Princeton, N.J.: Princeton University Press.

Inkson, K. & M. B. Arthur(2001). "How to Be Successful Career Capitalis"', *Organizational Dynamics*, vol.30, no.1.

Ittner, C. D. & D. F. Larcker(1998). "Innovations in Performance Measurement: Trends and Research Implications", *Journal of Management Accounting Research*, vol.10.

Ittner, C. D., D. F. Larcker & M. V. Rajan(1997). "The Choice of Performance Measures in Annual Bonus Contracts", *The Accounting Review*, vol.72, no.2.

Jackson, B. B.(1999). "The Goose That Laid the Golden Egg?: A Rhetorical Critique of Stephen Covey and the Effectiveness Movement", *Journal of Management Studies*, vol.36, no.3.

Jessop, Bob(2004). "Critical Semiotic Analysis and Cultural Political Economy", *Critical Discourse Studies*, vol.1, no.2.

Kaplan, Robert S. & David P. Norton(1992). "The Balanced Scorecard: Measures that Drive Performance", *Harvard Business Review*, vol.70, no.1.

_____(1996) "Using the Balanced Scorecard as a Strategic Management System", *Harvard Business Review*, vol.74, no.1.

Knights, David & G. Morgan(1991). "Corporate Strategy, Organizations, and Subjectivity: A Critique", *Organisation Studies*, vol.12, no.2.

Kunda, Gideon(1992). *Engineering Culture: Control and Commitment in a High-Tech Corporation*, Philadelphia: Temple University Press.

Laclau, Ernesto ed.(1994). *The Making of Political Identities*, London: Verso.

Larner, Wendy(2000). "Neo-liberalism: Policy, Ideology, Governmentality", *Studies in Political Economy*, vol.63, no.5.

Lawlor, Julia(1996). "Getting into the Habit: Stephen Covey Is Bringing the Message of Integrity and Empathy to Sales Training", *Sales and Marketing Management*, vol.148, no.5.

Lazzarato, Maurizio(2002). "From Biopower to Biopolitics", *PLI: Warwick Journal of Philosophy*, vol.13.

_____(2004). "From Capital-Labor to Capital-Life", *Ephemera-theory and Politics in Organization*, vol.4, no.3.

Lefort, Claude(1986). *The Political Forms of Modern Society: Bureaucracy, Democracy, Totalitarianism*, trans. John B. Thompson, Cambridge: Polity Press.

_____(2001). "The Birth of Bio-politics: Michel Foucault's Lecture at the Collège de France on Neo-liberal Governmentality", *Economy and Society*, vol.30, no.2.

_____(2002). "Foucault, Governmentality, and Critique", *Rethinking Marxism*, vol.14, no.3.

Lemke, Thomas(2001). "The birth of bio-politics: Michel Foucault's lecture at the Collège de France on neo-liberal governmentality", *Economy and Society*, vol.30, no.2.

_____(2002). "Foucault, Governmentality, and Critique", *Rethinking Marxism*, vol.14, no.3.

Levy, D., M. Alvesson & H. Willmott(2003). "Critical Approaches to Strategic Management", *Studying Management Critically*, Thousand Oaks, Calif.: Sage Publications.

Link, Jürgen(2004a). "From the 'Power of the Norm' to 'Flexible Normalism': Considerations after Foucault", *Cultural Critique*, vol.57.

_____(2004b). "On the Contribution of Normalism to Modernity and Postmodernity", *Cultural Cri-*

tique, vol.57.

_____(2004c). "The Normalistic Subject and Its Curves: On the Symbolic Visualization of Orienteering Data", *Cultural Critique*, vol.57.

Maier, Charles S.(1970). "Between Taylorism and Technocracy: European Ideologies and the Vision of Industrial Productivity in the 1920s", *Journal of Contemporary History*, vol.5, no.2.

Marsden, Richard(1998a). "A Political Technology of the Body: How Labour is Organized into a Productive Force", *Critical Perspectives on Accounting*, vol.9, no.1.

_____(1998b). "The Unknown masterpiece: Marx's model of capital", *Cambridge Journal of Economics*, vol.22, no.3.

_____(1999). *The Nature of Capital: Marx After Foucault*, London & New York: Routledge.

Martinez, Miguel & Paul Stewart(1997). "The Paradox of Contemporary Labour Process Theory: The Rediscovery of Labour and the Disappearance of Collectivism", *Capital & Class*, no.62.

McClelland, David C.(1973). "Testing for Competence Rather Than Intelligence", *American Psychologist*, vol.28.

McKiernan, Peter & Chris Carter(2004). "The Millennium Nexus: Strategic Management at the Crossroads", *European Management Review*, vol.1, no.1.

McWilliam, Erica(2000). "The Perfect Corporate Fit: New Knowledge for New Times", *International Journal of Leadership in Education*, vol.3, no.1.

_____(2002), "Against Professional Development", *Educational Philosophy and Theory*, vol.34, no.3.

_____(2004), "On Being Accountable: Risk-consciousness and the Doctoral Supervisor", Paper submitted for full refereeing for AARE, Conference Melbourne, 2004.

McWilliam, Erica, Caroline Hatcher & Daphne Meadmore(1999). "Developing Professional Identities: Remaking the Academic for Corporate Times", *Pedagogy, Culture & Society*, vol.7, no.1.

Meadmore, Daphne(2001a). "Uniformly Testing Diversity?: National Testing Examined", *Asia-Pacific Journal of Teacher Education*, vol.29, no.1.

_____(2001b). "The Pursuit of Standards: Simply Managing Education?", *International Journal of Inclusive Education*, vol.5, no.4.

Miller, Peter(1998). "The margins of accounting", *European Accounting Review*, vol.7, no.4.

Miller, P. & Nikolas Rose(1990). "Governing Economic Life", *Foucault's New Domains*, New York: Routledge.

_____(1992). "Political Power beyond the State—the Problematics of Government", *The British Journal of Sociology*, vol.43, no.2.

_____(1994) "On Therapeutic Authority: Psychoanalytical Expertise under Advanced Liberalism", *History of Human Sciences*, vol.7, no.3.

_____(1995), "Production, Identity, and Democracy", *Theory & Society*, vol.24, no.3.

Miller, P. & T. O'Leary(1987). "Accounting and the Construction of the Governable Person", *Accounting, Organizations and Society*, Vol.12.

_____(1994). "Governing the Calculable Person", *Accounting as Social and Institutional Practice*, Hopwood, A. & Miller, P.(eds). Cambridge: Cambridge University Press.

_____(1998). "Finding Things Out", Accounting, *Organizations and Society*, vol.23, issue 7.

Nanni, A. J., J. R. Dixon & T. E. Vollmann(1990). "Strategic Control and Performance Measurement—Balancing Financial and Non-Financial Measures Of Performance", *Journal of Cost Management*, vol.4, no.2.

Negri, Antonio(1988). "Archaeology and Project: The Mass Worker and the Social Worker", *Revolution Retrieved: Selected Writings on Marx, Keynes, Capitalist Crises and New Social Subjects*, London: Red Notes.〔『혁명의 만화』(2005), 영광 옮김, 갈무리.〕

_____(1989). *The Politics of Subversion: A Manifesto for the Twenty-first Century*, trans. James Newell, Cambridge, U.K.: Polity Press.

_____(1991). *Marx beyond Marx: Lessons on the Grundrisse*, New York: Autonomedia.〔『맑스를 넘어선 맑스』(1994), 윤수종 옮김, 새길.〕

O' Doherty, Damian & Hugh Willmott(2001). "Debating Labour Process Theory: The Issue of Subjectivity and the Relevance of Poststructuralism", *Sociology*, vol.35, no.2.

O' Malley, Pat(1996). "Risk and Responsibility", *Foucault and Political Reason: Liberalism, Neo-Liberalism and Rationalities of Government*, Chicago: University of Chicago Press.

_____(1999). "Governmentality and the Risk Society", *Economy and Society*, vol.28, no.1.

_____(2000). "Uncertain Subjects: Risks, Liberalism and Contract", *Economy and Society*, vol.29, no.4.

_____(2002). "The Performance Implications of Management Fads and Fashions: An Empirical Study", *Journal of Strategic Marketing*, vol.10, no.1.

Ogbonna, Emmanuel & Lloyd C. Harris(1999). "Developing a Market Oriented Culture: A Critical Evaluation", *Journal of Management Studies*, vol.36, no.2.

Oliver, Nick(1998). "Benchmarking", *The Technology Management Handbook*, Dorf, Richard C. ed., Boca Raton: CRC Press.

Parker, Martin(1999). "Capitalism, Subjectivity and Ethics: Debating Labour Process Analysis", *Organization Studies*, vol.20, no.1

Pels, D., K. Hetherington & F. Vandenberghe(2002). "The Status of the Object: Performances, Mediations, and Techniques", *Theory, Culture & Society*, vol.19, no.5~6.

Peters, Michael(2001). "Education, Enterprise Culture and the Entrepreneurial Self: A Foucauldian Perspective", *Journal of Educational Enquiry*, vol.2, no.2.

Poovey, Mary (1998). *A History of the Modern Fact: Problems of Knowledge in the Sciences of Wealth and Society*, Chicago: Chicago University Press.

Power, Michael(1994). *The Audit Explosion*. London: Demos.

_____(2000). "The Audit Society: Second Thoughts", *International Journal of Auditing*, vol.4, no.1.

_____(2001). "Education, Enterprise Culture and the Entrepreneurial Self: A Foucauldian Perspective", *Journal of Educational Enquiry*, vol.2, no.2.

_____(2003). "Evaluating the Audit Explosion", *Law & Policy*, vol.25, no.3.

Pringle, J. K. & M. Mallon(2003). "Challenges for the Boundaryless Career Odyssey", *International Journal of Human Resource Management*, vol.14, no.5.

Rabinbach, Anson(1990). *The Human Motor: Energy, Fatigue, and the Origins of Modernity*, New York: Basic Books, Inc..

Reynolds, A. et al(1999). *Global Entrepreneurship Monitor*, United Nations Association of the United States of America.

Rodriguez, B. & de Morates-Neto(2003). "Marx and (End of the) Labor Process at the End of the Twentieth Century", *Rethinking Marxism*, vol.15, no.2.

Rhodes, C. & J. Garrick(2002). "Economic Metaphors and Working Knowledge: Enter the Cogito-Economic Subject", *Human Resource Development International*, vol.5, no.1.

Rimke, Heidi Marie(2000). "Governing Citizens Through Self-help Literature", *Cultural Studies*, vol.14, no.1.

Rose, Michael(1978). *Industrial Behaviour: Theoretical Development Since Taylor*, New York: Penguin.

Rose, Nikolas(1990). *Governing the Soul: The Shaping of the Private Self*, London: Routledge.

_____(1996). "Governing 'Advanced' Liberal Democracies", *Foucault and Political Reason: Liberalism, Neo-Liberalism and Rationalities of Government*, Chicago: University of Chicago Press.

_____(1997). "Assembling the Modern Self", *Rewriting the Self: Histories from the Middle Ages to the Present*, London: Routledge.

_____(1998a). *Inventing Our Selves: Psychology, Power, and Personhood*, Cambridge and New York: Cambridge University Press.

_____(1998b). "Life, Reason and History: Reading Georges Canguilhem Today", *Economy and Society*, vol.27, no.2~3.

_____(1999a). *Powers of Freedom: Reframing Political Thought*, Cambridge and New York: Cambridge University Press.

_____(1999b). "Inventiveness in Politics", *Economy and Society*, vol.28, no.3.

Rychen, D. S. & L. H. Salganik(2003a). *Definitions and Selection of Competencies: Theoretical and Conceptual Foundations (DeSeCo)*, Paris: OECD.

_____(2003b). *Key Competencies for a Successful Life and a Well-Functioning Society*, Germany: Hogrefe & Huber.

Salaman, Graeme(1997). "Culturing Production", *Production of Culture/Cultures of Production*, London: Sage.

Simons, R.(1987). "Accounting Control Systems and Business Strategy: An Empirical Study", *Accounting, Organizations and Society*, vol.12, no.4.

_____(1990). "The Role of Management Control Systems in Creating Competitive Advantage: New Perspectives", *Accounting, Organizations and Society*, vol.15, no.1-2.

Slater, Don(1997). *Consumer Culture and Modernity*, Cambridge: Polity Press.

Spencer, David A.(2000). "Braverman and the Contribution of Labour Process Analysis to the Critique of Capitalist Production: Twenty-Five Years On", *Work, Employment and Society*, vol.14.

Tinker, Toni(2002). "*Spectres of Marx* and Braverman in the Twilight of Postmodernist Labour Process Research", *Work, Employment & Society*, vol.16, no.2.

Thompson, P. & S. Ackroyd(1995). "All Quiet on the Workplace Front? A Critique of Recent Trends in British Industrial Sociology", *Sociology*, vol.29, no.4.

Thrift, Nigel(1997). "Soft Capitalism", *Cultural Values*, vol.1, no.1.

_____(2000). "Performing Cultures in the New Economy", *Annals of the Association of American Geographers*, vol.90, no.4.

_____(2005). *Knowing Capitalism*, London: Sage.

Townley, Barbara(1993a). "Performance Appraisal and the Emergence of Management", *Journal of Management Studies*, vol.30.

_____(1993b). "Foucault, Power/Knowledge, and Its Relevance for Human Resource Management", *The Academy of Management Review*, vol.18, no.3.

_____(1994). *Reframing Human Resource Management-Power, Ethics and the Subject at Work*, London: Sage.

_____(1995). "Managing by Numbers: Accounting, Personnel Management and the Creation of a Mathesis", *Critical Perspectives on Accounting*, vol.6.

_____(1996). "Accounting in Detail: Accounting for Individual Performance", *Critical Perspectives on Accounting*, vol.7.

_____(2004). "Managerial Technologies, Ethics and Managing", *The Journal of Management Studies*, vol.41, no.3.

Wajcman, Judy & Bill Martin(2001). "My Company or My Career: Managerial Achievement and Loyalty", *The British Journal of Sociology*, vol.52, no.4.

_____(2004). "Markets, contingency and preferences: contemporary managers' narrative identities", *The Sociological Review*, vol.52, no.2.

Watson, Tony J.(1997). "Languages within Languages: A Social Constructionist Perspective on Multiple Managerial Discourses", *The Languages of Business*, Francesca Bargiela-Chiappini, Sandra Harris ed., Edinburgh: Edinburgh University Press.

Weiskopf, Richard(2005). "Governable Persons and Competency Machines: The Art of Governing and the Art of Not To Be Governed in That Way", A paper presented at the Governance without Government Conference, Cardiff Business School, 11~13, May 2005.

Willmott, Hugh(1987). "Studying Managerial Work: A Critique and a Proposal", *Journal of Management Studies*, vol.24.

_____(1993). "Strength Is Ignorance: Managing Culture in Modern Organizations", *Journal of Management Studies*, vol.30, no.4.

_____(1997). "Rethinking Management and Managerial Work: Capitalism, Control, and Subjectivity", *Human Relations*, vol.50, no.11.

Wolfe, Alan(1998). "White Magic in America: Capitalism, Mormonism, and the Doctrines of Stephen Covey", *The New Republic*, February.

Wray-Bliss, Edward(2002). "Abstract Ethics, Embodied Ethics: The Strange Marriage of Foucault and Positivism in Labour Process Theory", *Organization*, vol.9, no.1.

Wright, Steve(2002). *Storming Heaven: Class Composition and Struggle in Italian Autonomist Marxism*, London: Pluto Press.

Zan, L.(2004). "Accounting and management discourse in protoindustrial settings: The Venice Arsenal in the turn of the XVI Century", *Accounting and Business Research*, vol.32.

Zizek, Slavoj(1989), *The Sublime Object of Ideology*, London: Verso. 〔『이데올로기라는 숭고한 대상』 (2002), 이수련 옮김, 인간사랑.〕

Zuboff, Shoshana(1988). *In the Age of the Smart Machine: The Future of Work and Power*, New York: Basic Books.

Zukin, Sharon(1982). *Loft Living: Culture and Capital in Urban Change*, New Brunswick, N.J.: Rutgers University Press.

찾아보기

인명

ㄱ

가드너, 하워드 298
고르, 앙드레 28
공병호 17, 263, 282, 283, 286, 291, 293, 294,
   299, 300, 302, 311, 313, 314, 319, 321, 327~
   331, 333, 334, 336, 337, 339, 340, 344, 347,
   357, 361
구본형 17, 263, 271, 275, 282, 283, 286, 288~
   291, 294, 295, 307, 309~312, 314, 316, 319~
   321, 329, 330, 338~343, 345~347, 353~355,
   357~360, 363
김대중 76, 89, 365
김영삼 57, 88, 365

ㄴ·ㄷ·ㄹ·ㅁ

네그리, 안토니오 28, 124, 128~132, 135
뒤 게이, 폴 158, 164
드러커, 피터 78, 79, 156, 204, 207, 209, 270,
   309, 331
들뢰즈, 질 130, 260
라차라토, 마우리치오 128
로즈, 니콜라스 27, 197, 199, 215, 223, 234, 318
리프킨, 제러미 28
맥클러랜드, 데이비드 229, 232
문국현 158, 160, 366
밀러, 피터 27, 199, 223

ㅂ

바우만, 지그문트 25, 28, 29, 127
버라디, 프랑코 128

벡, 울리히 25, 28, 29, 127, 301
보야치스, 리처드 232
볼로냐, 세르조 128
볼탄스키, 뤽 29
부르디외, 피에르 33
비르노, 파올로 128

ㅅ

서태지 300, 301
세넷, 리처드 25, 29, 301
슐러, 로버트 273
슘페터, 조지프 55
스펜서, 라일 232
스펜서, 시뉴 232
시아펠로 29

ㅇ

아감벤, 조르조 128
안철수 301
윤은기 266, 285, 336
이수영 158
이재용 158
장상환 46, 58
정해윤 272~274, 276, 279

ㅈ·ㅊ

제솝, 밥 36
존슨, 스펜서 271, 332
챔피, 제이스 326
천세영 91, 100, 102

ㅋ·ㅌ·ㅍ·ㅎ

카네기, 데일 270, 273

코비, 스티븐 263, 266, 268, 270, 273, 275, 279,
    326, 331, 343, 366

크루익솅크, 바버라 104

틱낫한 271

푸코, 미셸 30, 31, 36, 37, 112, 119, 120, 144,
    201, 202, 230, 244, 281, 292, 299, 301, 346,
    367, 368, 371

프랭클린, 벤저민 270, 298, 343

피터스, 톰 270, 287~290, 309, 355~357

필, 노먼 빈센트 270, 273, 275, 276

하트, 마이클 28, 135

해머, 마이클 326

기타

ㄱ

가치법칙 129, 130

가치제안 182

감성지능(정서지능) 55, 114, 230, 262, 298
    cf) 다중지능, 리더십지능, 문화지능

개인 브랜드 256

개인성과표(PSC) 200, 201

경력개발 30, 49, 110, 166, 209, 227, 238, 246,
    249~252, 254~259, 261, 268, 270, 297
    개인주도적 경력개발 256

경력탄력성 255

경영 마인드 49, 278, 285, 300, 303, 314, 315,
    321 cf) 비즈니스 마인드

경영 유행(경영 패션) 155

경영혁신(경영혁신기법) 149~151, 155, 156,
    162~168, 184, 190, 228, 283, 308, 364, 366

경제적 실재(경제적 현실) 32~37, 40~47, 49~
    51, 53~56, 61, 63~68, 72, 73, 75, 89, 125,
    126, 135, 211, 222, 248 cf) 경제적 가상

경제개발계획 32, 106, 116, 349, 373, 374

경제위기 45, 49, 59 cf) 금융위기, 외환위기

경제의 기호학 36

경제적 가상 35, 37~41, 45, 46, 52~54, 56, 59
    ~62, 75, 82, 86~88, 104, 105, 118, 120, 133,
    135, 228, 369 cf) 경제적 실재

헤게모니적인 경제적 가상 38, 52~54, 104,
    105, 120, 133

경제적 가치화 198

경제적 현실 32, 33, 35~37, 40~42, 45~47, 51,
    56, 65, 126, 222

경제협력개발기구(OECD) 38, 53, 74, 71, 101,
    113, 222, 223, 262

계급구성 127, 129~135

계산 50, 71, 72, 114, 164, 195, 211, 227, 248,
    354, 355, 361, 362

계산의 담론(언표) 56, 69, 70, 160

계산의 실천 70, 198

고객중심경영(고객만족경영) 159, 160, 163, 165,
    168, 196

고백의 테크놀로지 317

고성과작업장 134, 160, 223

고용 가능성 110, 166, 223, 240, 250, 255, 256,
    262, 308, 364, 375

골드칼라 85

과학, 기술 및 산업 점수표 71

과학적 관리법 228, 229, 233

관리주의 162

교육개혁안 88, 89, 92

교육인적자원 100~102

교육인적자원부 87, 88, 95, 105, 106, 222

『국가경쟁력연감』 72

『국가수준의 생애능력 표준 설정 및 학습체제 질
    관리 연구』 112

국가인적자원개발기본계획 33, 86, 87, 105~
    107, 111, 115~117, 134, 373, 374

국민교육헌장 116, 117

국민문화 47, 48

국민의 정부 11, 60, 77

국제경영개발원(IMD) 71, 72

국제통화기금(IMF) 38, 43, 53, 65, 166, 267, 274
    ~276, 290

국제학업성취도평가(PISA) 223

권한위임(임파워먼트) 30, 123, 143, 187, 213,
    224, 261, 308, 318, 376

균형성과표(BSC) 144, 168, 190~204, 209, 215,
    220, 235, 237, 308

근로 생활의 질(QWL) 213, 261 cf) 삶의 질
글로벌 스탠더드 37, 151
금융위기 7 cf) 경제위기, 외환위기
기술교육경로 188
기업가적 시민 308, 363
기업가적 자아 296, 308, 310, 317, 326, 328, 330,
   338, 340, 342~344, 347, 350, 353, 354, 357,
   360, 362, 363, 366
기업가적 정부 49, 82, 134, 363, 374
기업가적 주체 298, 300, 303, 339, 354
기업가정신 49~51, 144, 183, 199, 269, 278,
   296, 298, 300, 301, 303~308, 315, 343, 344,
   354, 362, 363, 366, 368
기업교육 245, 272, 273, 277~279
기업문화 30, 43, 47, 134, 136, 142, 143, 147,
   148, 165, 166, 183, 184, 202, 216, 221, 319,
   366
기업전략 159, 170~172, 182, 189, 199, 255

ㄴ

나-브랜드 294 cf) 당신-주식회사
네트워크 마케팅 267, 269, 272~274, 279, 280
네트워크 조직 39, 306, 308
노동의 인간화 213, 255, 261
『누가 내 치즈를 옮겼을까』 17, 271, 332
능력개발제도(CDR) 254
능력고과 210

ㄷ

다면평가(다면평가제) 30, 144, 203, 205, 217,
   237, 238, 245 cf) 360도 피드백
다중경력 249 cf) 무경계경력, 프로티안 경력
다중지능 55, 114, 298 cf) 감정지능, 리더십지능,
   문화지능
담론의 질서 36, 119
담론형성 36, 97, 119, 214
당신-주식회사 294 cf) 나-브랜드
대외경제정책연구원 71, 72
대인관계(인간관계) 능력 114, 224, 233, 264,
   301, 318, 331

대중노동자 131~133 cf) 전문노동자
W조직 143
DeSeCo 222
도요타적 생산 방식 151, 152
독서경영 331, 332, 336 cf) 지식경영
「두뇌강국보고서」 78

ㄹ

러닝 바이 두잉 245
리더십 85, 114, 137, 139, 182, 183, 210, 217,
   221, 237, 265, 266, 268, 269, 273, 277, 300,
   308, 312, 318, 331, 335
리더십지능 230 cf) 감정지능, 다중지능, 문화지능
리스크(위험) 180, 306, 315, 350, 352~357, 359,
   361~363
리스트럭처링 163, 168, 170, 190
리엔지니어링 37, 43, 134, 145, 163, 168, 170,
   190, 283, 326, 327, 348, 366 cf) 비즈니스 프로
   세스 리엔지니어링

ㅁ

My ProWay 252, 257
멀티플레이어 39, 138
멘토링 252, 308
목표관리제(MBO) 30, 37, 39, 43, 99, 144, 203~
   212, 214~220, 308, 327
몰입 48, 55, 147, 166, 198, 208, 214, 261, 318,
   358
『몸값을 최고로 올리는 자기경영의 기술』 287
묘비명 325, 326, 329, 330, 360 cf) 사명선언문
무경계경력 249 cf) 다중경력, 프로티안 경력
문민정부 24, 25, 44, 103, 166, 374
문화지능 230 cf) 감정지능, 다중지능, 리더십지능
『미운오리새끼의 출근』 264
민주노총 38, 46
민주화(한국사회에서의 민주화) 11, 19~22, 24,
   25, 40, 348, 375
민주화항쟁(6월항쟁) 44, 58, 304

ㅂ

반기업정서 49
반세계화 46
베스트 프랙티스 119, 151, 157, 200, 237 cf) 우
수성, (초)우량, 수월성
벤처정신 49, 184, 278, 300, 303
BSC→균형성과표
비전 수립 163, 170, 186, 190, 191, 308, 320,
321, 327, 345
비즈니스 마인드 183, 278 cf) 경영 마인드
비즈니스 프로세스 리엔지니어링(BPR) 145, 163,
209, 219, 308, 319 cf) 리엔지니어링
BPR→비즈니스 프로세스 리엔지니어링

ㅅ

사람입국 신경쟁력 223
사람입국신경쟁력특별위원회 222
사례(푸코의 개념) 194, 244
사명선언문(자기사명서) 279, 323, 326, 327,
360, 361 cf) 묘비명
사업(기업, Enterprise) 49, 269, 280, 292, 293,
296, 301~303, 322, 329, 349, 350, 359, 362,
366
사회경제발전계획 106
사회적 노동자 132, 134
산업구조조정 57~59, 61, 373
산업노동자 120
산업민주주의 213, 255
삶의 질(QL) 104, 115, 143, 179, 261, 311 cf) 근
로 생활의 질
『삼국지』 264, 265, 334~336
360도 피드백 217, 243 cf) 다면평가
삼성경제연구소 174, 199, 304~306
상호담론성 79, 110
상황학습 55
새로운 자본주의 정신 29
색채 컨설팅 267
샐러던트 348
생애능력 108, 110~113, 115, 117, 119, 122, 262
서울노동정책연구소 46
『설득의 심리학』 331

『성공하는 사람들의 7가지 습관』 17, 266, 268,
275, 279, 366
『성공학의 역사』 271, 272
성과배분제 30, 39, 43, 123, 133, 134, 166, 219,
308
성찰적 자아 27, 31
세계경제포럼(WEF) 71
세계무역기구(WTO) 38, 53, 161
세계은행 38, 53, 71, 262
셀프-리더십 210, 300
셀프헬프 267
수월성 92, 95, 119 cf) 베스트 프랙티스, 우량, 우
수성
수평조직 39, 55, 168, 308
SWOT 319, 321
스톡옵션 166, 168, 212
스펜서와 스펜서의 역량모델 232
시간-동작연구 233
시민의 테크놀로지 96, 104
시민적 주체성 49, 76, 99, 100
시민주체 86, 98, 282, 374, 375
시테크(시간 테크닉, 시간관리 테크닉) 336~338,
343, 360, 361
신경언어프로그래밍(NLP) 268, 272
신경영 담론(신경영 이데올로기) 29, 47, 60, 121,
241, 373
신경영 선언 148, 153, 166
신경제 57~62, 103, 148, 166, 373
신경제5개년계획 57
신공공관리 98
신교육체제 32, 88~90, 92, 93, 95, 96, 98, 99,
103, 121, 373, 374
신노사문화 143, 261, 366
신바람문화 143
신보수주의 124, 365
신세대 혁명 25, 368, 375
신인사제도 163, 208, 210, 241
신자유주의 11, 18, 33, 34, 44, 46, 59, 86, 90, 92
~96, 98, 121, 124, 224, 296, 301, 344, 359,
362, 363, 365~368, 377
신지식인 75~87, 120, 373
「신지식인보고서」 78
신지식인운동 76, 87
신한국인 97

실행공동체 134, 308
심리검사 230, 231, 296, 297, 303
CBT 231

ㅇ

『아침형 인간』 17, 264, 340
『아침형 인간, 강요하지 마라』 264, 340~342
R&D 69, 70, 73
암묵지 372
액션 러닝 245
언표군 37
업무 지시 202
업적고과 210
에니어그램 231, 268
NLP→신경언어프로그래밍
MBO→목표관리제
MBTI 231, 268
『역량』 312
역량 담론 198, 225~235, 237~239, 243, 245,
    246, 249, 250, 257~260, 262, 312, 313, 322
역량개발 프로그램 262
역량검사 229
역량모델링(역량모형) 144, 226, 231, 235, 236,
    239, 240, 242~245, 247, 251, 252, 254, 259
역량정의서 237, 238, 252
역량평가서 252
연봉제 30, 39, 123, 166, 203~205, 209~215,
    220, 221, 287, 352
열정 185, 204, 266, 290, 318
오페라이스모(노동자주의) 128
외환위기 41, 43, 45, 46, 53, 60~62, 65, 88, 152,
    162, 176, 186, 221, 267, 294, 303, 352, 364,
    373, 374
우량(초우량) 51
우수성 119, 215 cf) 베스트 프랙티스, 수월성, 우량
유량으로서의 인적자본 102 cf) 저량으로서의
    인적자본)
유연화 25, 28, 39, 45, 46, 118, 123, 124, 126,
    127, 133, 135, 152, 166, 186, 187, 209, 346,
    371
6월항쟁→민주화항쟁
이미지 컨설팅 267

ERP→전사적 자원관리
인간관계론 233, 318
인간존중경영 159
인맥관리 256, 268
인성 90, 105, 138, 139, 210, 298, 372
    인성 산업(퍼스낼리티 산업) 17, 230, 268
인재개발 136, 185, 186, 277
인재경영 104, 137, 138, 148, 149, 153, 154, 160,
    366
인재상 78, 135, 139, 140, 141, 144~146, 169,
    176~178, 186~190, 236, 245
인재파견업 138
인적자본 68, 101, 102, 104, 114, 141, 144, 257,
    259, 355, 359, 360, 362, 372
인적자본론(인적자원론) 144, 257
인적자원개발 43, 87, 107, 111, 115, 175, 176,
    186, 222, 223, 249, 349
    인적자원개발기본법 87, 106
    인적자원개발회의(NHRD) 87, 106
인적자원관리 30, 37, 104, 119, 121, 134, 136,
    138, 140, 159, 160, 169, 176, 181, 182, 184,
    210, 213, 225, 228, 229, 232, 235, 237, 238,
    241, 242, 247, 256, 257, 259, 262, 277, 308
인적자원목표에 의한 관리(NBHRO) 99
인적자원전략(HR전략) 184
인지–경제적 주체 199, 200, 215
1인기업가 39, 280, 282, 293~298, 301, 302,
    343, 346, 350, 357, 359, 360, 364
일의 과학 39, 228, 239, 242, 244
일일목표경영(DMBO) 327~330, 339, 361

ㅈ

자기검사 311
자기경영 162, 227, 263, 270~272, 279, 280,
    283~285, 287~289, 291~294, 298, 300, 302,
    303, 307, 309, 326, 327, 331, 333, 336~338,
    343, 347, 350, 354, 355, 357, 361, 376
자기계발 문화 18, 32, 268, 269, 273, 280, 282,
    284, 323
자기계발 산업 17, 18, 266, 267, 269, 274, 276,
    277, 282
자기계발공시제 252, 254, 257

자기계발하는 주체 18, 24, 25, 33, 119, 122, 271, 282, 291, 317, 347~349, 352, 353, 359, 360, 364, 366~369, 371, 372, 376
자기권능화 96
자기신고서 238, 254, 257
자기의 문제화(자기의 문제설정) 281, 284, 291, 292, 349
자기의 테크놀로지 281, 310, 327, 336, 343~345, 349, 350, 353, 357, 367
자기의 해석학 127
자기점검 291, 311~314, 317, 318, 321, 322
자기정체성(자아정체성) 18, 25~32, 113, 127, 148, 156, 178, 217, 227, 302, 314, 317
자기조직 118
자기존중(자기존중감) 114, 118
자기책임 76, 81, 118, 376
자기책임부여 339
자기효능감(자아효능감) 55, 262, 344
『자본론』 129
자본의 변증법 124, 125, 127, 134
자율주의 128~130
저량으로서의 인적자본 101 cf) 유량으로서의 인적자본
『제국』 128
『적극적 사고방식』 275, 276
전국교직원노동조합(전교조) 91, 93~95
전략경영 135, 144, 160, 169~179, 181, 185, 188~192, 197~199, 203, 235, 257, 262, 308, 319~321, 327
전략경영론 144
전략적 인적자원관리 136, 159, 229, 257
전문노동자 131, 132 cf) 대중노동자
전사적 자원관리(ERP) 37, 43, 134, 145, 163, 165, 168, 170, 209, 219, 236, 238, 288, 308
전사적 품질관리(TQM) 47, 152, 160, 163, 168, 190, 308
전지구화 18, 71, 132, 257
정치적 합리성 31, 32, 86, 92, 115, 299, 365~367
제2건국추진위원회 76, 77
제3의 길 44, 365
제5공화국 44, 57
제6공화국 44
제6차 교육과정 88

제7차 교육과정 32, 88, 89, 93, 94, 96, 103, 374
조직인간 260, 290, 291, 303, 311, 358, 375
『좋은 기업을 넘어 위대한 기업으로』 332
주도성(자기주도성) 76, 139, 244, 300, 362, 376
주체성의 체제 25, 126, 128, 368
주체화의 테크놀로지 51, 188, 189, 197, 207, 244
지성적 경력 249
지식경영 37, 43, 104, 109, 121, 134~138, 160, 168, 169, 188, 199, 200, 223, 260, 262, 331, 333, 336, 337 cf) 독서경영
지식경영시스템(KMS) 200
지식근로자 78, 79, 85, 108~110, 136, 199, 203, 215, 372, 376
지식기반경제 18, 35, 38, 41, 44, 53~57, 59, 60, 62~65, 67~73, 75, 76, 78, 79, 82, 86~88, 98, 103, 105, 108~110, 118, 120, 121, 133, 135, 166, 169, 198, 222, 223, 228, 247, 283, 349, 368, 369, 373
지식기반사회 38, 55, 100, 102~105, 108, 110~112, 115, 120, 121, 331, 349
지식정보경제 142, 144, 148, 167
지식정보사회 38, 113, 137, 354, 372
지식정부 82, 109
직군명세서 252
직능급제 39
직무 수행 능력 256
직무 중심주의 229, 239
직무분석 144, 226, 237, 239~244, 246, 251, 252, 259
직업기초능력 115
직업능력표준 226
직업심리학 230
『직장인의 경영연습』 220
질경영 선언 148, 149

ㅊ

창의성 59, 63, 90, 109, 110, 114, 139, 183, 244, 245, 262, 362
창조적 계급 36, 85, 215
책무성 76, 92, 95, 98, 99, 110, 134
책임 있는 주체 93, 211
체험학습 245

초국적 경제기구 43, 151
초우량기업 36, 148, 152, 157, 168, 169
촉진자 110
치료문화 314
『칭찬은 고래도 춤추게 한다』 331

ㅋ

컨설팅 사회 314
케인즈주의 132
코칭 252

ㅌ

테일러주의 131, 133, 137, 140, 187, 194, 196,
   197, 229, 239, 260, 342
테크니컬 라이팅 267
「통제사회에 관한 후기」 130
통치 이성 366, 367
TQM→전사적 품질관리
팀워크 68, 114, 183, 198, 202, 203, 237, 244,
   265, 376
팀제 39, 134, 166, 168, 187, 196, 203

ㅍ

87년체제 19, 22
패턴리딩 330 cf) 포토리딩
퍼스낼리티 산업 17
평생직업 35, 166, 250, 267
평생직업능력 110, 118

포도 단식 345, 347
포드주의 28, 128, 130, 131, 167
포스트포드주의 28, 130
포토리딩 267, 330 cf) 패턴리딩
품질경영 151 cf) 전사적 품질관리
프랑크푸르트 선언 148, 152
프랭클린 플래너 263, 267, 343
프로티안 경력 249 cf) 다중경력, 무경계경력
프리에이전트 39, 215

ㅎ

학습조직 37, 39, 43, 55, 134, 163, 187, 188, 222,
   223, 308, 366
학습할 수 있는 학습 245
한국능률협회 278
한국생산성본부 278
한국표준협회 278
핵심가치 136, 169, 182, 185, 248, 258, 321, 322
핵심성공요소(CSF) 192, 195, 196, 236
핵심성과지표(KPI) 192, 195, 196, 206, 236
핵심역량 36, 39, 106, 110, 119, 168, 174, 182,
   187, 192, 224~226, 232, 236, 240, 244, 245,
   257, 259, 319, 321, 322
핵심자아 321, 322, 372
혁신능력 119
현장지식인 77
현장학습 245
홀랜드직업인성검사 297, 298
『화』 271
후기근대 25, 127, 317
훈육사회 84, 130, 230, 260, 342, 349
훌륭한 일터 147